21세기 지식 정보화 시대
대한민국의 IT 인재로 만드는 비결!

Digital Information Ability Test
프리젠테이션
한쇼(2022)

발 행 일 : 2024년 12월 02일(1판 1쇄)
개 정 일 : 2025년 04월 01일(1판 2쇄)
I S B N : 979-11-92695-43-3(13000)
정   가 : 16,000원

집   필 : KIE 기획연구실
진   행 : 김동주
본문디자인 : 앤미디어

발 행 처 : (주)아카데미소프트
발 행 인 : 유성천
주   소 : 경기도 파주시 정문로 588번길 24
홈페이지 : www.aso.co.kr

※ 이 책은 저작권법에 따라 보호를 받는 저작물이므로 무단 전재와 무단 복제를 금지하며,
  이 책 내용의 전부 또는 일부를 이용하려면 반드시 (주)아카데미소프트의 서면동의를 받아야 합니다.

CONTENTS

PART 01 DIAT 시험 안내 및 자료 사용 방법

시험안내 01	DIAT 시험 안내	04
시험안내 02	DIAT 회원 가입 및 시험 접수 안내	06
시험안내 03	DIAT 자료 사용 방법	15

PART 02 출제유형 완전정복

출제유형 01	페이지 설정 및 슬라이드 마스터	26
출제유형 02	[슬라이드1] 제목 도형	34
출제유형 03	[슬라이드1] 본문 도형	42
출제유형 04	[슬라이드1] 그림 및 글상자	48
출제유형 05	[슬라이드1] 애니메이션	54
출제유형 06	[슬라이드2] 소제목 도형	60
출제유형 07	[슬라이드2] 본문 도형	68
출제유형 08	[슬라이드2] 표	78
출제유형 09	[슬라이드3] 표	86
출제유형 10	[슬라이드3] 차트	94
출제유형 11	[슬라이드3] 글상자 및 배경	110
출제유형 12	[슬라이드4] 본문 도형	118
출제유형 13	[슬라이드4] 워드숍	130

PART 03 출제예상 모의고사

모의고사 01	제 01 회 출제예상 모의고사	138
모의고사 02	제 02 회 출제예상 모의고사	143
모의고사 03	제 03 회 출제예상 모의고사	148
모의고사 04	제 04 회 출제예상 모의고사	153
모의고사 05	제 05 회 출제예상 모의고사	158
모의고사 06	제 06 회 출제예상 모의고사	163
모의고사 07	제 07 회 출제예상 모의고사	168
모의고사 08	제 08 회 출제예상 모의고사	173
모의고사 09	제 09 회 출제예상 모의고사	178
모의고사 10	제 10 회 출제예상 모의고사	183
모의고사 11	제 11 회 출제예상 모의고사	188
모의고사 12	제 12 회 출제예상 모의고사	193
모의고사 13	제 13 회 출제예상 모의고사	198
모의고사 14	제 14 회 출제예상 모의고사	203
모의고사 15	제 15 회 출제예상 모의고사	208

PART 04 최신유형 기출문제

기출문제 01	제 01 회 최신유형 기출문제	214
기출문제 02	제 02 회 최신유형 기출문제	219
기출문제 03	제 03 회 최신유형 기출문제	224
기출문제 04	제 04 회 최신유형 기출문제	229
기출문제 05	제 05 회 최신유형 기출문제	234
기출문제 06	제 06 회 최신유형 기출문제	239
기출문제 07	제 07 회 최신유형 기출문제	244
기출문제 08	제 08 회 최신유형 기출문제	249
기출문제 09	제 09 회 최신유형 기출문제	254
기출문제 10	제 10 회 최신유형 기출문제	259

※ **부록** : 시험직전 모의고사 3회분 수록

PART 01

DIAT 시험 안내 및 자료 사용 방법

시험 안내 01

PART 01 DIAT 시험 안내 및 자료 사용 방법

DIAT 시험 안내

☑ 디지털정보활용능력(DIAT) 시험 과목 및 합격 기준
☑ 디지털정보활용능력(DIAT) 검정 기준

1. 디지털정보활용능력(DIAT / Digital Information Ability Test)
- 컴퓨터와 인터넷을 이용한 정보가 넘쳐나고 사물과 사물 간에도 컴퓨터와 인터넷이 연결된 디지털정보 시대에 기본적인 정보통신기술, 정보처리기술의 활용분야에 대해 학습이나 사무업무를 수행할 수 있도록 종합적으로 묶어 효과적으로 구성한 자격종목
- 총6개 과목으로 구성(작업식 5개 과목, 객관식 1개 과목)되어 1개 과목만으로도 자격취득이 가능하며 합격점수에 따라 초·중·고급자격이 부여
- 과목별로 시험을 응시하며 시험 당일 한 회차에 최대 3개 과목까지 응시 가능

2. 필요성
- 사무업무에 즉시 활용 가능한 작업식 위주의 실기시험
- 정보통신·OA·멀티미디어·인터넷 등 분야별 등급화를 통한 실무능력 인증

3. 자격 종류
- 자격구분 : 공인민간자격
- 공인번호 : 과학기술정보통신부 제2020-2호
- 등록번호 : 2008-0265

4. 시험 과목

검정과목	사용프로그램	검정방법	문항수	시험시간	배점
프리젠테이션	- MS 파워포인트 2021 - 한컴오피스 한쇼 2022	작업식	4문항	40분	200점
스프레드시트	- MS 엑셀 2021 - 한컴오피스 한셀 2022	작업식	5문항	40분	200점
워드프로세서	- 한컴오피스 한글 2022	작업식	2문항	40분	200점
멀티미디어제작	- 포토샵/곰믹스 for DIAT	작업식	3문항	40분	200점
인터넷정보검색	- 인터넷	작업식	8문항	40분	100점
정보통신상식	- CBT 프로그램	객관식	40문항	40분	100점

합격기준
- 고급 : 해당과제의 80% ~ 100% 해결능력
- 중급 : 해당과제의 60% ~ 79% 해결능력
- 초급 : 해당과제의 40% ~ 59% 해결능력

※ 검정 수수료 및 시험 일정은 www.ihd.or.kr 홈페이지 하단의 [자격안내]에서 확인할 수 있습니다.

5. DIAT 프리젠테이션 검정 기준

과목	대분류	중분류	소분류	문제수
프리젠테이션		프리젠테이션 구성	1-1. 프리젠테이션 만들기와 열기	4
			1-2. 프리젠테이션 저장과 닫기	
			1-3. 프리젠테이션 모양 만들기	
			1-4. 슬라이드 마스터	
		슬라이드 작성	2-1. 슬라이드 편집과 보기	
			2-2. 텍스트 추가와 서식	
			2-3. 단락 서식	
			2-4. 맞춤법 검사와 자동 고침	
			2-5. 슬라이드 노트와 유인물	
			2-6. 머리글 및 바닥글	
			2-7. 슬라이드 번호, 날짜/시간 등 입력	
		도형 및 개체 활용	3-1. 도형 및 이미지 삽입 및 편집	
			3-2. 선, 연결선, 테두리 추가	
			3-3. 특수 텍스트(워드아트, 클립아트, 다이어그램 등) 효과 만들기	
			3-4. 채우기, 3차원 효과	
			3-5. 개체 이동과 대칭	
		수식, 표, 차트	4-1. 수식 작업	
			4-2. 표 삽입 및 편집	
			4-3. 차트 삽입 및 편집, 데이터 입력	
		슬라이드 쇼	5-1. 슬라이드 쇼 디자인	
			5-2. 애니메이션 슬라이드	
			5-3. 시간과 화면 전환	
			5-4. 음향, 동영상 추가	
			5-5. 슬라이드 쇼 실현과 제어	
			5-6. 웹에서 프리젠테이션 열기와 찾기	
			5-7. 웹에 게시	
합 계				4

DIAT 회원 가입 및 시험 접수 안내

시험안내 02 | PART 01 DIAT 시험 안내 및 자료 사용 방법

- ☑ 회원 가입하기
- ☑ 본인인증하기(본인 명의 휴대폰이 있는 경우, 본인 명의 휴대폰이 없는 경우)
- ☑ 로그인하고 사진 등록하기

1. 회원 가입하기

❶ 웹 브라우저를 실행한 후 주소 표시줄에 'www.ihd.or.kr'를 입력하고 Enter 키를 눌러 자격 검정 사이트에 접속합니다.

❷ 회원 가입을 하기 위해 화면 오른쪽의 [회원가입]을 클릭합니다.

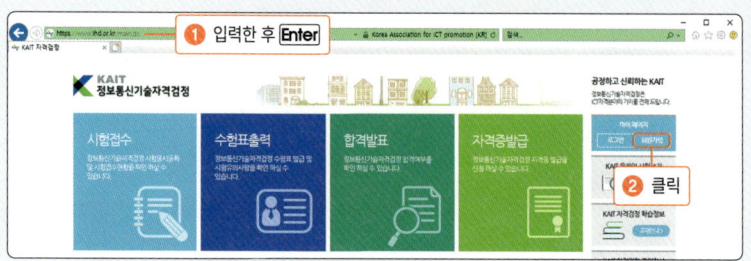

❸ 회원 가입에서 [14세 미만 가입]을 클릭합니다.

※ 응시자가 14세 이상일 경우에는 [14세 이상 가입]을 눌러 가입을 진행합니다.

❹ [약관동의]에서 '한국정보통신진흥협회 자격검정 회원서비스 이용을 위한 필수 약관에 모두 동의합니다.' 체크 박스를 클릭합니다.

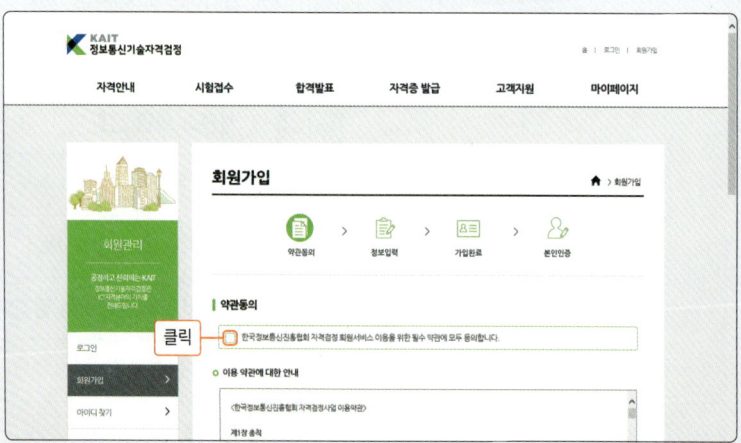

❺ [보호자(법정대리인)동의]에서 '보호자 성명'과 '생년월일', 'e-mail'을 입력합니다. '[필수] 14세미만 자녀의 회원가입에 동의합니다.' 체크 박스를 클릭하고 [약관동의]를 클릭합니다.

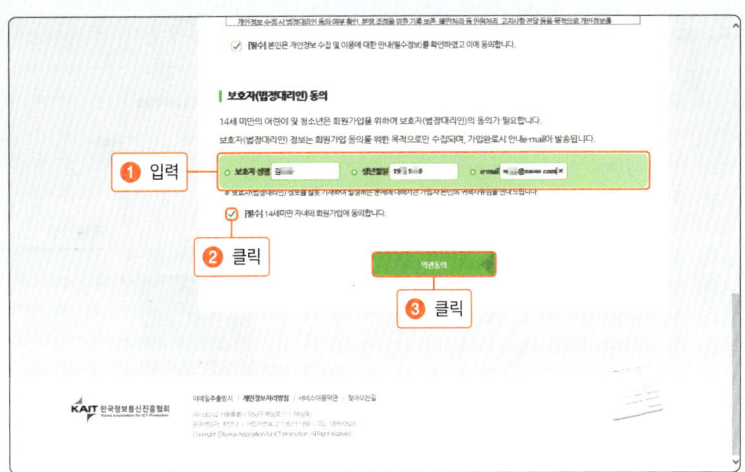

❻ [정보입력]에서 항목별로 정보를 정확하게 입력하고 [회원가입하기]를 클릭합니다.

영문, 숫자, 특수문자(〈, 〉, (,), #, ;, / 제외)를 각 1자 이상 포함하여 8자이상 20자 이내로 입력합니다.

만약 본인의 휴대폰이 없는 경우에는 부모님 휴대폰 번호를 입력합니다.

학교 및 단체를 통해 접수하는 경우에 '단체접수'를 선택하고 차례로 '지역', '학교/기관명', '담당선생님'을 선택합니다.

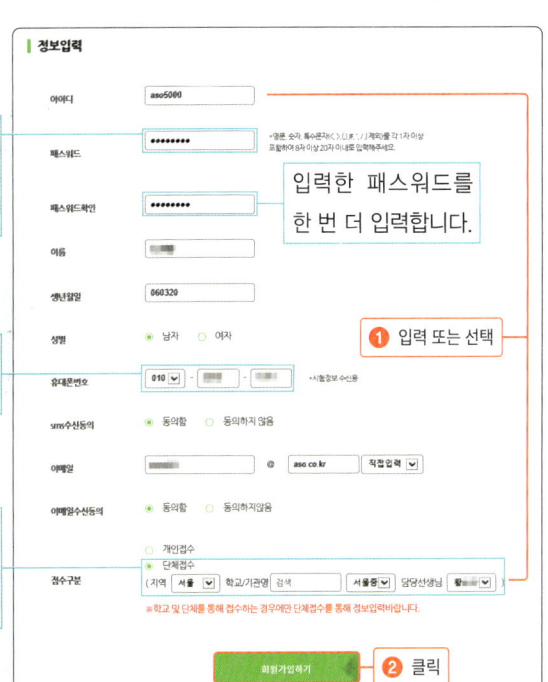

❼ '저장하시겠습니까?' 메시지 창이 나타나면 〈확인〉 버튼을 클릭합니다.

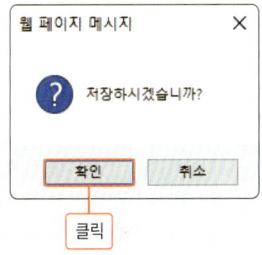

2. 본인인증하기(본인 명의 휴대폰이 있는 경우)

❶ 본인 인증하기 화면에서 [본인인증하기]를 클릭합니다.

※ 시험 접수 및 합격정보 확인 등을 이용하기 위해서 본인인증이 필요합니다.

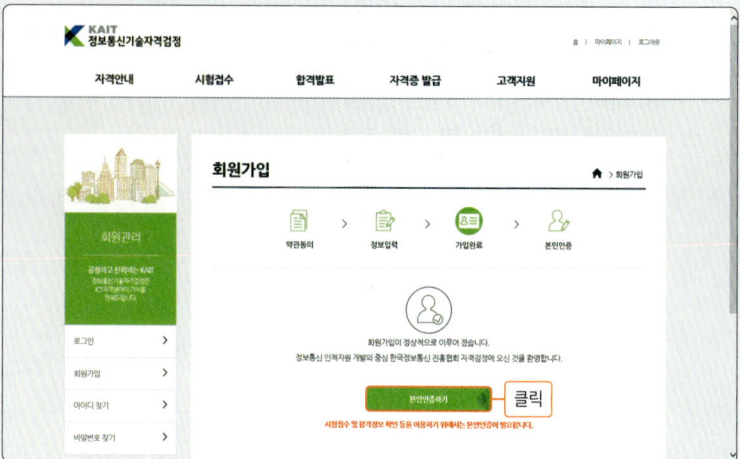

❷ 본인 인증 방법에서 [휴대폰]이 선택된 것을 확인하고 [인증하기]를 클릭합니다.

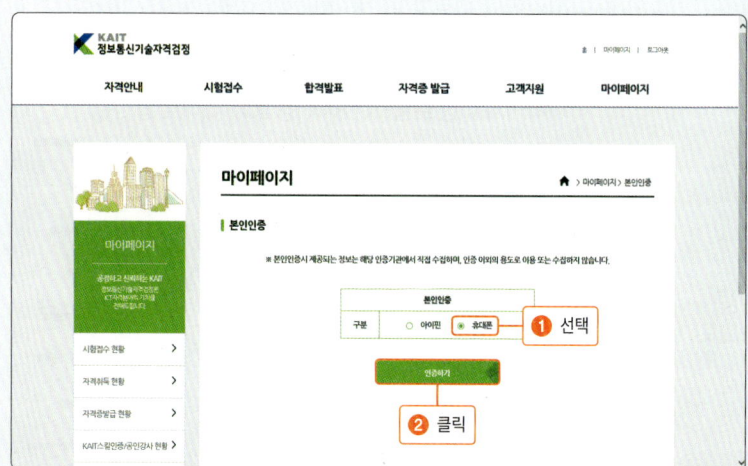

❸ '통신사 확인' 창에서 사용 중인 이동통신사를 선택합니다.
❹ '본인확인' 창에서 [휴대폰 본인 확인(문자)]를 클릭하고 개인 정보를 입력하고 〈확인〉 버튼을 클릭합니다.

 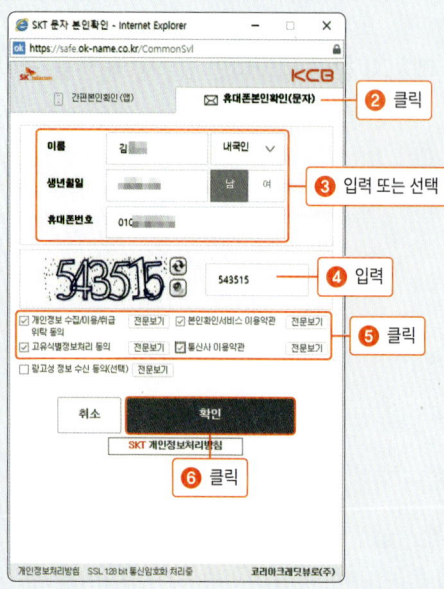

❺ 휴대폰에 수신된 본인확인인증번호를 입력하고 〈확인〉 버튼을 클릭합니다.

❻ '휴대폰본인확인완료' 메시지를 확인하고 〈완료〉 버튼을 클릭합니다.

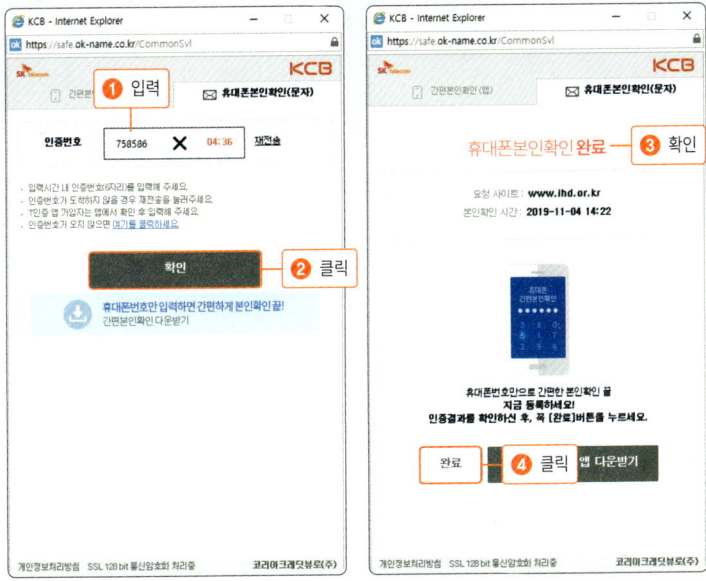

❼ '본인인증성공' 메시지 창이 나타나면 〈확인〉 버튼을 클릭합니다.

3. 본인인증하기(본인 명의 휴대폰이 없는 경우)

❶ 본인 인증 방법에서 [아이핀]을 선택한 후 [인증하기]를 클릭합니다.

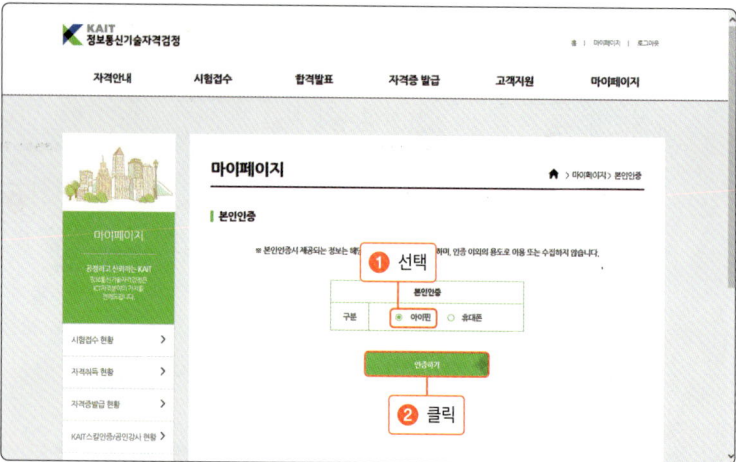

❷ '메인 화면' 창이 열리면 왼쪽 하단의 [신규발급]을 클릭합니다.

※ 만약 아이핀ID와 비밀번호가 있는 경우에는 '아이핀ID, 비밀번호, 문자입력'을 한 후 〈확인〉 버튼을 클릭합니다.

❸ '약관 동의' 창이 나오면 약관 동의에 체크한 후 〈확인〉 버튼을 클릭합니다.

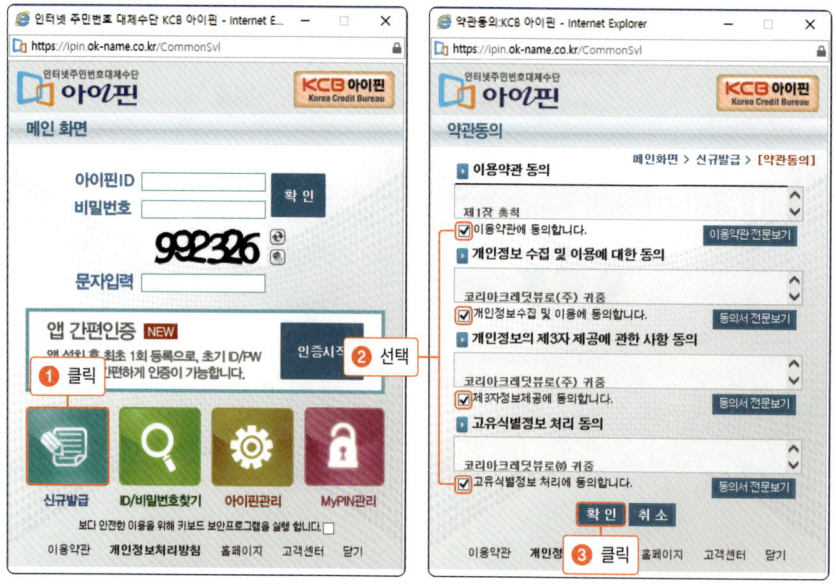

> **TIP 아이핀이란?**
> 아이핀은 주민 등록 번호를 대체할 수 있는 인증방법으로 아이디와 패스워드를 이용하여 본인 확인을 하는 수단입니다. 이전에 아이핀을 가입하였다면 바로 로그인을 진행하도록 합니다.

❹ '발급자 정보입력' 창에서 내용을 입력하고 아이핀 ID를 중복 확인한 후 〈발급하기〉 버튼을 클릭합니다.
❺ '추가 인증수단 설정' 창에서 2차 비밀번호를 선택한 후 〈확인〉 버튼을 클릭합니다.
❻ '법정대리인 동의' 창에서 법정 대리인의 정보를 입력하고, 개인정보처리 동의에 체크한 후 〈확인〉 버튼을 클릭합니다.

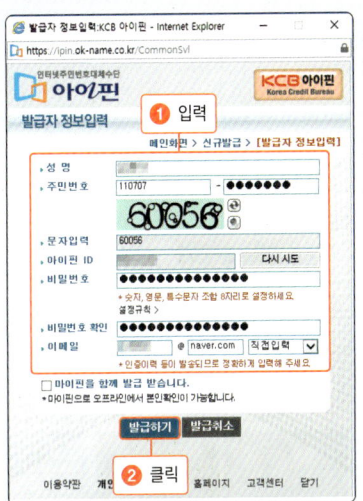
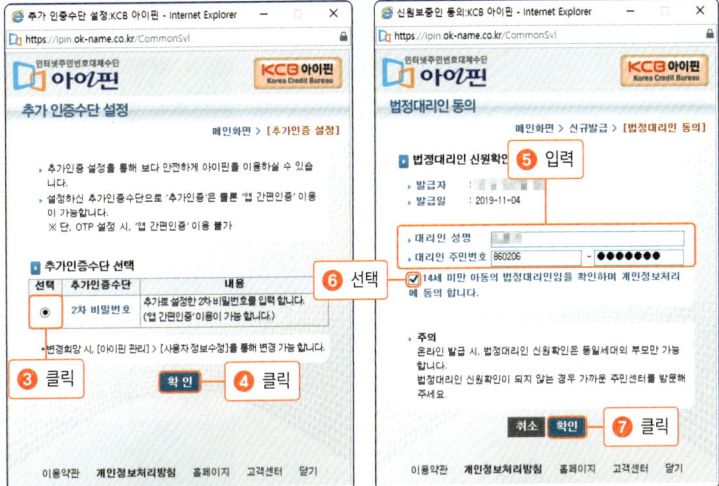

❼ '아이핀 신원확인' 창이 나오면 법정 대리인의 휴대폰 정보를 입력한 후 〈인증번호 확인〉 버튼을 클릭합니다.

※ 범용 공인인증서를 이용하여도 신원확인이 가능합니다.

❽ 휴대폰에 수신된 승인번호를 입력한 후 〈인증번호 확인〉 버튼을 클릭합니다.

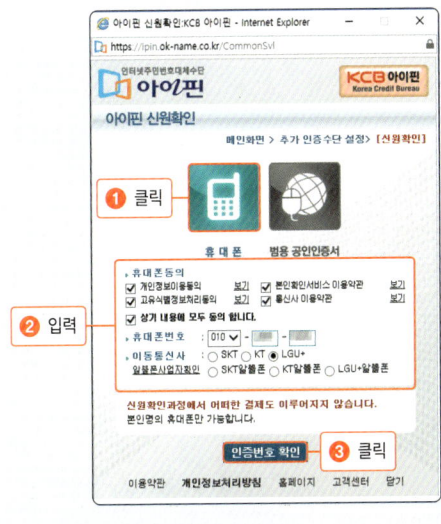
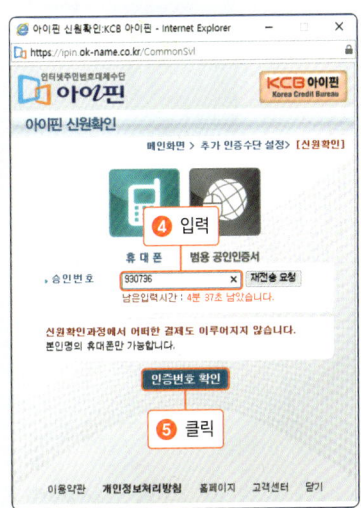

❾ '2차 비밀번호 설정' 창이 나오면 2차 비밀번호를 입력한 후 〈확인〉 버튼을 클릭하여 아이핀 발급을 완료합니다.
❿ '메인 화면' 창이 나오면 '아이핀 ID', '비밀번호', '문자입력' 내용을 입력한 후 〈확인〉 버튼을 클릭합니다.
⓫ '추가인증' 창에서 2차 비밀번호를 입력한 후 〈확인〉 버튼을 클릭하여 본인 확인 절차를 완료합니다.

4. 로그인하고 사진 등록하기

❶ 우측 상단의 [로그인]을 클릭합니다. 이어서, 아이디와 비밀번호를 정확하게 입력하고 [로그인]을 클릭합니다.

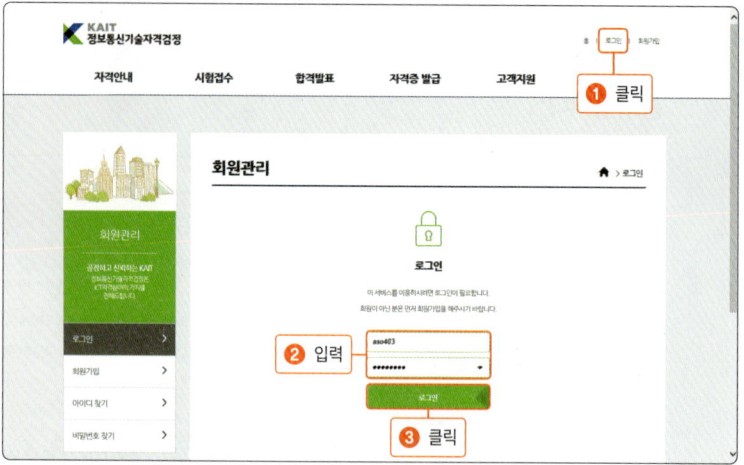

❷ [마이페이지]를 클릭합니다.

❸ 왼쪽 메뉴에서 [사진관리]를 클릭합니다.

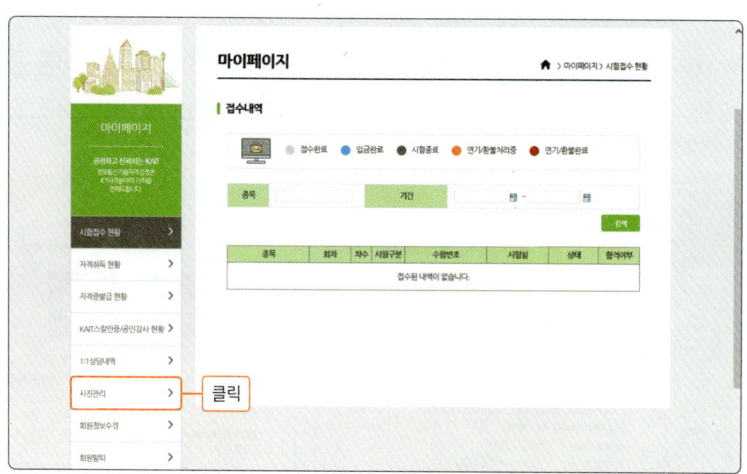

❹ [사진 선택]을 클릭합니다.

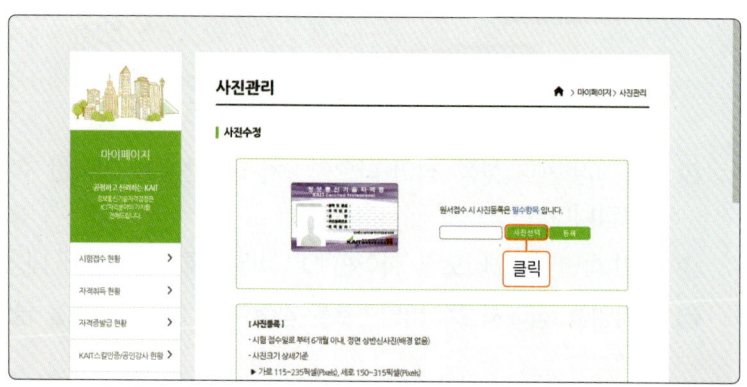

❺ [업로드할 파일 선택] 창에서 내 사진 파일을 선택하고 〈열기〉 버튼을 클릭합니다.

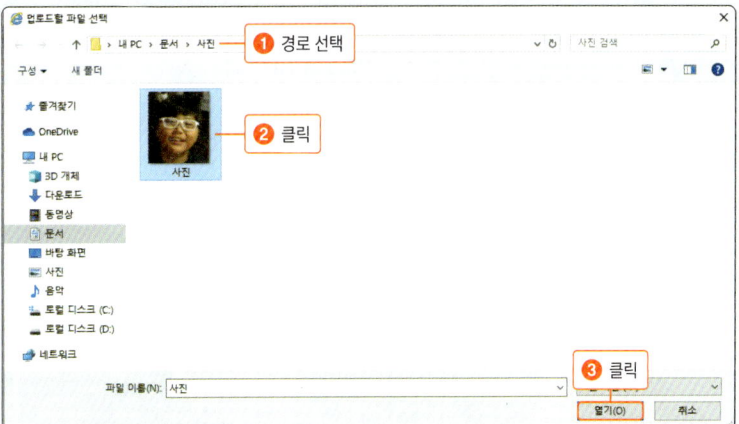

❻ [등록]을 클릭합니다.

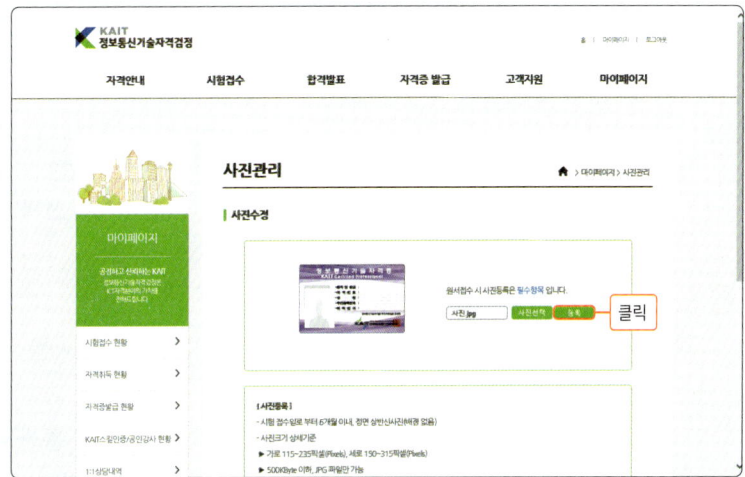

❼ '수정 하겠습니까' 메시지 창이 나타나면 〈확인〉 버튼을 클릭합니다.

❽ '저장 성공!!' 메시지 창이 나타나면 〈확인〉 버튼을 클릭합니다.

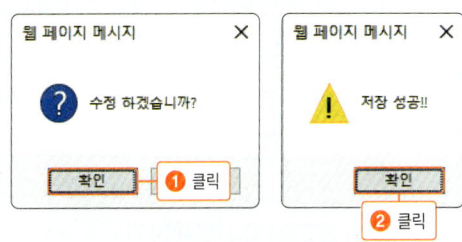

❾ 사진이 등록된 것을 확인합니다.

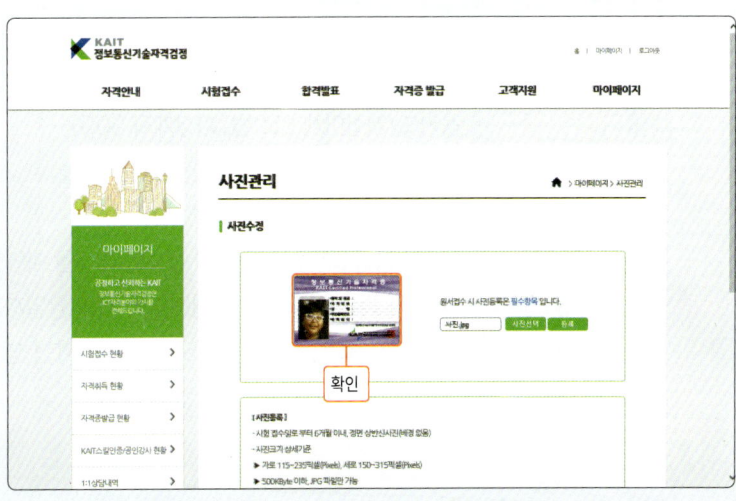

TIP 개인으로 시험 접수하는 방법 알아보기

정보통신기술자격검정(www.ihd.or.kr) 사이트에서 [시험접수]를 클릭하고 [시험접수 신청]을 클릭합니다.

시험 접수 신청 절차 알아보기

STEP 01	STEP 02	STEP 03	STEP 04	STEP 05
로그인(회원가입)	응시종목 선택	응시지역 선택	결제하기	접수완료

- **STEP 01 로그인(회원가입)**
  응시접수는 인터넷을 통해서만 가능하며, 시험접수 및 응시를 위해서는 반드시 회원으로 가입되어야 합니다.
  ※ 단체 접수시 단체관리자(회원가입 및 회원정보수정을 통해 설정)를 통해 접수바랍니다.
  ※ 마이페이지의 사진등록 이후에 시험접수가 가능합니다.

- **STEP 02 응시종목 선택**
  응시하고자 하는 종목과 시험일자를 확인한 후 '접수하기'를 선택합니다.

- **STEP 03 응시지역 선택**
  - 응시하고자 하는 응시지역과 시험장을 선택합니다.
  - 시험장 정원이 모두 마감된 경우에는 더 이상 해당 시험장을 선택할 수 없습니다.
  ※ 추후배정 시험장은 응시접수 완료 후 10일전 시험장 확인을 통해 시험장 확인 가능

- **STEP 04 결제하기**
  - 응시료 결제가 완료되어야 응시접수가 정상적으로 완료됩니다.
  - 결제수단 : 개인-신용카드, 계좌이체 입금 중 택일, 단체-가상계좌 입금만 가능, 정보이용료 별도- 신용카드/계좌이체 650원, 가상계좌 300원
  ※ 접수마감일 18:00까지 접수 및 입금 완료

- **STEP 05 접수완료**
  - 결제가 완료되면 [시험접수현황 확인]에서 접수한 내역을 확인할 수 있습니다.
  - 시험장 확인 : 시험장 확인은 시험일 10일전부터 시험 당일까지 확인 가능
  - 수험표 출력 : 수험표 출력은 시험일 5일전부터 시험 당일까지 확인 가능
  - 연기 및 환불 : 연기 및 환불규정에 따라 신청 가능

시험안내 03

PART 01 DIAT 시험 안내 및 자료 사용 방법

DIAT 자료 사용 방법

☑ 자료 다운로드 방법　　☑ 온라인 답안 시스템
☑ 자동 채점 프로그램　　☑ 한쇼 2022 화면 구성

1. 자료 다운로드 방법

❶ 웹 브라우저를 실행하여 아카데미소프트(https://aso.co.kr) 홈페이지에 접속합니다.

❷ 홈페이지에서 [자격증 교재]를 클릭합니다.

❸ [DIAT 자격증]-[25 DIAT 한쇼 2022(좌)] 교재를 클릭합니다.

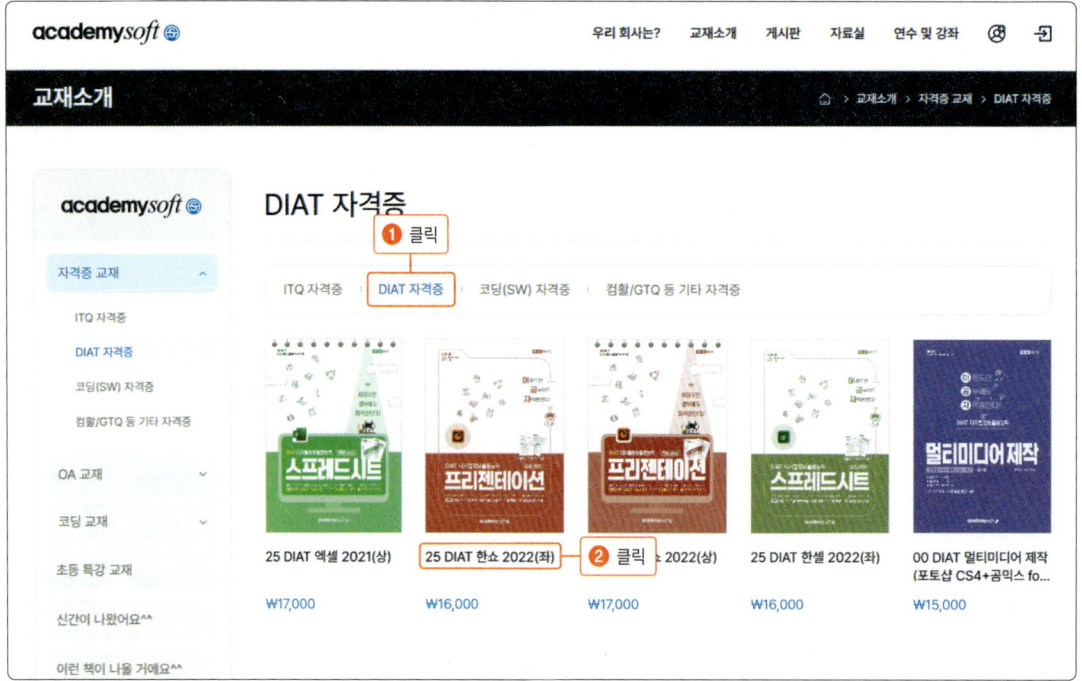

❹ 교재 이미지 오른쪽에 [교재 학습자료]를 클릭하면 [다운로드] 폴더에 저장됩니다.

2. 아카데미소프트와 코딩아지트에서 개발한 '온라인 답안 시스템'

❶ 온라인 답안 시스템

[MAG PER 개인용 채점 프로그램 & 답안전송] 프로그램은 **수험자 연습용 답안 전송 프로그램**이기 때문에 서버에서 제어가 되지 않는 개인용 버전입니다. 실제 시험 환경을 미리 확인하는 차원에서 테스트하시기 바랍니다.

※ 해당 '온라인 답안 시스템'은 변경된 DIAT 시험 버전에 맞추어 수정된 최신 버전의 프로그램입니다.

❷ 교재 이미지 오른쪽에 [개인용 채점프로그램]을 클릭하여 다운로드한 다음 [ASO_MAG_PER_250101] 파일을 압축 해제합니다. 이어서, [ASO_MAG_PER_250101] 폴더에서 **'개인용 채점 프로그램(MAG_Personal)_실행 파일'**을 더블클릭하여 실행합니다.

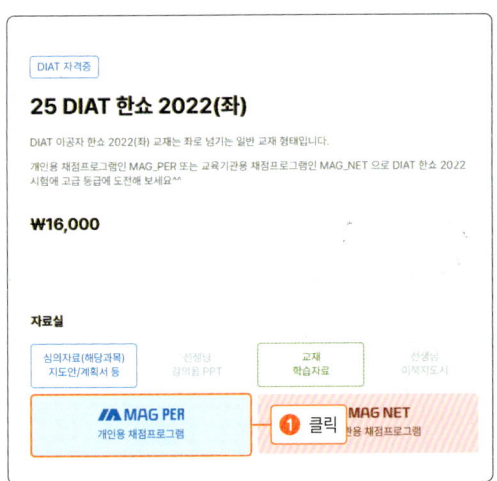
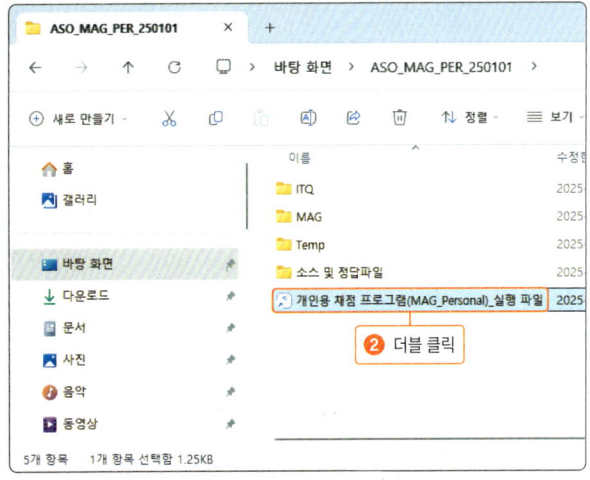

❸ 〈DIAT 답안 전송 프로그램〉 단추를 클릭합니다.

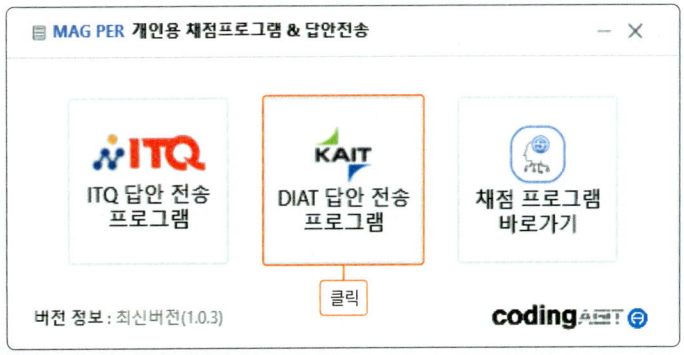

❹ 답안 전송 프로그램이 실행되면 '수검번호'에서 목록 단추를 클릭하여 해당 과목을 선택합니다.

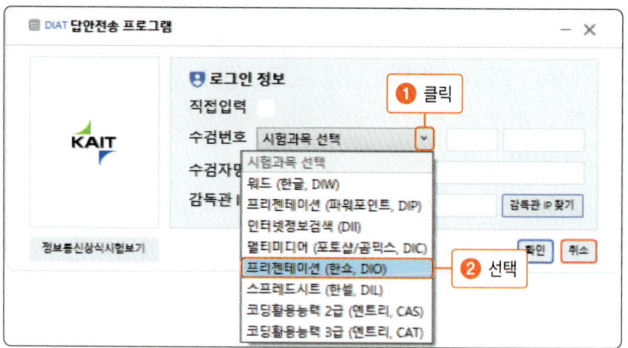

❺ 과목 선택이 끝나면 '수검번호' 및 '수검자명'을 입력한 다음 〈감독관 IP 찾기〉 단추 및 〈확인〉 단추를 클릭합니다.

※ 데모용 연습 프로그램이기 때문에 '수검번호' 및 '수검자명'은 본인이 원하는 내용을 입력하세요.

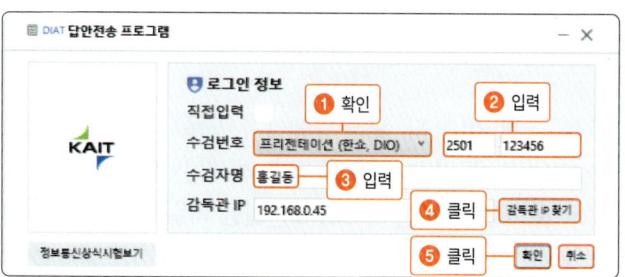

❻ 수검자 유의사항이 나오면 내용을 확인한 다음 [마스터 키] 칸을 클릭하고 Enter 키를 누릅니다.

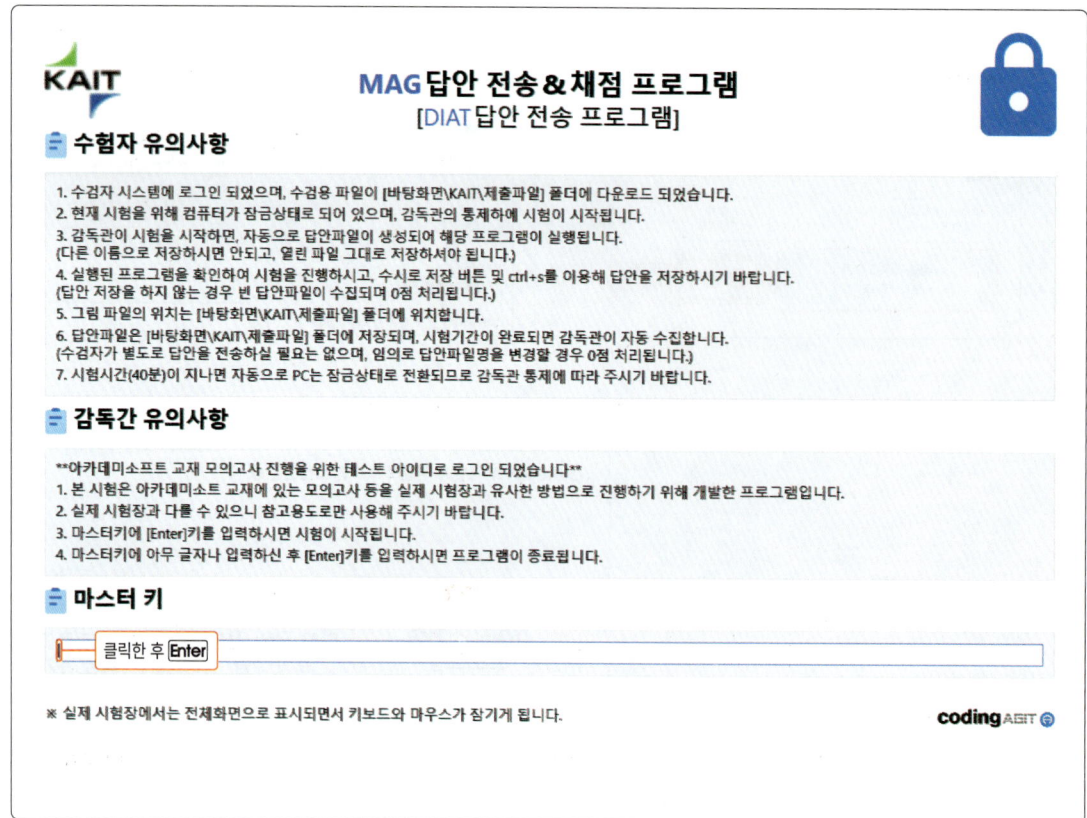

❼ 시험이 시작됨과 동시에 해당 프로그램이 자동으로 실행되면서 답안 파일이 자동으로 열립니다. 이어서, 남은 시간을 확인하면서 답안을 작성합니다.

※ 시험을 강제로 종료하고자 할 때는 〈강제종료〉 단추를 클릭한 후 '비밀번호(0000)'를 입력한 다음 〈확인〉 단추를 클릭합니다.

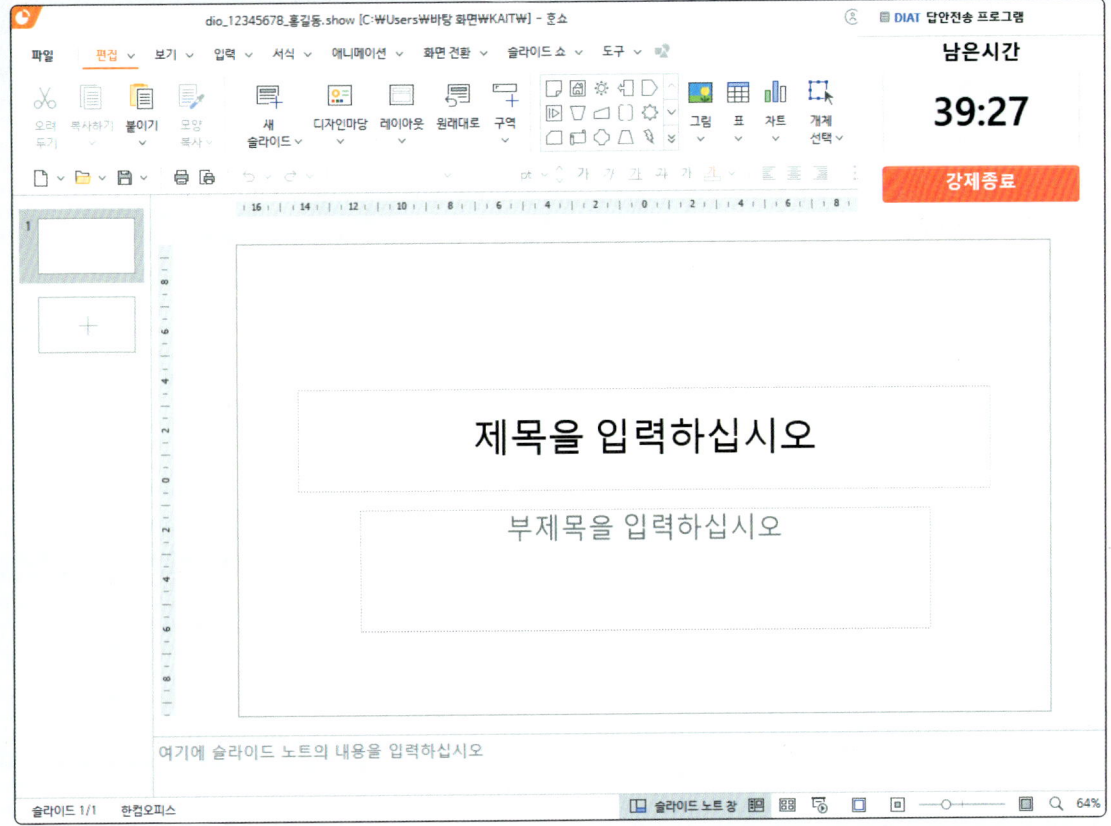

3. 아카데미소프트와 코딩아지트에서 개발한 '개인용 채점 프로그램(MAG_Personal)'

❶ 자동 채점 프로그램은 작성한 답안 파일을 정답 파일과 비교하여 틀린 부분을 찾아주는 프로그램입니다. 프로그램상의 한계로 100% 정확한 채점은 어렵기 때문에 참고용으로 사용하시기 바랍니다.

❷ [아카데미소프트 홈페이지]-[자격증 교재]에서 해당 교재를 클릭하고 교재 이미지 오른쪽에 [개인용 채점프로그램] 클릭합니다. 이어서, [ASO_MAG_PER_250101] 파일의 압축을 해제한 후 [ASO_MAG_PER_250101] 폴더에서 '개인용 채점 프로그램(MAG_Personal)_실행 파일'을 더블클릭하여 실행합니다.

※ 채점 프로그램 폴더는 임의로 이름을 변경하거나 삭제하면 작동되지 않습니다.

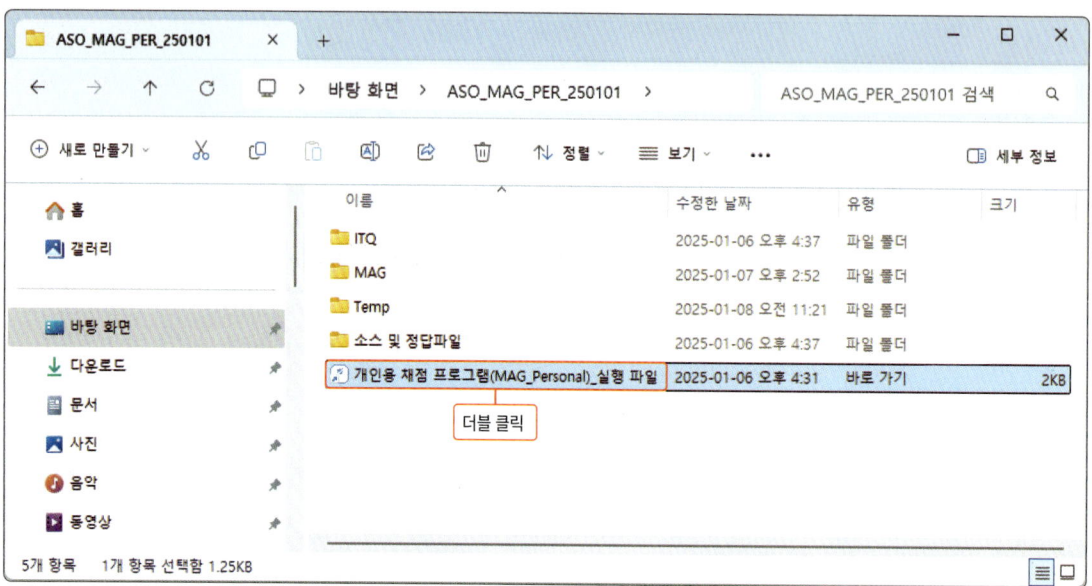

❸ 〈채점 프로그램 바로가기〉 단추를 클릭합니다.

❹ 자동 채점 프로그램이 실행되면 [DIAT 자격증] 탭을 클릭한 다음 채점하고자 하는 표지 아래 〈채점시작〉 단추를 클릭합니다.

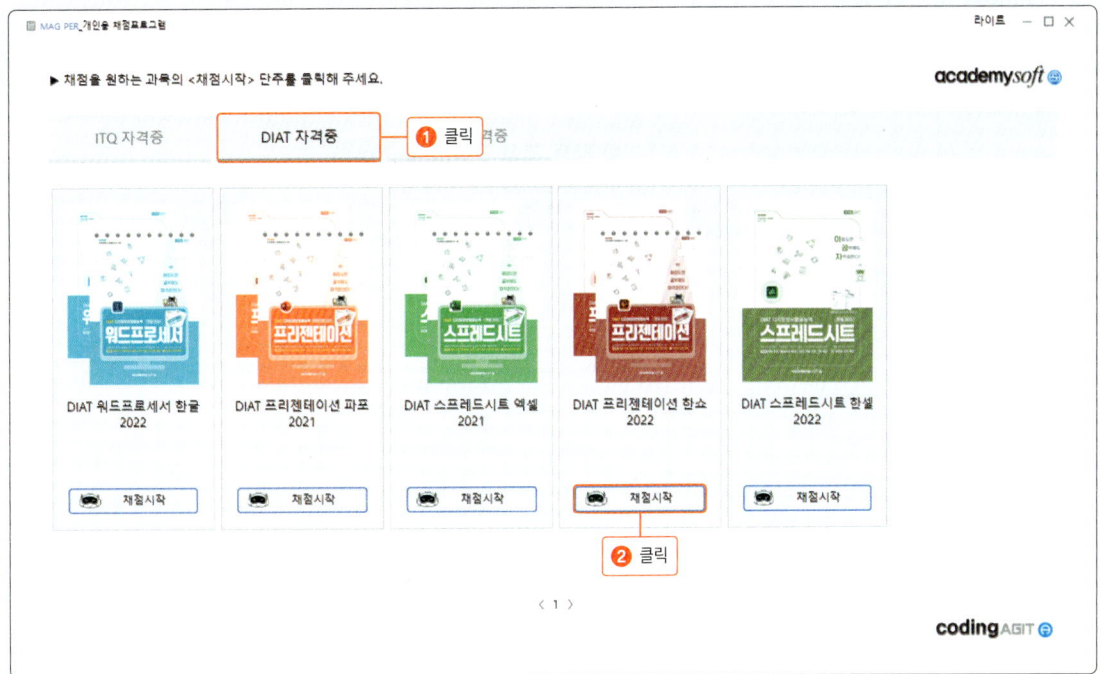

❺ [MAG PER_개인용 채점프로그램] 대화상자가 나오면 [정답 파일]에서 드롭다운(▼) 단추를 클릭합니다. 이어서, [열기] 대화상자가 나오면 채점에 사용할 정답 파일을 선택한 후 〈열기〉 단추를 클릭합니다.

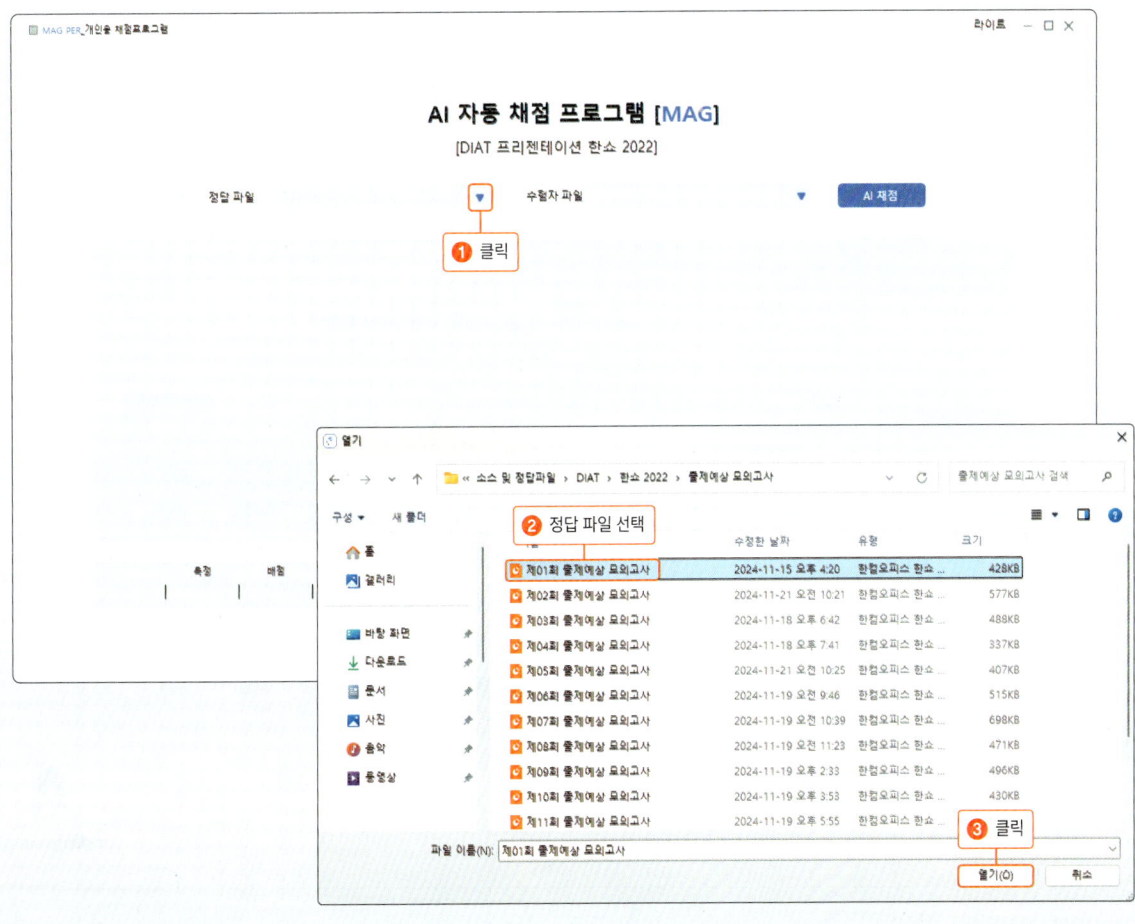

❻ 정답 파일이 열리면 [수험자 파일]에서 드롭다운(▼) 단추를 클릭합니다. 이어서, [열기] 대화상자가 나오면 정답 파일과 비교하여 채점할 학생 답안 파일을 선택한 후 〈열기〉 단추를 클릭한 다음 〈AI 채점〉 단추를 클릭합니다.

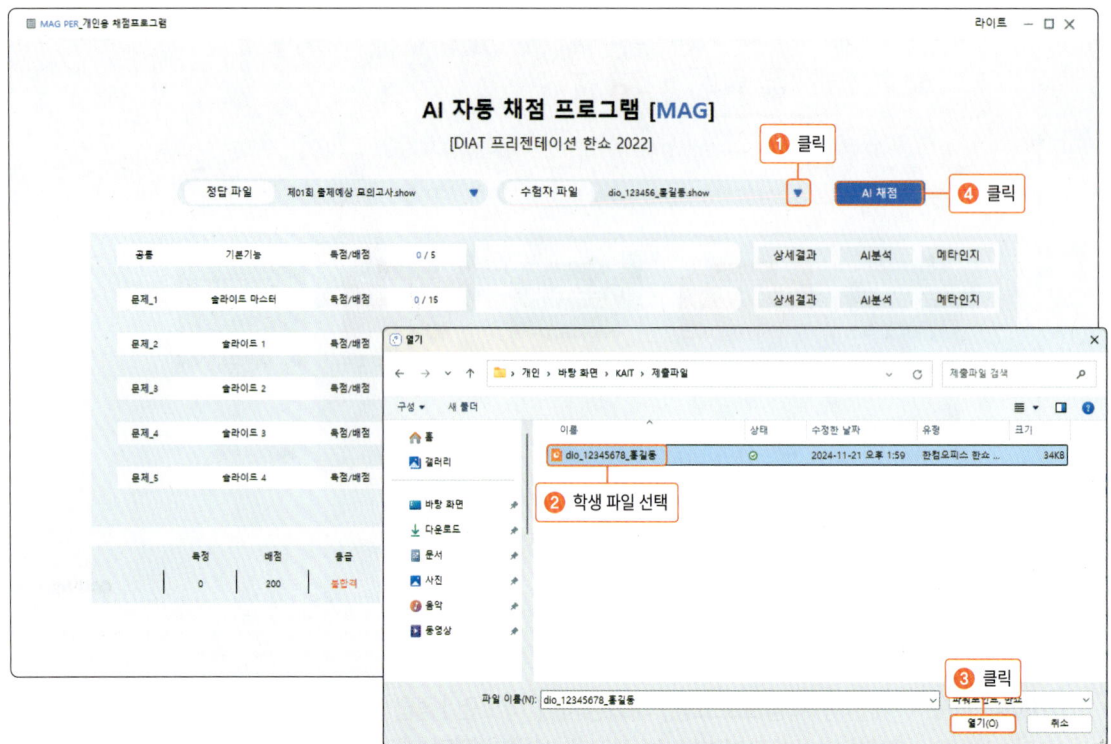

❼ 채점이 완료되면 문제별 전체 점수에서 맞은 점수를 확인하실 수 있습니다. 각 기능별로 자세하게 틀린 부분을 확인 할 때는 문제별 오른쪽에 〈상세결과〉 단추를 클릭하여 [정답] 항목과 비교하여 틀린 부분을 다시 확인합니다.

※ 〈상세결과〉, 〈AI 분석〉, 〈메타인지〉 부분은 2025년부터 순차적으로 업데이트가 될 예정입니다.

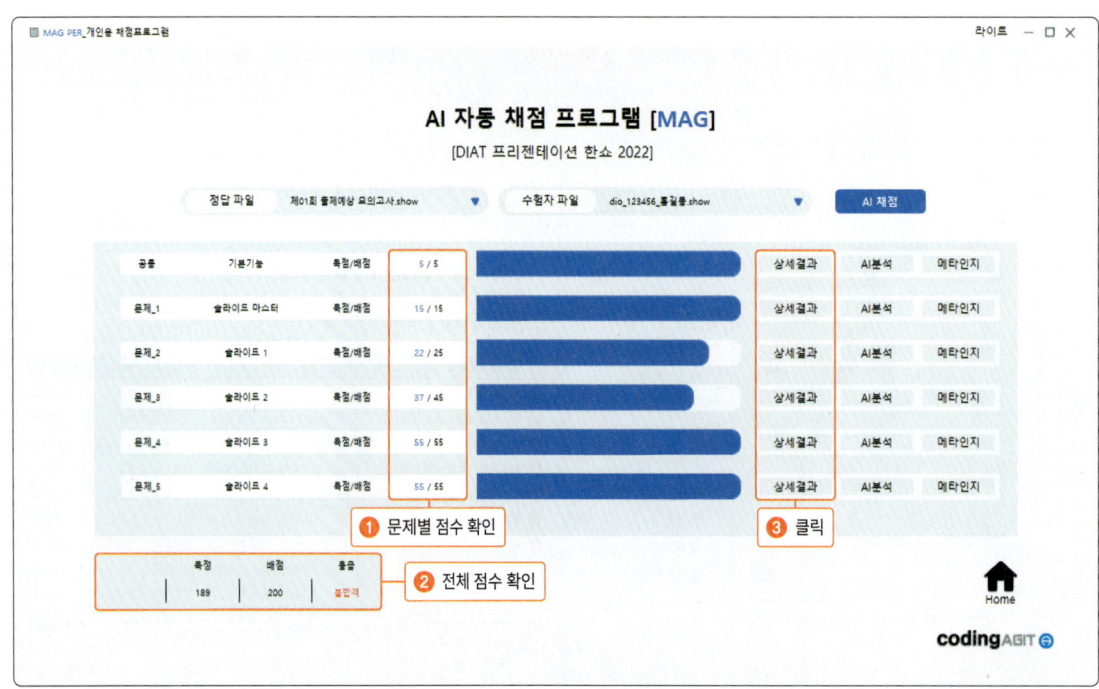

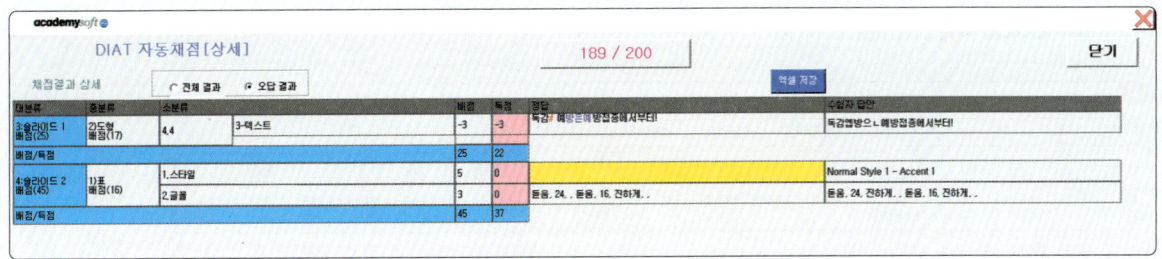

4. 한쇼 2022 화면 구성

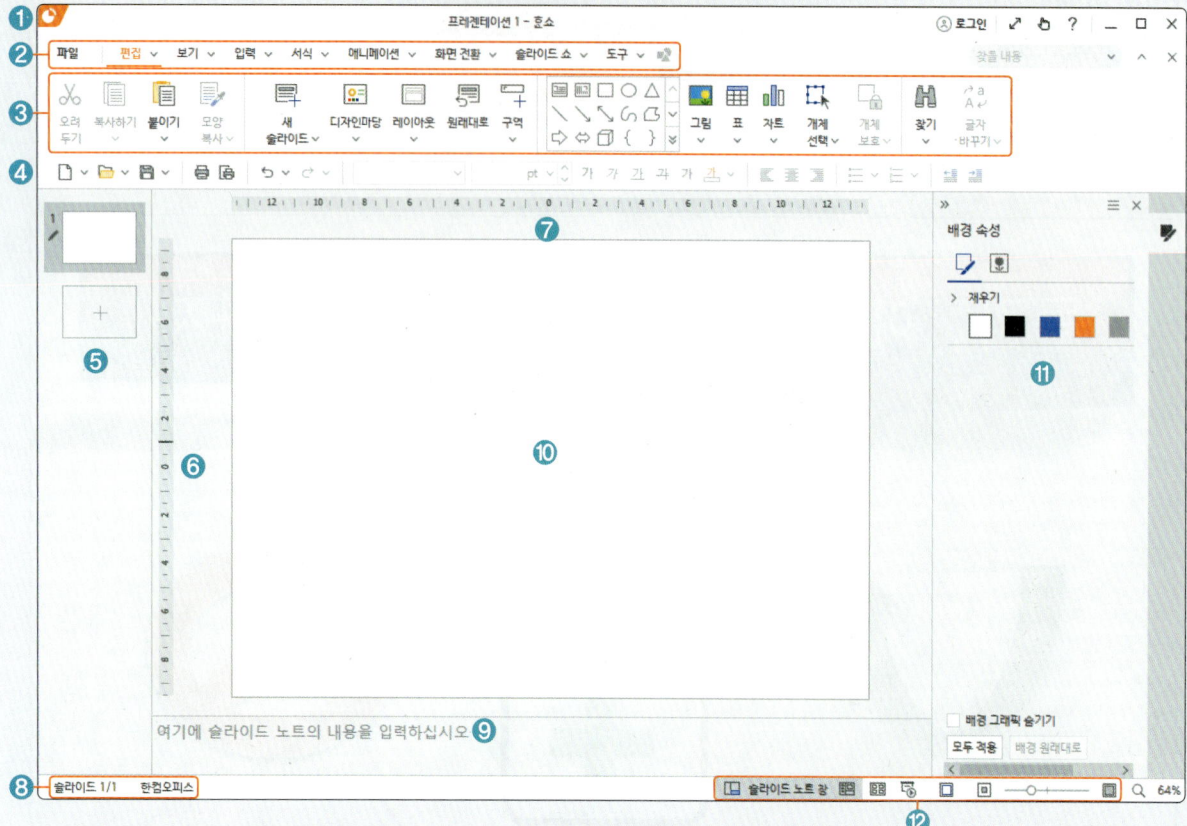

❶ **제목** : 프로그램의 제목과 한컴독스 로그인 단추 및 [전체 화면], [크게 보기(기본 보기)], [도움말], [최소화], [최대화(이전 크기로)], [끝] 단추가 나타납니다.

❷ **메뉴** : 프로그램에서 사용하는 메뉴를 비슷한 기능별로 묶어 놓은 곳입니다. 오른쪽 영역에는 [찾을 내용] 입력란, [기본 도구 상자 접기/펴기] 및 [문서 닫기] 단추가 나타납니다.

❸ **기본 도구 상자** : 각 메뉴에서 자주 사용하는 기능을 그룹별로 묶어서 메뉴 탭 형식으로 제공합니다. 기본적으로는 메뉴별 도구 상자가 나타나며, 상황에 따라 개체별, 상태별 도구 상자가 동적으로 나타납니다.

❹ **서식 도구 상자** : 문서 편집 시 자주 사용하는 기능을 모아 아이콘으로 묶어서 놓은 곳입니다.

❺ **슬라이드 보기 창** : 문서 내 모든 슬라이드가 목록으로 표시됩니다.

❻ **세로 눈금자** : 개체의 세로 위치나 높이를 파악하기 위해 사용합니다.

❼ **가로 눈금자** : 개체의 가로 위치나 너비를 파악하기 위해 사용합니다.

❽ **상황 선** : 현재 슬라이드 번호/전체 슬라이드 개수, 보기 상태 등 기본 정보를 보여 줍니다.

❾ **슬라이드 노트** : 슬라이드에 대한 보충 설명을 입력합니다. 입력한 내용은 슬라이드 쇼를 진행할 때는 나타나지 않습니다.

❿ **편집 창** : 프레젠테이션 문서를 편집하는 영역입니다.

⓫ **작업 창** : 작업 창을 활용하면 문서 편집 시간을 줄이고 작업 속도를 높이는 등 효율적인 문서 작업을 수행할 수 있습니다.

⓬ **보기 종류 및 배율** : 화면 보기 종류와 배율을 설정할 수 있는 단추입니다.

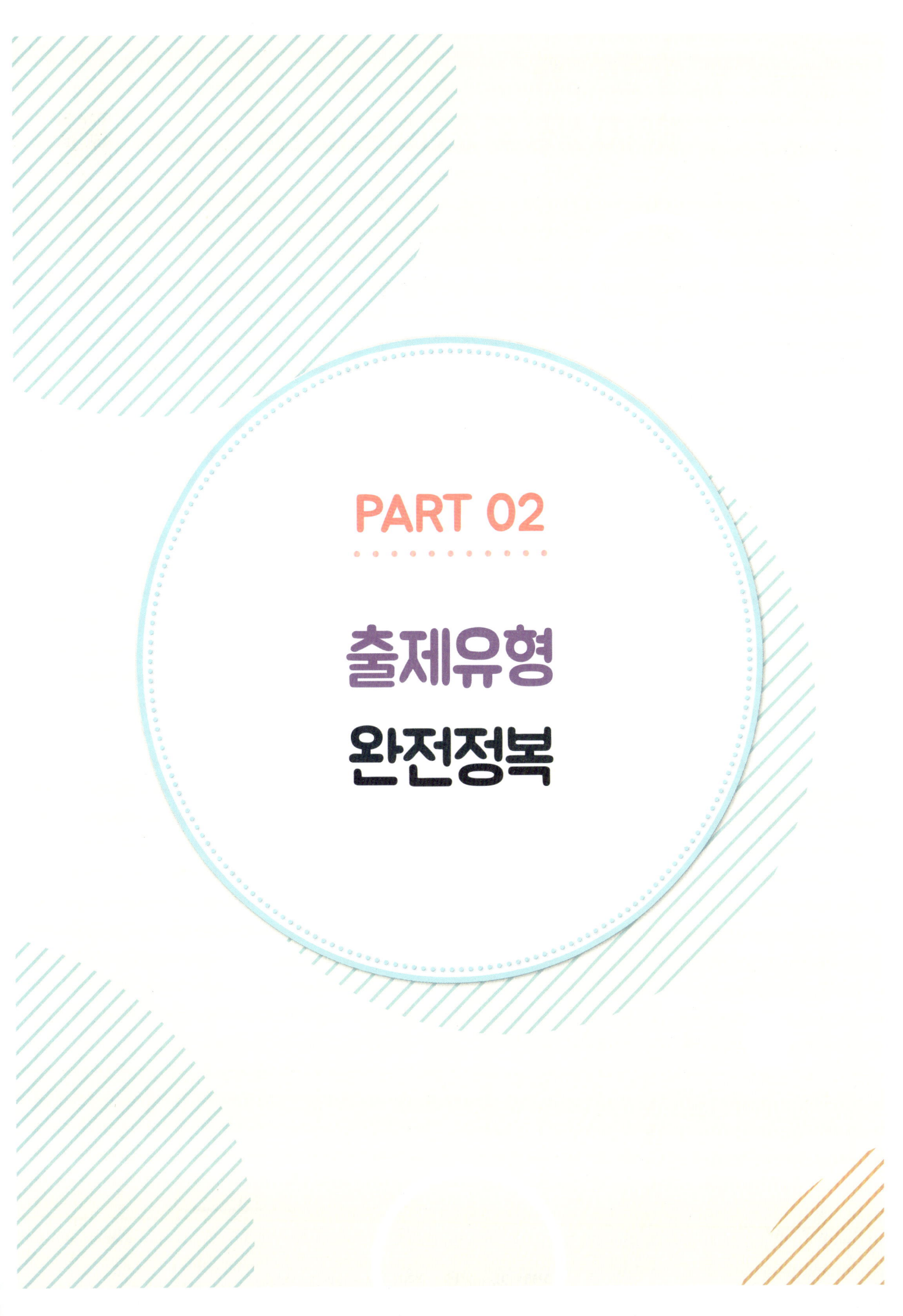

출제유형 01

페이지 설정 및 슬라이드 마스터

PART 02 출제유형 완전정복

- ☑ 페이지 설정 후 레이아웃 변경하기
- ☑ 슬라이드 마스터 지정하기

문제 풀이

문제 미리보기

소스 파일 : 없음   정답 파일 : [출제유형 01]-유형01_정답.show

◆ 유의 사항

- 《작성조건》을 준수하여 반드시 프리젠테이션 슬라이드로 작업합니다.
- 글꼴 및 기타 사항에 대해 별도의 지시사항이 없는 경우, 슬라이드 크기와 전체적인 균형을 고려하여 임의로 작성하되, 도형은 그룹으로 설정하지 않습니다.
- 새 프레젠테이션 만들기 - 한컴오피스, 쪽 설정(종류 - A4용지(210×297mm)), 슬라이드 방향(가로)로 지정합니다.
  ▶ 슬라이드 크기, 방향 조정 시 '맞춤 확인'으로 지정하여야 합니다.
- 공통적용사항(슬라이드 마스터)
  ▶ 도형 ⇒ 사각형 : 대각선 방향의 모서리가 둥근 사각형,
    도형 스타일('밝은 계열 - 강조 6'), 글꼴(돋움, 20pt, 진하게, 그림자)
- 그림 삽입 시 다운로드 한 그림 파일을 반드시 사용하여야 합니다.
- ⟶ 은 지시사항이므로 작성하지 않습니다.
- 슬라이드에 제시된 글자 및 숫자 오타는 감점 처리됩니다.

◆ 아래의 작성조건 및 출력형태에 알맞게 첫 번째 슬라이드에 작업하시오.   (30점)

《출력형태》

01 페이지 설정하기

- **유의사항**
  - 새 프레젠테이션 만들기 – 한컴오피스, 쪽 설정(종류 – A4용지(210×297mm)), 슬라이드 방향(가로)로 지정합니다.
    ▶ 슬라이드 크기, 방향 조정 시 '맞춤 확인'으로 지정하여야 합니다.

❶ [시작]–[한쇼 2022]를 클릭합니다.

> **TIP — 시험장 오피스 프로그램 환경**
> 실제 시험장에서는 시험이 시작됨과 동시에 답안 파일(한쇼 2022)이 자동으로 열립니다. 답안 파일이 자동으로 실행되면 파일명(dio_123456_홍길동.show)을 확인합니다.

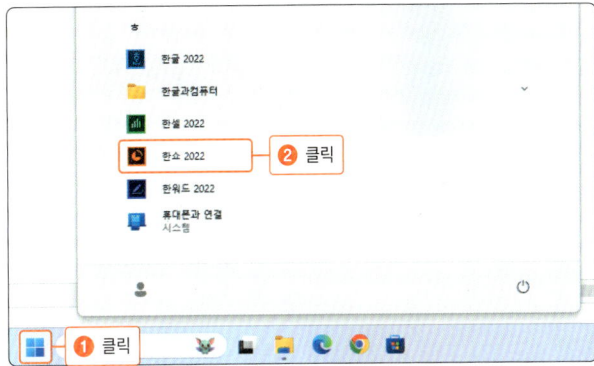

❷ [문서 시작 도우미] 대화상자가 나오면 '한쇼' 탭이 선택된 것을 확인하고 **'새 문서'**를 클릭합니다.

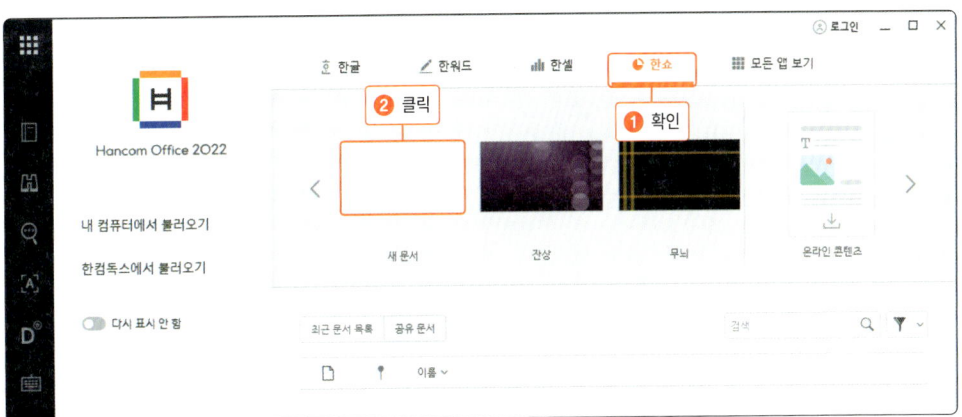

❸ 슬라이드 크기 설정을 위해 [파일]–[쪽 설정(F7)]을 클릭합니다.

❹ [쪽 설정] 대화상자가 나오면 [용지 종류]–'A4 용지(210×297mm)'를 선택한 후 [슬라이드 방향]–'가로'를 확인한 다음 〈확인〉 단추를 클릭합니다. 이어서, [최대화/맞춤 확인] 대화상자가 나오면 **'맞춤 확인'**을 클릭한 후 〈확인〉 단추를 클릭합니다.

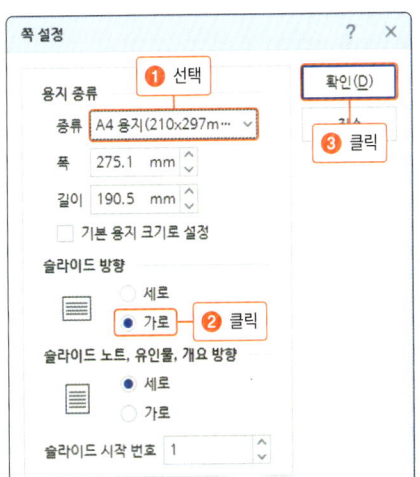
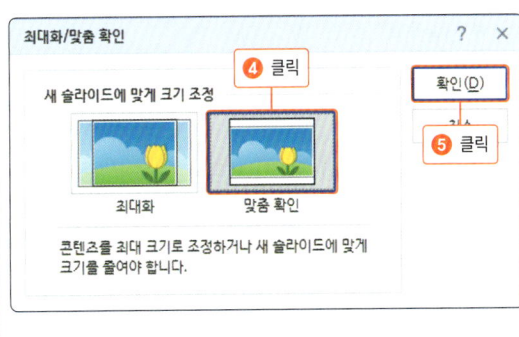

02 슬라이드 레이아웃 지정하기

① [편집] 탭에서 [레이아웃(▭)]-'빈 화면'을 클릭합니다.

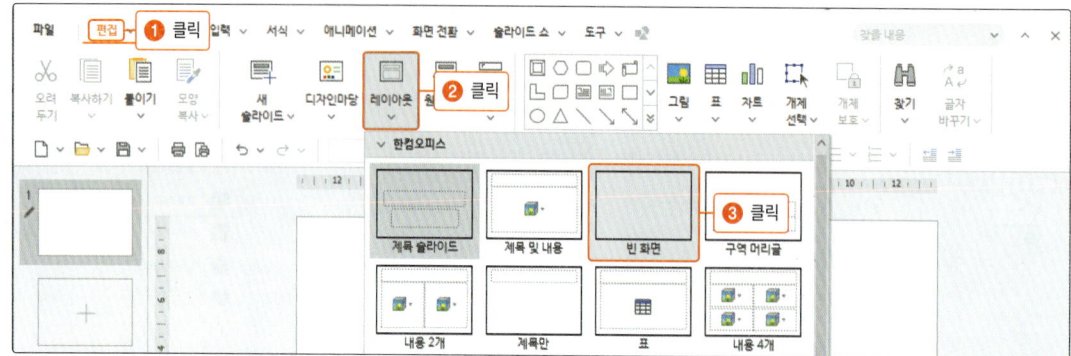

② 슬라이드를 추가하기 위해 슬라이드 탭에서 **첫 번째 슬라이드**를 클릭한 후 Enter 키를 세 번 눌러 총 4개의 슬라이드를 만듭니다.

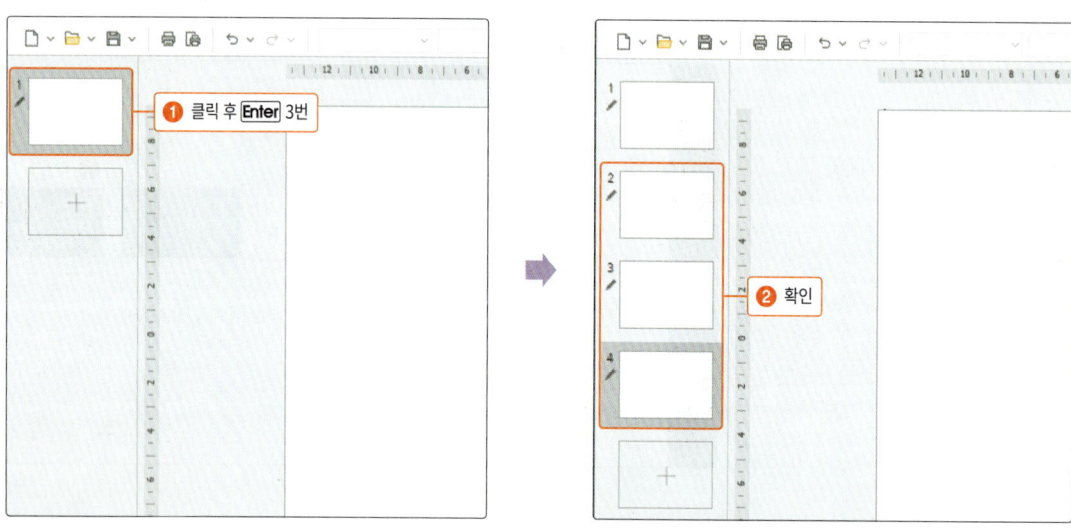

03 슬라이드 마스터 작성하기

◆ 유의 사항
  ● 공통적용사항(슬라이드 마스터)
    ▶ 도형 ⇒ 사각형 : '대각선 방향의 모서리가 둥근 사각형', 도형 스타일('밝은 계열 – 강조 6'), 글꼴(돋움, 20pt, 진하게, 그림자)

① [보기] 탭에서 '슬라이드 마스터(▭)'를 클릭합니다.

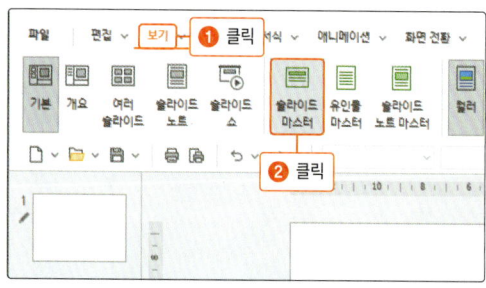

❷ 모든 슬라이드에 슬라이드 마스터를 적용하기 위해 마스터 미리보기 창에서 목록 맨 위에 있는 '**한컴 오피스 슬라이드 마스터 : 슬라이드 1-4에서 사용**'을 클릭합니다.

❸ [입력] 탭에서 '도형' 이미지 꾸러미의 자세히(⌄) 단추를 클릭한 후 [사각형]-'대각선 방향의 모서리가 둥근 사각형(▢)'을 클릭합니다.

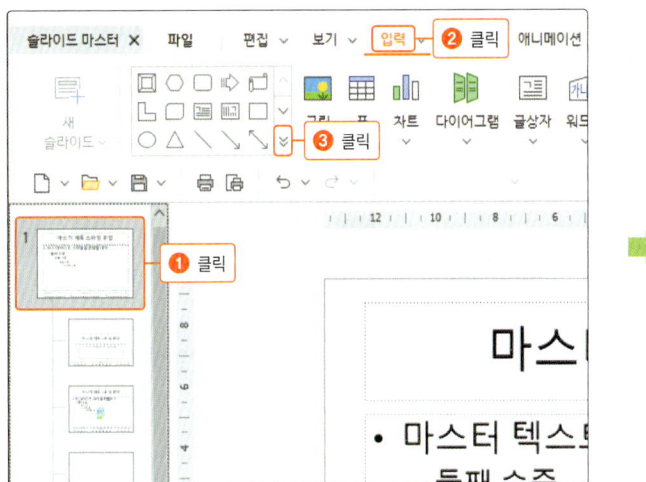 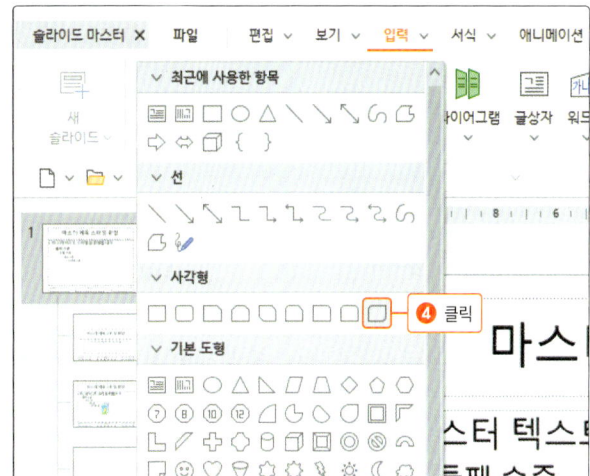

❹ 마우스 포인터가 ✛ 모양으로 변경되면 드래그하여 도형을 삽입합니다. 이어서 조절점(●)을 드래그하여 《출력형태》와 같이 크기를 조절한 후, 위치를 변경합니다.

※ 슬라이드 마스터에 삽입되는 도형의 크기와 위치는 《출력형태》를 참고하여 작업합니다.

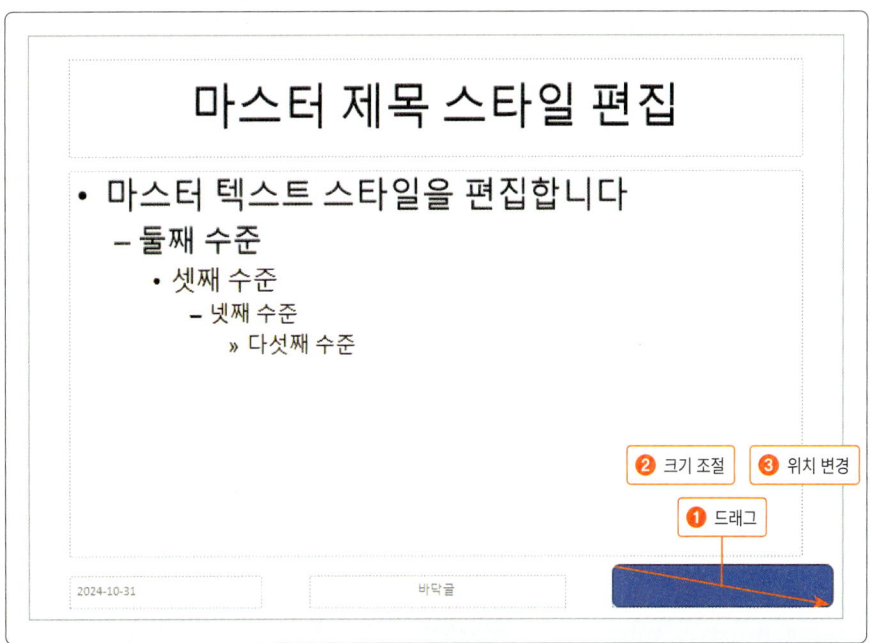

❺ 도형이 선택된 상태에서 '**전기 차량**'을 입력한 후 Esc 키를 누릅니다.

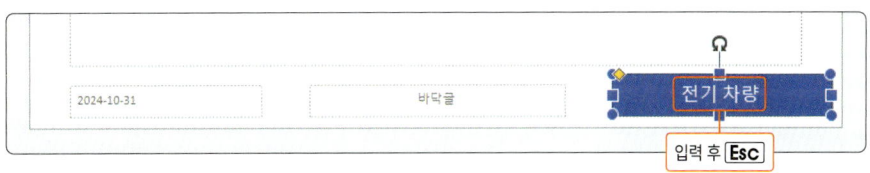

❻ 도형 스타일을 변경하기 위해 [도형(🔲)] 탭에서 자세히(⌄) 단추를 클릭한 후 '밝은 계열 – 강조 6(🔲)'을 클릭합니다.

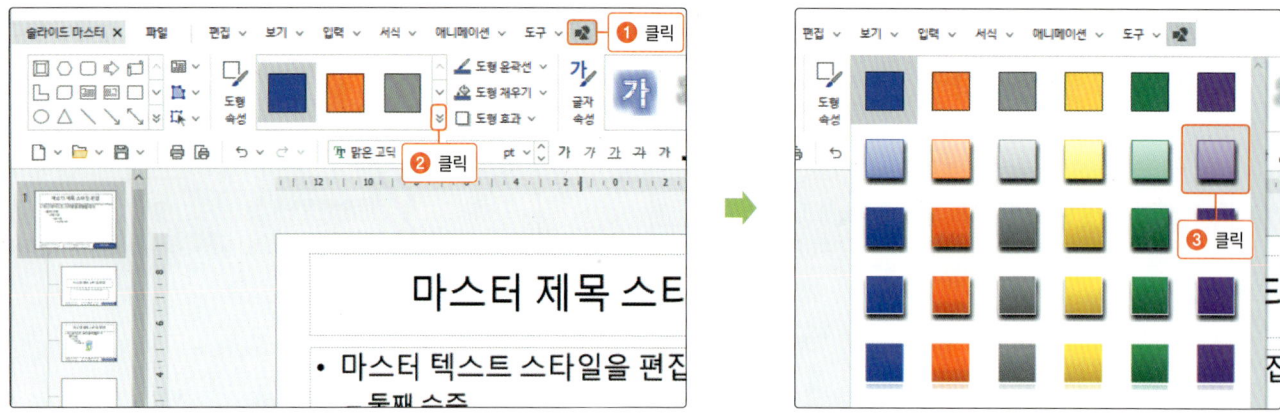

❼ 글자 서식을 지정하기 위해 [서식] 탭에서 '글꼴(돋움), 글자 크기(20pt), 진하게(가), 그림자(가)'를 지정합니다.

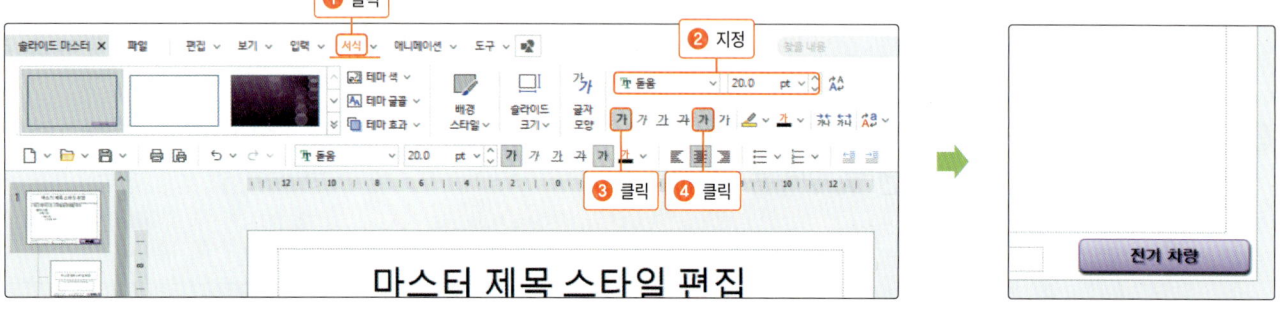

TIP 텍스트가 두 줄로 나오는 경우

글자 서식을 변경한 후 입력한 텍스트가 두 줄로 바뀌는 이유는 글꼴의 크기에 비해 도형의 크기가 작기 때문입니다. 이런 경우에는 도형의 가운데 조절점(🔲)을 드래그하여 도형의 크기(너비)를 조절합니다.

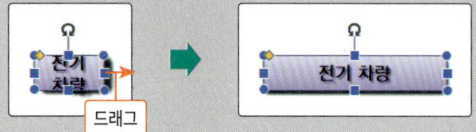

글자 서식 변경

[서식] 탭에서 글자 서식을 변경해도 되지만 아래 그림과 같이 [서식] 도구 상자에서 간단히 지정하는 것이 편리합니다.

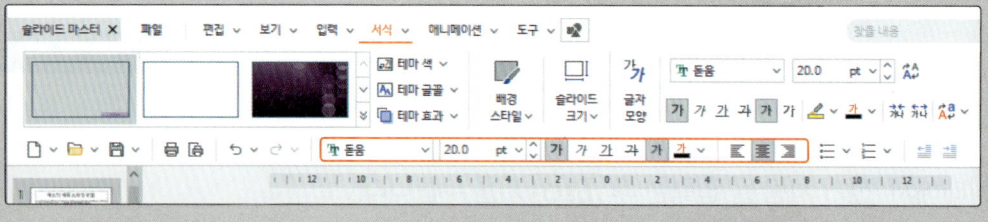

❽ 슬라이드 마스터에 도형이 완성되면 [슬라이드 마스터] 탭에서 '닫기(⊗)'를 클릭합니다.

※ 슬라이드 마스터에서 작성한 도형을 수정해야 할 경우에는 [보기] 탭에서 '슬라이드 마스터(▭)'를 클릭하여 맨 위쪽 슬라이드([한컴 오피스 슬라이드 마스터 : 슬라이드 1-4에서 사용])에서 수정합니다.

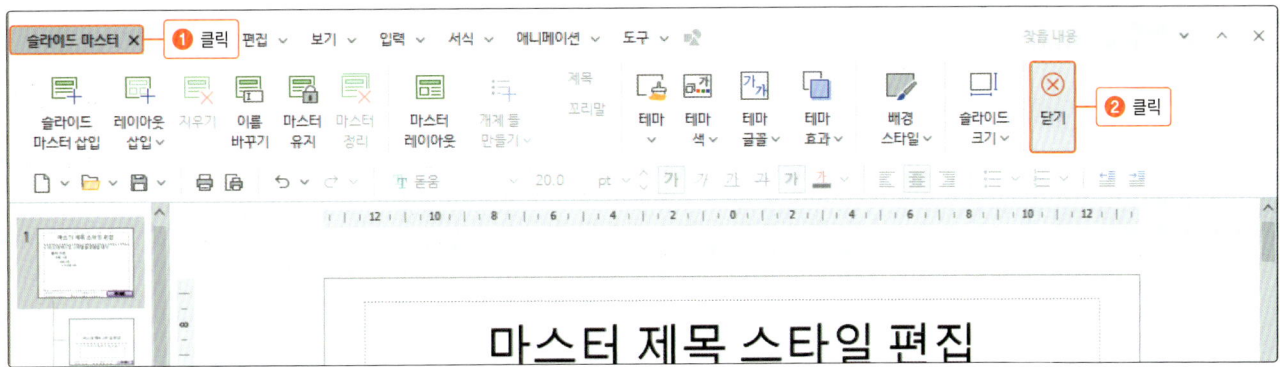

❾ 모든 슬라이드에 도형이 삽입된 것을 확인한 후 [파일]-[저장하기](Ctrl+S) 또는 [서식] 도구 상자에서 '저장하기(▭)'를 클릭합니다.

※ 실제 시험을 볼 때 작업 도중에 수시로(10분에 한 번 정도) 저장을 하는 것이 좋습니다.

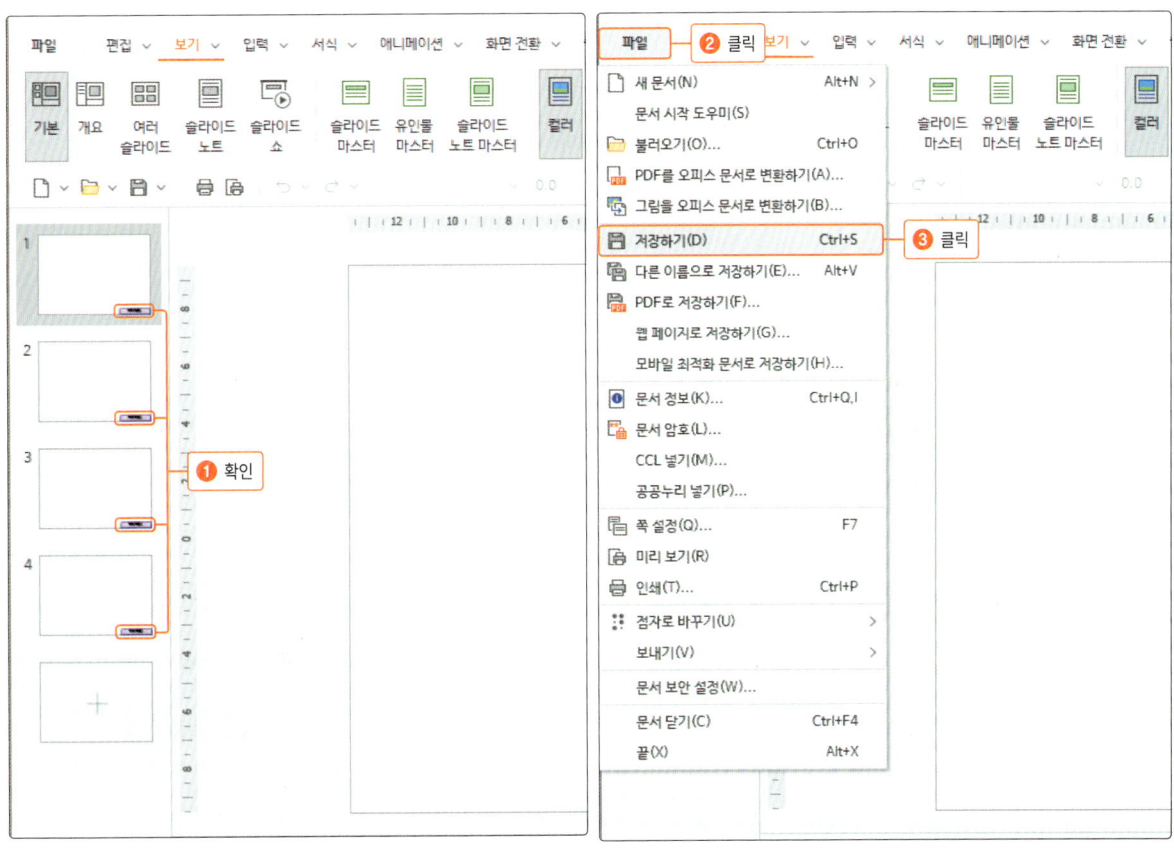

페이지 설정 및 슬라이드 마스터

 아래의 작성조건 및 출력형태에 알맞게 작업하시오.

• 소스파일 : 없음   • 정답파일 : [출제유형 01]- 정복01_정답01.show

《출력형태》

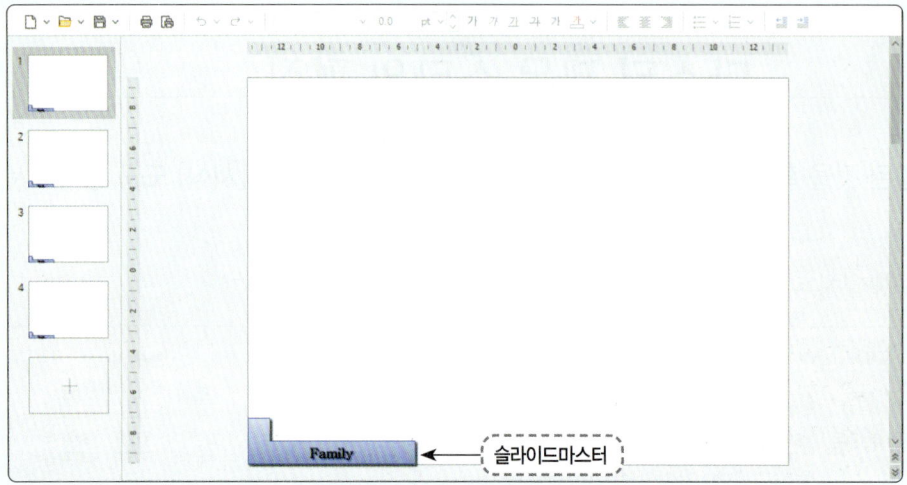

《유의사항》

● 새 프레젠테이션 만들기 – 한컴오피스, 쪽 설정(종류 – A4용지(210×297mm)), 슬라이드 방향(가로)로 지정합니다.
  ▶ 슬라이드 크기, 방향 조정 시 '맞춤 확인'으로 지정하여야 합니다.
● 공통적용사항(슬라이드 마스터)
  ▶ 도형 ⇒ 기본 도형 : 'L 도형', 도형 스타일('밝은 계열 – 강조 1'), 글꼴(바탕, 20pt, 진하게, 그림자)

02 아래의 작성조건 및 출력형태에 알맞게 작업하시오.

• 소스파일 : 없음   • 정답파일 : [출제유형 01]- 정복01_정답02.show

《유의사항》

● 새 프레젠테이션 만들기 – 한컴오피스, 쪽 설정(종류 – A4용지(210×297mm)), 슬라이드 방향(가로)로 지정합니다.
  ▶ 슬라이드 크기, 방향 조정 시 '맞춤 확인'으로 지정하여야 합니다.
● 공통적용사항(슬라이드 마스터)
  ▶ 도형 ⇒ 별 및 현수막 : '가로로 말린 두루마리 모양', 도형 스타일('보통 효과 – 강조 1'), 글꼴(궁서, 18pt, 진하게, 그림자)

《출력형태》

03 아래의 작성조건 및 출력형태에 알맞게 작업하시오.

• 소스파일 : 없음   • 정답파일 : [출제유형 01]– 정복01_정답03.show

《유의사항》

《출력형태》

- 새 프레젠테이션 만들기 – 한컴오피스, 쪽 설정(종류 – A4용지(210×297mm)), 슬라이드 방향(가로)로 지정합니다.
  ▶ 슬라이드 크기, 방향 조정 시 '맞춤 확인'으로 지정하여야 합니다.
- 공통적용사항(슬라이드 마스터)
  ▶ 도형 ⇒ 블록 화살표 : '줄무늬가 있는 오른쪽 화살표', 도형 스타일 ('밝은 계열 – 강조 2'), 글꼴(돋움, 20pt, 진하게, 보라)

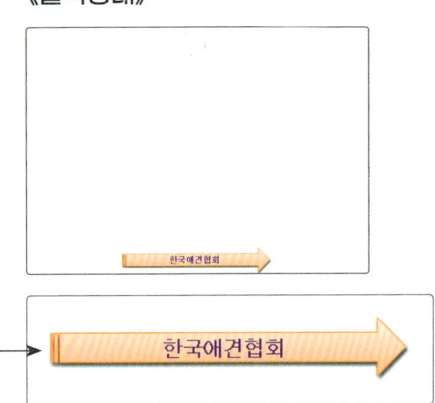

04 아래의 작성조건 및 출력형태에 알맞게 작업하시오.

• 소스파일 : 없음   • 정답파일 : [출제유형 01]– 정복01_정답04.show

《유의사항》

《출력형태》

- 새 프레젠테이션 만들기 – 한컴오피스, 쪽 설정(종류 – A4용지(210×297mm)), 슬라이드 방향(가로)로 지정합니다.
  ▶ 슬라이드 크기, 방향 조정 시 '맞춤 확인'으로 지정하여야 합니다.
- 공통적용사항(슬라이드 마스터)
  ▶ 도형 ⇒ 사각형 : '모서리가 둥근 직사각형', 도형 스타일('밝은 계열 – 강조 5'), 글꼴(궁서, 18pt, 진하게, 기울임)

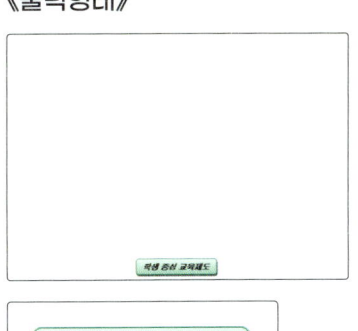

05 아래의 작성조건 및 출력형태에 알맞게 작업하시오.

• 소스파일 : 없음   • 정답파일 : [출제유형 01]– 정복01_정답05.show

《작성조건》

《출력형태》

- 새 프레젠테이션 만들기 – 한컴오피스, 쪽 설정(종류 – A4용지(210×297mm)), 슬라이드 방향(가로)로 지정합니다.
  ▶ 슬라이드 크기, 방향 조정 시 '맞춤 확인'으로 지정하여야 합니다.
- 공통적용사항(슬라이드 마스터)
  ▶ 도형 ⇒ 기본 도형 : '육각형', 도형 스타일('어두운 계열 – 강조 1'), 글꼴(궁서, 18pt, 진하게, 그림자)

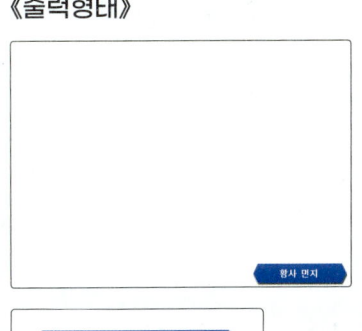

출제유형 02

PART 02 출제유형 완전정복

[슬라이드1] 제목 도형

문제 풀이

☑ 도형을 작성한 후 도형 서식 지정하기
☑ 도형에 글자를 입력한 후 글자 서식 변경하기

문제 미리보기

소스 파일 : [출제유형 02]-유형02_문제.show   정답 파일 : [출제유형 02]-유형02_정답.show

◆ 【슬라이드1】 아래의 작성조건 및 출력형태에 알맞게 첫 번째 슬라이드에 작업하시오.   (30점)

《출력형태》

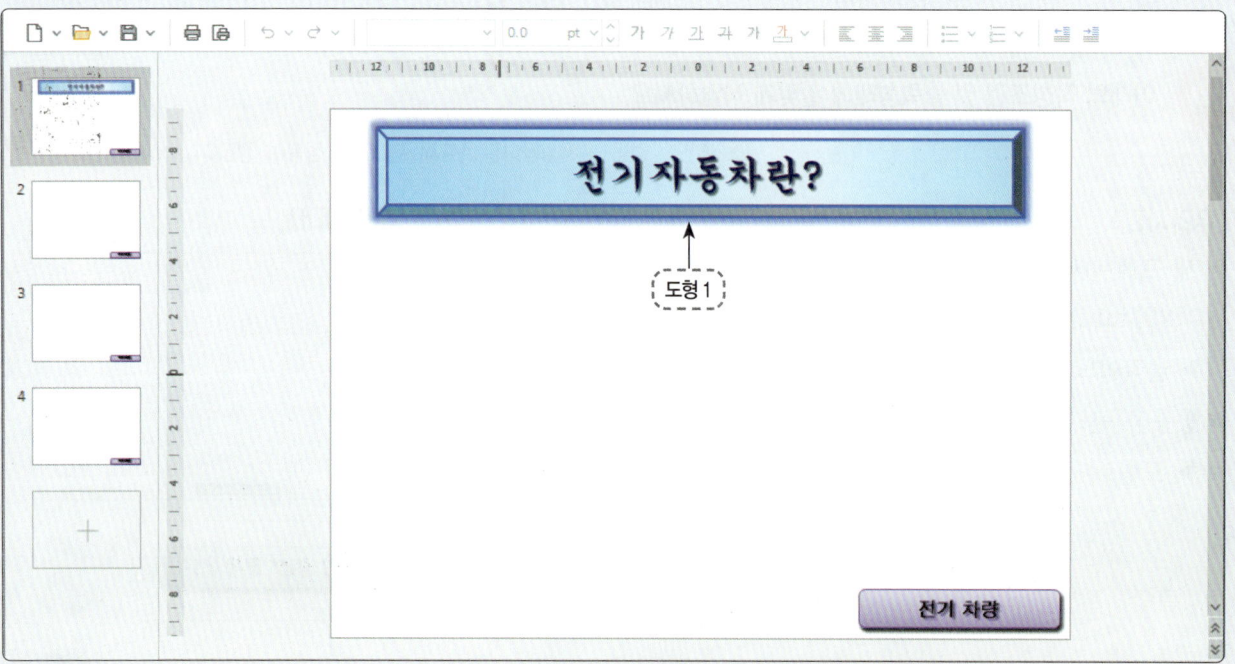

《작성조건》

▶ 도형 1 ⇒ 기본 도형 : '빗면', 도형 채우기(그러데이션 : 유형 – 솜사탕 2, 종류 – 선형, 방향 – 선형 – 왼쪽에서),
  선 색(단색, 색 : '강조 1 하늘색'), 선 스타일(선 종류 : 실선, 굵기 : 3pt, 겹선 종류 : 단순형),
  도형 효과(네온 – '강조색 1, 10 pt'), 글꼴(궁서, 40pt, 그림자, 검은 군청)

▶ 도형 2 ⇒ 기본 도형 : '현', 도형 채우기('강조 1 하늘색'), 선 없음,
  도형 효과(그림자 – 바깥쪽 – 가운데, 반사 – '1/3 크기, 4 pt')

▶ 도형 3 ⇒ 기본 도형 : '톱니바퀴1', 도형 스타일('테두리 – 강조 6, 채우기 없음')

▶ 그림 삽입 ⇒ 그림 1 삽입, 크기(너비 : 60mm, 높이 : 60mm)

▶ 글상자(전기에너지를 동력원으로 사용하는 자동차) ⇒ 글꼴(돋움, 20pt, 진하게, 기울임)

▶ 애니메이션 지정 ⇒ 도형 1 : 나타내기 – 닦아내기

▶ 지시사항이 없는 부분은《출력형태》와 동일하게 작성하시오.

 **도형 1 작성하기**

▶ 도형 1 ⇒ 기본 도형 : '빗면', 도형 채우기(그러데이션 : 유형 – 솜사탕 2, 종류 – 선형, 방향 – 선형 – 왼쪽에서), 선 색(단색, 색 : '강조 1 하늘색'),
　선 스타일(선 종류 : 실선, 굵기 : 3pt, 겹선 종류 : 단순형), 도형 효과(네온 – '강조색 1, 10 pt'), 글꼴(궁서, 40pt, 그림자, 검은 군청)

❶ [파일]–[불러오기](Ctrl+O)를 클릭합니다. [불러오기] 대화상자가 나오면 '유형02_문제.show' 파일을 불러옵니다.

❷ 첫 번째 슬라이드를 클릭합니다. [입력] 탭에서 '도형' 이미지 꾸러미의 자세히(⌄) 단추를 클릭한 후 [기본 도형]–'빗면(▢)'을 클릭합니다.

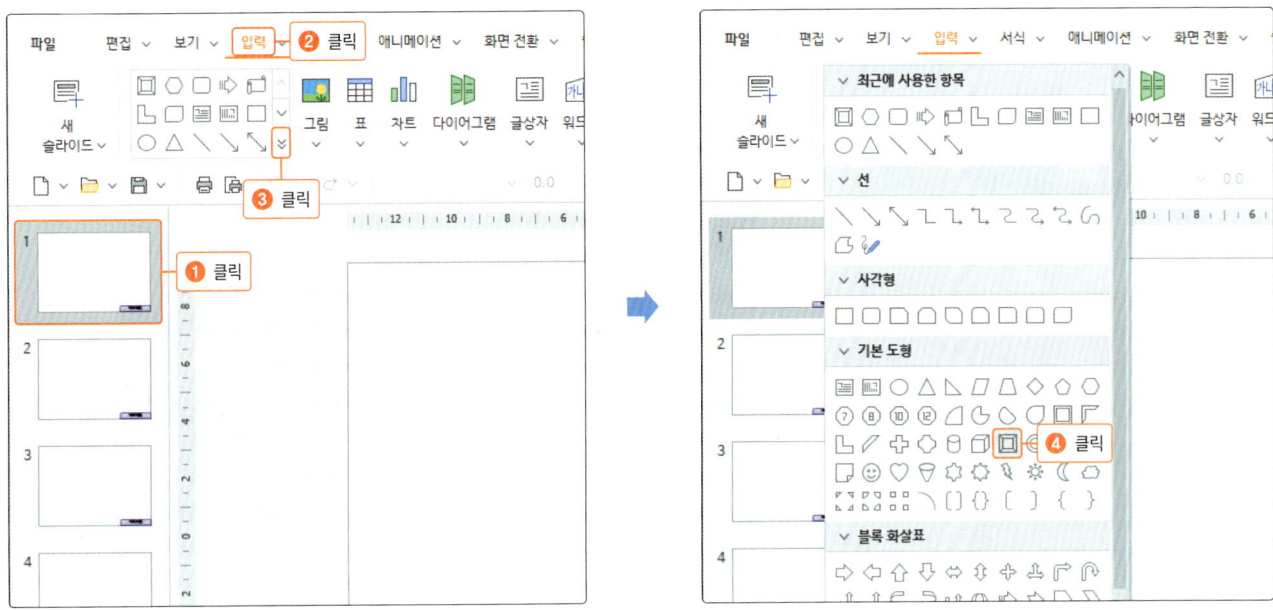

❸ 마우스 포인터가 ✚ 모양으로 변경되면 드래그하여 도형을 삽입합니다. 이어서, 조절점(●)을 드래그하여 《출력형태》와 같이 크기를 조절한 후 위치를 변경합니다.

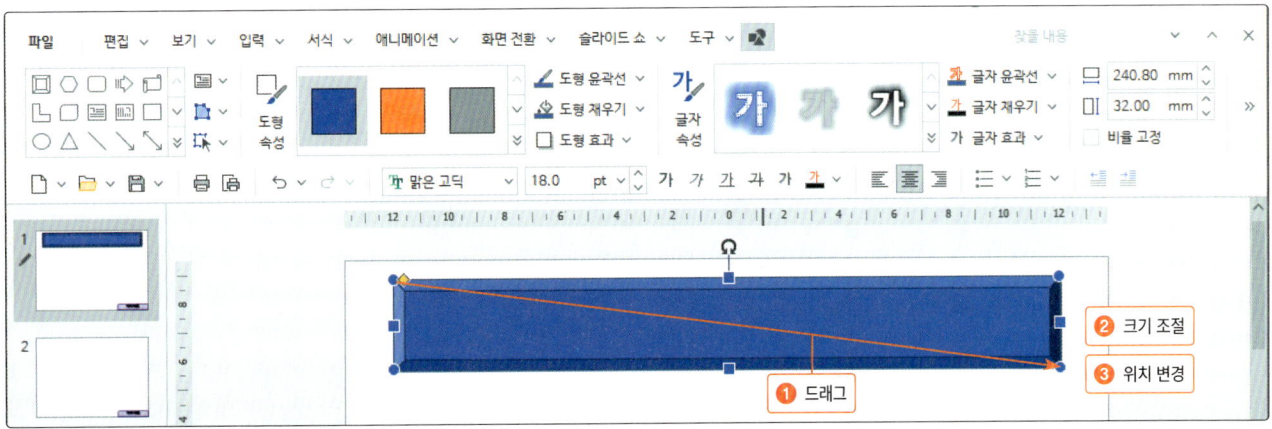

④ 도형이 선택된 상태에서 '**전기자동차란?**'을 입력한 후 Esc 키를 누릅니다.

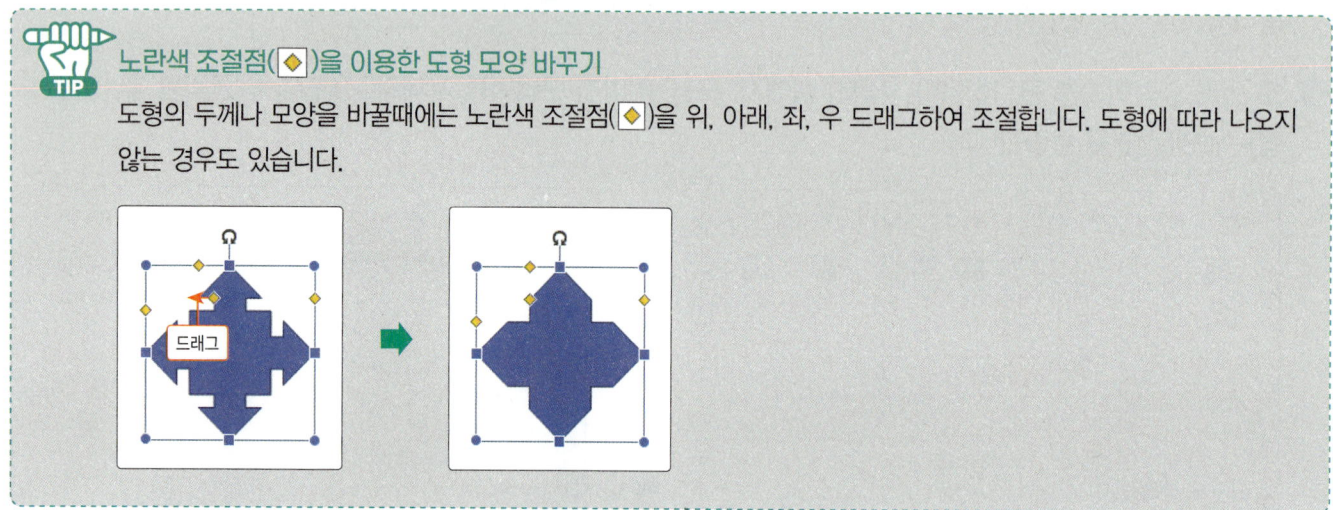

노란색 조절점(◆)을 이용한 도형 모양 바꾸기

도형의 두께나 모양을 바꿀때에는 노란색 조절점(◆)을 위, 아래, 좌, 우 드래그하여 조절합니다. 도형에 따라 나오지 않는 경우도 있습니다.

⑤ 도형에 그러데이션을 채우기 위해 도형 위에서 마우스 오른쪽 단추를 눌러 바로 가기 메뉴가 나오면 '**개체 속성**'을 클릭합니다.

※ 도형 안에 글자가 입력된 도형은 글자가 없는 부분 위에서 마우스 오른쪽 단추를 눌러 바로 가기 메뉴를 실행합니다.
※ 도형을 선택한 상태에서 더블클릭해도 [개체 속성] 작업 창이 실행됩니다.

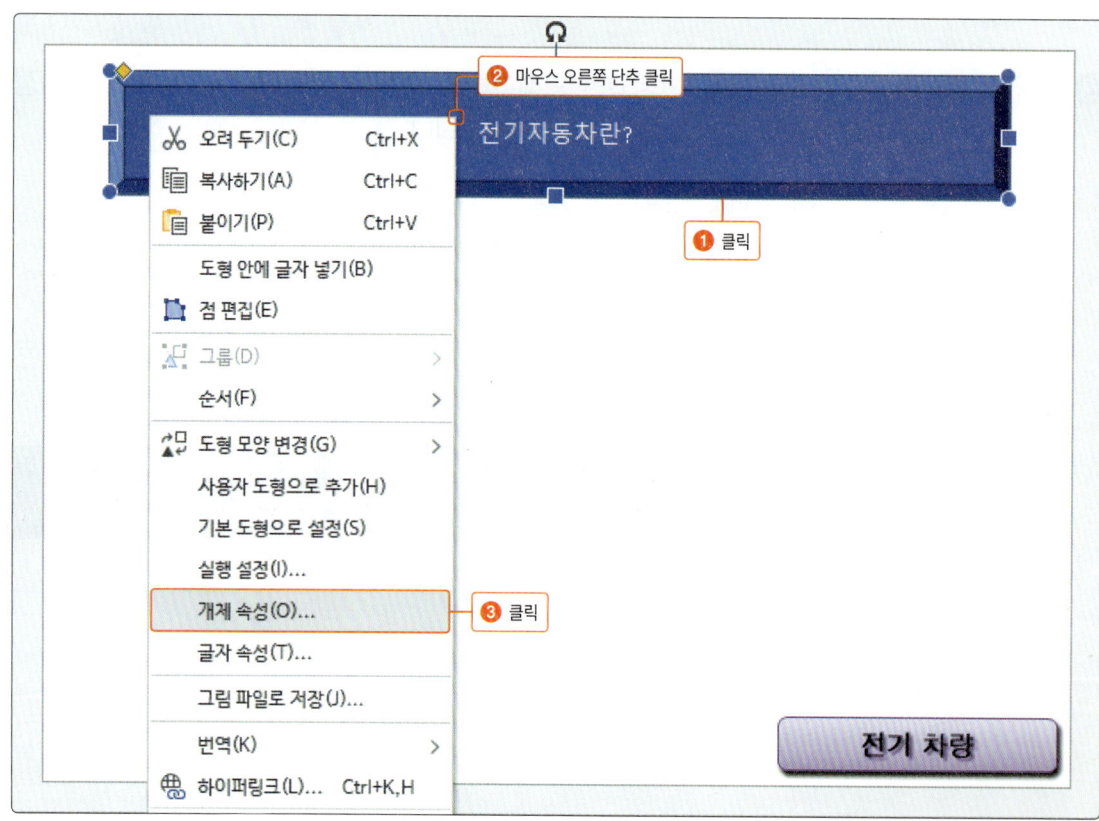

❻ [개체 속성] 작업 창이 나오면 [채우기] 탭을 클릭합니다. '그러데이션'을 클릭한 후 '미리 설정(솜사탕 2(▢))', 종류(선형(▢)), 방향(선형 - 왼쪽에서(▢))'을 지정합니다.

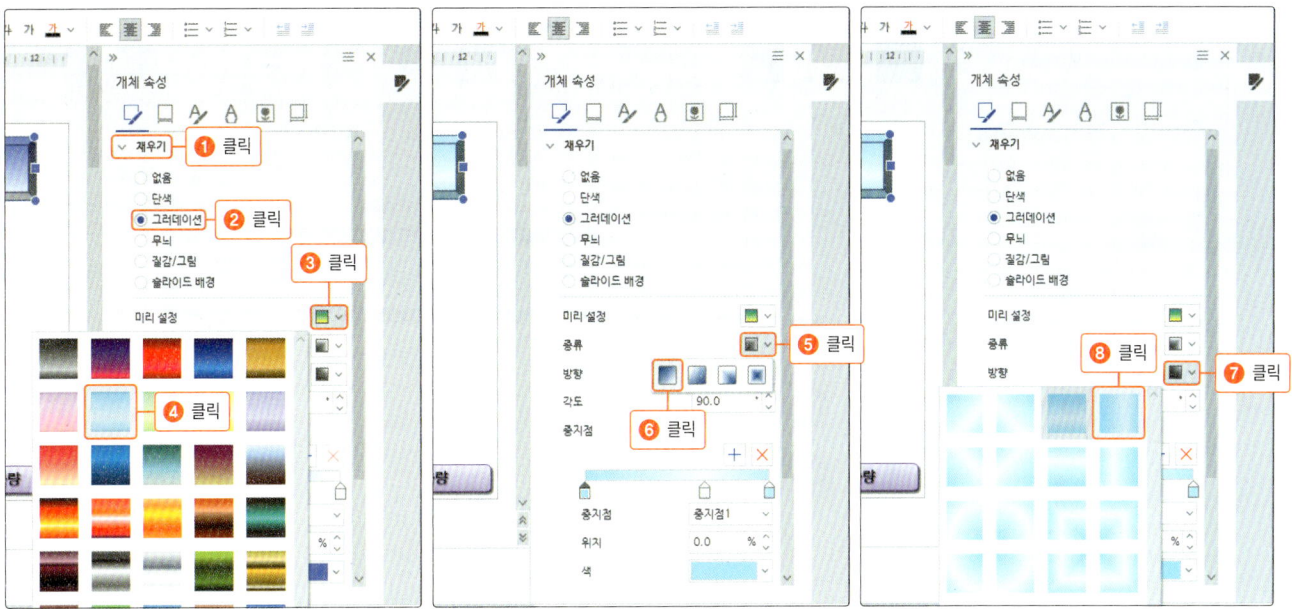

❼ [선] 탭을 클릭한 후 '선 색(단색)'을 클릭한 다음 [색]-'강조 1 하늘색'을 선택합니다. 이어서 '선 종류(실선(———)), 굵기(3pt), 겹선 종류(단순형(———))'을 지정한 후 〈작업 창 닫기(✕)〉 단추를 클릭합니다.

※《작성조건》에서 겹선 종류를 '단순형'으로 지정하라는 문제가 나오면 기본 값이 '단순형'이기 때문에 확인한 후 다음 작업을 진행해도 됩니다.

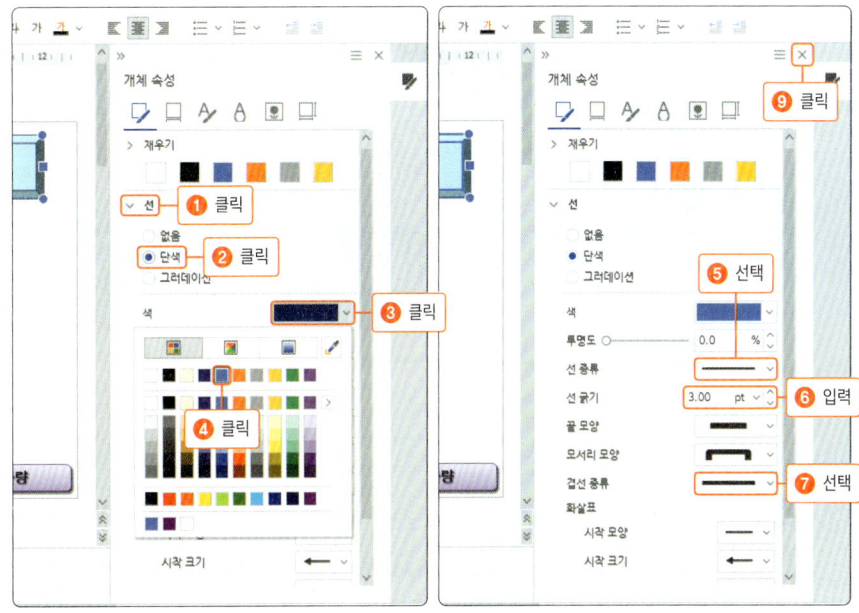

⑧ 도형 효과를 지정하기 위해 [도형( )] 탭에서 [도형 효과]-[네온]-'강조색 1, 10 pt( )'를 클릭합니다.

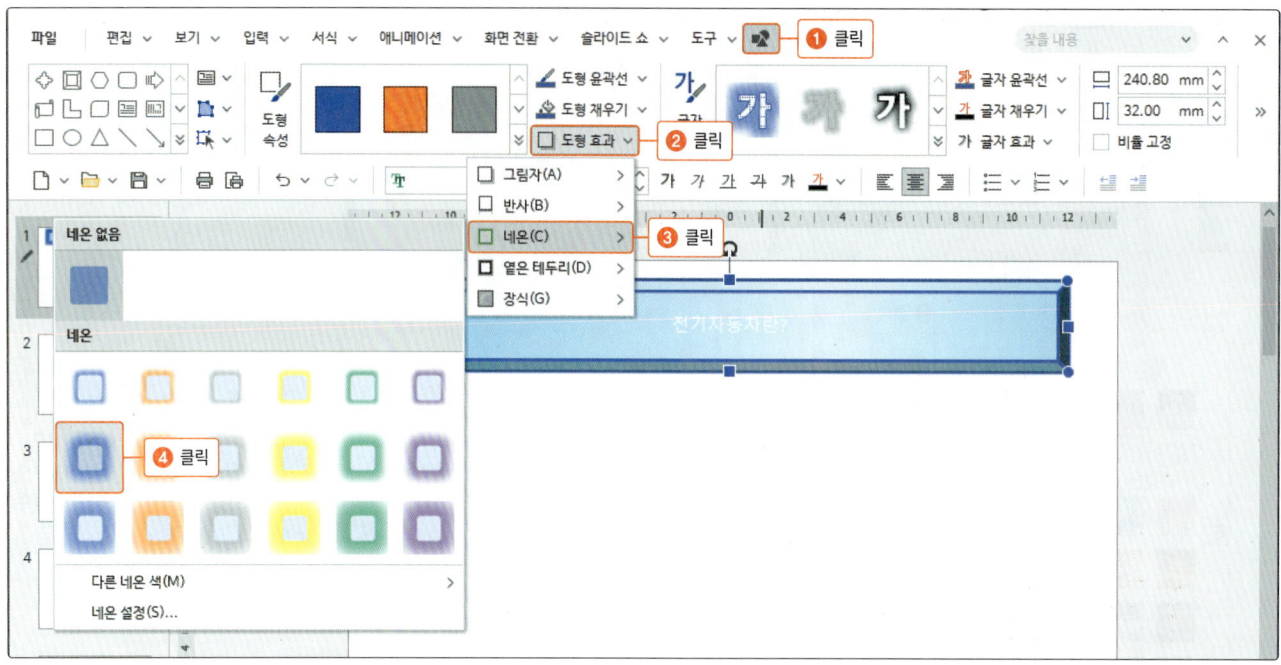

⑨ 글자 서식을 지정하기 위해 [서식] 탭에서 '글꼴(궁서), 글자 크기(40pt), 그림자(가), 글자 색(검은 군청)'을 지정합니다.

※ 글자 서식을 지정할 때는 도형의 테두리를 클릭하거나 내용을 드래그하여 블록으로 지정한 후 작업합니다.

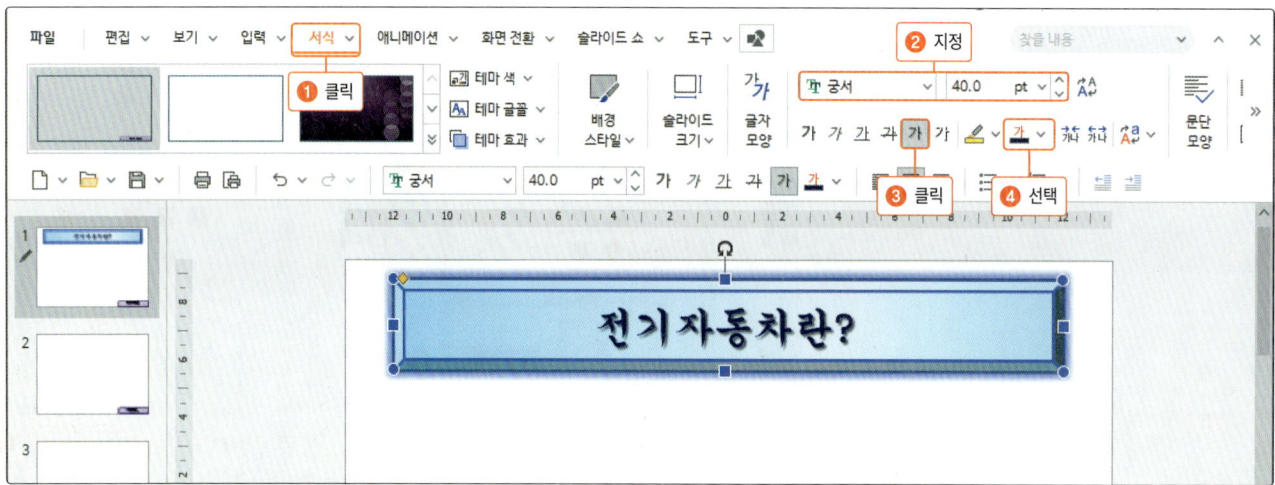

⑩ [파일]-[저장하기](Ctrl + S) 또는 [서식] 도구 상자에서 '저장하기( )'를 클릭합니다.

※ 실제 시험을 볼 때 작업 도중에 수시로(10분에 한 번 정도) 저장을 하는 것이 좋습니다.

[슬라이드1] 제목 도형

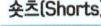

01 아래의 작성조건 및 출력형태에 알맞게 작업하시오.

· 소스파일 : [출제유형 02]- 정복02_문제01.show   · 정답파일 : [출제유형 02]- 정복02_정답01.show

《출력형태》

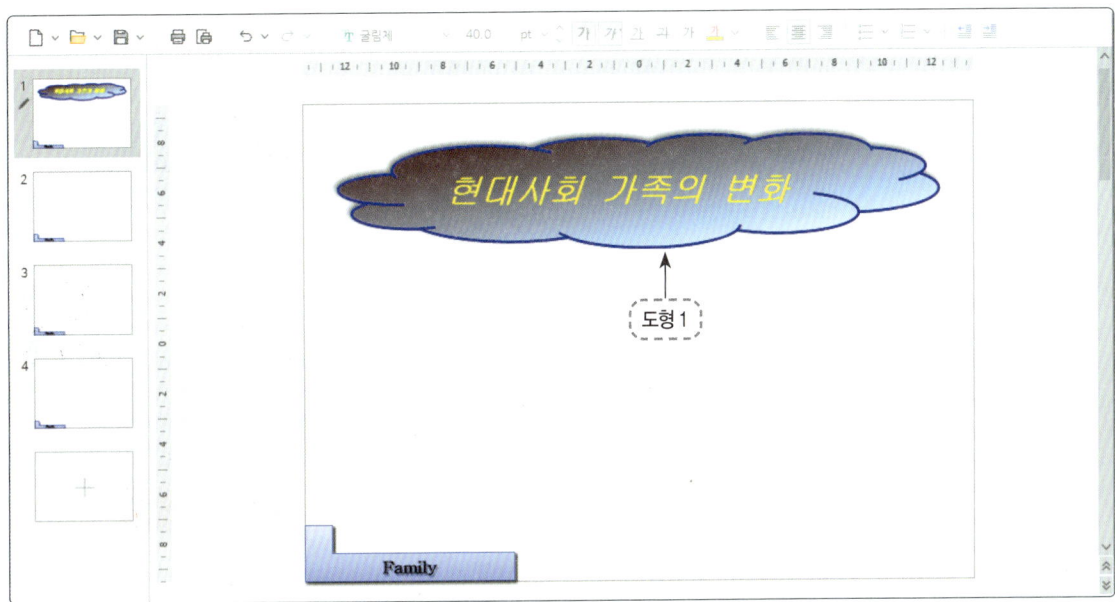

《작성조건》

▶ 도형 1 ⇒ 기본 도형 : '구름', 도형 채우기(그러데이션 : 유형 – 우물, 종류 – 선형, 방향 – 선형 – 오른쪽 아래에서), 선 색(단색, 색 : 파랑, 굵기 : 3pt, 겹선 종류 : 단순형), 도형 효과(그림자 – 바깥쪽 – 대각선 왼쪽 위), 글꼴(굴림체, 40pt, 진하게, 기울임, 노랑)

02 아래의 작성조건 및 출력형태에 알맞게 작업하시오.

· 소스파일 : 없음   · 정답파일 : [출제유형 02]- 정복02_정답02.show

《작성조건》

▶ 도형 1 ⇒ 기본 도형 : '정육면체', 도형 채우기(그러데이션 : 유형 – 신호등 3, 종류 – 방사형, 방향 – 방사형 – 가운데에서), 선 색(단색, 색 : 노랑, 굵기 : 1pt, 겹선 종류 : 단순형), 도형 효과(그림자 – 원근감 – 대각선 오른쪽 위), 글꼴(돋움체, 40pt, 굵게, 그림자, 노랑)

《출력형태》

03 아래의 작성조건 및 출력형태에 알맞게 작업하시오.

· 소스파일 : 없음   · 정답파일 : [출제유형 02]- 정복02_정답03.show

《작성조건》

▶ 도형 1 ⇒ 기본 도형 : '정오각형', 도형 채우기(그러데이션 : 유형 – 시냇가, 종류 – 선형, 방향 – 선형 – 위쪽에서), 선 색(단색, 색 : 검은 군청, 선 종류 : 긴 점선, 굵기 : 3pt, 겹선 종류 : 단순형), 도형 효과(그림자 – 원근감 – 아래쪽), 글꼴(궁서체, 40pt, 진하게, 그림자, 노랑)

《출력형태》

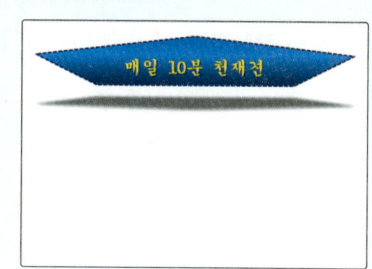

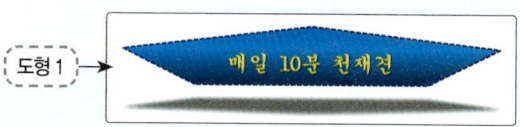

---

04 아래의 작성조건 및 출력형태에 알맞게 작업하시오.

· 소스파일 : 없음   · 정답파일 : [출제유형 02]- 정복02_정답04.show

《작성조건》

▶ 도형 1 ⇒ 기본 도형 : '육각형', 도형 채우기(그러데이션 : 유형 – 개나리, 종류 – 방사형, 방향 – 방사형 – 가운데에서), 도형 윤곽선(실선, 색 : 빨강, 굵기 : 2pt, 겹선 종류 : 단순형), 도형 효과(3차원 효과 – 둥글게), 글꼴(돋움체, 44pt, 진하게, 그림자, 검정)

《출력형태》

---

05 아래의 작성조건 및 출력형태에 알맞게 작업하시오.

· 소스파일 : 없음   · 정답파일 : [출제유형 02]- 정복02_정답05.show

《작성조건》

▶ 도형 1 ⇒ 기본 도형 : '십자형', 도형 채우기(그러데이션 : 유형 – 청동, 종류 – 선형, 방향 – 선형 – 왼쪽에서), 도형 윤곽선(실선, 색 : 주황, 굵기 : 2pt, 겹선 종류 : 단순형), 도형 효과(그림자 – 바깥쪽 – 대각선 오른쪽 아래), 글꼴(궁서체, 40pt, 진하게, 그림자, 주황)

《출력형태》

06 아래의 작성조건 및 출력형태에 알맞게 작업하시오.

• 소스파일 : 없음   • 정답파일 : [출제유형 02]- 정복02_정답06.show

《작성조건》

▶ 도형 1 ⇒ 기본 도형 : '배지', 도형 채우기(그러데이션 : 유형 – 레몬, 종류 – 선형, 방향 – 선형 – 아래쪽에서), 도형 윤곽선(실선, 색 : 초록, 굵기 : 2.5pt, 겹선 종류 : 단순형), 도형 효과(그림자 – 안쪽 – 가운데), 글꼴(바탕체, 42pt, 진하게, 초록)

《출력형태》

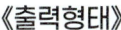

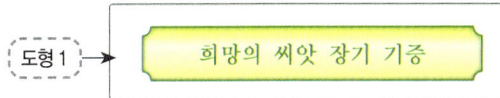

---

07 아래의 작성조건 및 출력형태에 알맞게 작업하시오.

• 소스파일 : 없음   • 정답파일 : [출제유형 02]- 정복02_정답07.show

《작성조건》

▶ 도형 1 ⇒ 기본 도형 : '모서리가 접힌 도형', 도형 채우기(그러데이션 : 유형 – 청명한 하늘, 종류 – 방사형, 방향 – 방사형 – 가운데에서), 도형 윤곽선(실선, 색 : 노랑, 선 종류: 긴 점선, 굵기 : 3pt, 겹선 종류 : 단순형), 도형 효과(네온 – '강조색 1, 10 pt'), 글꼴(궁서체, 36pt, 진하게, 그림자, 밝은 연두색)

《출력형태》

---

08 아래의 작성조건 및 출력형태에 알맞게 작업하시오.

• 소스파일 : 없음   • 정답파일 : [출제유형 02]- 정복02_정답08.show

《작성조건》

▶ 도형 1 ⇒ 별 및 현수막 : '가로로 말린 두루마리 모양', 도형 채우기(그러데이션 : 유형 – 루비, 종류 – 사각형, 방향 – 사각형 – 왼쪽 아래에서), 선 색(단색, 색 : 시안, 굵기 : 3pt, 겹선 종류 : 굵고 얇음), 도형 효과(그림자 – 바깥쪽 – 오른쪽), 글꼴(바탕체, 36pt, 굵게, 그림자, 노랑)

《출력형태》

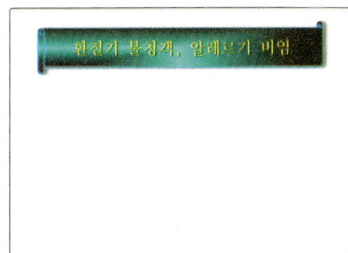

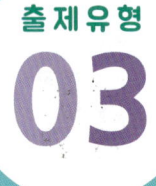

PART 02 출제유형 완전정복

[슬라이드1] 본문 도형

문제 풀이

☑ 도형에 도형 효과 적용하기
☑ 도형에 도형 스타일 적용하기

문제 미리보기

소스 파일 : [출제유형 03]-유형03_문제.show   **정답 파일** : [출제유형 03]-유형03_정답.show

◆ 【슬라이드1】 아래의 작성조건 및 출력형태에 알맞게 첫 번째 슬라이드에 작업하시오.   (30점)

《출력형태》

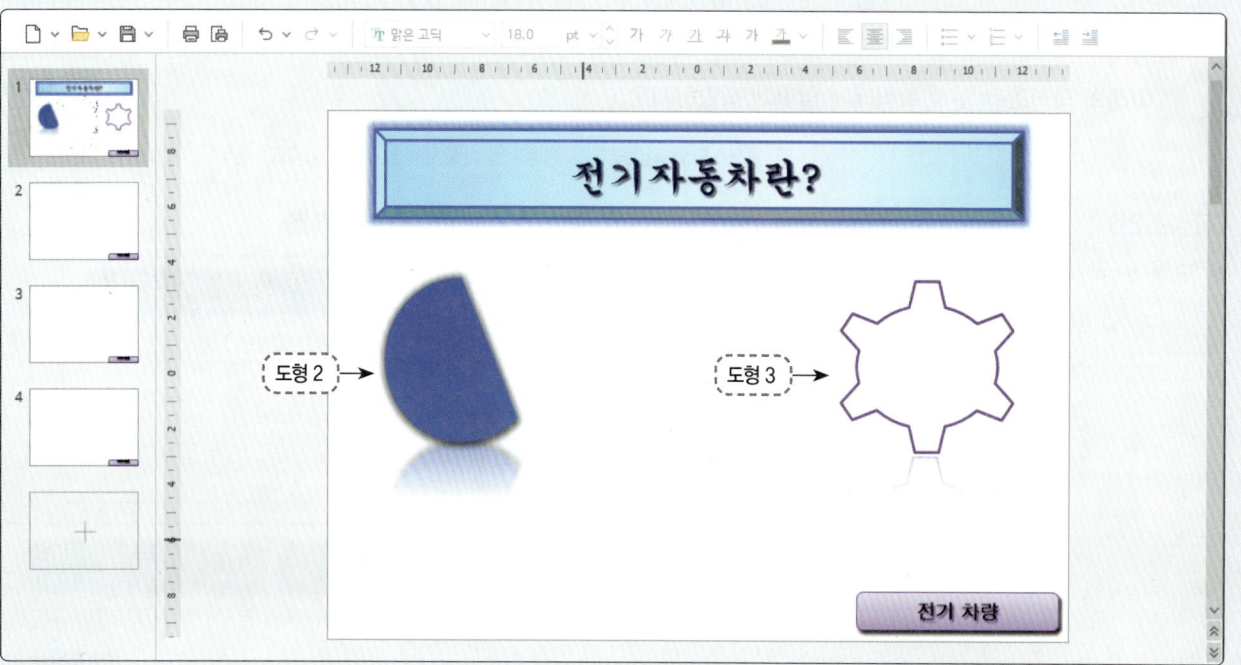

《작성조건》

- ▶ 도형 1 ⇒ 기본 도형 : '빗면', 도형 채우기(그러데이션 : 유형 – 솜사탕 2, 종류 – 선형, 방향 – 선형 – 왼쪽에서), 선 색(단색, 색 : '강조 1 하늘색'), 선 스타일(선 종류 : 실선, 굵기 : 3pt, 겹선 종류 : 단순형), 도형 효과(네온 – '강조색 1, 10 pt'), 글꼴(궁서, 40pt, 그림자, 검은 군청)
- ▶ 도형 2 ⇒ 기본 도형 : '현', 도형 채우기('강조 1 하늘색'), 선 없음, 도형 효과(그림자 – 바깥쪽 – 가운데, 반사 – '1/3 크기, 4 pt')
- ▶ 도형 3 ⇒ 기본 도형 : '톱니바퀴1', 도형 스타일('테두리 – 강조 6, 채우기 없음')
- ▶ 그림 삽입 ⇒ 그림 1 삽입, 크기(너비 : 60mm, 높이 : 60mm)
- ▶ 글상자(전기에너지를 동력원으로 사용하는 자동차) ⇒ 글꼴(돋움, 20pt, 진하게, 기울임)
- ▶ 애니메이션 지정 ⇒ 도형 1 : 나타내기 – 닦아내기
- ▶ 지시사항이 없는 부분은 《출력형태》와 동일하게 작성하시오.

01 도형 2 작성하기

▶ 도형 2 ⇒ 기본 도형 : '현', 도형 채우기('강조 1 하늘색'), 선 없음, 도형 효과(그림자 – 바깥쪽 – 가운데, 반사 – '1/3 크기, 4 pt')

❶ [파일]-[불러오기](Ctrl+O)를 클릭합니다. [불러오기] 대화상자가 나오면 '**유형03_문제.show**' 파일을 불러옵니다.

❷ **첫 번째 슬라이드**를 선택한 후 [**입력**] 탭에서 '도형' 이미지 꾸러미의 자세히(▼) 단추를 클릭한 다음 [**기본 도형**]-'**현**(◐)'을 클릭합니다.

❸ 마우스 포인터가 ✛ 모양으로 변경되면 드래그하여 도형을 삽입합니다. 이어서, 조절점(●)을 드래그하여 《출력형태》와 같이 크기를 조절한 후 위치를 변경합니다.

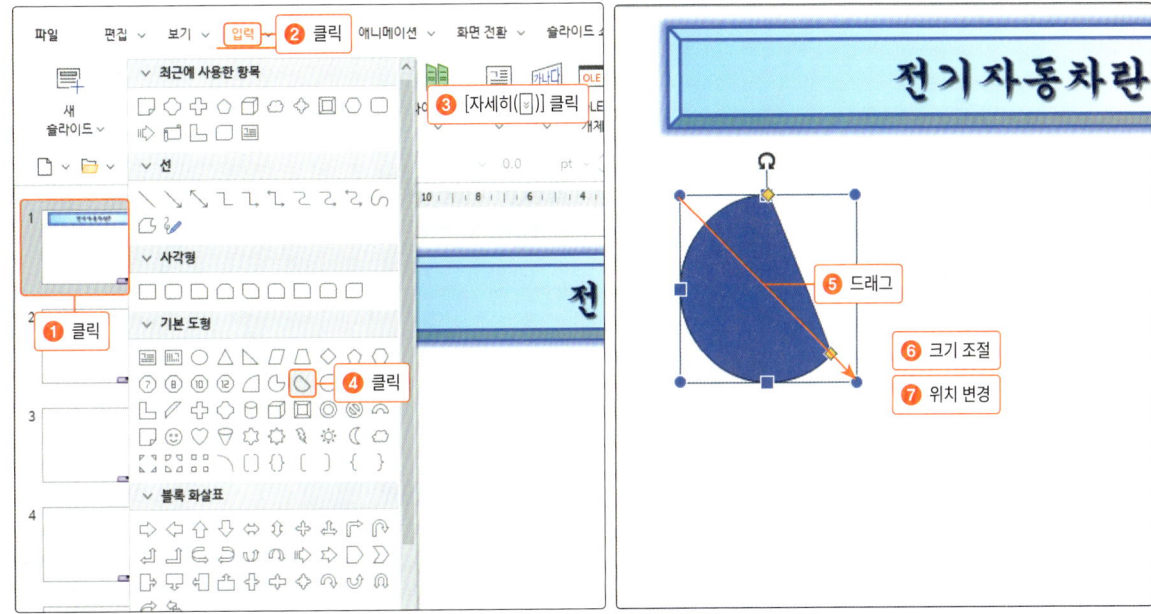

❹ [**도형**( )] 탭에서 [**도형 채우기**( )]의 목록(▼) 단추를 클릭한 후 '**강조 1 하늘색**'을 클릭합니다.

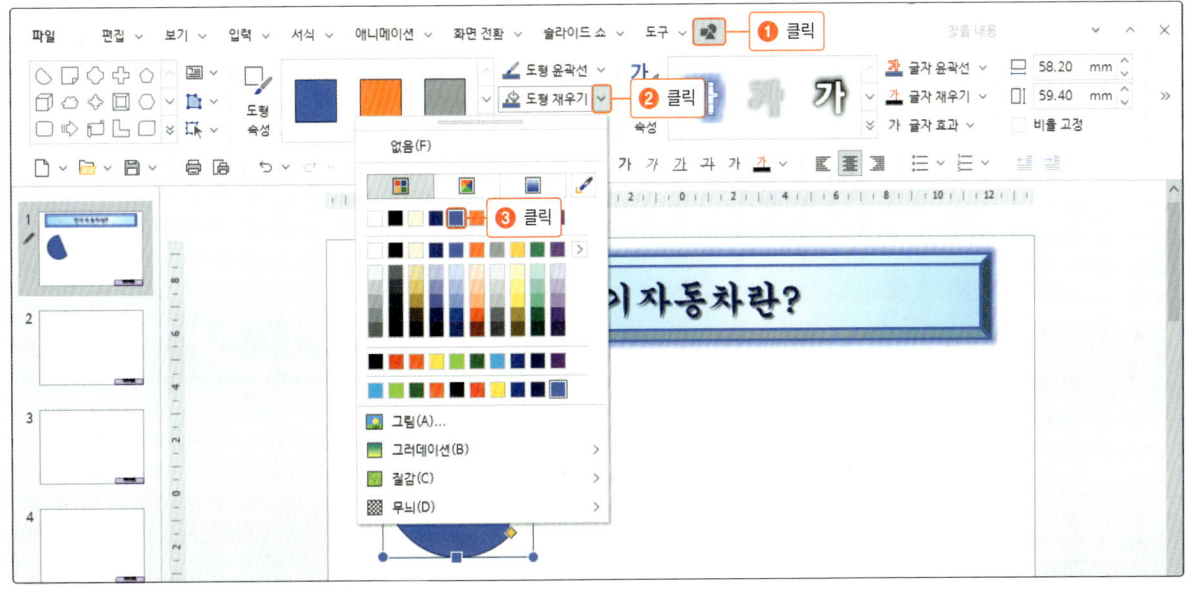

❺ [도형(　)] 탭에서 [도형 윤곽선(　)]의 목록(　) 단추를 클릭한 후 '**없음**'을 클릭합니다.

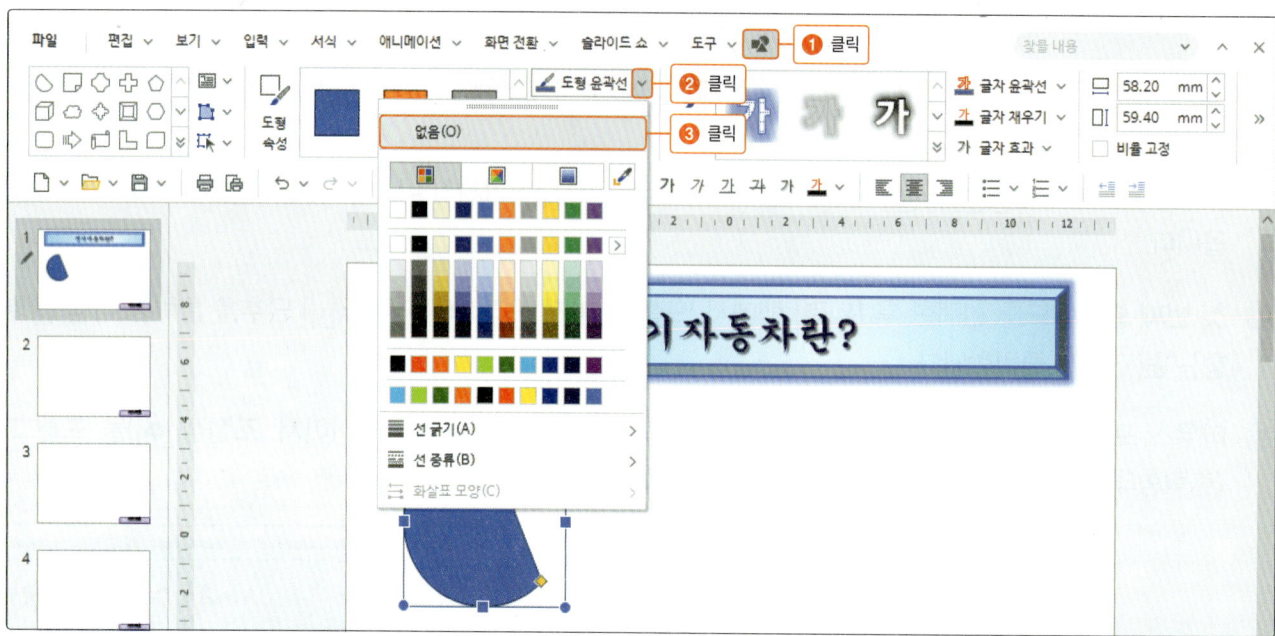

❻ [도형(　)] 탭에서 [도형 효과]-[그림자]-[바깥쪽]-'가운데(　)'를 클릭합니다. 이어서 [도형 효과]-[반사]-'1/3 크기, 4 pt(　)'를 클릭합니다.

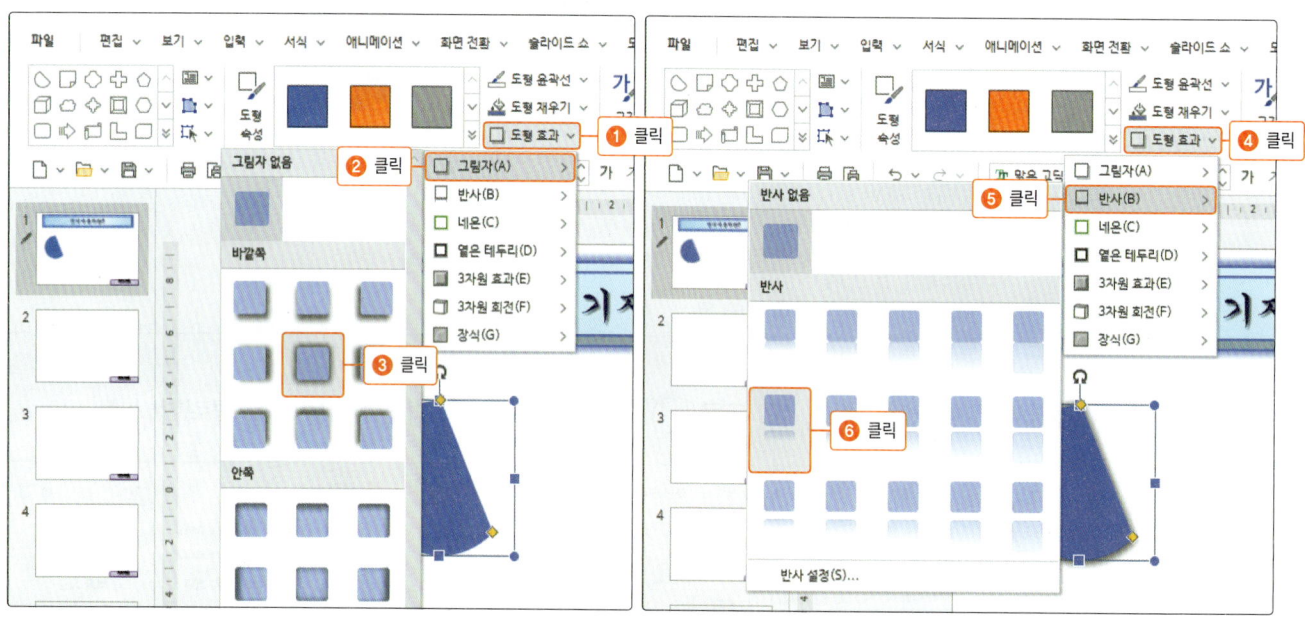

도형의 변형

- **회전/대칭** : 도형을 회전할 때는 [도형(　)] 탭에서 '회전(　)'을 클릭한 후 '왼쪽으로 90도 회전(　)' 또는 '오른쪽으로 90도 회전(　)'을 사용하거나 '좌우 대칭(　)', '상하 대칭(　)'을 클릭합니다.
- **조절점을 이용한 회전** : 도형의 상단 조절점(　)을 드래그하여 회전할 수 있습니다. Shift 키를 누르면서 회전하면 15°씩 회전됩니다.

02 도형 3 작성하기

▶ 도형 3 ⇒ 기본 도형 : '톱니바퀴1', 도형 스타일('테두리 - 강조 6, 채우기 없음')

❶ [입력] 탭에서 '도형' 이미지 꾸러미의 자세히(▽) 단추를 눌러 [기본 도형]-'톱니바퀴1(❋)'을 클릭합니다.

❷ 마우스 포인터가 ┼ 모양으로 변경되면 드래그하여 도형을 삽입합니다. 이어서, 조절점(●)을 드래그하여 《출력형태》와 같이 크기를 조절한 후 위치를 변경합니다.

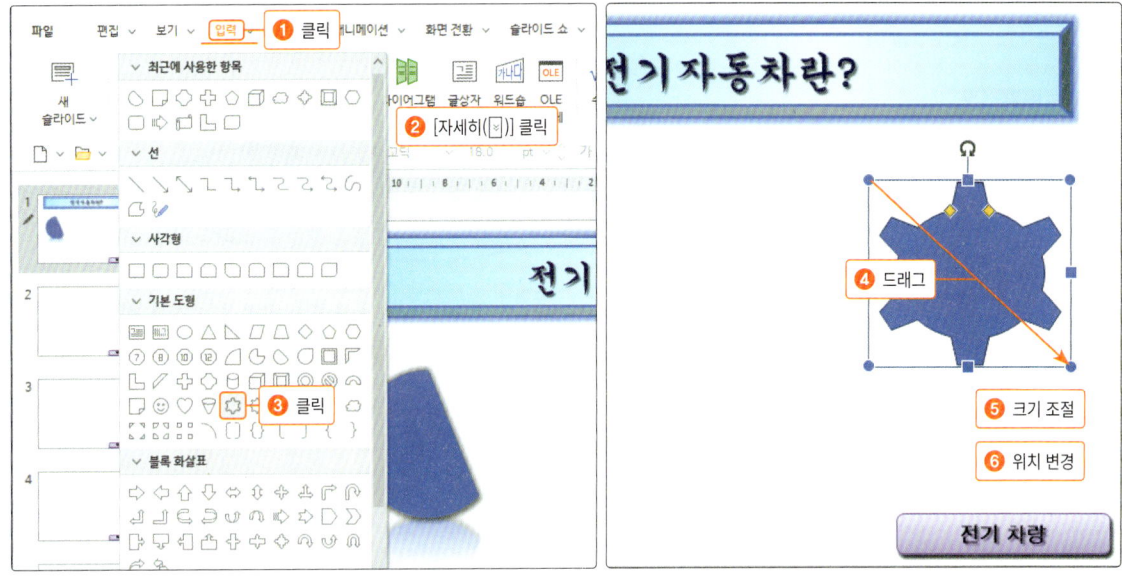

❸ [도형] 탭에서 '도형 스타일' 꾸러미의 자세히(▽) 단추를 클릭한 후 '테두리 - 강조 6, 채우기 없음(☐)'을 클릭합니다.

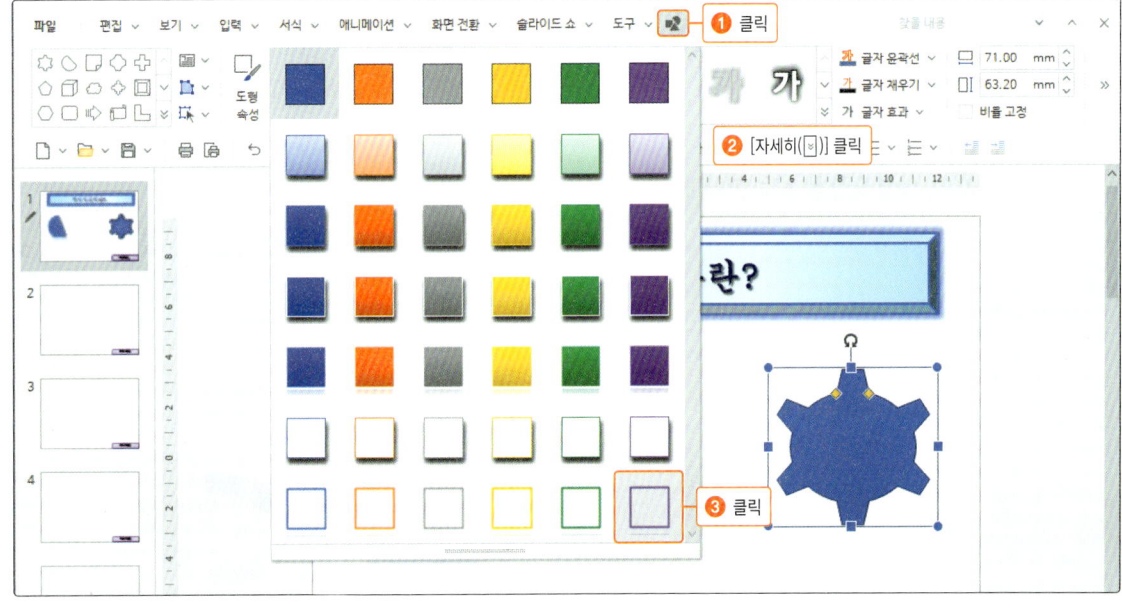

❹ [파일]-[저장하기](Ctrl + S) 또는 [서식] 도구 상자에서 '저장하기(🗎)'를 클릭합니다.

※ 실제 시험을 볼 때 작업 도중에 수시로(10분에 한 번 정도) 저장을 하는 것이 좋습니다.

[슬라이드1] 본문 도형

 아래의 작성조건 및 출력형태에 알맞게 작업하시오.

• 소스파일 : [출제유형 03]- 정복03_문제01.show   • 정답파일 : [출제유형 03]- 정복03_정답01.show

《출력형태》

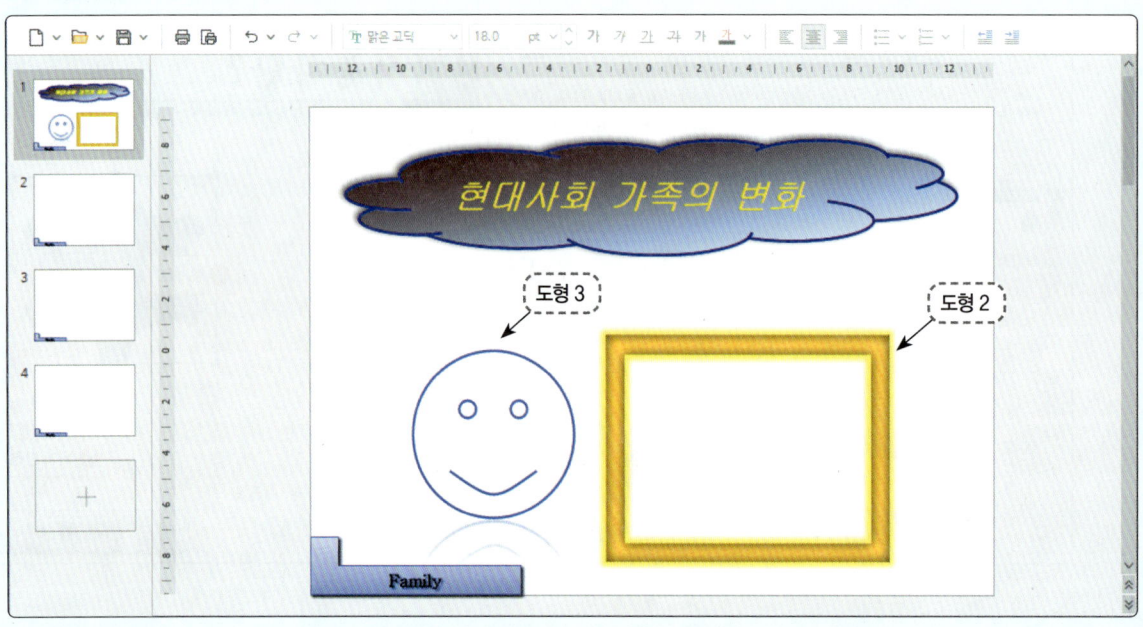

《작성조건》

▶ 도형 2 ⇒ 기본 도형 : '액자', 도형 채우기('강조 4 노랑'), 선 없음,
　　　　　　도형 효과(그림자 – 안쪽 – 가운데, 네온 – '강조색 4, 10 pt')

▶ 도형 3 ⇒ 기본 도형 : '웃는 얼굴', 도형 스타일('테두리 – 강조 1, 채우기 없음')

 아래의 작성조건 및 출력형태에 알맞게 작업하시오.

• 소스파일 : 없음   • 정답파일 : [출제유형 03]- 정복03_정답02.show

《작성조건》

▶ 도형 2 ⇒ 블록 화살표 : '오른쪽으로 구부러진 화살표',
　　　　　　도형 채우기('하늘색 25% 어둡게'), 선 없음,
　　　　　　도형 효과(그림자 – 바깥쪽 – 대각선 오른쪽 아래,
　　　　　　반사 – '1/3크기, 근접')

▶ 도형 3 ⇒ 수식 도형 : '부등호',
　　　　　　도형 스타일('밝은 계열 – 강조 1')

《출력형태》

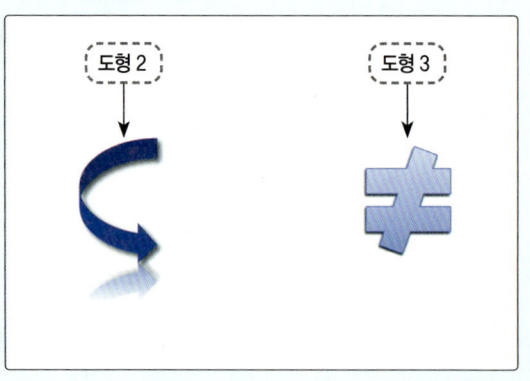

03 아래의 작성조건 및 출력형태에 알맞게 작업하시오.

• 소스파일 : 없음　• 정답파일 : [출제유형 03]- 정복03_정답03.show

《작성조건》

▶ 도형 2 ⇒ 수식 도형 : '더하기 기호', 도형 채우기(시안, 밝은 그러데이션 – 방사형 – 가운데에서), 선 없음, 도형 효과(그림자 – 안쪽 – 가운데, 반사 – '1/3 크기, 근접')
▶ 도형 3 ⇒ 수식 도형 : '나누기 기호', 도형 스타일('강한 효과 – 강조 1')

《출력형태》

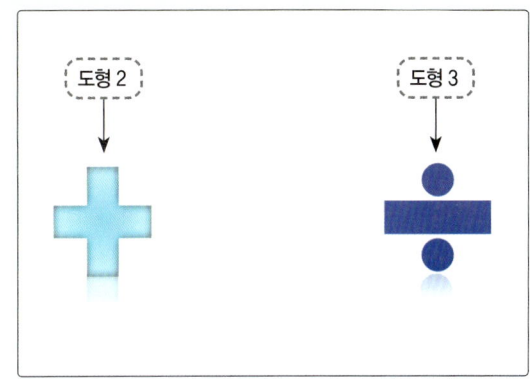

04 아래의 작성조건 및 출력형태에 알맞게 작업하시오.

• 소스파일 : 없음　• 정답파일 : [출제유형 03]- 정복03_정답04.show

《작성조건》

▶ 도형 2 ⇒ 기본 도형 : '구름', 도형 채우기(밝은 연두색, 밝은 그러데이션 – 방사형 – 가운데에서), 선 없음, 도형 효과(그림자 – 안쪽 – 가운데, 반사 – '1/3 크기, 4 pt')
▶ 도형 3 ⇒ 기본 도형 : '달', 도형 스타일('테두리 – 강조 6, 채우기 없음')

《출력형태》

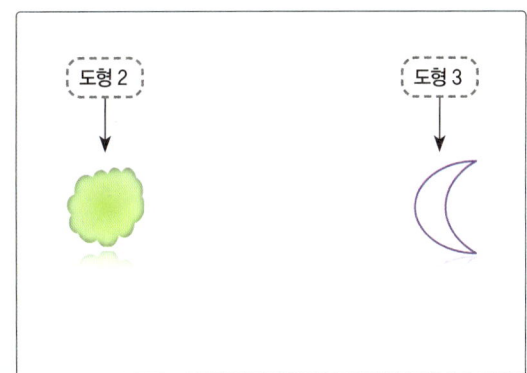

05 아래의 작성조건 및 출력형태에 알맞게 작업하시오.

• 소스파일 : 없음　• 정답파일 : [출제유형 03]- 정복03_정답05.show

《작성조건》

▶ 도형 2 ⇒ 기본 도형 : '구름', 도형 채우기('강조 2 주황'), 선 없음, 도형 효과(그림자 – 안쪽 – 왼쪽, 반사 – '1/2 크기, 근접')
▶ 도형 3 ⇒ 기본 도형 : '번개', 도형 스타일('강한 효과 – 강조 3')

《출력형태》

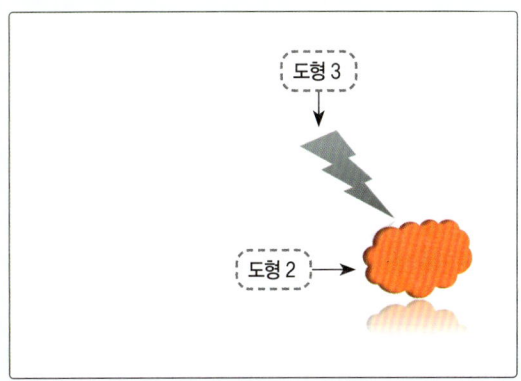

출제유형 04

PART 02 출제유형 완전정복

[슬라이드1] 그림 및 글상자

문제 풀이

- ☑ 그림을 삽입한 후 크기 지정하기
- ☑ 텍스트 상자를 삽입하기

문제 미리보기

소스 파일 : [출제유형 04]-유형04_문제.show   정답 파일 : [출제유형 04]-유형04_정답.show

◆ 【슬라이드1】 아래의 작성조건 및 출력형태에 알맞게 첫 번째 슬라이드에 작업하시오. (30점)

《출력형태》

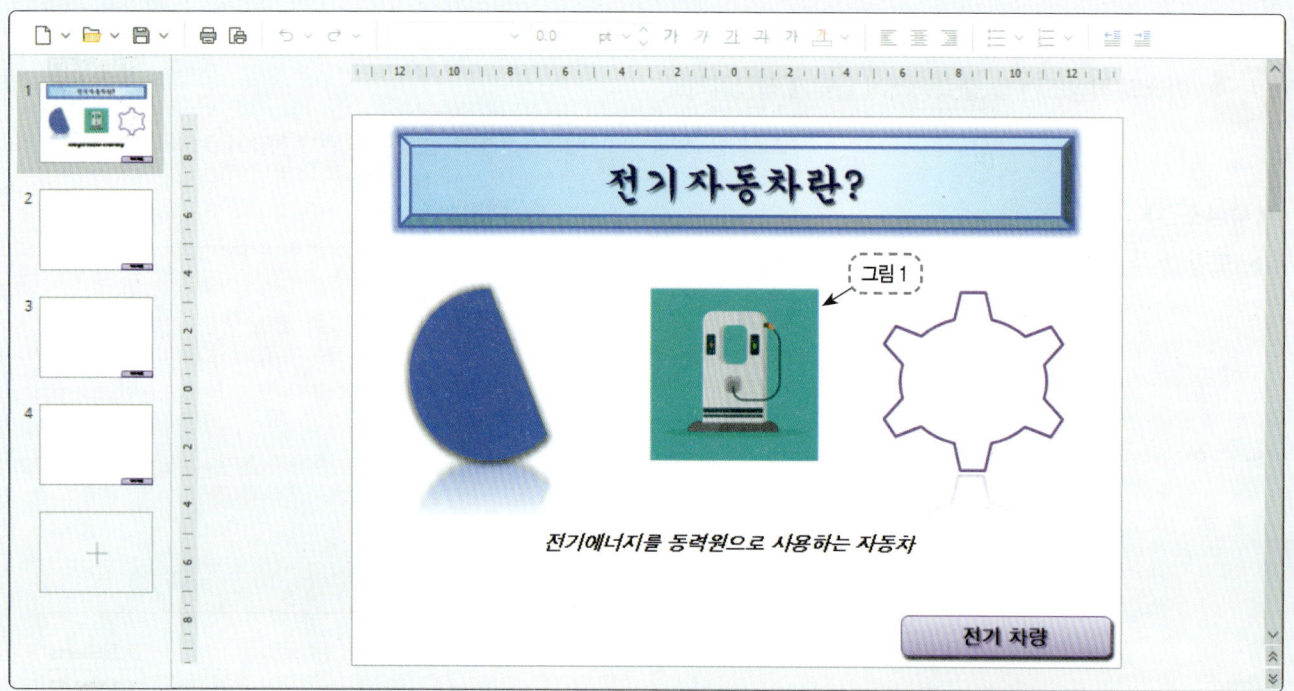

《작성조건》

- ▶ 도형 1 ⇒ 기본 도형 : '빗면', 도형 채우기(그러데이션 : 유형 – 솜사탕 2, 종류 – 선형, 방향 – 선형 – 왼쪽에서), 선 색(단색, 색 : '강조 1 하늘색'), 선 스타일(선 종류 : 실선, 굵기 : 3pt, 겹선 종류 : 단순형), 도형 효과(네온 – '강조색 1, 10 pt'), 글꼴(궁서, 40pt, 그림자, 검은 군청)
- ▶ 도형 2 ⇒ 기본 도형 : '현', 도형 채우기('강조 1 하늘색'), 선 없음, 도형 효과(그림자 – 바깥쪽 – 가운데, 반사 – '1/3 크기, 4 pt')
- ▶ 도형 3 ⇒ 기본 도형 : '톱니바퀴1', 도형 스타일('테두리 – 강조 6, 채우기 없음')
- ▶ 그림 삽입 ⇒ 그림 1 삽입, 크기(너비 : 60mm, 높이 : 60mm)
- ▶ 글상자(전기에너지를 동력원으로 사용하는 자동차) ⇒ 글꼴(돋움, 20pt, 진하게, 기울임)
- ▶ 애니메이션 지정 ⇒ 도형 1 : 나타내기 – 닦아내기
- ▶ 지시사항이 없는 부분은 《출력형태》와 동일하게 작성하시오.

 그림 삽입하기

▶ 그림 삽입 ⇒ 그림 1 삽입, 크기(너비 : 80mm, 높이 : 80mm)

❶ [파일]-[불러오기](Ctrl+O)를 클릭합니다. [불러오기] 대화상자가 나오면 '유형04_문제.show' 파일을 불러옵니다.

❷ 첫 번째 슬라이드를 선택한 후 그림을 삽입하기 위해 [편집] 탭에서 '그림( )'을 클릭합니다.

※ [입력] 탭에서 '그림( )'을 클릭해도 됩니다.

❸ [그림 넣기] 대화상자가 나오면 [그림 파일]-[출제유형 완전정복]-[출제유형 04]-'그림 1'을 클릭한 후 〈열기〉 단추를 클릭합니다.

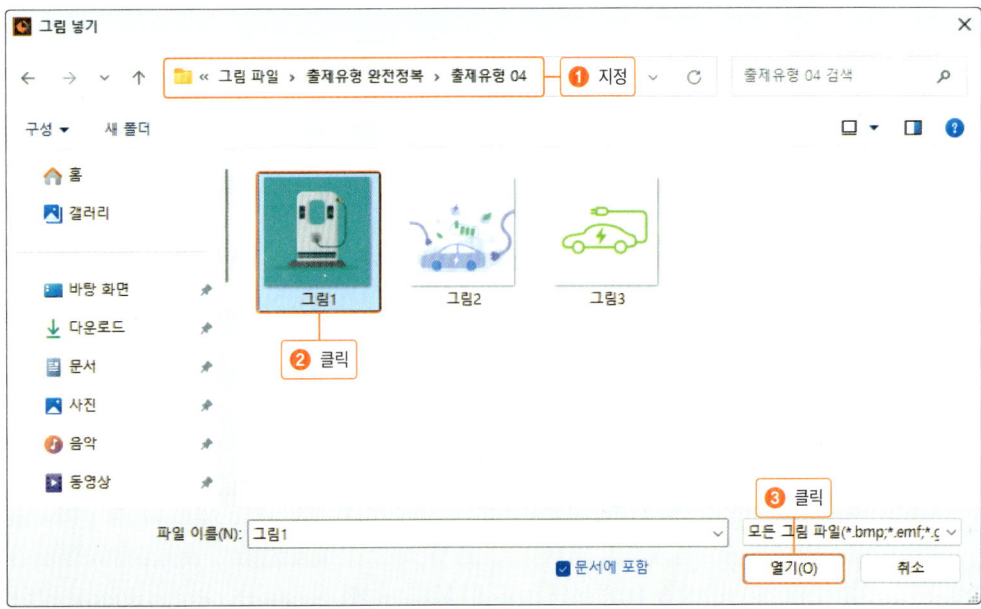

 시험 유의 사항

실제 시험에서는 바탕 화면의 [KAIT] – [제출파일] 폴더에 있는 그림을 이용해야 합니다.
본 교재에서 제공되는 파일을 위 실제 시험지에 지시한 경로대로 바탕 화면에 복사한 후 연습하는 것도 좋은 방법입니다.

❹ 삽입된 그림 위에서 마우스 오른쪽 단추를 눌러 바로 가기 메뉴가 나오면 '**개체 속성**'을 클릭합니다.

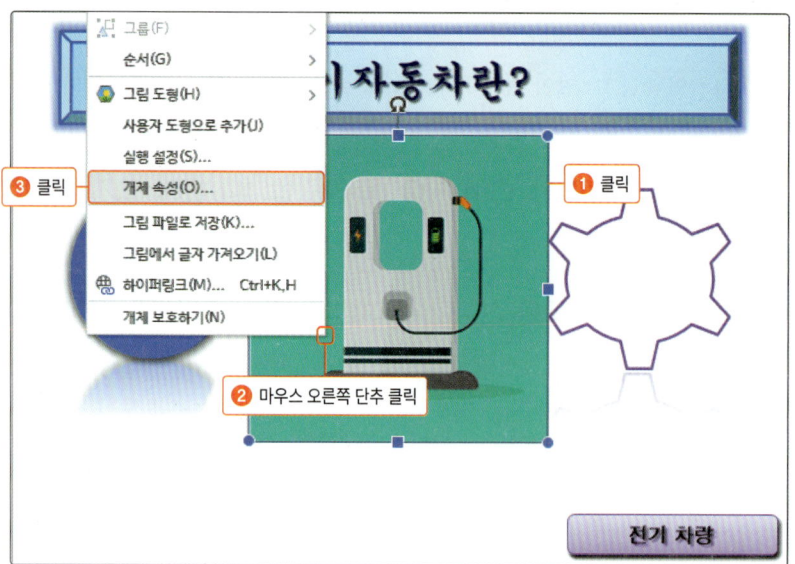

❺ [개체 속성] 작업 창이 나오면 [**크기 및 속성(□)**] 탭에서 '크기 및 위치'를 클릭한 후 '**가로 세로 비율 고정**' 항목의 체크 표시를 해제합니다. 이어서, '**너비(60), 높이(60)**'를 입력한 후 〈작업 창 닫기(X)〉 단추를 클릭합니다.

❻ 그림의 크기가 변경된 것을 확인한 후 《출력형태》를 참고하여 위치를 변경합니다.

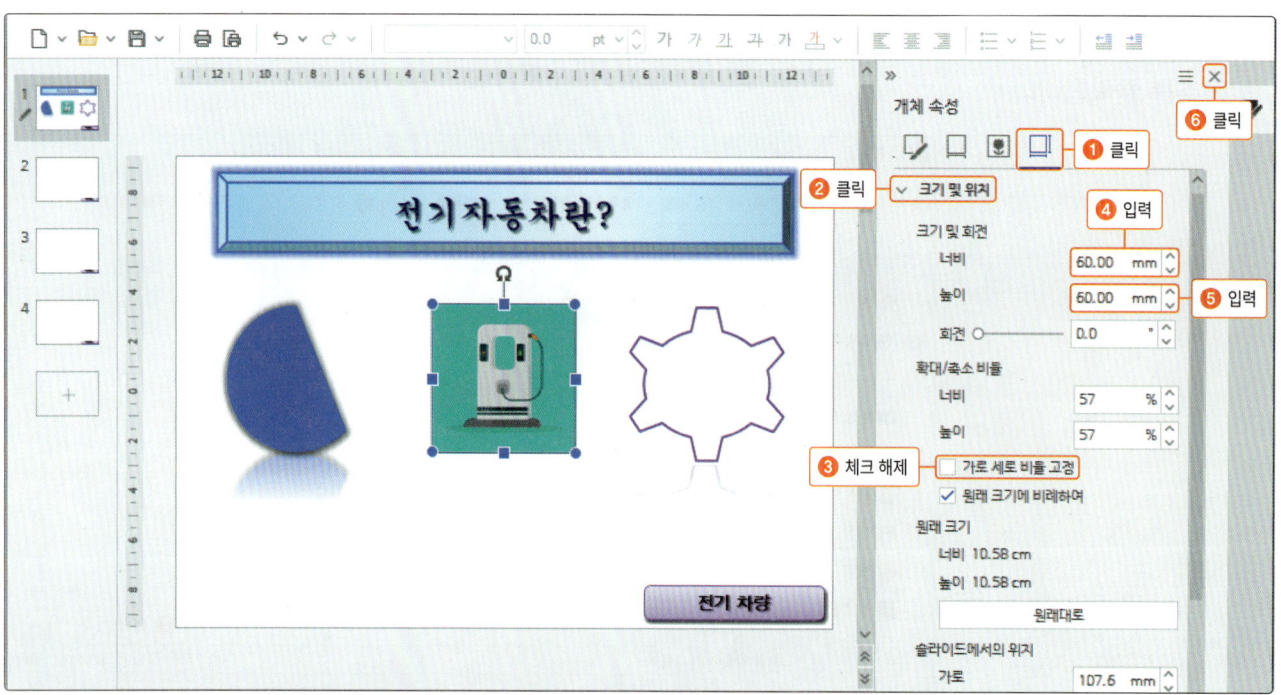

그림 크기 변경하기

한쇼 2022에서 그림을 삽입하게 되면 기본 그림의 배율이 고정되어 있기 때문에 출제되는 그림의 크기를 지정하기 위해서는 반드시 '가로 세로 비율 고정' 항목의 체크 표시를 해제해야 합니다. 하지만 위 문제와 같이 동일한 비율인 경우 체크 해제하지 않아도 무방합니다.

02 글상자 삽입하기

▶ 글상자(전기에너지를 동력원으로 사용하는 자동차) ⇒ 글꼴(궁서, 28pt, 밑줄)

① [입력] 탭에서 '글상자(圖)'를 클릭합니다. 이어서, 마우스 포인터가 ✛ 모양으로 변경되면 텍스트를 입력할 위치를 클릭한 후 '**전기에너지를 동력원으로 사용하는 자동차**'를 입력한 다음 [Esc] 키를 누릅니다.

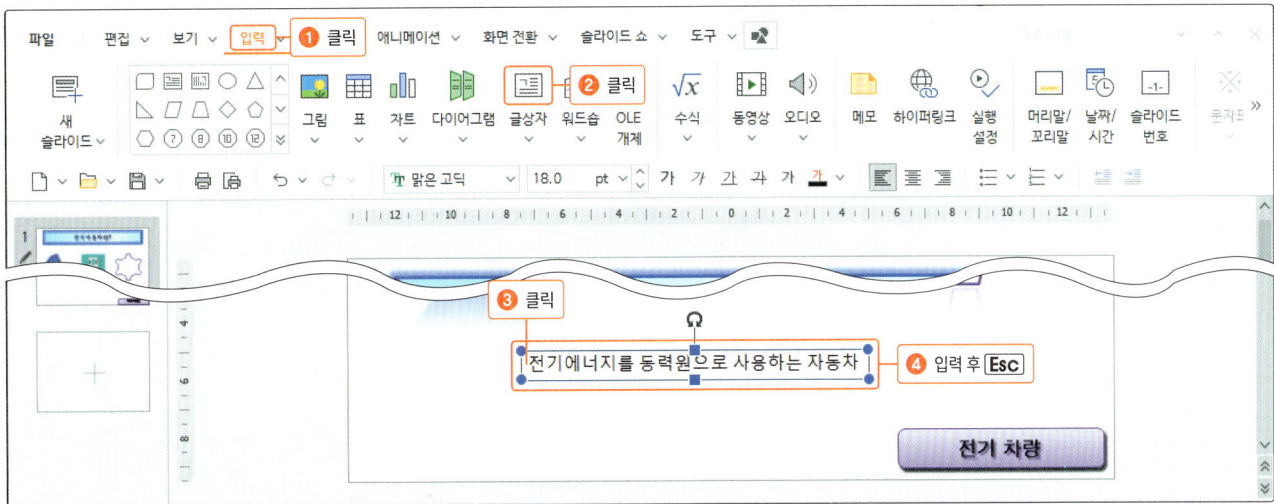

② 글상자의 테두리를 클릭한 후 [서식] 탭에서 '글꼴(돋움), 글자 크기(20pt), 진하게(가), 기울임(가)'을 지정합니다. 이어서 《출력형태》를 참고하여 글상자의 위치를 변경합니다.

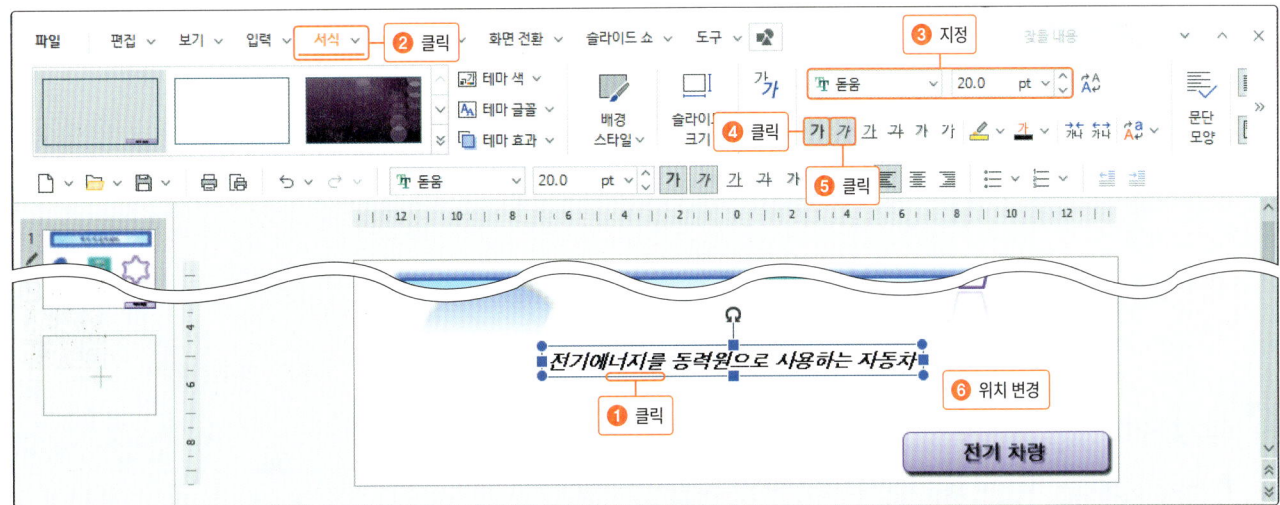

> **TIP — 글상자 글자 서식 변경하기**
>
> 글상자의 글자 서식을 변경할 때는 글상자의 테두리를 클릭하거나, 글상자 안의 내용을 드래그하여 블록으로 지정한 후 변경해야 합니다. 또한, 글상자 안의 글자가 두 줄로 될 경우 글상자를 늘려 주어야 합니다.

③ [파일]-[저장하기]([Ctrl]+[S]) 또는 [서식] 도구 상자에서 '**저장하기(圖)**'를 클릭합니다.

※ 실제 시험을 볼 때 작업 도중에 수시로(10분에 한 번 정도) 저장을 하는 것이 좋습니다.

[슬라이드1] 그림 및 글상자

01 아래의 작성조건 및 출력형태에 알맞게 작업하시오.

- 소스파일 : [출제유형 04]- 정복04_문제01.show
- 정답파일 : [출제유형 04]- 정복04_정답01.show

《출력형태》

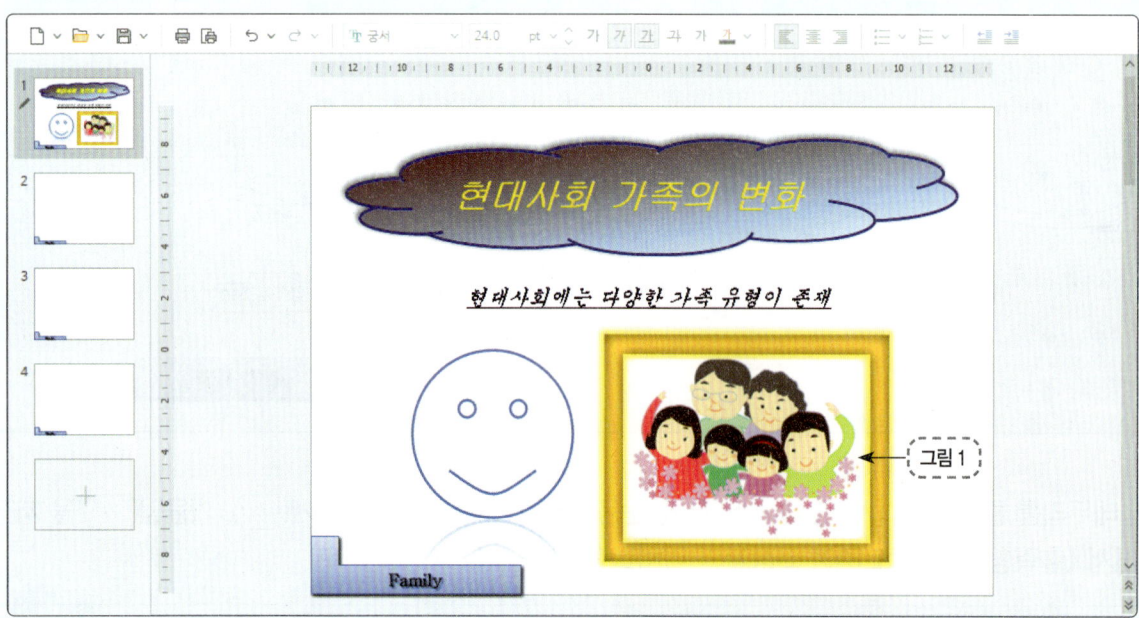

《작성조건》

▶ 그림 삽입 ⇒ 그림 1 삽입, 크기(너비 : 90mm, 높이 : 70mm)
▶ 글상자(현대사회에는 다양한 가족 유형이 존재) ⇒ 글꼴(궁서, 24pt, 기울임, 밑줄)

02 아래의 작성조건 및 출력형태에 알맞게 작업하시오.

- 소스파일 : 없음
- 정답파일 : [출제유형 04]- 정복04_정답02.show

《작성조건》

▶ 그림 삽입 ⇒ 그림 1 삽입, 크기(너비 : 70mm, 높이 : 70mm)
▶ 글상자 (균사로 이루어진 균계 생물을 통칭하는 말)
  ⇒ 글꼴(궁서체, 24pt, 진하게, 기울임, 보라)

《출력형태》

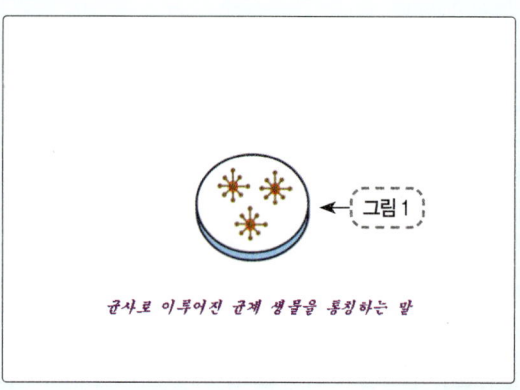

03 아래의 작성조건 및 출력형태에 알맞게 작업하시오.

• 소스파일 : 없음　• 정답파일 : [출제유형 04]- 정복04_정답03.show

《작성조건》　　　　　　　　　　　　　《출력형태》

▶ 그림 삽입 ⇒ 그림 1 삽입, 크기(너비 : 110mm, 높이 : 70mm)
▶ 글상자 (쉽게 따라하는 반려견 트레이닝)
　　⇒ 글꼴(돋움체, 28pt, 진하게, 밑줄)

04 아래의 작성조건 및 출력형태에 알맞게 작업하시오.

• 소스파일 : 없음　• 정답파일 : [출제유형 04]- 정복04_정답04.show

《작성조건》　　　　　　　　　　　　　《출력형태》

▶ 그림 삽입 ⇒ 그림 1 삽입, 크기(너비 : 90mm, 높이 : 60mm)
▶ 글상자 (학생의 진로에 따라 원하는 과목 선택)
　　⇒ 글꼴(궁서, 24pt, 진하게, 기울임, 초록)

05 아래의 작성조건 및 출력형태에 알맞게 작업하시오.

• 소스파일 : 없음　• 정답파일 : [출제유형 04]- 정복04_정답05.show

《작성조건》　　　　　　　　　　　　　《출력형태》

▶ 그림 삽입 ⇒ 그림 1 삽입, 크기(너비 : 110mm, 높이 : 80mm)
▶ 글상자 (건강과 경제에 큰 피해를 주는 황사)
　　⇒ 글꼴(궁서, 24pt, 기울임, 밑줄)

출제유형 05 [슬라이드1] 애니메이션

PART 02 출제유형 완전정복

☑ 애니메이션 지정하기

문제 미리보기

소스 파일 : [출제유형 05]-유형05_문제.show 정답 파일 : [출제유형 05]-유형05_정답.show

◆ **[슬라이드1]** 아래의 작성조건 및 출력형태에 알맞게 첫 번째 슬라이드에 작업하시오. (30점)

《출력형태》

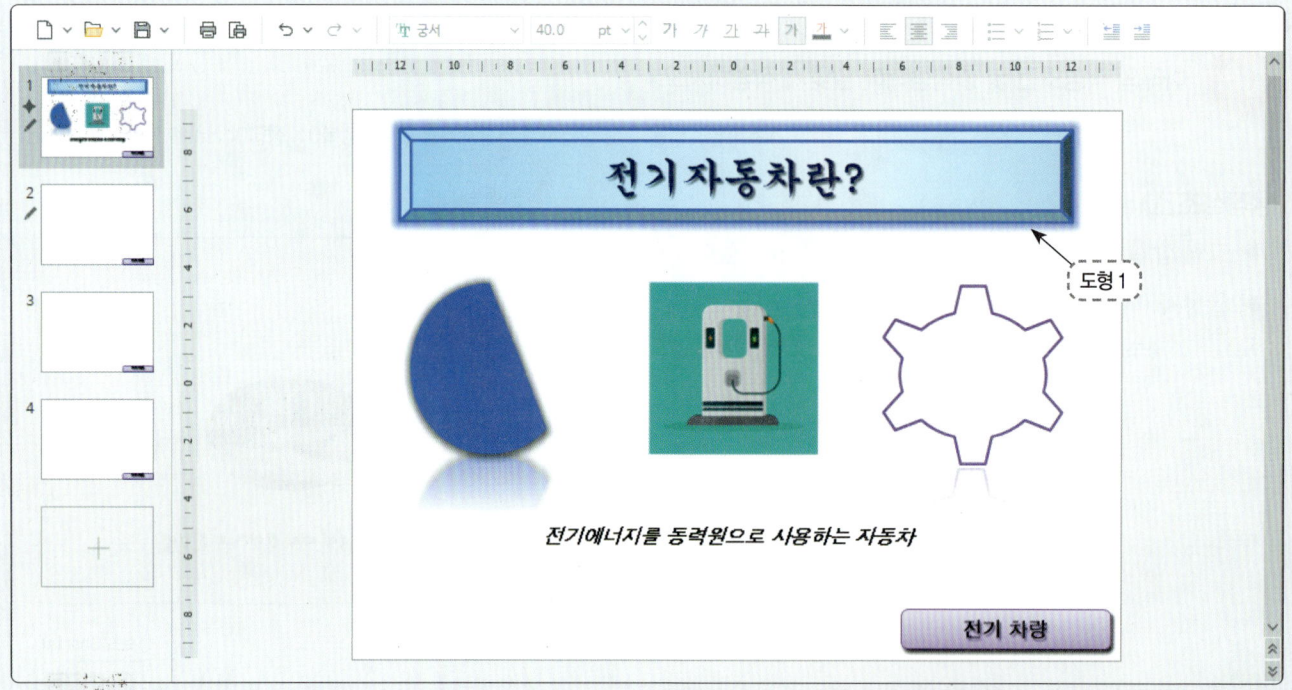

《작성조건》

- ▶ 도형 1 ⇒ 기본 도형 : '빗면', 도형 채우기(그러데이션 : 유형 – 솜사탕 2, 종류 – 선형, 방향 – 선형 – 왼쪽에서), 선 색(단색, 색 : '강조 1 하늘색'), 선 스타일(선 종류 : 실선, 굵기 : 3pt, 겹선 종류 : 단순형), 도형 효과(네온 – '강조색 1, 10 pt'), 글꼴(궁서, 40pt, 그림자, 검은 군청)
- ▶ 도형 2 ⇒ 기본 도형 : '현', 도형 채우기('강조 1 하늘색'), 선 없음, 도형 효과(그림자 – 바깥쪽 – 가운데, 반사 – '1/3 크기, 4 pt')
- ▶ 도형 3 ⇒ 기본 도형 : '톱니바퀴1', 도형 스타일('테두리 – 강조 6, 채우기 없음')
- ▶ 그림 삽입 ⇒ 그림 1 삽입, 크기(너비 : 60mm, 높이 : 60mm)
- ▶ 글상자(전기에너지를 동력원으로 사용하는 자동차) ⇒ 글꼴(돋움, 20pt, 진하게, 기울임)
- ▶ 애니메이션 지정 ⇒ 도형 1 : 나타내기 – 닦아내기
- ▶ 지시사항이 없는 부분은 《출력형태》와 동일하게 작성하시오.

01 애니메이션 지정하기

▶ 애니메이션 지정 ⇒ 도형 1 : 나타내기 – 닦아내기

① [파일]-[불러오기](Ctrl+O)를 클릭합니다. [불러오기] 대화상자가 나오면 '유형05_문제.show' 파일을 불러옵니다.

② 애니메이션을 지정하기 위해 **첫 번째 슬라이드**를 선택한 후 '**도형 1**'을 클릭합니다.

③ [애니메이션] 탭에서 [나타내기]-'닦아내기'를 클릭합니다.

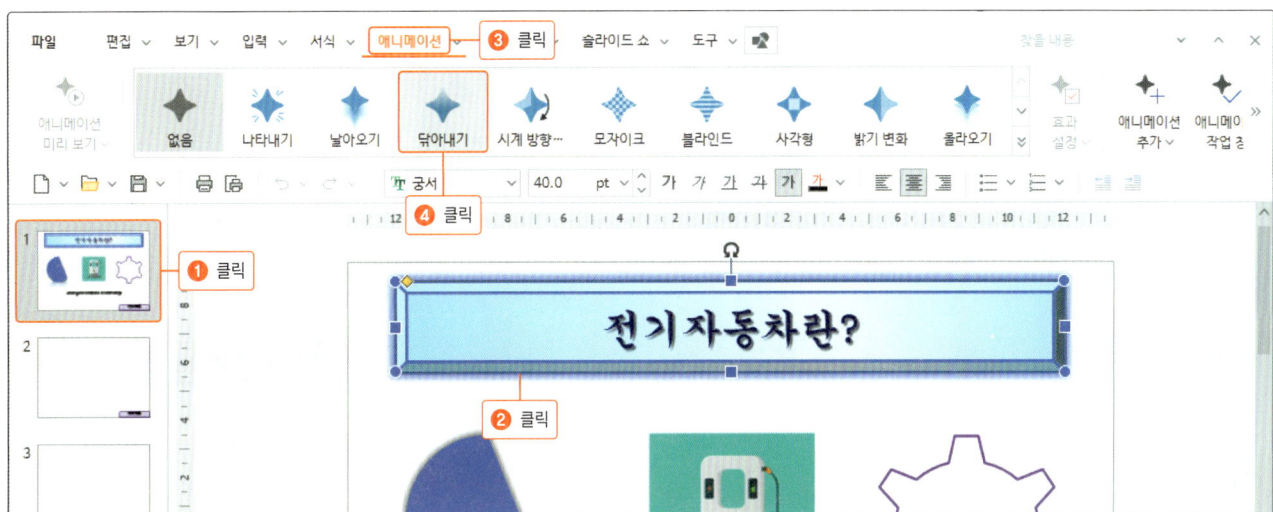

TIP 목록에 '원하는' 효과가 없는 경우

① [애니메이션] 탭에서 '애니메이션' 꾸러미의 자세히(⌄)를 클릭합니다.
② '애니메이션' 꾸러미에서 원하는 효과를 클릭합니다.
③ 또는 맨 아래 '나타내기 다른 효과'를 클릭합니다.

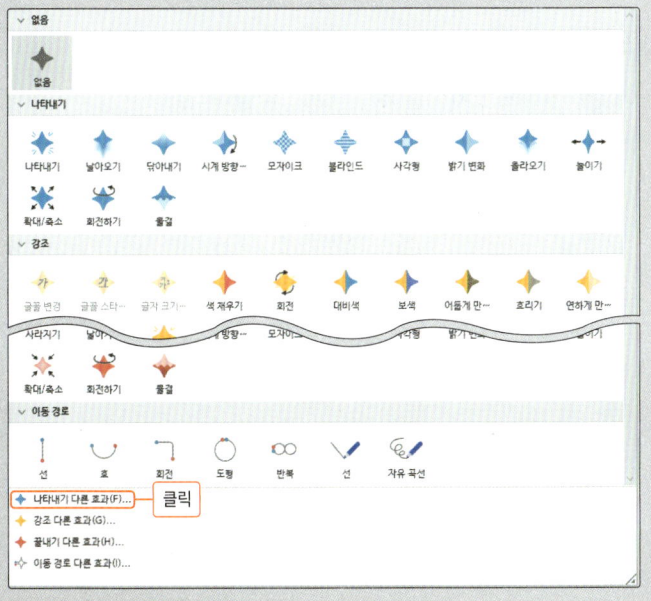

④ [애니메이션] 탭에서 '애니메이션 미리 보기'를 클릭하여 애니메이션이 적용된 것을 확인합니다.

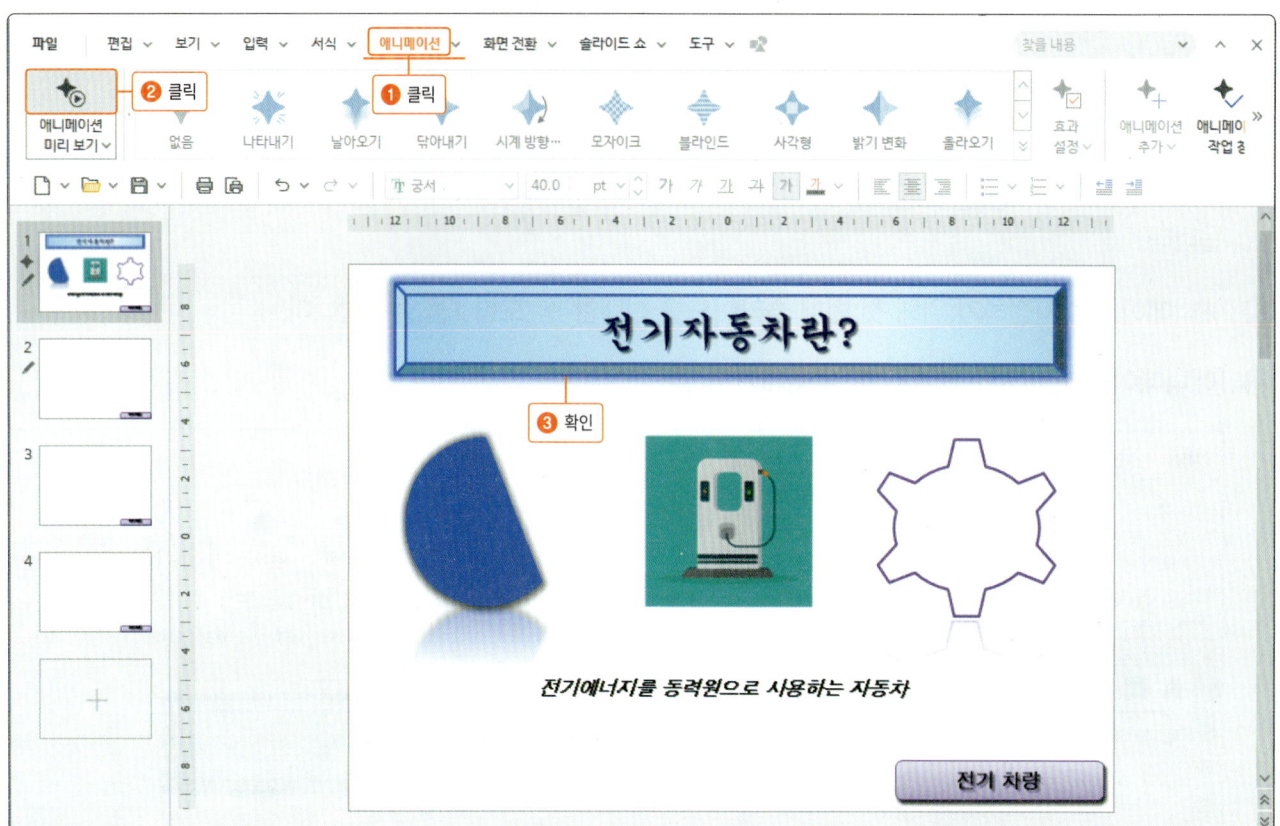

 애니메이션
- F5 키를 눌러 슬라이드 쇼가 진행되면 마우스를 클릭하거나, Enter 키를 눌러 지정된 애니메이션을 확인할 수 있습니다. Esc 키를 누르면 슬라이드 쇼는 종료됩니다.
- 애니메이션 효과를 잘못 지정한 경우에는 [애니메이션] 탭에서 〈없음〉을 지정하거나 다시 애니메이션 효과를 지정하면 됩니다.

⑤ [파일]-[저장하기](Ctrl+S) 또는 [서식] 도구 상자에서 '저장하기(💾)'를 클릭합니다.
  ※ 실제 시험을 볼 때 작업 도중에 수시로(10분에 한 번 정도) 저장을 하는 것이 좋습니다.

[슬라이드1] 애니메이션

숏츠(Shorts)

01 아래의 작성조건 및 출력형태에 알맞게 작업하시오.

· 소스파일 : [출제유형 05]- 정복05_문제01.show   · 정답파일 : [출제유형 05]- 정복05_정답01.show

《출력형태》

《작성조건》

▶ 애니메이션 지정 ⇒ 도형 1 : 나타내기 - 날아오기

숏츠(Shorts)

02 아래의 작성조건 및 출력형태에 알맞게 작업하시오.

· 소스파일 : [출제유형 05]- 정복05_문제02.show   · 정답파일 : [출제유형 05]- 정복05_정답02.show

《작성조건》

▶ 애니메이션 지정 ⇒ 도형 1 : 나타내기 - 시계 방향 회전

《출력형태》

03 아래의 작성조건 및 출력형태에 알맞게 작업하시오.

• 소스파일 : [출제유형 05]- 정복05_문제03.show　　• 정답파일 : [출제유형 05]- 정복05_정답03.show

《출력형태》

《작성조건》

▶ 애니메이션 지정 ⇒ 도형 1 : 나타내기 – 닦아내기

04 아래의 작성조건 및 출력형태에 알맞게 작업하시오.

• 소스파일 : [출제유형 05]- 정복05_문제04.show　　• 정답파일 : [출제유형 05]- 정복05_정답04.show

《출력형태》

《작성조건》

▶ 애니메이션 지정 ⇒ 도형 1 : 나타내기 – 모자이크

05 아래의 작성조건 및 출력형태에 알맞게 작업하시오.

· 소스파일 : [출제유형 05]- 정복05_문제05.show   · 정답파일 : [출제유형 05]- 정복05_정답05.show

《출력형태》

《작성조건》

▶ 애니메이션 지정 ⇒ 도형 1 : 나타내기 – 블라인드

 06 아래의 작성조건 및 출력형태에 알맞게 작업하시오.

· 소스파일 : [출제유형 05]- 정복05_문제06.show   · 정답파일 : [출제유형 05]- 정복05_정답06.show

《출력형태》

《작성조건》

▶ 애니메이션 지정 ⇒ 도형 1 : 나타내기 – 날아오기

출제유형 06 PART 02 출제유형 완전정복
[슬라이드2] 소제목 도형

문제 풀이

- ☑ 도형을 삽입한 후 서식 지정하기
- ☑ 도형을 다른 슬라이드에 복사하기

문제 미리보기
소스 파일 : [출제유형 06]-유형06_문제.show   정답 파일 : [출제유형 06]-유형06_정답.show

◆ 【슬라이드2】 아래의 작성조건 및 출력형태에 알맞게 두 번째 슬라이드에 작업하시오. (50점)

《출력형태》

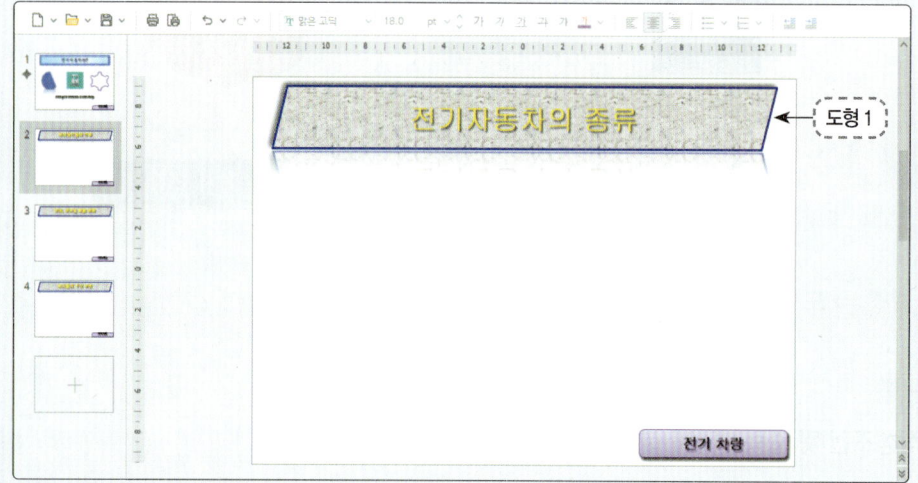

《작성조건》

(1) 제목

▶ 도형 1 ⇒ 기본 도형 : '평행 사변형', 도형 채우기(질감 – 대리석, 바둑판식 배열),
   선 색(단색, 색 : 파랑), 선 스타일(선 종류 : 실선, 굵기 : 3pt, 겹선 종류 : 단순형),
   도형 효과(그림자 – 바깥쪽 – 대각선 왼쪽 위, 반사 – '1/3 크기, 4 pt'),
   글꼴(굴림, 40pt, 진하게, 그림자, '노랑 40% 밝게')

(2) 본문

▶ 도형 2 ⇒ 순서도 : '순서도: 수동 연산', 도형 채우기('강조 1 하늘색', 어두운 그러데이션 – 방사형 – 가운데에서),
   선 색(단색, 색 : 시안), 선 스타일(선 종류 : 점선, 굵기 : 3pt, 겹선 종류 : 단순형),
   글꼴(돋움, 18pt, 진하게, 노랑)
▶ 도형 3~6 ⇒ 사각형 : '양쪽 모서리가 잘린 사각형', 도형 채우기(밝은 연두색, 밝은 그러데이션 – 선형 – 아래쪽에서),
   선 없음, 도형 효과(그림자 – 바깥쪽 – 아래쪽), 글꼴(궁서, 16pt, 진하게, 보라)
▶ 실행 단추 ⇒ 실행 단추 : '실행 단추: 끝', 하이퍼링크 : 마지막 슬라이드, 도형 스타일('밝은 계열 – 강조 5')
▶ 표 ⇒ 채우기(질감 – 나무, 바둑판식 배열), 가장 위의 행 : 글꼴(돋움, 24pt, 진하게, 파랑, 가운데 정렬, 가운데 맞춤),
   나머지 행 : 글꼴(돋움, 20pt, 기울임, 파랑, 가운데 정렬, 가운데 맞춤)
▶ 애니메이션 지정 ⇒ 표 : 나타내기 – 날아오기
▶ 지시사항이 없는 부분은 《출력형태》와 동일하게 작성하시오.

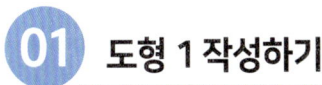
도형 1 작성하기

▶ 도형 1 ⇒ 기본 도형 : '평행 사변형', 도형 채우기(질감 – 대리석, 바둑판식 배열), 선 색(단색, 색 : 파랑), 선 스타일(선 종류 : 실선, 굵기 : 3pt, 겹선 종류 : 단순형), 도형 효과(그림자 – 바깥쪽 – 대각선 왼쪽 위, 반사 – '1/3 크기, 4 pt'), 글꼴(굴림, 40pt, 진하게, 그림자, '노랑 40% 밝게')

① [파일]-[불러오기](Ctrl + O)를 클릭합니다. [불러오기] 대화상자가 나오면 '유형06_문제.show' 파일을 불러옵니다.

② 두 번째 슬라이드를 선택한 후 [입력] 탭에서 '도형' 이미지 꾸러미의 자세히(˅) 단추를 눌러 [기본 도형]–'평행 사변형(▱)'을 클릭합니다.

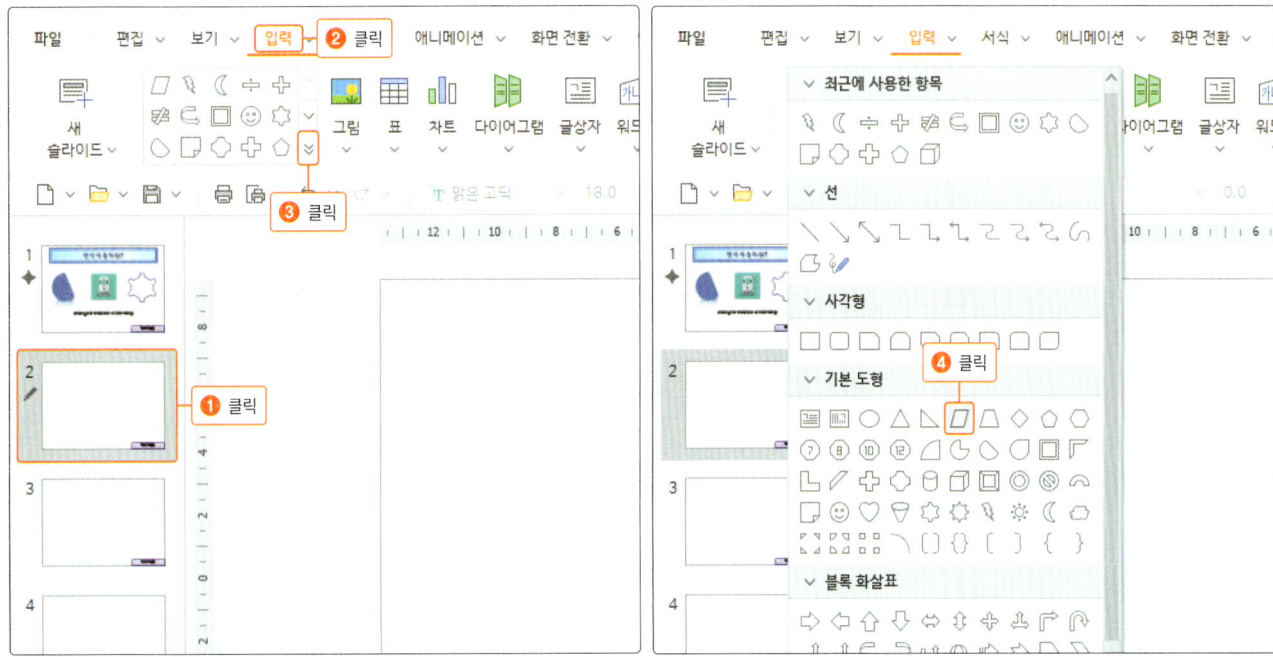

③ 마우스 포인터가 ┼ 모양으로 변경되면 드래그하여 도형을 삽입합니다. 이어서, 조절점(●)을 드래그하여 《출력형태》와 같이 크기를 조절한 후 위치를 변경합니다.

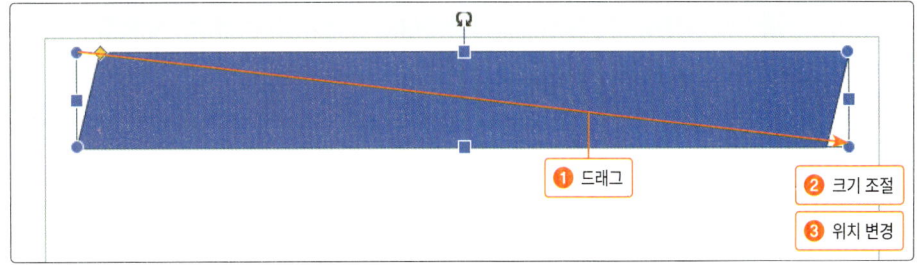

④ 도형이 선택된 상태에서 **'전기자동차의 종류'**를 입력한 후 Esc 키를 누릅니다.

❺ 도형에서 텍스트가 없는 부분 위에서 마우스 오른쪽 단추를 눌러 바로 가기 메뉴가 나오면 **'개체 속성'**을 클릭합니다.

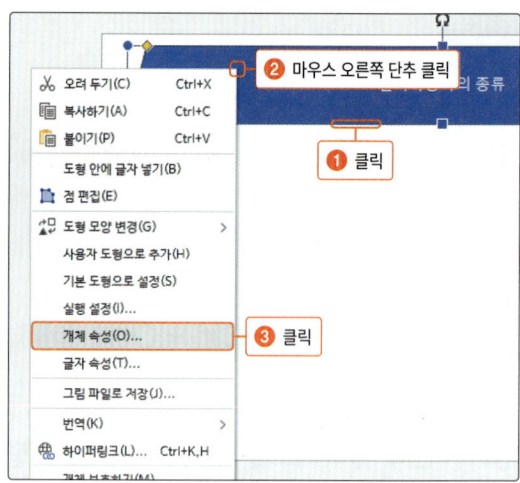

❻ [개체 속성] 작업 창이 나오면 [**채우기**] 탭에서 **'질감/그림'**을 클릭합니다. 이어서 [**질감**]–**'대리석'**을 클릭한 후 **'바둑판식 배열'**에 체크가 되어 있는지 확인합니다.

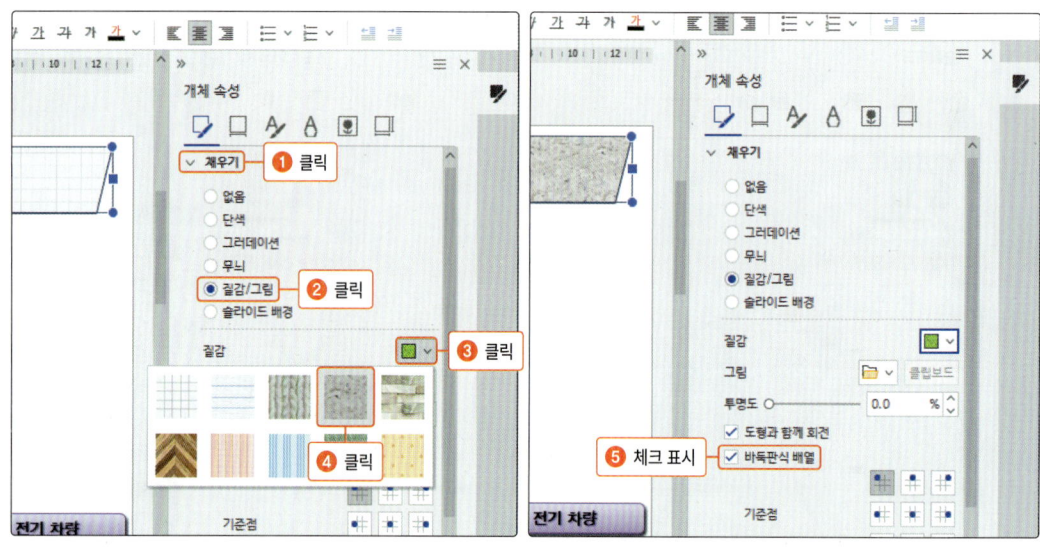

❼ [**선**] 탭에서 **'단색'**을 클릭한 후 [**색**]–**'파랑'**을 선택합니다. 이어서, **'선 종류(실선), 선 굵기(3pt), 겹선 종류(단순형)'**를 지정한 후 〈작업 창 닫기(☒)〉 단추를 클릭합니다.

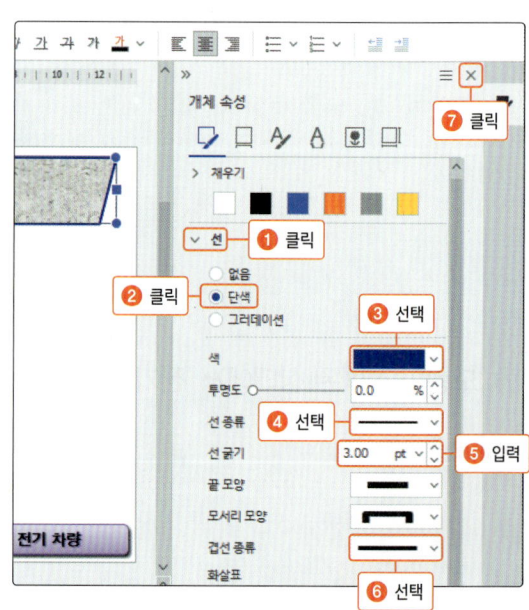

⑧ 그림과 같이 도형 채우기 및 도형 윤곽선이 변경된 것을 확인합니다.

⑨ [도형( )] 탭에서 [도형 효과]-[그림자]-[바깥쪽]-'대각선 왼쪽 위( )'를 클릭합니다. 이어서, [도형 효과]-[반사]-'1/3 크기, 4 pt( )'를 클릭합니다.

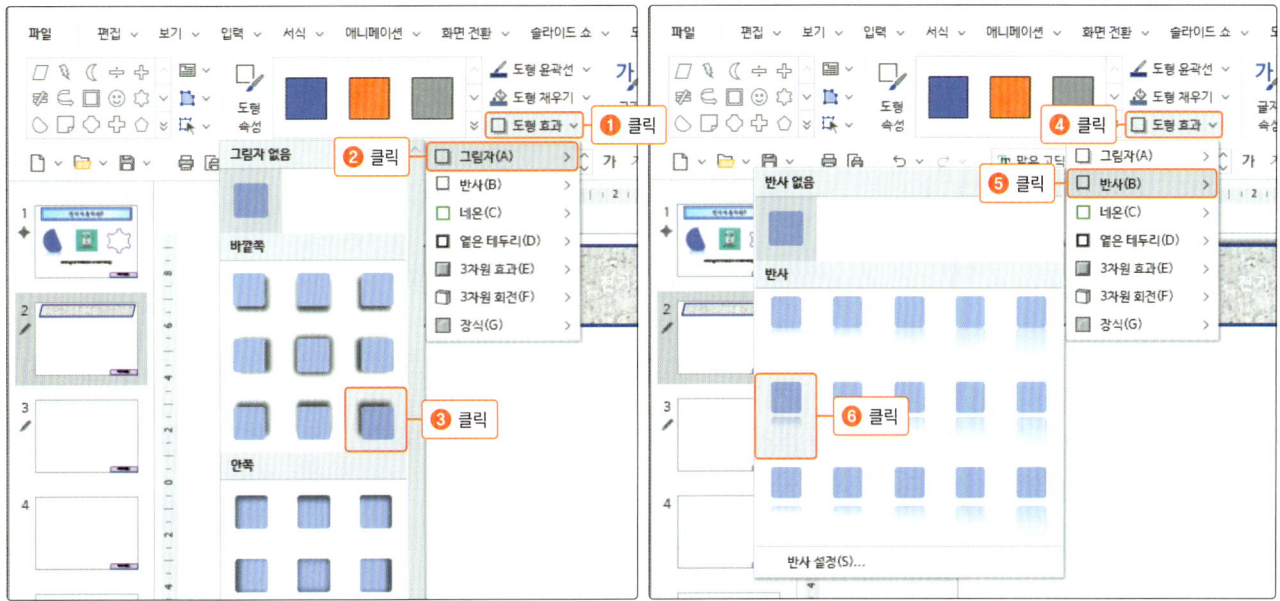

⑩ 글자 서식을 지정하기 위해 [서식] 탭에서 '글꼴(굴림), 글자 크기(40pt), 진하게(가), 그림자(가), 글자 색(노랑 40% 밝게)'를 지정합니다.

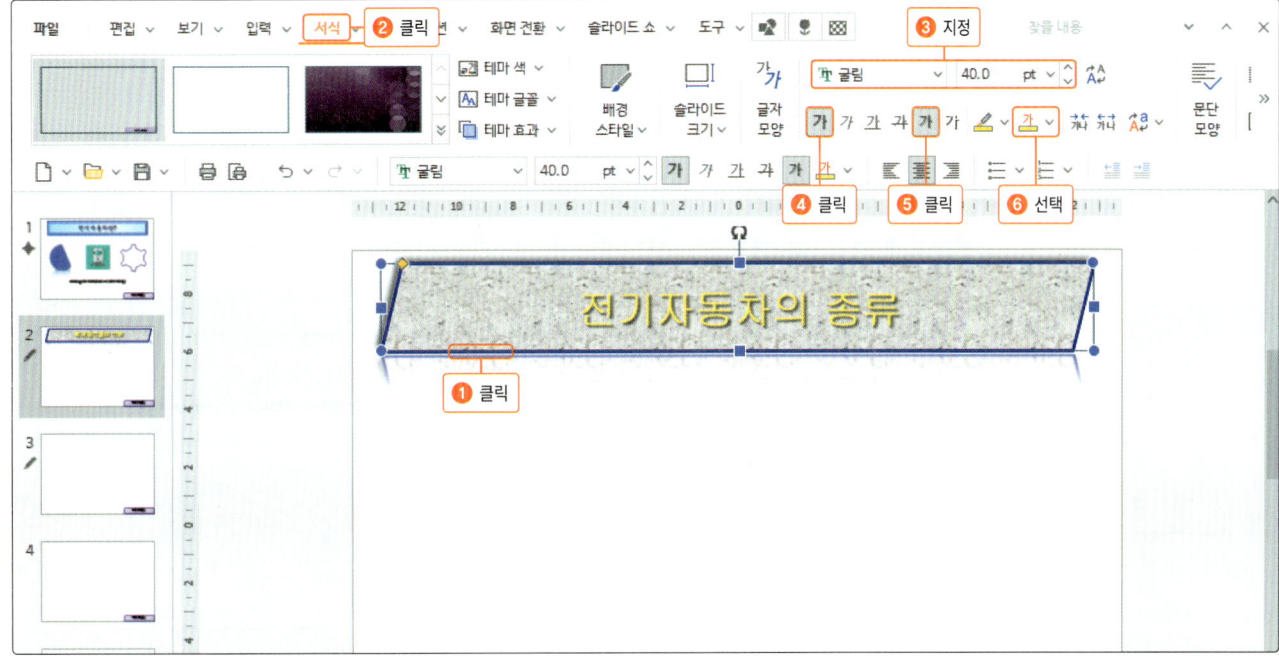

도형 1 복사하기

① 도형의 위에서 마우스 오른쪽 단추를 눌러 바로 가기 메뉴가 나오면 '**복사하기**'(복사하기 바로 가기 키 : `Ctrl`+`C`)를 클릭합니다.

② 왼쪽 슬라이드 탭에서 **세 번째 슬라이드**를 선택한 후 슬라이드 편집 창에서 마우스 오른쪽 단추를 눌러 바로 가기 메뉴가 나오면 '**붙이기**'(붙이기 바로 가기 키 : `Ctrl`+`V`)를 클릭합니다.

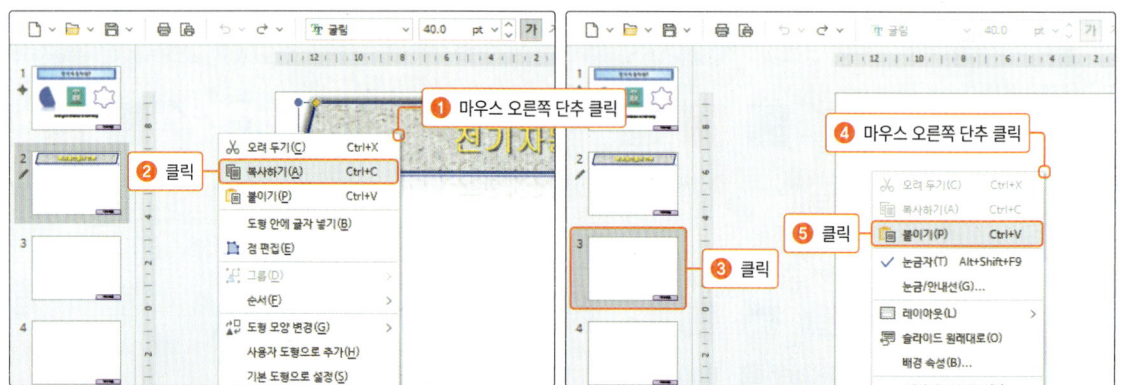

③ 세 번째 슬라이드에 제목 도형이 복사되면 도형 안의 텍스트를 드래그하여 블록으로 지정한 후 '**국내, 전기차 판매 현황**'을 입력한 다음 `Esc` 키를 누릅니다.

※ 세 번째 슬라이드 제목 내용은 문제지 [슬라이드3]의 《출력형태》를 참고하여 입력합니다.

④ 왼쪽 슬라이드 탭에서 **네 번째 슬라이드**를 선택한 후 슬라이드 편집 창에서 마우스 오른쪽 단추를 눌러 바로 가기 메뉴가 나오면 '**붙이기**'를 클릭합니다.

⑤ 도형 안의 텍스트를 드래그하여 블록으로 지정한 후 '**전기차의 구성 부품**'을 입력한 다음 `Esc` 키를 누릅니다.

※ 네 번째 슬라이드 제목 내용은 문제지 [슬라이드4]의 《출력형태》를 참고하여 입력합니다.

⑥ [파일]-[저장하기](`Ctrl`+`S`) 또는 [서식] 도구 상자에서 '**저장하기**(아이콘)'를 클릭합니다.

※ 실제 시험을 볼 때 작업 도중에 수시로(10분에 한 번 정도) 저장을 하는 것이 좋습니다.

[슬라이드2] 소제목 도형

 아래의 작성조건 및 출력형태에 알맞게 작업하시오.

• 소스파일 : [출제유형 06]- 정복06_문제01.show   • 정답파일 : [출제유형 06]- 정복06_정답01.show

《출력형태》

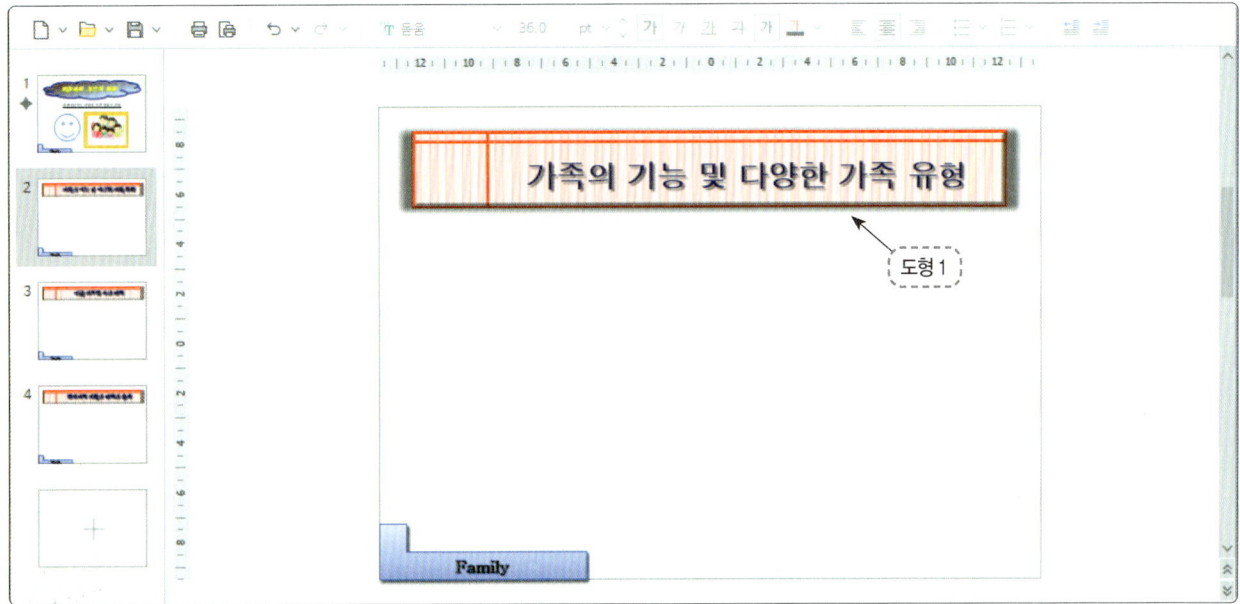

▲ 3번 슬라이드

▲ 4번 슬라이드

《작성조건》

(1) 제목

▶ 도형 1 ⇒ 순서도 : '순서도: 내부 저장소', 도형 채우기(질감 – 분홍색 줄무늬, 바둑판식 배열), 선 색(단색, 색 : 빨강), 선 스타일(선 종류 : 실선, 굵기 : 3pt, 겹선 종류 : 단순형), 도형 효과(그림자 – 바깥쪽 – 가운데, 3차원 효과 – 각지게), 글꼴(돋움, 36pt, 진하게, 그림자, 검은 군청)

02 아래의 작성조건 및 출력형태에 알맞게 작업하시오.

• 소스파일 : 없음　　• 정답파일 : [출제유형 06]- 정복06_정답02.show

《출력형태》

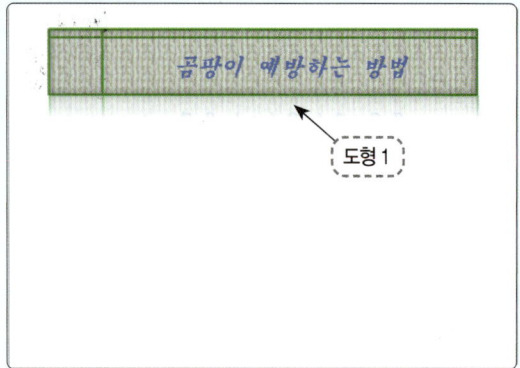

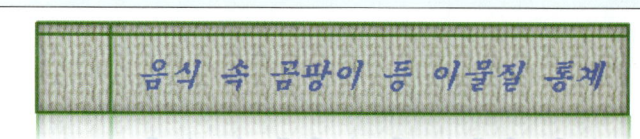

▲ 3번 슬라이드

▲ 4번 슬라이드

《작성조건》

(1) 제목

▶ 도형 1 ⇒ 순서도 : '순서도: 내부 저장소', 도형 채우기(질감 – 흰색 겉뜨기 스웨터, 바둑판식 배열),
선 색(단색, 색 : 초록), 선 스타일(선 종류 : 실선, 굵기 : 3pt, 겹선 종류 : 단순형),
도형 효과(그림자 – 안쪽 – 가운데, 반사 – '3/1 크기, 근접'),
글꼴(궁서체, 36pt, 진하게, 기울임, '강조 1 하늘색')

03 아래의 작성조건 및 출력형태에 알맞게 작업하시오.

• 소스파일 : 없음　　• 정답파일 : [출제유형 06]- 정복06_정답03.show

《출력형태》

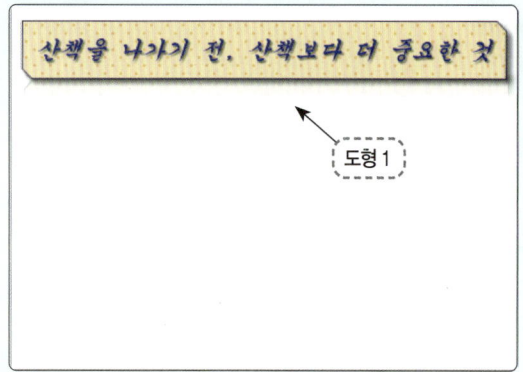

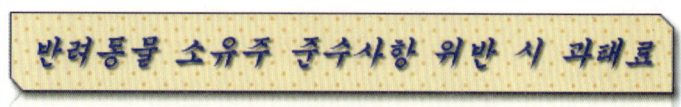

▲ 3번 슬라이드

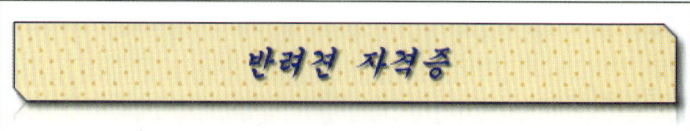

▲ 4번 슬라이드

《작성조건》

(1) 제목

▶ 도형 1 ⇒ 사각형 : '대각선 방향의 모서리가 잘린 사각형', 도형 채우기(질감 – 노란색 도트, 바둑판식 배열),
선 색(단색, 색 : 검은 군청), 선 스타일(선 종류 : 실선, 굵기 : 2pt, 겹선 종류 : 단순형),
도형 효과(그림자 – 바깥쪽 – 대각선 오른쪽 아래, 반사 – '3/1 크기, 4 pt'),
글꼴(궁서체, 36pt, 기울임, 그림자, 파랑)

04 아래의 작성조건 및 출력형태에 알맞게 작업하시오.

• 소스파일 : 없음   • 정답파일 : [출제유형 06]-정복06_정답04.pptx

《출력형태》

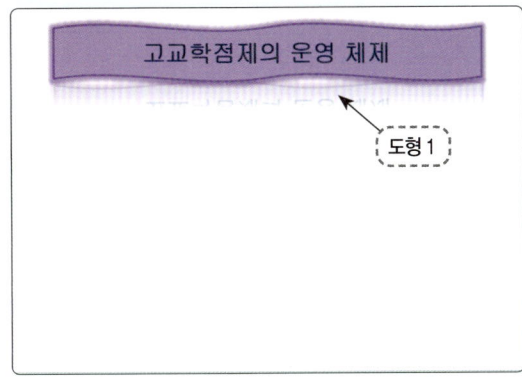

▲ 3번 슬라이드

▲ 4번 슬라이드

《작성조건》

(1) 제목

▶ 도형 1 ⇒ 별 및 현수막 : '이중 물결', 도형 채우기('보라 40% 밝게'),
　　　　　선 색(단색, 색 : '강조 6 보라'), 선 스타일(선 종류 : 실선, 굵기 : 3pt, 겹선 종류 : 단순형),
　　　　　도형 효과(반사 – '1/2 크기, 근접', 네온 – '강조색 6, 10 pt'),
　　　　　글꼴(굴림, 36pt, 진하게, 검은 군청)

05 아래의 작성조건 및 출력형태에 알맞게 작업하시오.

• 소스파일 : 없음   • 정답파일 : [출제유형 06]-정복06_정답05.pptx

《출력형태》

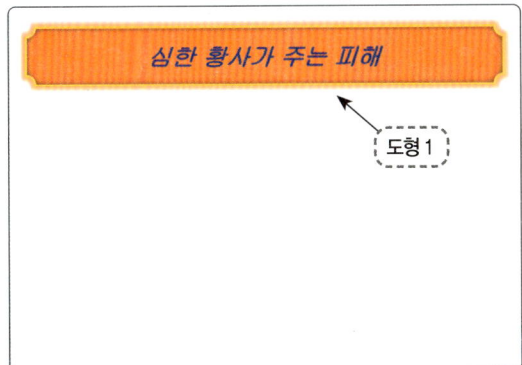

▲ 3번 슬라이드

▲ 4번 슬라이드

《작성조건》

(1) 제목

▶ 도형 1 ⇒ 기본 도형 : '배지', 도형 채우기('강조 2 주황'),
　　　　　선 색(단색, 색 : '강조 4 노랑'), 선 스타일(선 종류 : 실선, 굵기 : 3pt, 겹선 종류 : 단순형),
　　　　　도형 효과(그림자 – 안쪽 – 가운데, 네온 – '강조색 2, 10 pt'),
　　　　　글꼴(굴림, 36pt, 진하게, 기울임, 파랑)

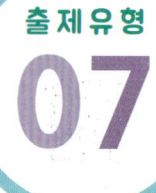

PART 02 출제유형 완전정복

[슬라이드2] 본문 도형

문제 풀이

☑ 도형을 반듯하게 복사하기
☑ 실행 단추를 삽입하기

문제 미리보기

소스 파일 : [출제유형 07]-유형07_문제.show   정답 파일 : [출제유형 07]-유형07_정답.show

◆ 【슬라이드2】 아래의 작성조건 및 출력형태에 알맞게 두 번째 슬라이드에 작업하시오. (50점)

《출력형태》

《작성조건》

(1) 제목
▶ 도형 1 ⇒ 기본 도형 : '평행 사변형', 도형 채우기(질감 – 대리석, 바둑판식 배열),
  선 색(단색, 색 : 파랑), 선 스타일(선 종류 : 실선, 굵기 : 3pt, 겹선 종류 : 단순형),
  도형 효과(그림자 – 바깥쪽 – 대각선 왼쪽 위, 반사 – '1/3 크기, 4 pt'),
  글꼴(굴림, 40pt, 진하게, 그림자, '노랑 40% 밝게')

(2) 본문
▶ 도형 2 ⇒ 순서도 : '순서도: 수동 연산', 도형 채우기('강조 1 하늘색', 어두운 그러데이션 – 방사형 – 가운데에서),
  선 색(단색, 색 : 시안), 선 스타일(선 종류 : 점선, 굵기 : 3pt, 겹선 종류 : 단순형),
  글꼴(돋움, 18pt, 진하게, 노랑)
▶ 도형 3~6 ⇒ 사각형 : '양쪽 모서리가 잘린 사각형', 도형 채우기(밝은 연두색, 밝은 그러데이션 – 선형 – 아래쪽에서),
  선 없음, 도형 효과(그림자 – 바깥쪽 – 아래쪽), 글꼴(궁서, 16pt, 진하게, 보라)
▶ 실행 단추 ⇒ 실행 단추 : '실행 단추: 끝', 하이퍼링크 : 마지막 슬라이드, 도형 스타일('밝은 계열 – 강조 5')
▶ 표 ⇒ 채우기(질감 – 나무, 바둑판식 배열), 가장 위의 행 : 글꼴(돋움, 24pt, 진하게, 파랑, 가운데 정렬, 가운데 맞춤),
  나머지 행 : 글꼴(돋움, 20pt, 기울임, 파랑, 가운데 정렬, 가운데 맞춤)
▶ 애니메이션 지정 ⇒ 표 : 나타내기 – 날아오기
▶ 지시사항이 없는 부분은 《출력형태》와 동일하게 작성하시오.

도형 2 작성하기

▶ 도형 2 ⇒ 순서도 : '순서도: 수동 연산', 도형 채우기('강조 1 하늘색', 어두운 그러데이션 – 방사형 – 가운데에서),
  선 색(단색, 색 : 시안), 선 스타일(선 종류 : 점선, 굵기 : 3pt,겹선 종류 : 단순형), 글꼴(돋움, 18pt, 진하게, 노랑)

① [파일]-[불러오기](Ctrl+O)를 클릭합니다. [불러오기] 대화상자가 나오면 '유형07_문제.show' 파일을 불러옵니다.

② 두 번째 슬라이드를 선택한 후 [입력] 탭에서 '도형' 이미지 꾸러미의 자세히(▽) 단추를 클릭한 다음 [순서도]-'순서도: 수동 연산(▽)'을 클릭합니다.

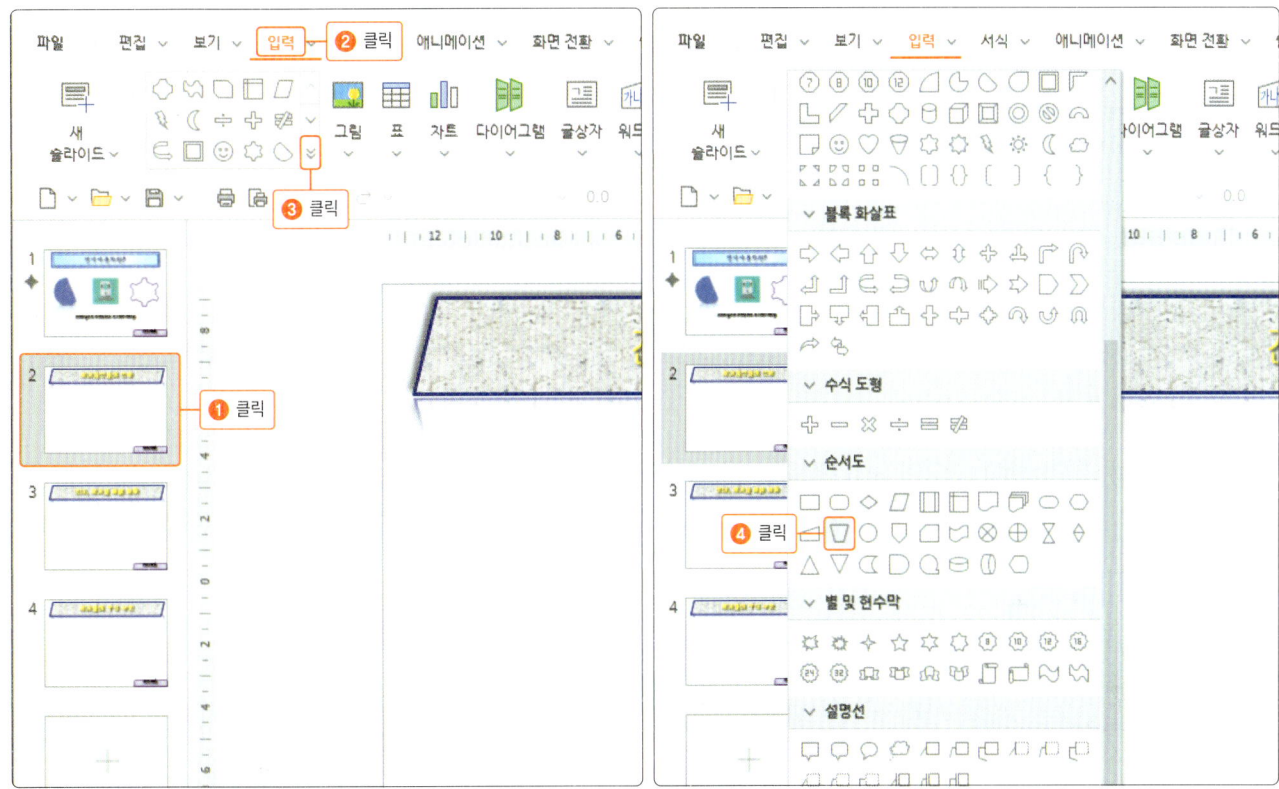

③ 마우스 포인터가 ┼ 모양으로 변경되면 드래그하여 도형을 삽입합니다. 이어서, 조절점(●)을 드래그하여 《출력형태》와 같이 크기를 조절한 후 위치를 변경합니다.

④ 도형이 선택된 상태에서 '**전기자동차의 동작 상태**'를 입력한 후 Esc 키를 누릅니다.

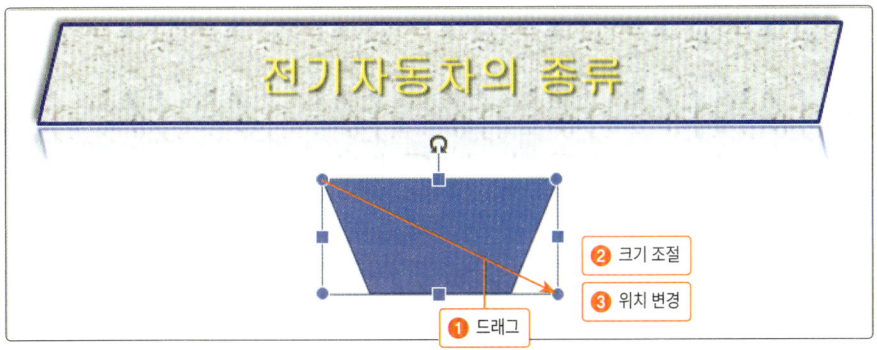

⑤ [도형(🖼)] 탭에서 [도형 채우기(🖼)]의 목록(∨) 단추를 클릭한 후 '**강조 1 하늘색**'을 클릭합니다.

※ [도형 채우기]의 기본색이 '강조 1 하늘색'이므로 색상을 확인합니다.

⑥ 도형에 그러데이션을 적용하기 위해 [도형 채우기(🖼)]의 목록(∨) 단추를 클릭한 후 [**그러데이션**]-[**어두운 그러데이션**]-'**방사형 – 가운데에서(🖼)**'를 클릭합니다.

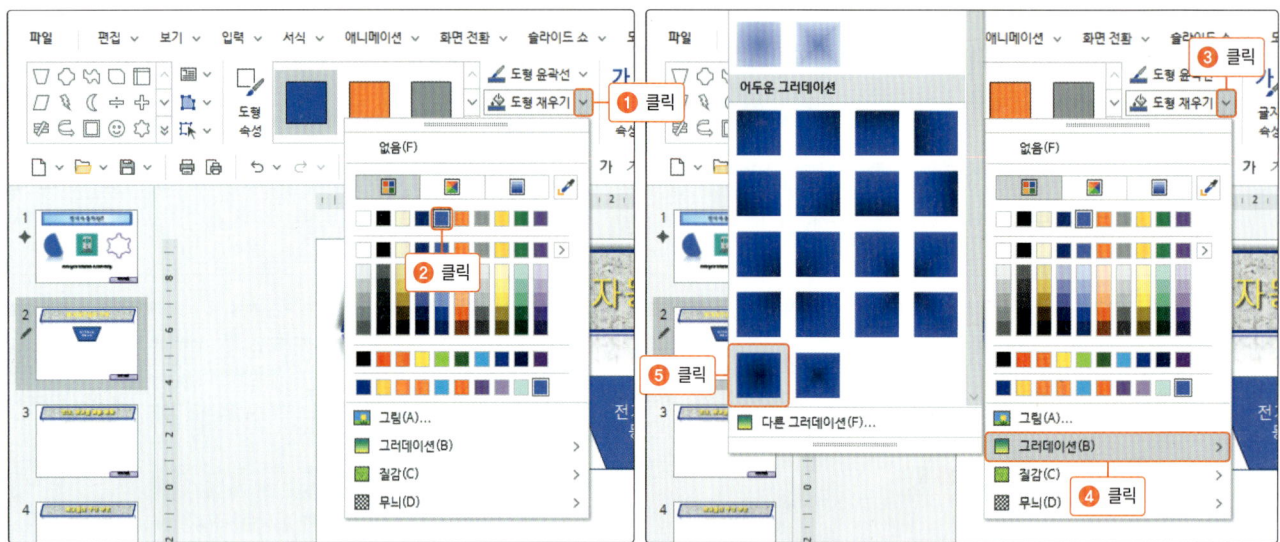

⑦ 선 색과 스타일을 변경하기 위해 도형 위에서 마우스 오른쪽 단추를 눌러 바로 가기 메뉴가 나오면 '**개체 속성**'을 클릭합니다.

⑧ [개체 속성] 작업 창이 나오면 [선] 탭에서 '**선 색(단색)**'을 선택한 후 [색]-'**시안**'을 클릭합니다. 이어서, '**선 종류(점선(.............)), 선 굵기(3pt), 겹선 종류(단순형)**'을 지정한 다음 〈**작업 창 닫기(✕)**〉 단추를 클릭합니다.

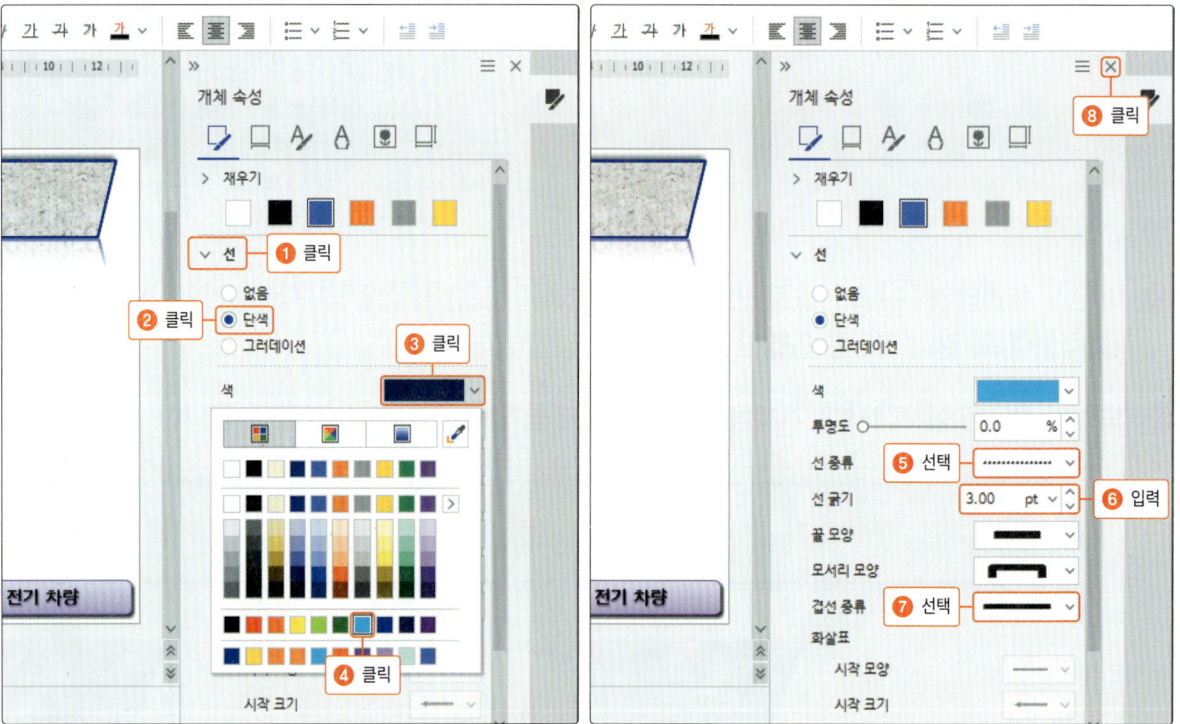

⑨ 글자 서식을 지정하기 위해 [서식] 탭에서 '글꼴(돋움), 글자 크기(18pt), 진하게(가), 글자 색(노랑)'을 지정합니다.

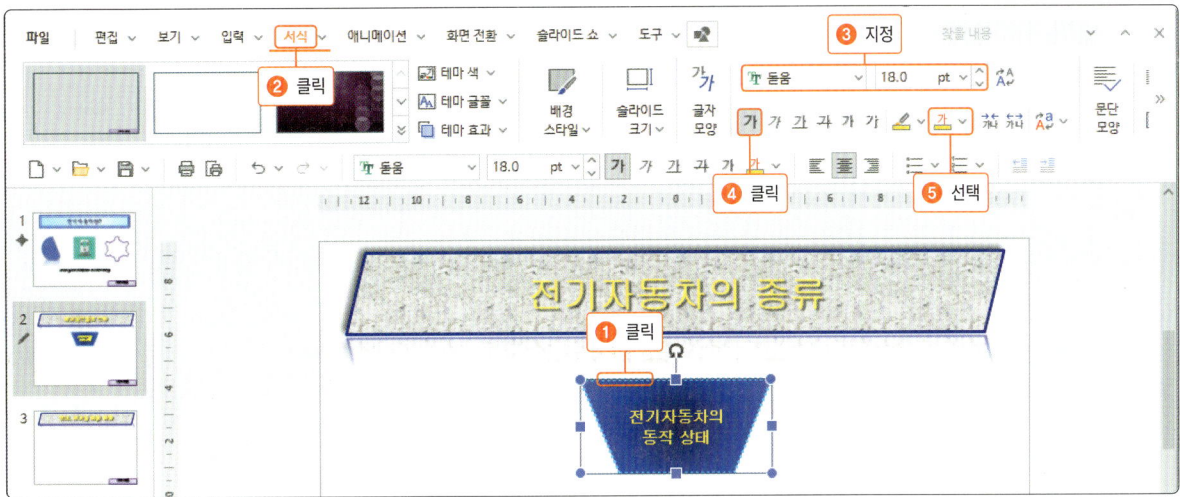

02 도형 3~6 작성하기

▶ 도형 3~6 ⇒ 사각형 : '양쪽 모서리가 잘린 사각형', 도형 채우기(밝은 연두색, 밝은 그러데이션 – 선형 – 아래쪽에서), 선 없음, 도형 효과(그림자 – 바깥쪽 – 아래쪽), 글꼴(궁서, 16pt, 진하게, 보라)

① [입력] 탭에서 '도형' 이미지 꾸러미의 자세히(⌄) 단추를 클릭한 후 [사각형]-'양쪽 모서리가 잘린 사각형(⬠)'을 클릭합니다.

② 마우스 포인터가 ┼ 모양으로 변경되면 드래그하여 도형을 삽입합니다. 이어서, 조절점(●)을 드래그하여 《출력형태》와 같이 크기를 조절한 후 위치를 변경합니다.

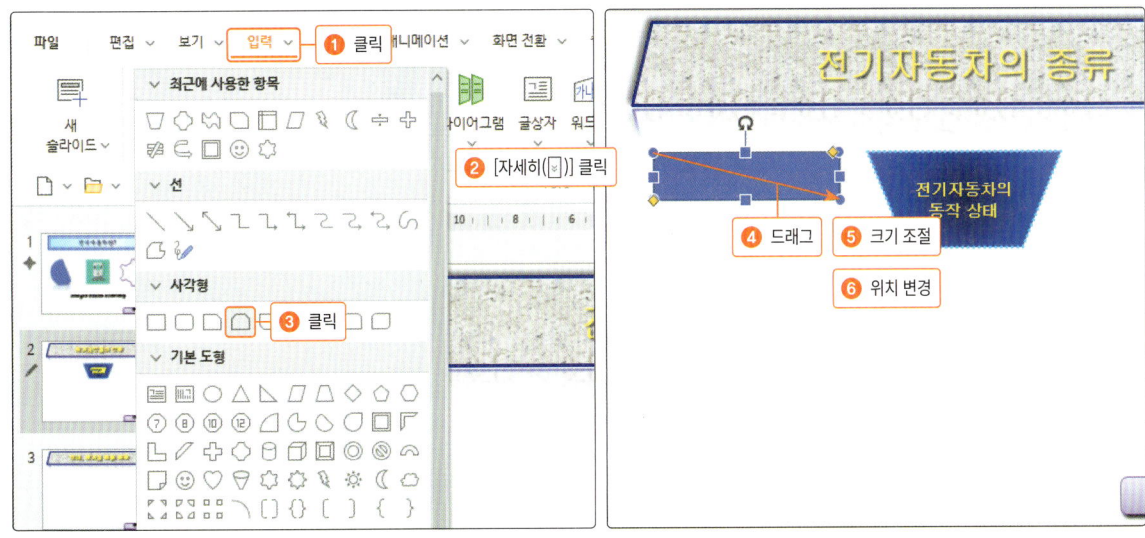

③ 도형이 선택된 상태에서 **'차량주행'**을 입력한 후 Esc 키를 누릅니다.

④ [도형( )] 탭에서 [도형 채우기( )]의 목록( ) 단추를 클릭한 후 '밝은 연두색'을 클릭합니다.

⑤ 도형에 그러데이션을 적용하기 위해 [도형 채우기( )]의 목록( ) 단추를 클릭한 후 [그러데이션]-[밝은 그러데이션]-'선형 – 아래쪽에서( )'를 클릭합니다.

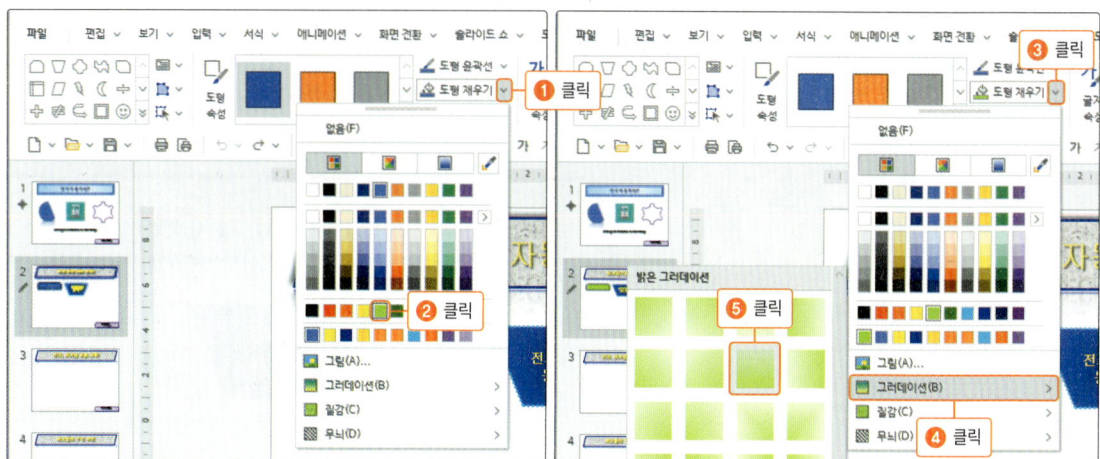

⑥ 선 없음을 지정하기 위해 [도형( )] 탭에서 [도형 윤곽선( )]의 목록( ) 단추를 클릭한 후 '없음'을 클릭합니다.

⑦ [도형]( ) 탭에서 [도형 효과]-[그림자]-[바깥쪽]-'아래쪽( )'을 클릭합니다.

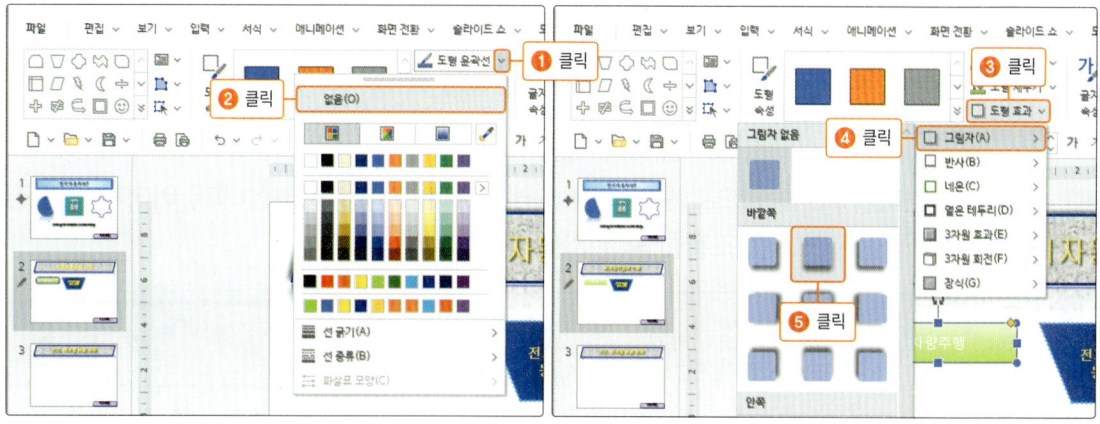

⑧ 글자 서식을 지정하기 위해 [서식] 탭에서 '글꼴(궁서), 글자 크기(16pt), 진하게( ), 글자 색(보라)'를 지정합니다.

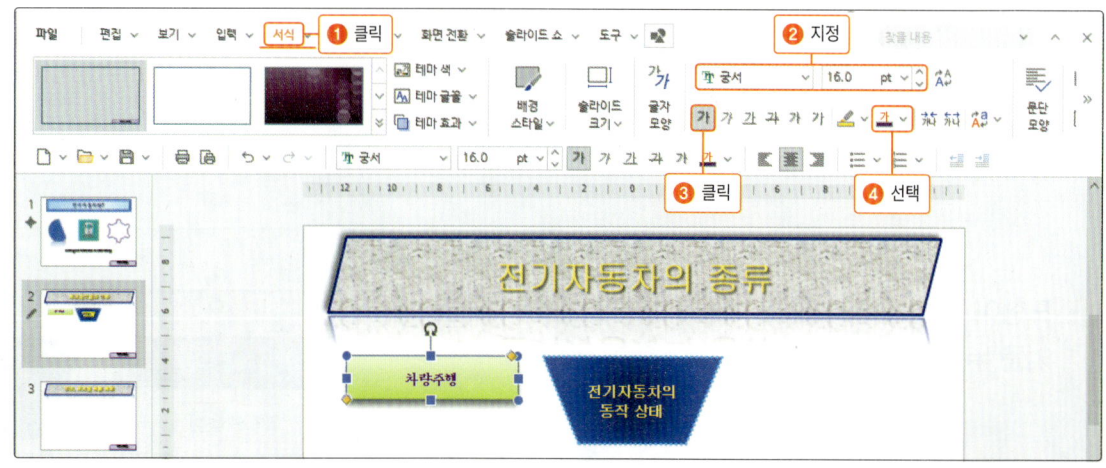

⑨ 도형이 완성되면 Ctrl+Shift 키를 누른 채 도형의 테두리를 아래쪽으로 드래그하여 복사합니다.

※ 커서가 모양으로 바뀔 때

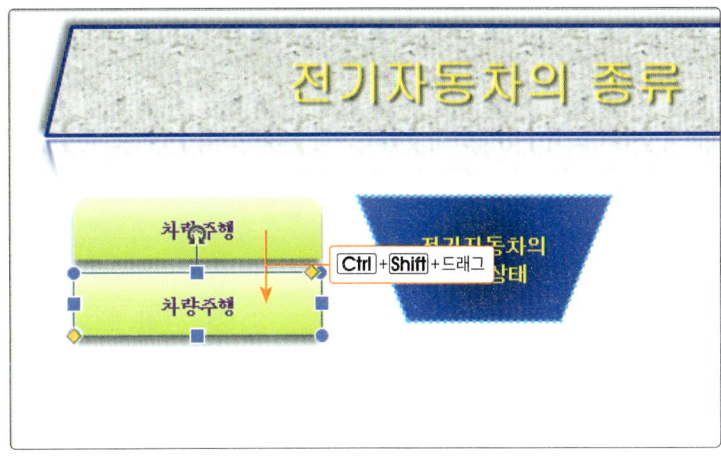

⑩ Shift 키를 누른 채 두 개의 도형을 선택합니다. 이어서, Ctrl+Shift 키를 누른 채 도형의 테두리를 오른쪽으로 드래그하여 복사합니다.

※ 커서가 모양으로 바뀔 때

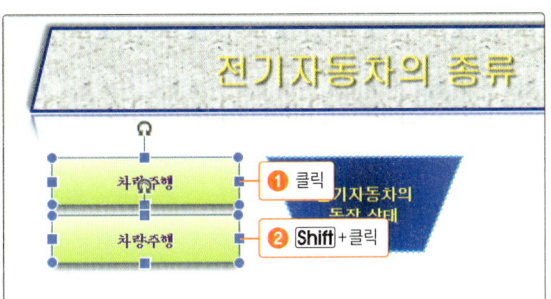 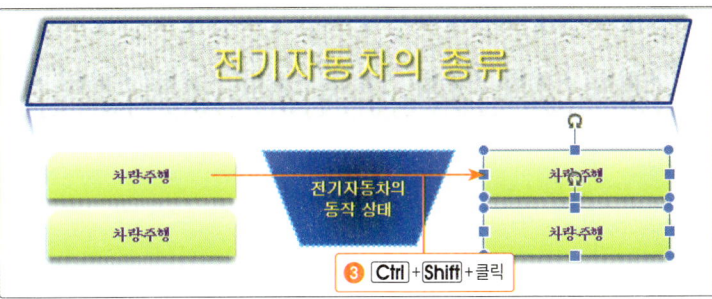

TIP 도형의 복사와 이동
- Ctrl 키를 누른 채 도형을 드래그하면 선택한 도형을 복사할 수 있습니다.
- Shift 키를 누른 채 도형을 드래그하면 수직 또는 수평으로 이동할 수 있습니다.
- Ctrl+Shift 키를 누른 채 도형을 드래그하면 수직 또는 수평으로 복사할 수 있습니다.

⑪ 도형 안쪽의 텍스트를 드래그하여 블록으로 지정한 후 《출력형태》와 같이 내용을 입력합니다.

03 실행 단추 작성하기

▶ 실행 단추 ⇒ 실행 단추 : '실행 단추: 끝', 하이퍼링크 : 마지막 슬라이드, 도형 스타일('밝은 계열 – 강조 5')

❶ [입력] 탭에서 '도형' 이미지 꾸러미의 자세히(✓) 단추를 눌러 '실행 단추: 끝(▷)'을 클릭한 후 마우스 포인터가 ┼ 모양으로 변경되면 드래그하여 도형을 삽입합니다.

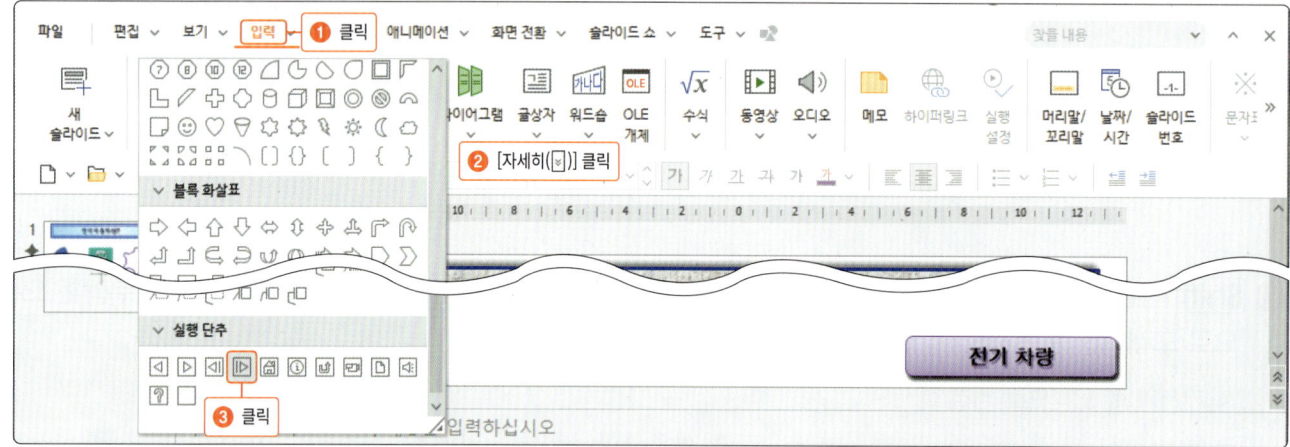

❷ [실행 설정] 대화상자가 나오면 [마우스를 누를 때]–'하이퍼링크(마지막 슬라이드)'를 확인한 후 〈넣기〉 단추를 클릭합니다.

❸ 조절점(●)을 드래그하여 《출력형태》와 같이 크기를 조절한 후 위치를 변경합니다.

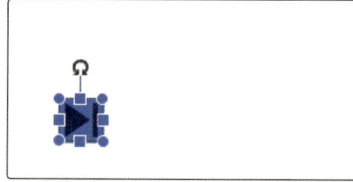

 ※ 하이퍼링크를 수정할 때는 실행 단추 도형 위에서 마우스 오른쪽 단추를 눌러 바로 가기 메뉴가 나오면 [하이퍼링크]를 클릭하여 수정합니다.

❹ [도형(🖼)] 탭에서 도형 스타일의 자세히(✓) 단추를 클릭한 후 '밝은 계열 – 강조 5(▢)'를 클릭합니다.

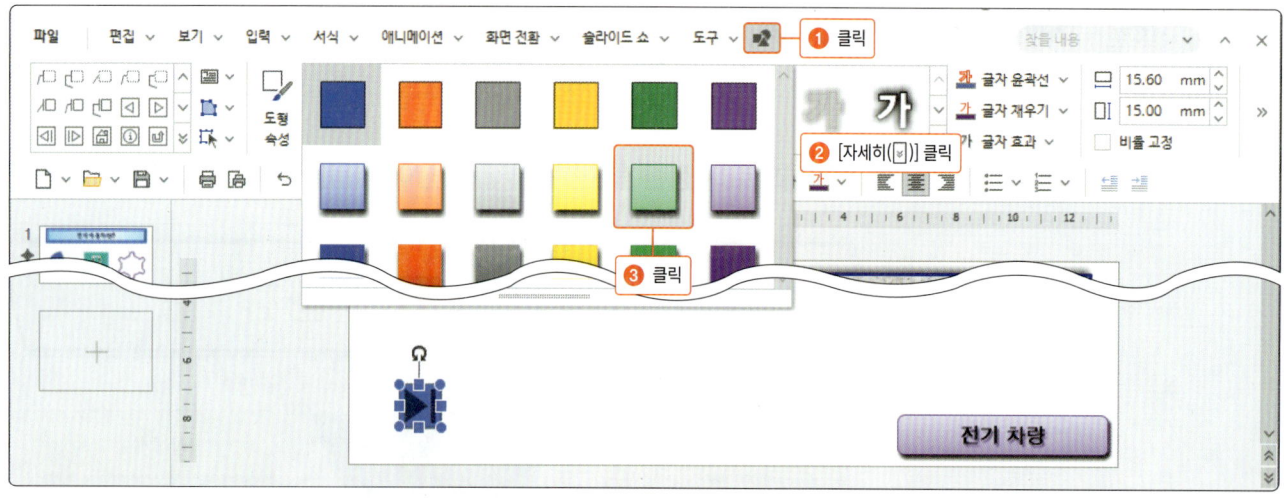

❺ [파일]–[저장하기](Ctrl + S) 또는 [서식] 도구 상자에서 '저장하기(💾)'를 클릭합니다.

 ※ 실제 시험을 볼 때 작업 도중에 수시로(10분에 한 번 정도) 저장을 하는 것이 좋습니다.

[슬라이드2] 본문 도형

01 아래의 작성조건 및 출력형태에 알맞게 작업하시오.

· 소스파일 : [출제유형 07]- 정복07_문제01.show   · 정답파일 : [출제유형 07]- 정복07_정답01.show

《출력형태》

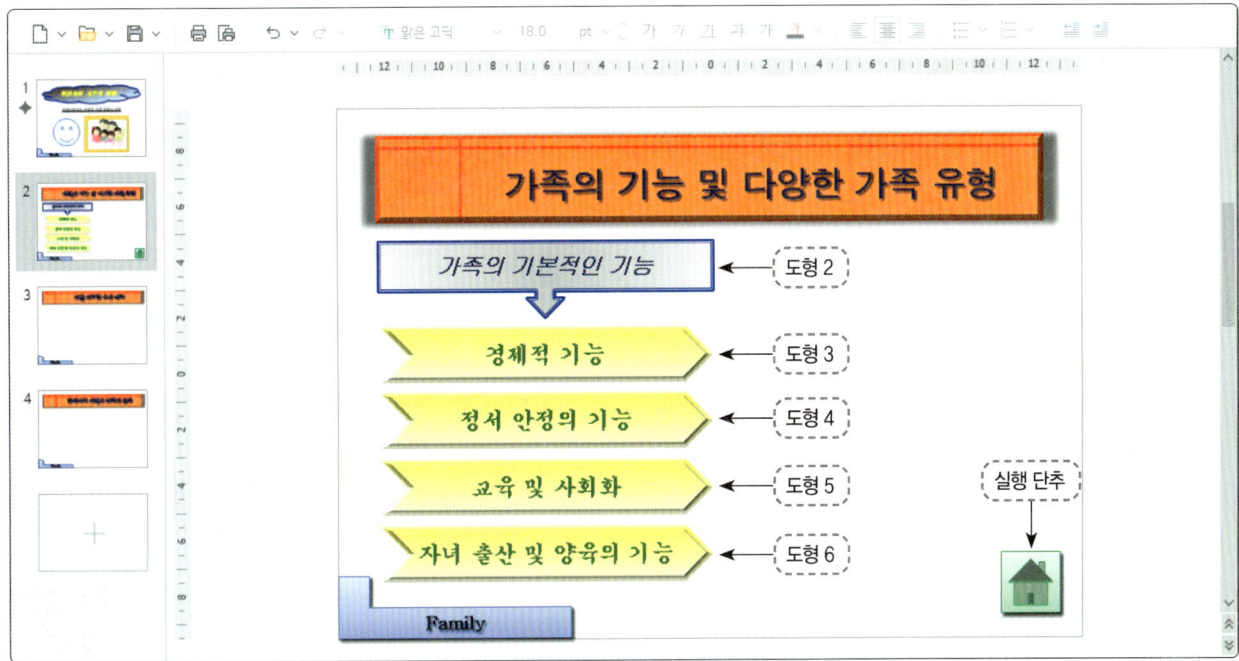

《작성조건》

(2) 본문

▶ 도형 2 ⇒ 블록 화살표 : '아래쪽 화살표 설명선', 도형 채우기('강조 3 시멘트색', 밝은 그러데이션 – 방사형 – 가운데에서), 선 색(단색, 색 : 파랑), 선 스타일(굵기 : 4pt, 겹선 종류 : 굵고 얇음), 글꼴(굴림, 24pt, 진하게, 기울임, 검은 군청)

▶ 도형 3~6 ⇒ 블록 화살표 : '갈매기형 수장', 도형 채우기('강조 4 노랑', 밝은 그러데이션 – 선형 – 위쪽에서), 선 없음, 도형 효과(3차원 효과 – 볼록하게), 글꼴(궁서, 24pt, 진하게, 초록)

▶ 실행 단추 ⇒ 실행 단추 : '실행 단추: 홈', 하이퍼링크 : 첫째 슬라이드, 도형 스타일('밝은 계열 – 강조 5')

02 아래의 작성조건 및 출력형태에 알맞게 작업하시오.

• 소스파일 : 없음   • 정답파일 : [출제유형 07]- 정복07_정답02.show

《출력형태》

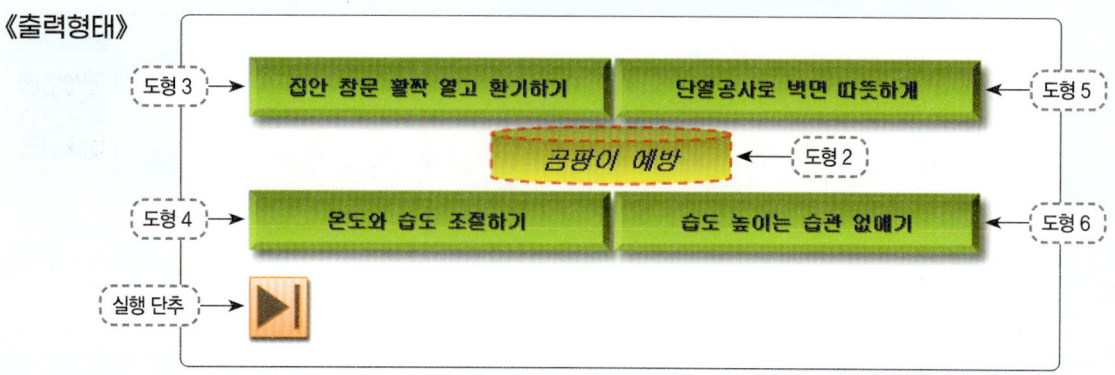

《작성조건》

▶ 도형 2 ⇒ 기본 도형 : '원통', 도형 채우기(노랑, 어두운 그러데이션 – 선형 – 위쪽에서),
   선 색(단색, 색 : 빨강), 선 스타일(선 종류 : 파선, 굵기 : 2pt, 겹선 종류 : 단순형),
   글꼴(굴림체, 22pt, 진하게, 기울임, 검은 군청)

▶ 도형 3~6 ⇒ 기본 도형 : '빗면', 도형 채우기(밝은 연두색, 어두운 그러데이션 – 선형 – 위쪽에서),
   선 없음, 도형 효과(그림자 – 바깥쪽 – 대각선 오른쪽 아래),
   글꼴(굴림체, 18pt, 진하게, 그림자, 검은 군청)

▶ 실행 단추 ⇒ 실행 단추 : '실행 단추: 끝', 하이퍼링크 : 마지막 슬라이드, 도형 스타일('밝은 계열 – 강조 2')

03 아래의 작성조건 및 출력형태에 알맞게 작업하시오.

• 소스파일 : 없음   • 정답파일 : [출제유형 07]- 정복07_정답03.show

《출력형태》

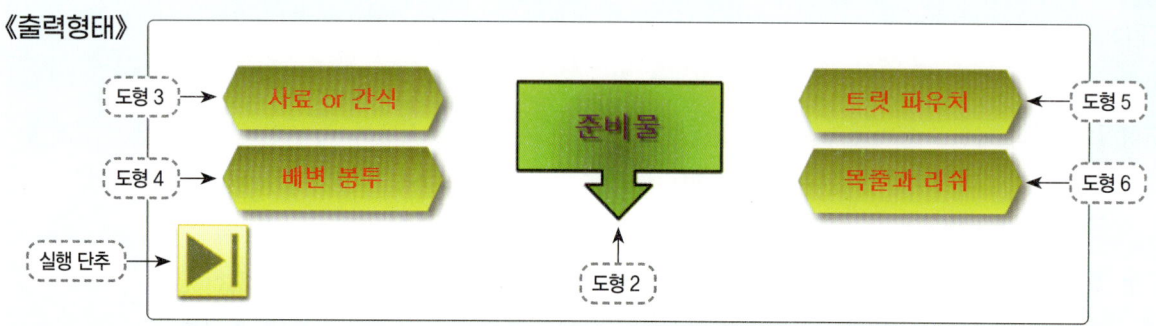

《작성조건》

▶ 도형 2 ⇒ 기본 도형 : '아래쪽 화살표 설명선', 도형 채우기(밝은 연두색, 어두운 그러데이션 – 방사형 –
   가운데에서), 선 색(단색, 색 : 검정), 선 스타일(굵기 : 2pt, 겹선 종류 : 단순형),
   글꼴(돋움체, 24pt, 진하게, 그림자, 보라)

▶ 도형 3~6 ⇒ 기본 도형 : '육각형', 도형 채우기(노랑, 어두운 그러데이션 – 선형 – 위쪽에서),
   선 없음, 도형 효과(그림자 – 바깥쪽 – 대각선 오른쪽 아래), 글꼴(돋움, 20pt, 진하게, 빨강)

▶ 실행 단추 ⇒ 실행 단추 : '실행 단추: 끝', 하이퍼링크 : 마지막 슬라이드, 도형 스타일('밝은 계열 – 강조 4')

04 아래의 작성조건 및 출력형태에 알맞게 작업하시오.

• 소스파일 : 없음   • 정답파일 : [출제유형 07]- 정복07_정답04.show

《출력형태》

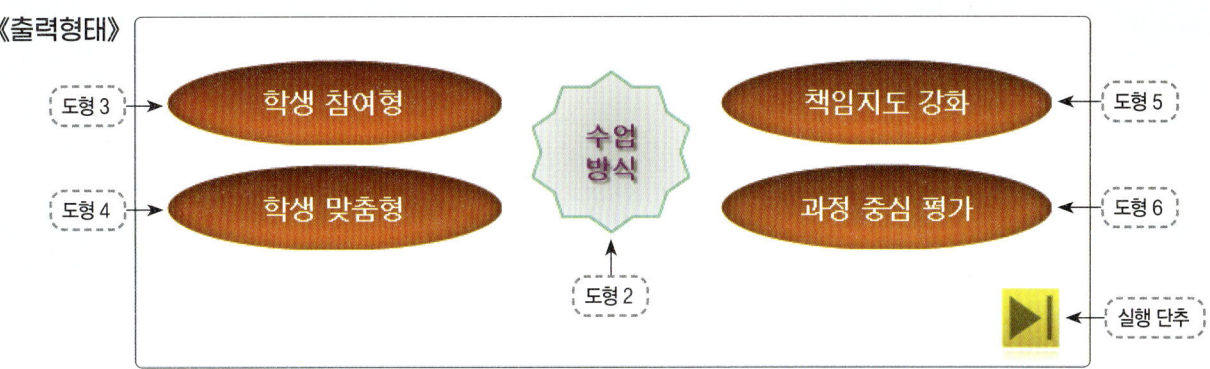

《작성조건》

▶ 도형 2 ⇒ 별 및 현수막 : '포인트가 10개인 별', 도형 채우기('강조 3 시멘트색', 밝은 그러데이션 –방사형 – 가운데에서), 선 색(단색, 색 : '강조 5 초록'), 선 스타일(굵기 : 2pt, 겹선 종류 : 이중), 글꼴(굴림체, 22pt, 진하게, 그림자, 보라)

▶ 도형 3~6 ⇒ 기본 도형 : '타원', 도형 채우기('강조 2 주황', 어두운 그러데이션 – 선형 – 위쪽에서), 선 없음, 도형 효과(그림자 – 안쪽 – 가운데), 글꼴(돋움, 22pt, 진하게)

▶ 실행 단추 ⇒ 실행 단추 : '실행 단추: 끝', 하이퍼링크 : 마지막 슬라이드, 도형 스타일('강한 효과 – 강조 4')

05 아래의 작성조건 및 출력형태에 알맞게 작업하시오.

• 소스파일 : 없음   • 정답파일 : [출제유형 07]- 정복07_정답05.show

《출력형태》

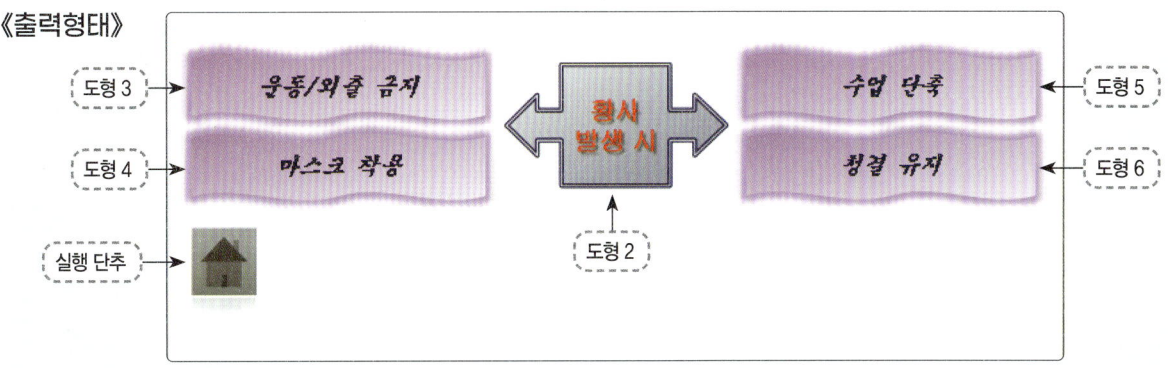

《작성조건》

▶ 도형 2 ⇒ 기본 도형 : '왼쪽/오른쪽 화살표 설명선', 도형 채우기(검은 군청, 그러데이션 – 선형 – 오른쪽 아래에서), 선 색(단색, 색 : 검은 군청), 선 스타일(굵기 : 4pt, 겹선 종류 : 이중), 글꼴(돋움체, 24pt, 진하게, 그림자, 빨강)

▶ 도형 3~6 ⇒ 기본 도형 : '이중 물결', 도형 채우기(보라, 밝은 그러데이션 – 선형 – 왼쪽 위에서), 선 없음, 도형 효과(네온 – '강조색 6, 10 pt'), 글꼴(궁서체, 20pt, 진하게, 기울임, 검은 군청)

▶ 실행 단추 ⇒ 실행 단추 : '실행 단추: 홈', 하이퍼링크 : 처음 슬라이드, 도형 스타일('강한 효과 – 강조 3')

출제유형 08 [슬라이드2] 표

PART 02 출제유형 완전정복

☑ 표 작성 및 서식 지정하기
☑ 애니메이션 지정하기

문제 풀이

문제 미리보기

소스 파일 : [출제유형 08]-유형08_문제.show   정답 파일 : [출제유형 08]-유형08_정답.show

◆ 【슬라이드2】 아래의 작성조건 및 출력형태에 알맞게 두 번째 슬라이드에 작업하시오.   (50점)

《출력형태》

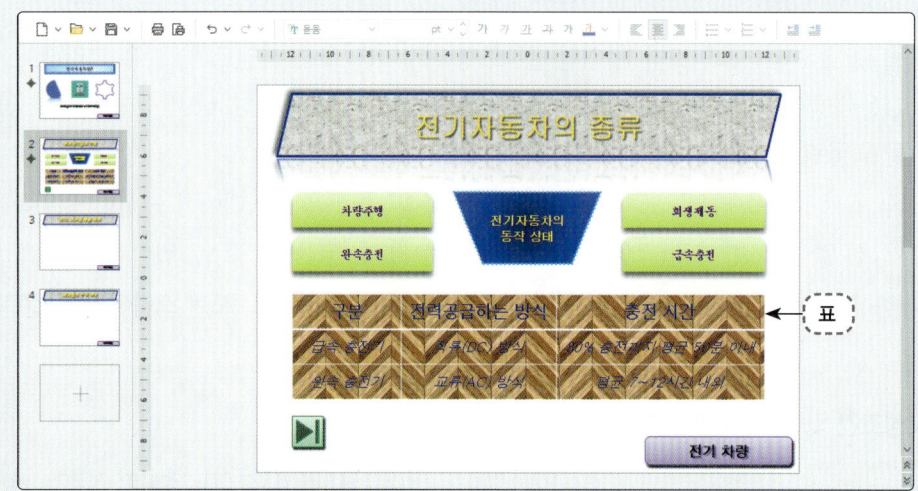

《작성조건》

(1) 제목
▶ 도형 1 ⇒ 기본 도형 : '평행 사변형', 도형 채우기(질감 – 대리석, 바둑판식 배열), 선 색(단색, 색 : 파랑),
  선 스타일(선 종류 : 실선, 굵기 : 3pt, 겹선 종류 : 단순형),
  도형 효과(그림자 – 바깥쪽 – 대각선 왼쪽 위, 반사 – '1/3 크기, 4 pt'),
  글꼴(굴림, 40pt, 진하게, 그림자, '노랑 40% 밝게')

(2) 본문
▶ 도형 2 ⇒ 순서도 : '순서도: 수동 연산', 도형 채우기('강조 1 하늘색', 어두운 그러데이션 – 방사형 – 가운데에서),
  선 색(단색, 색 : 시안), 선 스타일(선 종류 : 점선, 굵기 : 3pt, 겹선 종류 : 단순형),
  글꼴(돋움, 18pt, 진하게, 노랑)
▶ 도형 3~6 ⇒ 사각형 : '양쪽 모서리가 잘린 사각형', 도형 채우기(밝은 연두색, 밝은 그러데이션 – 선형 – 아래쪽에서),
  선 없음, 도형 효과(그림자 – 바깥쪽 – 아래쪽), 글꼴(궁서, 16pt, 진하게, 보라)
▶ 실행 단추 ⇒ 실행 단추 : 끝, 하이퍼링크 : 마지막 슬라이드, 도형 스타일('밝은 계열 – 강조 5')
▶ 표 ⇒ 채우기(질감 – 나무, 바둑판식 배열),
  가장 위의 행 : 글꼴(돋움, 24pt, 진하게, 파랑, 가운데 정렬, 가운데 맞춤),
  나머지 행 : 글꼴(돋움, 20pt, 기울임, 파랑, 가운데 정렬, 가운데 맞춤)
▶ 애니메이션 지정 ⇒ 표 : 나타내기 – 날아오기
▶ 지시사항이 없는 부분은 《출력형태》와 동일하게 작성하시오.

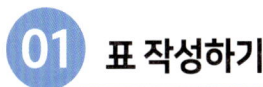

표 작성하기

▶ 표 ⇒ 채우기(질감 – 나무, 바둑판식 배열)

❶ [파일]-[불러오기](Ctrl+O)를 클릭합니다. [불러오기] 대화상자가 나오면 '유형08_문제.show' 파일을 불러옵니다.

❷ 두 번째 슬라이드를 선택한 후 [입력] 탭에서 '표(▦)'를 클릭합니다. 이어서, [표 만들기] 대화상자가 나오면 **줄 개수**(3)와 **칸 개수**(3)를 입력한 후 〈확인〉 단추를 클릭합니다.

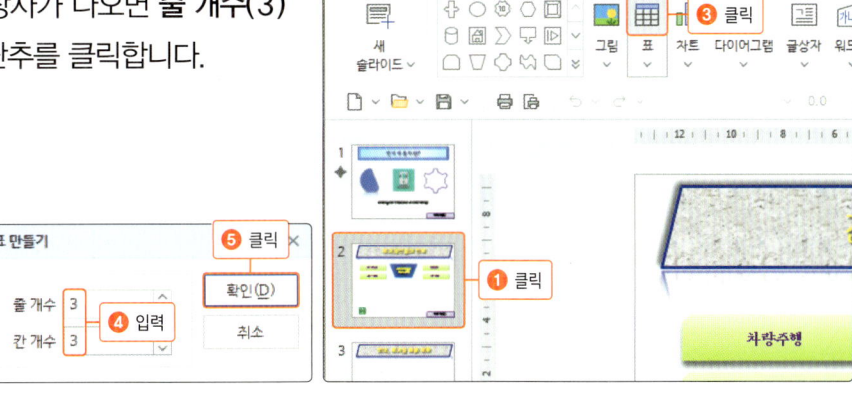

❸ 표가 삽입되면 테두리를 드래드하여 위치를 변경합니다.

※ 표의 크기 조절 및 위치 변경은 《출력형태》를 참고하여 작업합니다.

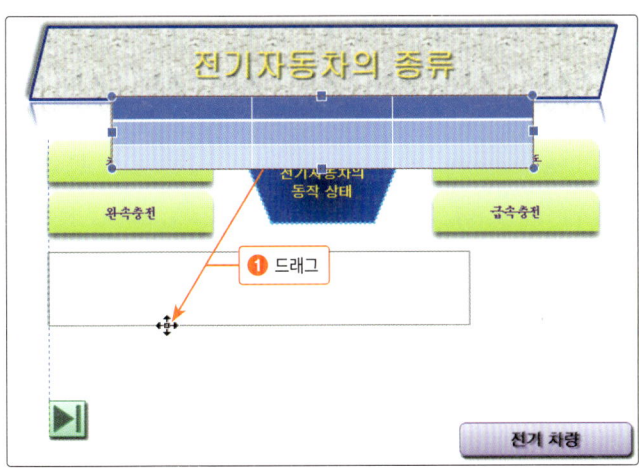

❹ 표의 조절점(▬●)을 드래그하여 그림과 같이 크기를 조절합니다.

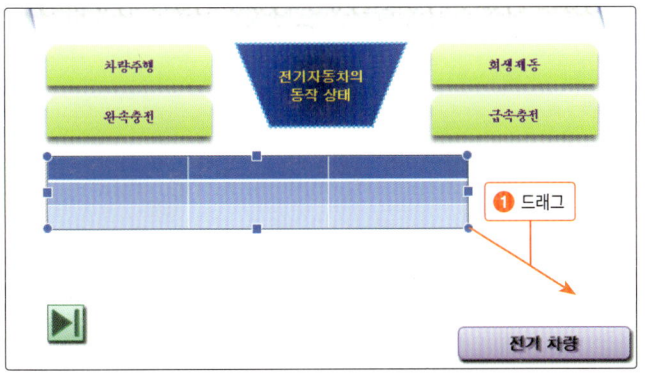
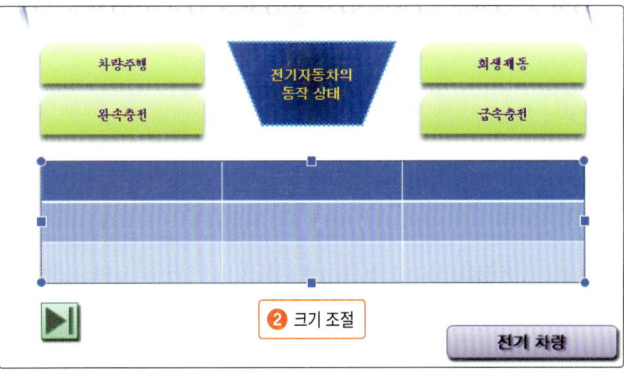

표 크기 조절 / 셀 크기 조절

- 표의 크기를 조절 할 때는 표의 조절점(■, ●) 위에 커서를 위치한 후 마우스 포인터가 ⬌ 모양으로 변경되면 드래그하여 전체 표 크기를 조절할 수 있습니다.

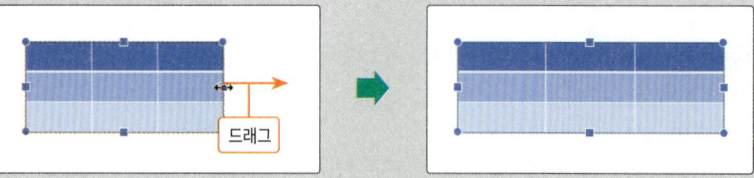

- 표 안의 셀 크기를 조절할 때는 조절하려는 셀의 가로선 또는 세로선 위에 커서를 위치한 후 마우스 포인터가 ⬌ 모양으로 변경되면 드래그하여 선택한 셀의 크기를 조절할 수 있습니다.

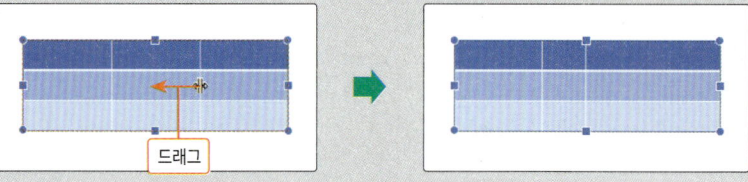

⑤ 채우기를 지정하기 위해 표 테두리를 마우스 오른쪽 단추를 눌러 '**개체 속성**'을 클릭합니다.

⑥ [**개체 속성**] 대화상자가 나오면 [**채우기**] 탭에서 '**질감/그림**'을 클릭한 후 [**질감**]-'**나무(🔶)**'를 클릭합니다. 이어서, '**바둑판식 배열**'에 체크가 되어 있는지 확인한 후 〈작업 창 닫기(✕)〉 단추를 클릭합니다.

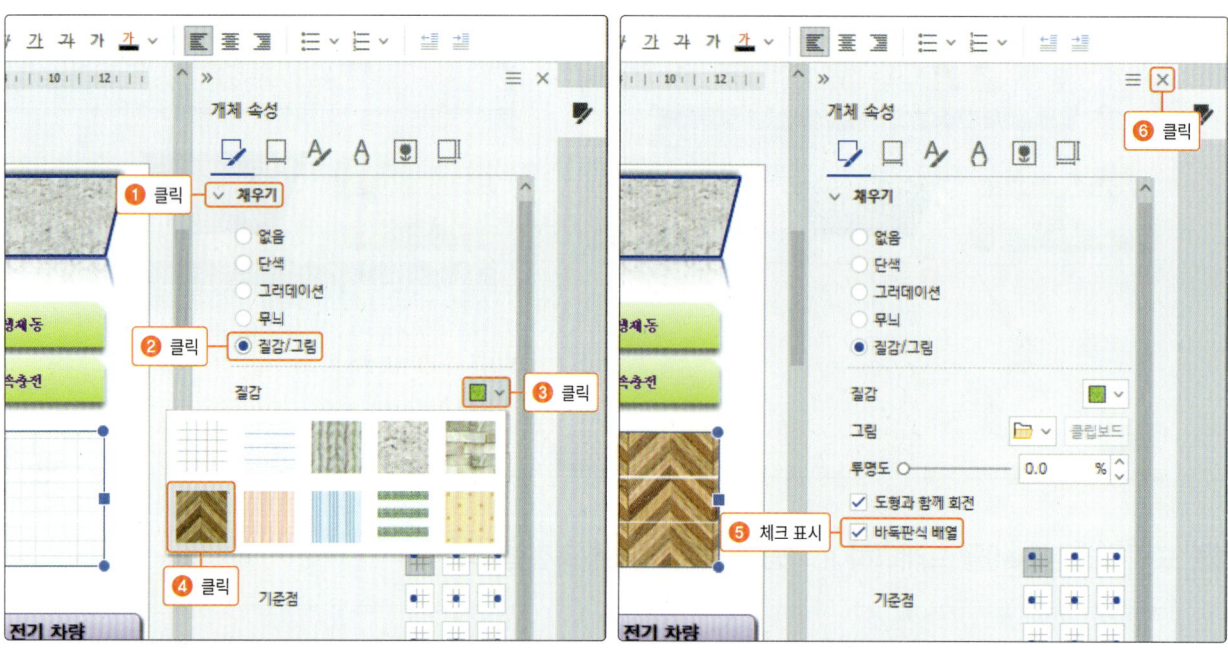

 바둑판식 배열과 늘이기

- **바둑판식 배열** : 그림 파일의 원래 크기대로 배경을 채웁니다. 배경 크기가 그림 크기보다 작으면 그림의 일부분만 나타나고, 배경 크기가 그림 크기보다 크면 바둑판식으로 채웁니다.
- **늘이기** : 그림 파일의 원래 크기를 무시하고 개체의 크기에 맞춰 그림이 가득 차도록 그림을 확대하거나 축소합니다.
  ※ 바둑판식 배열을 체크 해제하면 늘이기가 됩니다.

7️⃣ 변경된 표 스타일을 확인한 후 《출력형태》를 참고하여 각 셀에 다음과 같이 내용을 입력합니다.

구분	전력공급하는 방식	충전 시간
급속 충전기	직류(DC) 방식	80% 충전까지 평균 50분 이내
완속 충전기	교류(AC) 방식	평균 7~12시간 내외

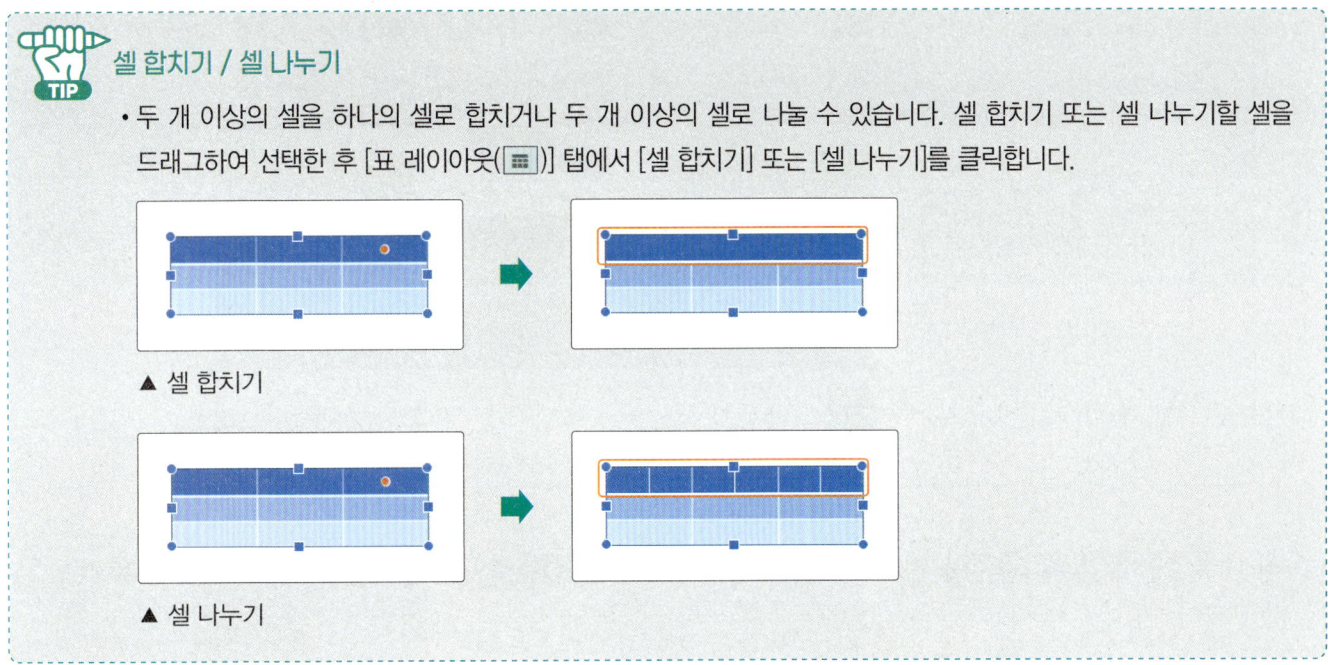

▲ 셀 합치기

▲ 셀 나누기

TIP 셀 합치기 / 셀 나누기
• 두 개 이상의 셀을 하나의 셀로 합치거나 두 개 이상의 셀로 나눌 수 있습니다. 셀 합치기 또는 셀 나누기할 셀을 드래그하여 선택한 후 [표 레이아웃(▦)] 탭에서 [셀 합치기] 또는 [셀 나누기]를 클릭합니다.

02 표 글자 서식 변경하기

가장 위의 행 : 글꼴(돋움, 24pt, 진하게, 파랑, 가운데 정렬, 가운데 맞춤), 나머지 행 : 글꼴(돋움, 20pt, 기울임, 파랑, 가운데 정렬, 가운데 맞춤)

1️⃣ 가장 위의 행을 드래그하여 블록으로 지정한 후 [서식] 탭에서 '글꼴(돋움), 글자 크기(24pt), 진하게(가), 글자 색(파랑)'을 지정합니다.

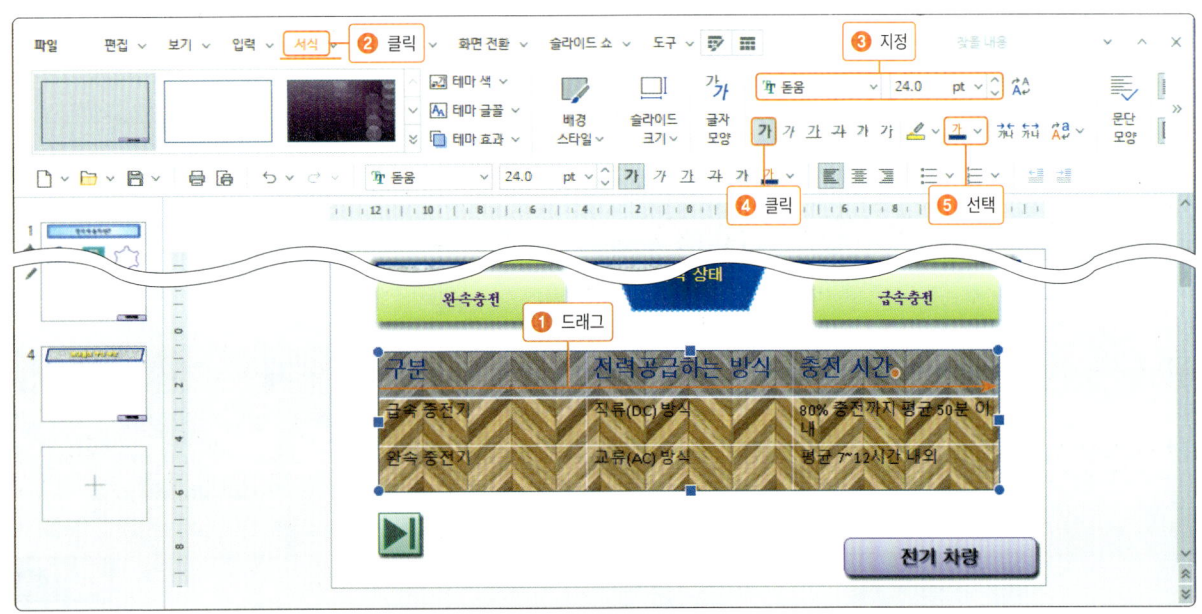

❷ 나머지 행을 드래그하여 블록으로 지정한 후 [서식] 탭에서 '글꼴(돋움), 글자 크기(20pt), 기울임(가), 글자 색(파랑)'을 지정합니다.

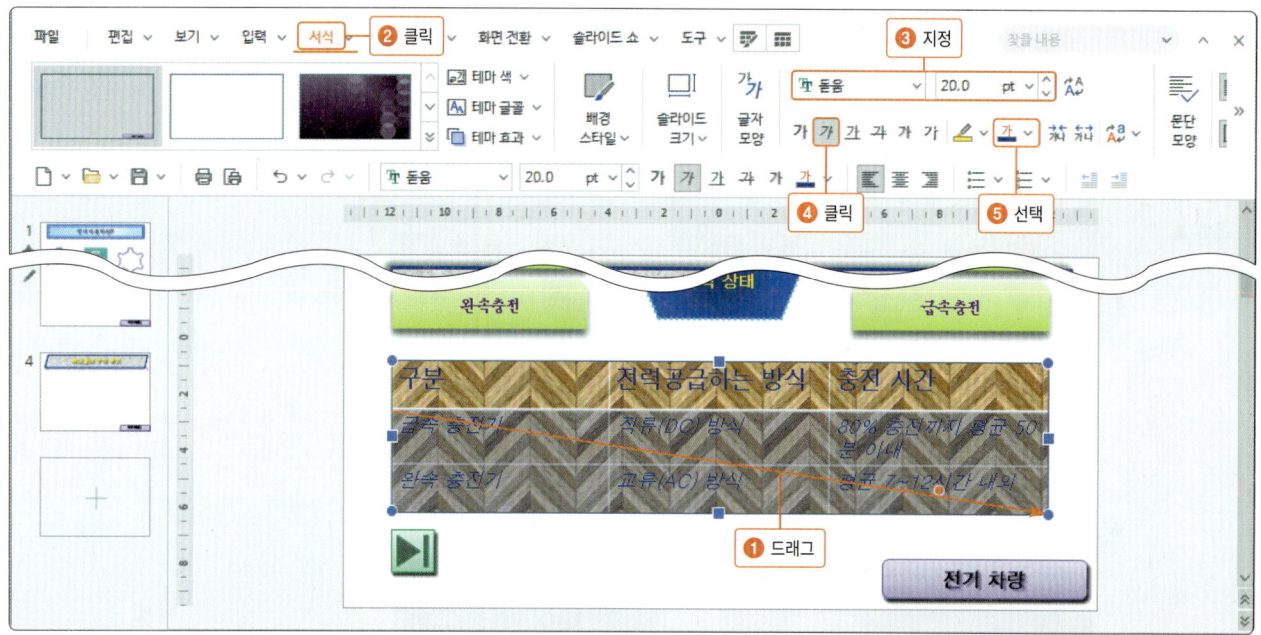

❸ 표 내용 전체를 드래그합니다. 이어서, [서식] 탭에서 '가운데 정렬(三)'과 '중간(目)'을 차례로 클릭합니다.

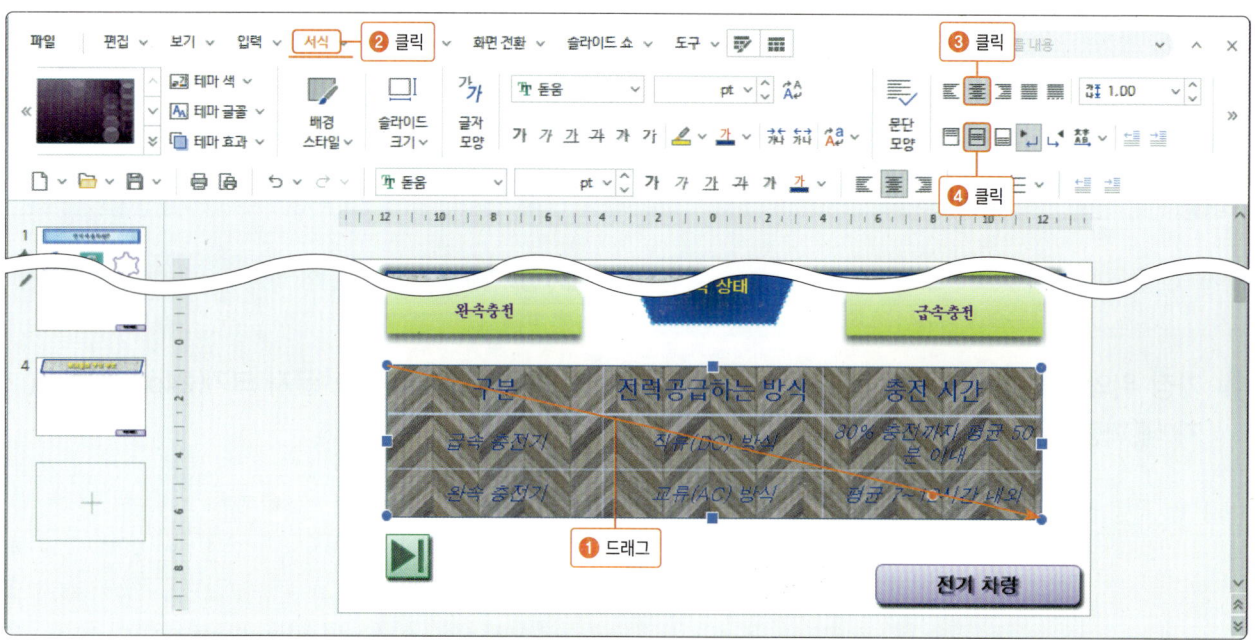

❹ 《출력형태》를 참고하여 표 안의 셀 크기를 조절합니다.

03 애니메이션 지정하기

▶ 애니메이션 지정 ⇒ 표 : 나타내기 - 날아오기

❶ 애니메이션을 지정하기 위해 표의 테두리를 클릭합니다.

❷ [애니메이션] 탭에서 자세히(⌵) 단추를 클릭한 후 [나타내기]-'날아오기'를 클릭합니다.

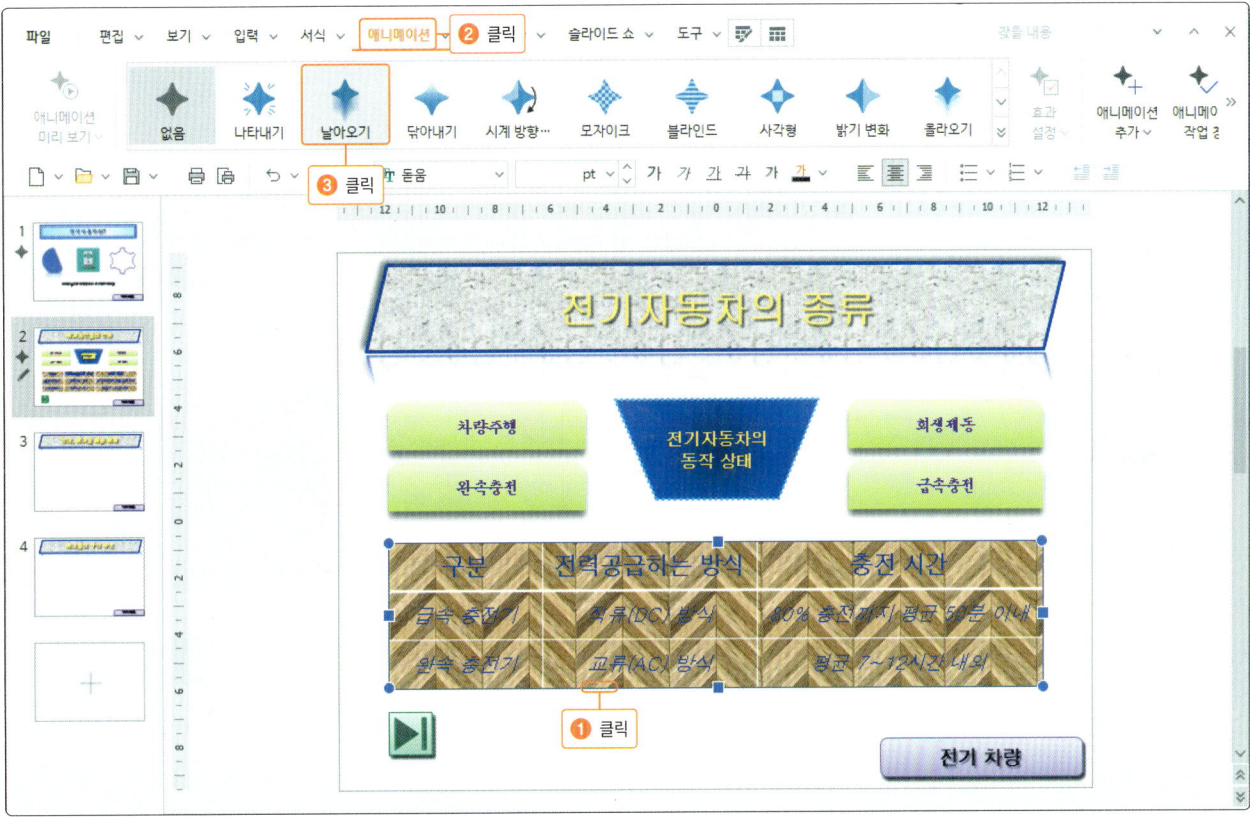

❸ [파일]-[저장하기](Ctrl+S) 또는 [서식] 도구 상자에서 '저장하기(🖫)'를 클릭합니다.

※ 실제 시험을 볼 때 작업 도중에 수시로(10분에 한 번 정도) 저장을 하는 것이 좋습니다.

[슬라이드2] 표

01 아래의 작성조건 및 출력형태에 알맞게 작업하시오.

• 소스파일 : [출제유형 08]- 정복08_문제01.show • 정답파일 : [출제유형 08]- 정복08_정답01.show

숏츠(Shorts)

《출력형태》

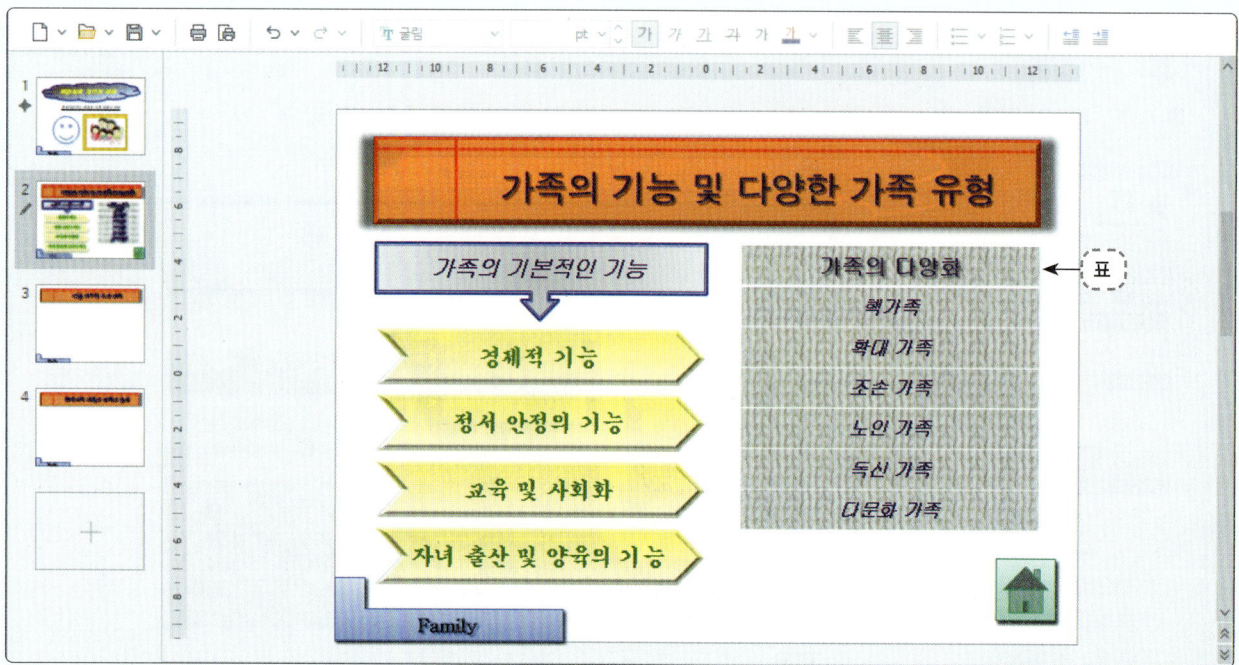

《작성조건》

(2) 본문

▶ 표 ⇒ 채우기(질감 - 흰색 겉뜨기 스웨터, 바둑판식 배열),
　　가장 위의 행 : 글꼴(굴림, 24pt, 진하게, 그림자, 검은 군청, 가운데 정렬, 가운데 맞춤),
　　나머지 행 : 글꼴(굴림, 20pt, 진하게, 기울임, 검은 군청, 가운데 정렬, 가운데 맞춤)

▶ 애니메이션 지정 ⇒ 표 : 나타내기 - 닦아내기

02 아래의 작성조건 및 출력형태에 알맞게 작업하시오.

• 소스파일 : 없음   • 정답파일 : [출제유형 08]- 정복08_정답02.show

《출력형태》

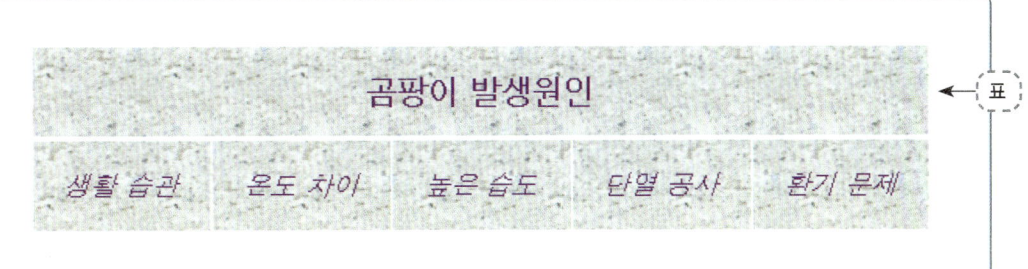

《작성조건》

▶ 표 ⇒ 채우기(질감 – 대리석, 바둑판식 배열),
　　가장 위의 행 : 글꼴(돋움, 24pt, 진하게, 보라, 가운데 정렬, 가운데 맞춤),
　　나머지 행 : 글꼴(돋움, 20pt, 기울임, 보라, 가운데 정렬, 가운데 맞춤)

▶ 애니메이션 지정 ⇒ 표 : 나타내기 – 시계 방향 회전

 **03** 아래의 작성조건 및 출력형태에 알맞게 작업하시오.

• 소스파일 : 없음   • 정답파일 : [출제유형 08]- 정복08_정답03.show

《출력형태》

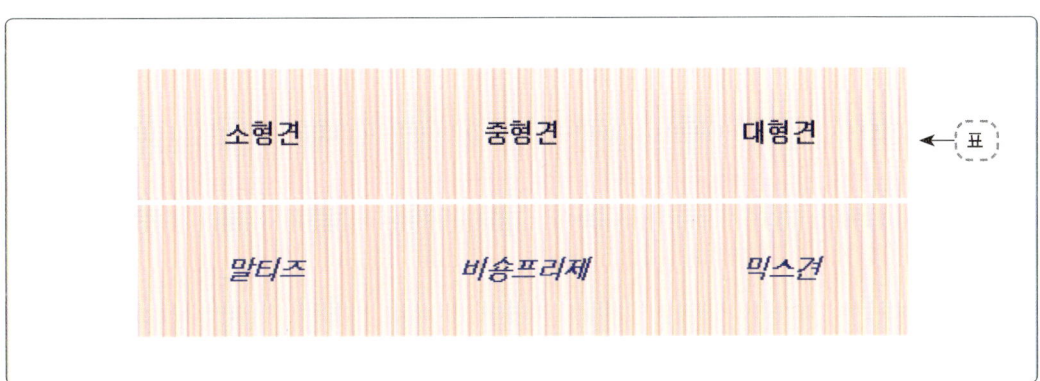

《작성조건》

▶ 표 ⇒ 채우기(질감 – 분홍색 줄무늬, 바둑판식 배열),
　　가장 위의 행 : 글꼴(돋움, 24pt, 진하게, 검은 군청, 가운데 정렬, 가운데 맞춤),
　　나머지 행 : 글꼴(돋움, 20pt, 진하게, 기울임, 파랑, 가운데 정렬, 가운데 맞춤)

▶ 애니메이션 지정 ⇒ 표 : 나타내기 – 모자이크

출제유형 09 [슬라이드3] 표

- ☑ 표를 삽입한 후 스타일 지정하기
- ☑ 글자 서식 변경하기

문제 미리보기

소스 파일 : [출제유형 09]-유형09_문제.show   **정답 파일** : [출제유형 09]-유형09_정답.show

◆【슬라이드3】 아래의 작성조건 및 출력형태에 알맞게 세 번째 슬라이드에 작업하시오.   (60점)

《출력형태》

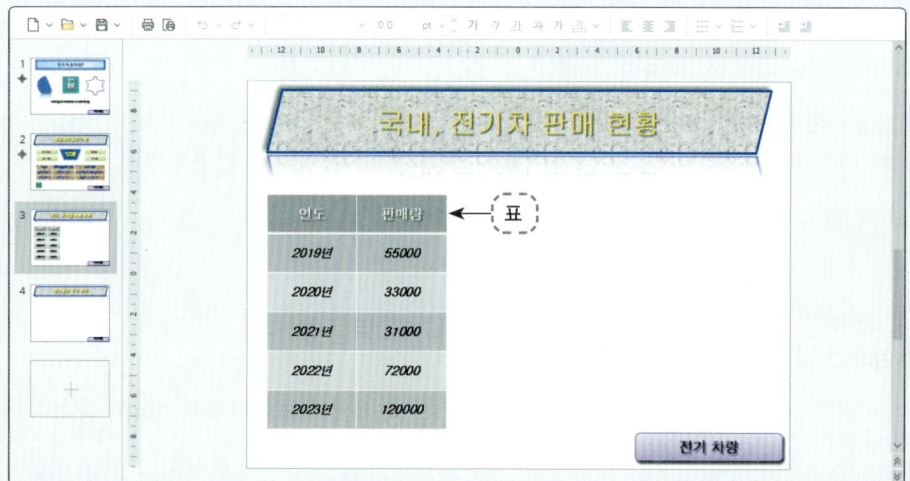

《작성조건》

(1) 제목
▶ 도형 1 ⇒ 기본 도형 : '평행 사변형', 도형 채우기(질감 – 대리석, 바둑판식 배열),
  선 색(단색, 색 : 파랑), 선 스타일(선 종류 : 실선, 굵기 : 3pt, 겹선 종류 : 단순형),
  도형 효과(그림자 – 바깥쪽 – 대각선 왼쪽 위, 반사 – '1/3 크기, 4 pt'),
  글꼴(굴림, 40pt, 진하게, 그림자, '노랑 40% 밝게')

(2) 본문
▶ 글 상자 1([단위 : 대]) ⇒ 글꼴(돋움, 20pt, 진하게)
▶ 표 ⇒ 표 스타일('보통 – 보통 스타일 1 – 강조 3'),
  가장 위의 행 : 글꼴(돋움, 20pt, 진하게, 그림자, 가운데 정렬, 가운데 맞춤),
  나머지 행 : 글꼴(돋움, 18pt, 진하게, 기울임, 가운데 정렬, 가운데 맞춤)
▶ 글 상자 2([출처 : 국제에너지기구(IEA)]) ⇒ 글꼴(돋움, 20pt, 진하게)
▶ 차트 ⇒ 세로 막대형 : 묶은 세로 막대형, 차트 계열색('색상 조합 – 색2'),
  차트 스타일(스타일9), 축 서식/자료점 이름표 서식 : 글꼴(굴림, 14pt, 진하게),
  범례 서식 : 글꼴(굴림, 16pt, 진하게, 기울임), 데이터는 표 참고
▶ 배경 ⇒ 배경 속성(채우기 – 그림 또는 질감 채우기)에서 그림 2 삽입(현재 슬라이드만 적용)
▶ 애니메이션 지정 ⇒ 차트 : 나타내기 – 블라인드
▶ 지시사항이 없는 부분은 《 출력형태 》와 동일하게 작성하시오.

01 표 작성하기

▶ 표 ⇒ 표 스타일('보통 – 보통 스타일 1 – 강조 3')

❶ [파일]-[불러오기](Ctrl+O)를 클릭합니다. [불러오기] 대화상자가 나오면 '유형09_문제.show' 파일을 불러옵니다.

❷ 세 번째 슬라이드를 선택한 후 [입력] 탭에서 '표(▦)'를 클릭합니다. 이어서, [표 만들기] 대화상자가 나오면 줄 개수(6)와 칸 개수(2)를 입력한 후 〈확인〉 단추를 클릭합니다.

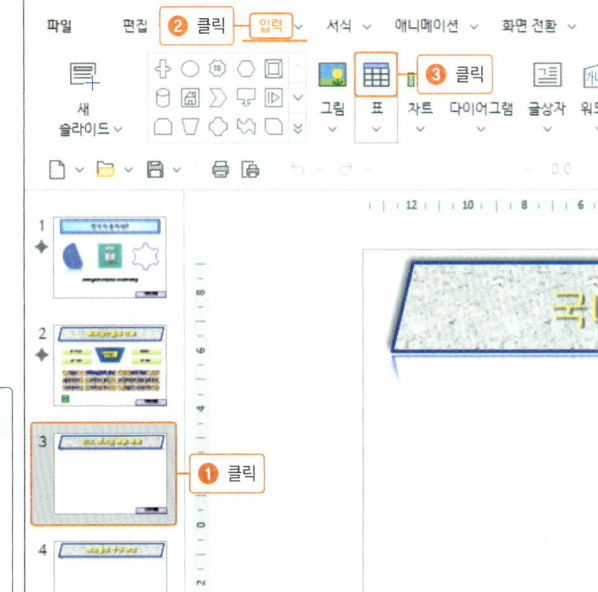

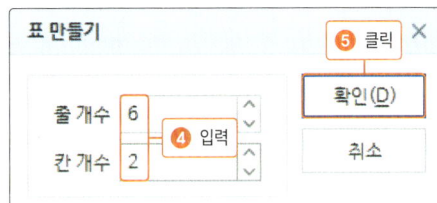

❸ 표가 삽입되면 조절점(●)을 드래그하여 위치와 크기를 조절합니다.

※ 표의 크기 조절 및 위치 변경은 《출력형태》를 참고하여 작업합니다.

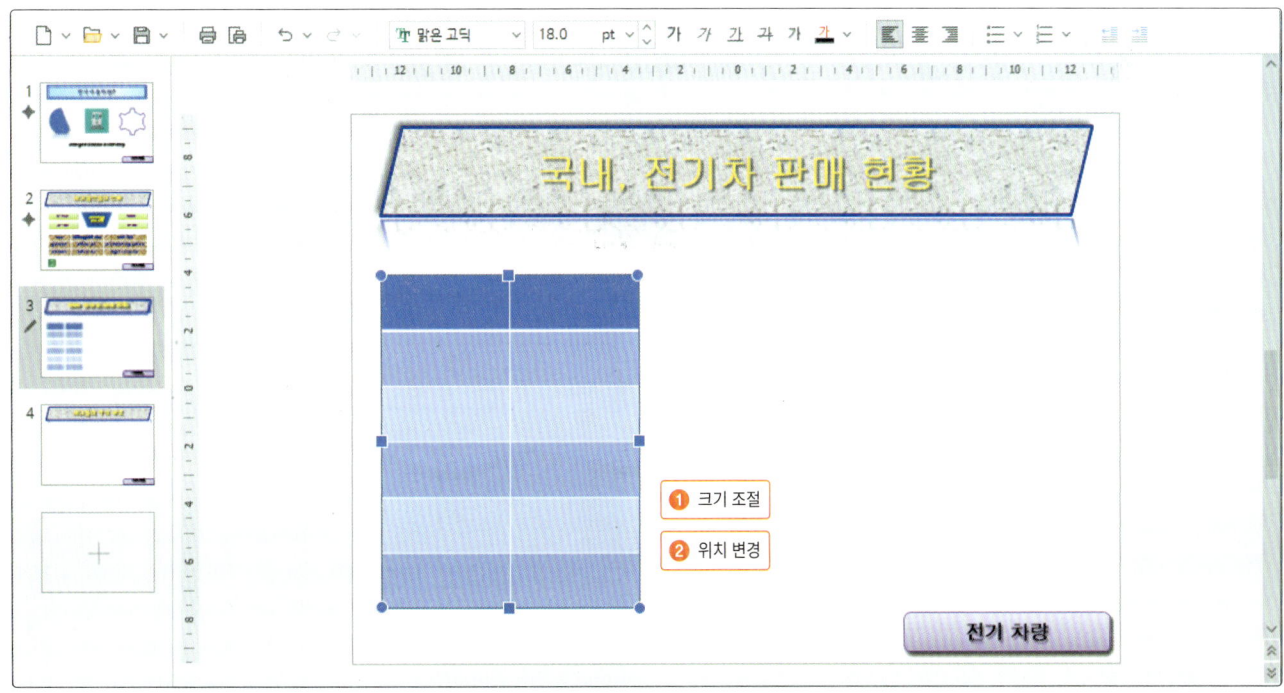

❹ 표 스타일을 지정하기 위해 [표 디자인(   )] 탭에서 자세히(   ) 단추를 클릭한 후 [보통]-'보통 스타일 1 – 강조 3(   )'을 클릭합니다.

❺ 변경된 표 스타일을 확인한 후 《출력형태》를 참고하여 각 셀에 내용을 입력합니다.

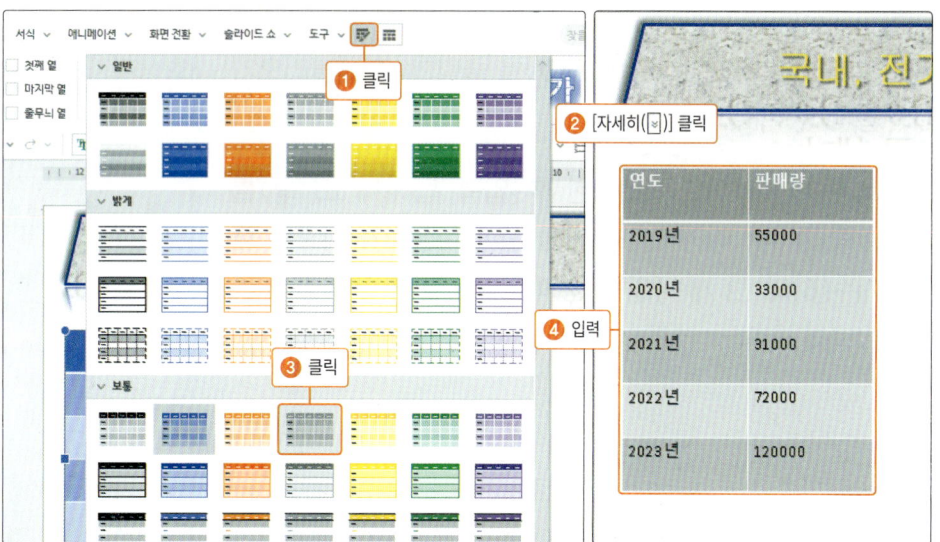

 표 스타일
표 스타일을 변경하면 표 안의 글자 서식이 같이 변경되기 때문에 표 스타일을 먼저 지정한 후 글자 서식을 변경하는 순서로 작업해야 합니다.

02 표 글자 서식 변경하기

❶ 가장 위의 행을 드래그하여 블록으로 지정한 후 [서식] 탭에서 '글꼴(돋움), 글자 크기(20pt), 진하게(   ), 그림자(   )'를 지정합니다.

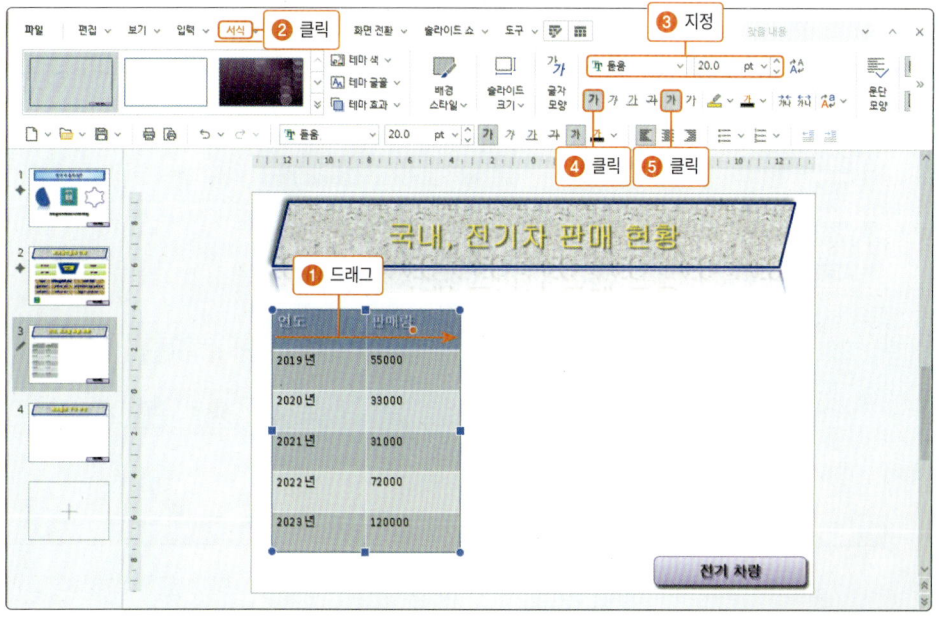

❷ 나머지 행을 드래그하여 블록으로 지정한 후 [서식] 탭에서 '글꼴(돋움), 글자 크기(18pt), 진하게(가), 기울임(가)'을 지정합니다.

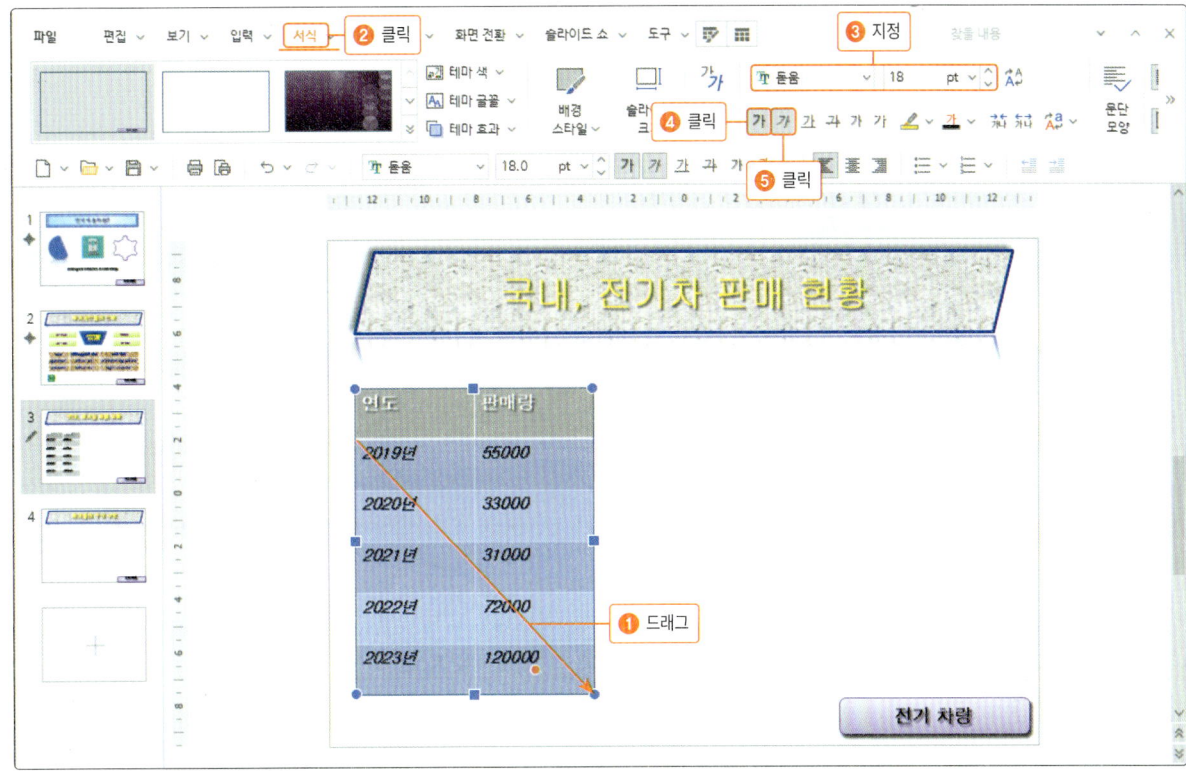

❸ 표 내용 전체를 드래그합니다. 이어서, [서식] 탭에서 '가운데 정렬(≡)'과 '중간(▤)'을 차례로 클릭합니다.

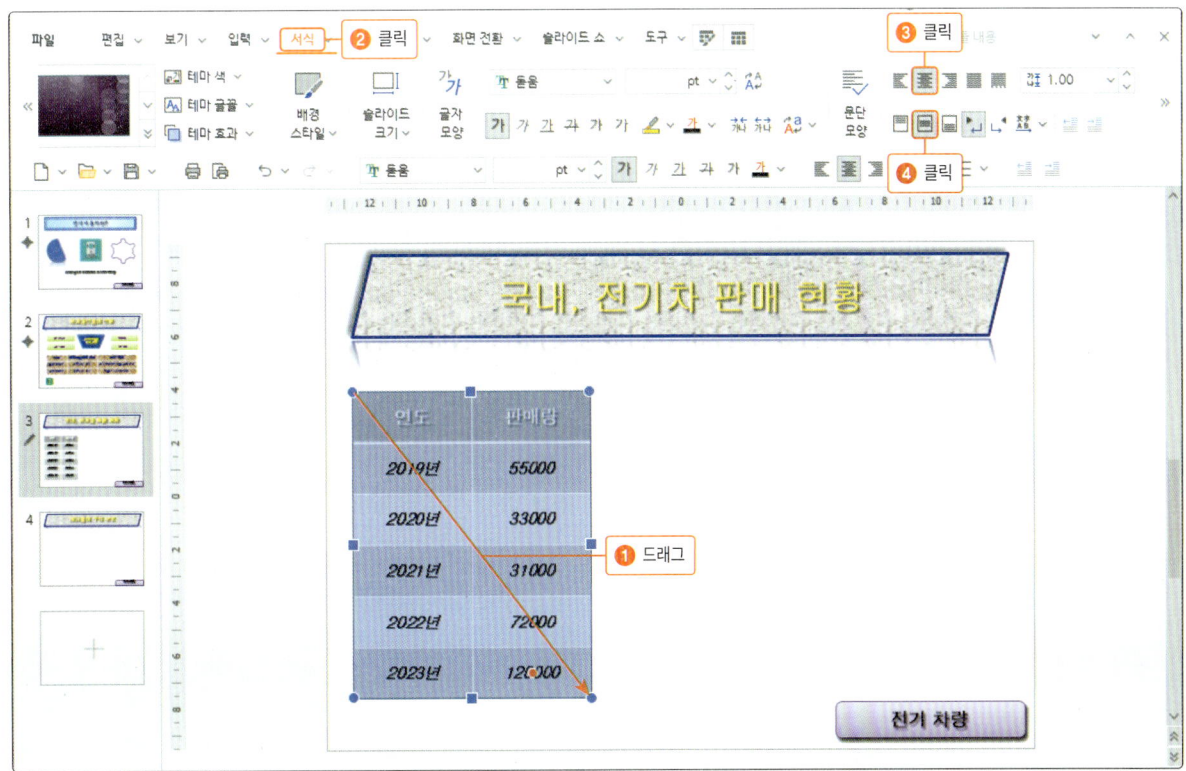

❹ [파일]-[저장하기](Ctrl + S) 또는 [서식] 도구 상자에서 '저장하기(💾)'를 클릭합니다.

※ 실제 시험을 볼 때 작업 도중에 수시로(10분에 한 번 정도) 저장을 하는 것이 좋습니다.

[슬라이드3] 표

 01 아래의 작성조건 및 출력형태에 알맞게 작업하시오.

• 소스파일 : [출제유형 09]- 정복09_문제01.show   • 정답파일 : [출제유형 09]- 정복09_정답01.show

《출력형태》

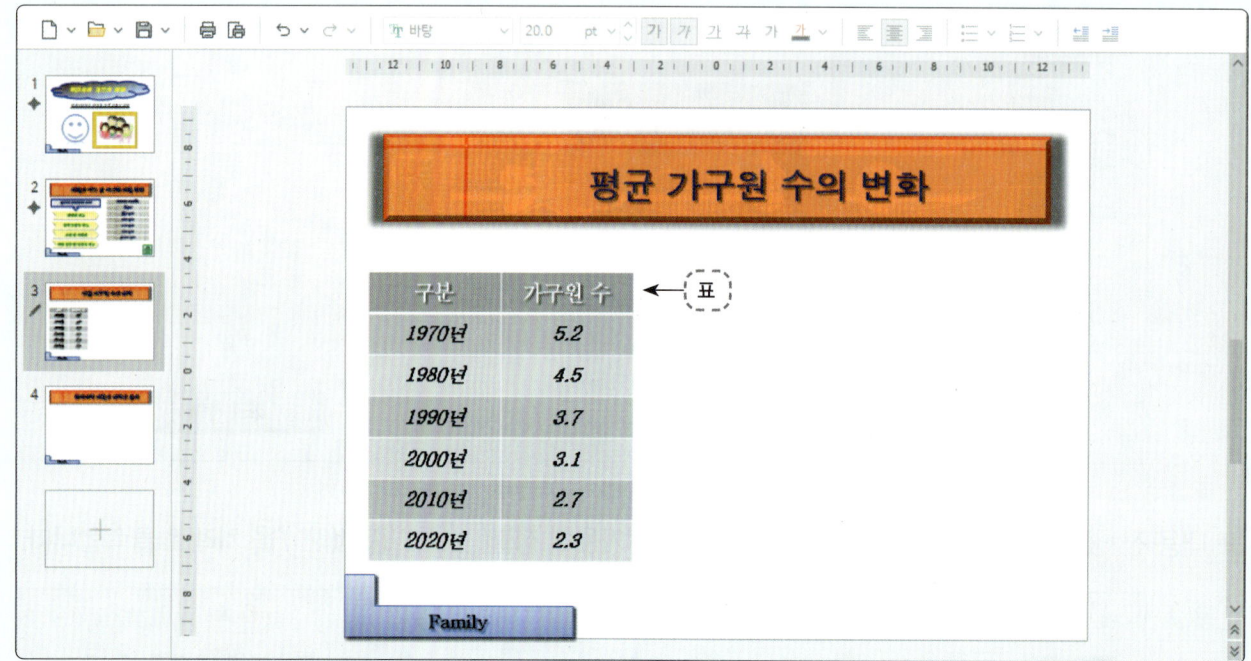

《작성조건》

▶ 표 ⇒ 표 스타일('보통 – 보통 스타일 1 – 강조 3'),
　가장 위의 행 : 글꼴(바탕, 22pt, 진하게, 그림자, 가운데 정렬, 가운데 맞춤),
　나머지 행 : 글꼴(바탕, 20pt, 진하게, 기울임, 가운데 정렬, 가운데 맞춤)

02 아래의 작성조건 및 출력형태에 알맞게 작업하시오.

• 소스파일 : 없음　　• 정답파일 : [출제유형 09]– 정복09_정답02.show

《출력형태》

연도	2019년	2020년	2021년	2022년	2023년
건수	102	81	82	170	86

← 표

《작성조건》

▶ 표 ⇒ 표 스타일('보통 – 보통 스타일 1 – 강조 2'),
　가장 위의 행 : 글꼴(바탕체, 18pt, 진하게, 그림자, 가운데 정렬, 가운데 맞춤),
　나머지 행 : 글꼴(바탕체, 16pt, 진하게, 기울임, 가운데 정렬, 가운데 맞춤)

03 아래의 작성조건 및 출력형태에 알맞게 작업하시오.

• 소스파일 : 없음　　• 정답파일 : [출제유형 09]– 정복09_정답03.show

《출력형태》

위반행위	1차 위반
반려견 등록	200,000
등록 후 변경신고	100,000
외출 시 인식표 부착	50,000
배설물 수거	50,000

← 표

《작성조건》

▶ 표 ⇒ 표 스타일('보통 – 보통 스타일 1 – 강조 5'),
　가장 위의 행 : 글꼴(굴림, 20pt, 진하게, 그림자, 가운데 정렬, 가운데 맞춤),
　나머지 행 : 글꼴(굴림, 18pt, 진하게, 기울임, 가운데 정렬, 가운데 맞춤)

04 아래의 작성조건 및 출력형태에 알맞게 작업하시오.

· 소스파일 : 없음   · 정답파일 : [출제유형 09]- 정복09_정답02.show

《출력형태》

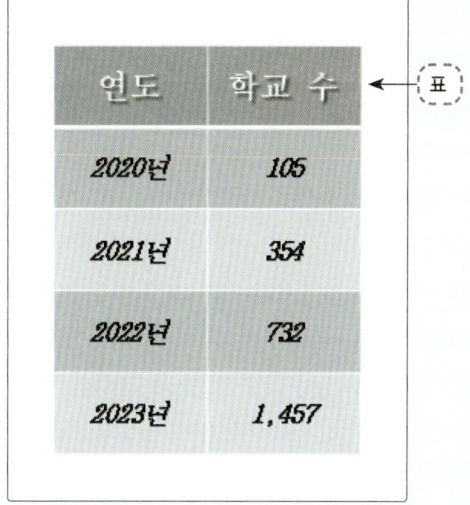

《작성조건》

▶ 표 ⇒ 표 스타일('보통 - 보통 스타일 1 - 강조 3'),
　가장 위의 행 : 글꼴(바탕체, 24pt, 진하게, 그림자, 가운데 정렬, 가운데 맞춤),
　나머지 행 : 글꼴(바탕체, 20pt, 진하게, 기울임, 가운데 정렬, 가운데 맞춤)

 05 아래의 작성조건 및 출력형태에 알맞게 작업하시오.

· 소스파일 : 없음   · 정답파일 : [출제유형 09]- 정복09_정답03.show

《출력형태》

연도	2019년	2020년	2021년	2022년	2023년
일수	3	6	14	5	19

《작성조건》

▶ 표 ⇒ 표 스타일('보통 - 보통 스타일 1 - 강조 6'),
　가장 위의 행 : 글꼴(돋움체, 20pt, 진하게, 그림자, 가운데 정렬, 가운데 맞춤),
　나머지 행 : 글꼴(돋움체, 18pt, 진하게, 기울임, 가운데 정렬, 가운데 맞춤)

06 아래의 작성조건 및 출력형태에 알맞게 작업하시오.

• 소스파일 : 없음   • 정답파일 : [출제유형 09]- 정복09_정답02.show

《출력형태》

《작성조건》

▶ 표 ⇒ 표 스타일('보통 – 보통 스타일 1 – 강조 4'),
　　가장 위의 행 : 글꼴(굴림, 20pt, 진하게, 그림자, 가운데 정렬, 가운데 맞춤),
　　나머지 행 : 글꼴(굴림, 18pt, 진하게, 기울임, 가운데 정렬, 가운데 맞춤)

 07 아래의 작성조건 및 출력형태에 알맞게 작업하시오.

• 소스파일 : 없음   • 정답파일 : [출제유형 09]- 정복09_정답03.show

《출력형태》

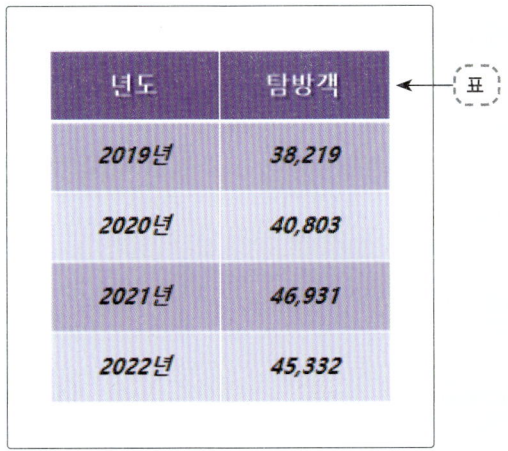

《작성조건》

▶ 표 ⇒ 표 스타일('보통 – 보통 스타일 1 – 강조 6'),
　　가장 위의 행 : 글꼴(맑은 고딕, 20pt, 진하게, 그림자, 가운데 정렬, 가운데 맞춤),
　　나머지 행 : 글꼴(맑은 고딕, 18pt, 진하게, 기울임, 가운데 정렬, 가운데 맞춤)

출제유형 10

PART 02 출제유형 완전정복

[슬라이드3] 차트

문제 풀이

☑ 차트를 삽입하고 차트 스타일 지정하기
☑ 차트의 구성요소 서식 지정하기

문제 미리보기

소스 파일 : [출제유형 10]-유형10_문제.show   정답 파일 : [출제유형 10]-유형10_정답.show

◆【슬라이드3】 아래의 작성조건 및 출력형태에 알맞게 세 번째 슬라이드에 작업하시오. (60점)

《출력형태》

《작성조건》

(1) 제목
▶ 도형 1 ⇒ 기본 도형 : '평행 사변형', 도형 채우기(질감 - 대리석, 바둑판식 배열),
　　　　　선 색(단색, 색 : 파랑), 선 스타일(선 종류 : 실선, 굵기 : 3pt, 겹선 종류 : 단순형),
　　　　　도형 효과(그림자 - 바깥쪽 - 대각선 왼쪽 위, 반사 - '1/3 크기, 4 pt'),
　　　　　글꼴(굴림, 40pt, 진하게, 그림자, '노랑 40% 밝게')

(2) 본문
▶ 글 상자 1([단위 : 대]) ⇒ 글꼴(돋움, 20pt, 진하게)
▶ 표 ⇒ 표 스타일('보통 - 보통 스타일 1 - 강조 3'),
　　　가장 위의 행 : 글꼴(돋움, 20pt, 진하게, 그림자, 가운데 정렬, 가운데 맞춤),
　　　나머지 행 : 글꼴(돋움, 18pt, 진하게, 기울임, 가운데 정렬, 가운데 맞춤)
▶ 글 상자 2([출처 : 국제에너지기구(IEA)]) ⇒ 글꼴(돋움, 20pt, 진하게)
▶ 차트 ⇒ 세로 막대형 : 묶은 세로 막대형, 차트 계열색('색상 조합 - 색2'),
　　　차트 스타일(스타일9), 축 서식/자료점 이름표 서식 : 글꼴(굴림, 14pt, 진하게),
　　　범례 서식 : 글꼴(굴림, 16pt, 진하게, 기울임), 데이터는 표 참고
▶ 배경 ⇒ 배경 속성(채우기 - 그림 또는 질감 채우기)에서 그림 2 삽입(현재 슬라이드만 적용)
▶ 애니메이션 지정 ⇒ 차트 : 나타내기 - 블라인드
▶ 지시사항이 없는 부분은 《 출력형태 》와 동일하게 작성하시오.

 **차트 작성하기**

▶ 차트 ⇒ 세로 막대형 : 묶은 세로 막대형, 차트 계열색('색상 조합 – 색2'),
  차트 스타일(스타일9), 축 서식/자료점 이름표 서식 : 글꼴(굴림, 14pt, 진하게),
  범례 서식 : 글꼴(굴림, 16pt, 진하게, 기울임), 데이터는 표 참고

❶ [파일]-[불러오기](Ctrl+O)를 클릭합니다. [불러오기] 대화상자가 나오면 '유형10_문제.show' 파일을 불러옵니다.

❷ 세 번째 슬라이드를 선택한 후 [입력] 탭에서 [차트( )]-[세로 막대형]-'묶은 세로 막대형( )'을 클릭합니다.

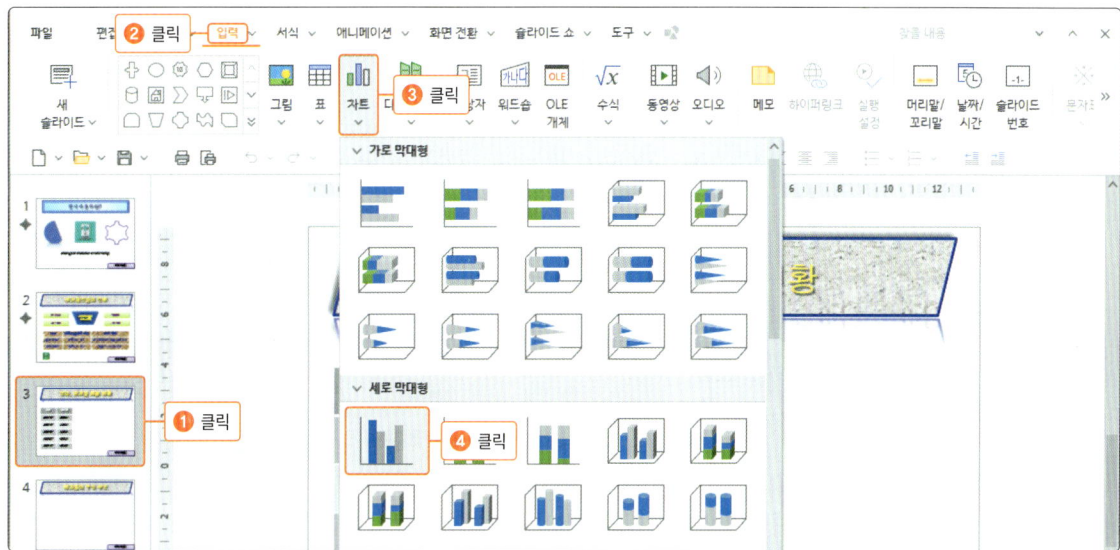

❸ [차트 데이터 편집] 대화상자가 나오면 《출력형태》를 참고하여 **줄 추가 및 칸 삭제**를 합니다.
  ※ 줄 및 칸 머리글에서 마우스 오른쪽 단추를 눌러 '추가' 및 '삭제'를 클릭합니다.

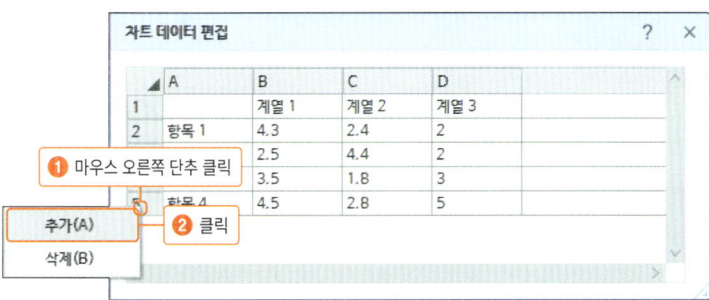

▲ 줄 추가

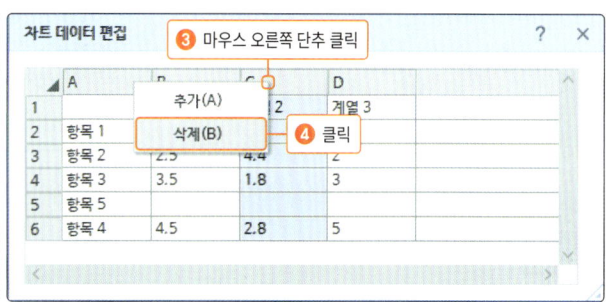

▲ 칸 삭제

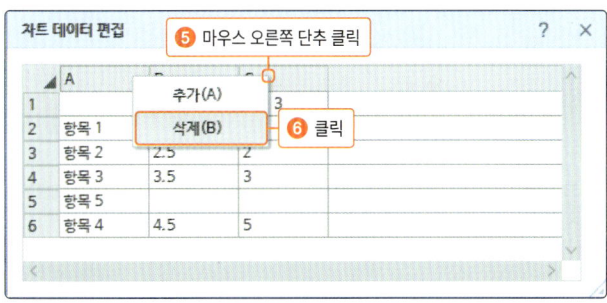

▲ 칸 삭제

④ 《출력형태》를 참고하여 데이터를 입력한 후 〈닫기(☒)〉 단추를 클릭합니다.

※ 내용을 입력한 후 다음 셀로 이동하기 위해서는 키보드의 방향키(↑, ↓, ←, →)를 누릅니다.
※ 데이터 입력시 소수점(.) 또는 천 단위 구분 기호(,)를 잘 구분하여 입력해야 합니다.

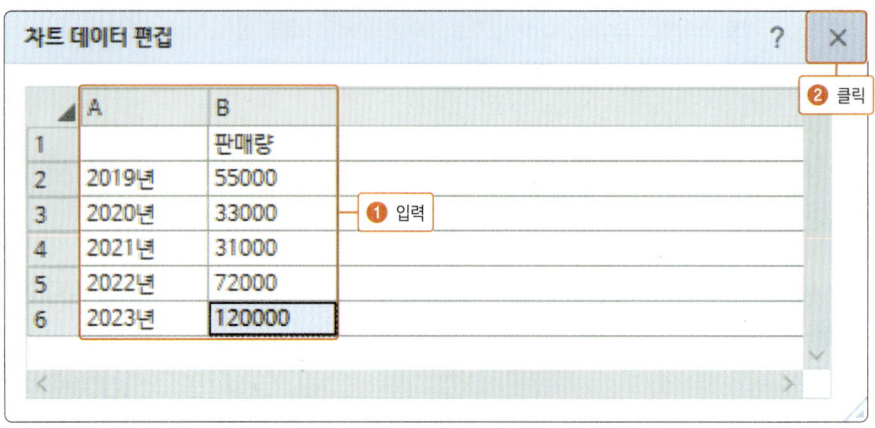

⑤ '차트 제목'을 클릭한 후 마우스 오른쪽 단추를 눌러 '삭제'를 클릭합니다.

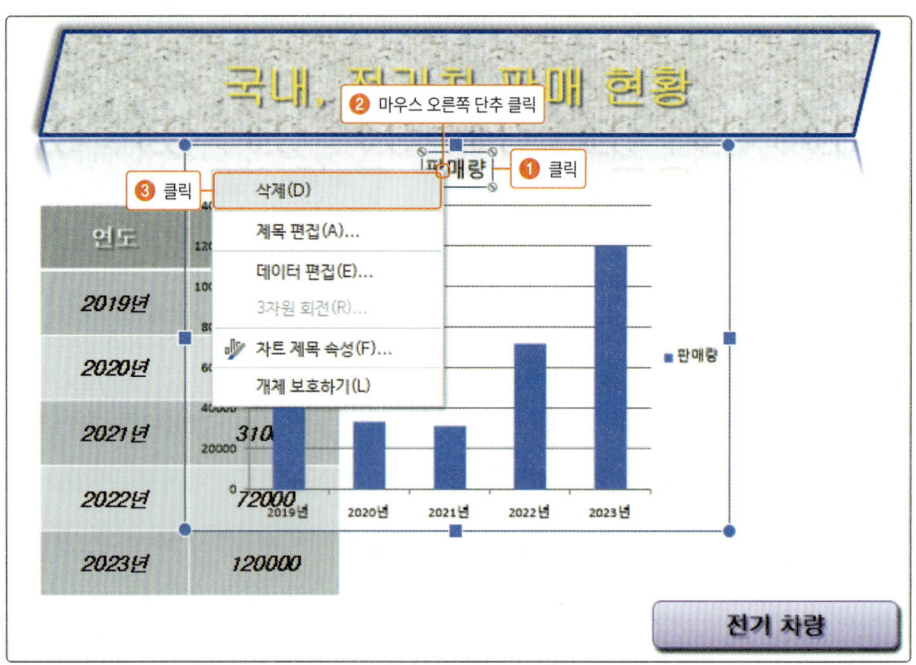

> **TIP 줄/칸 전환**
>
> 차트에 반영될 데이터를 정확히 입력했지만 《출력형태》의 차트와 다르게 나올 경우에는 [차트 디자인(📊)] 탭에서 '줄/칸 전환(▦)'을 클릭하여 변경할 수 있습니다.
>
>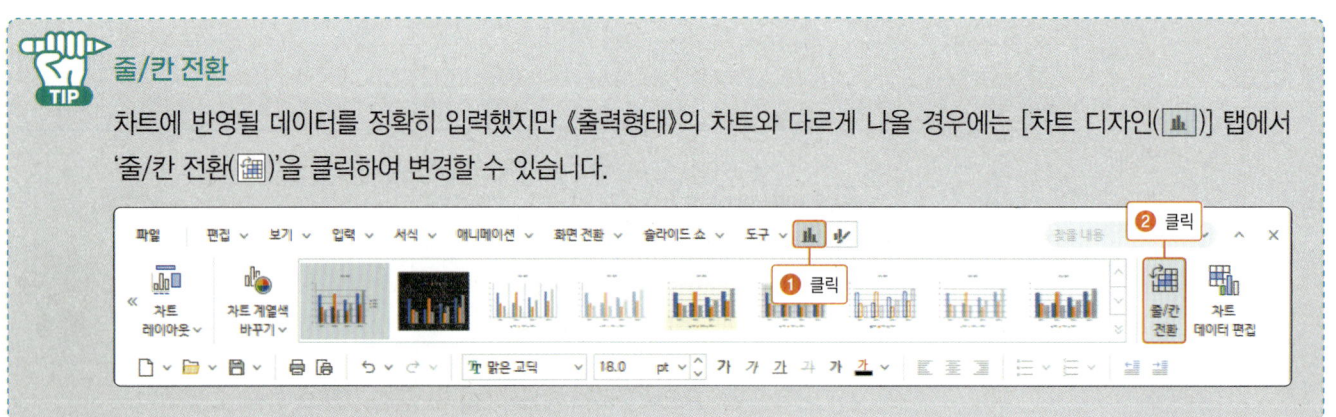

❻ 차트 크기를 조절한 후 위치를 변경합니다.

※ 차트의 크기 조절 및 위치 변경은 《출력형태》를 참고하여 작업합니다.

차트의 구성 요소

❶ 차트 배경
❷ 차트 제목
❸ 차트 속성 배경
❹ 계열
❺ 세로(값) 축
❻ 가로(항목) 축
❼ 범례
❽ 주 눈금선
❾ 데이터 레이블

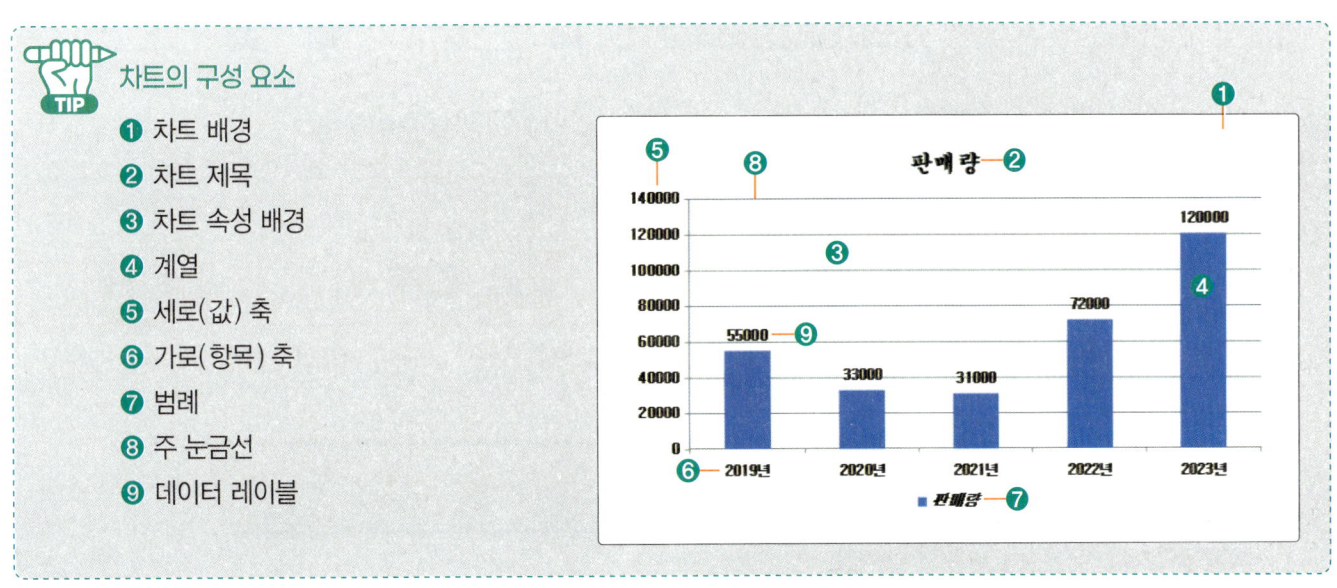

❼ 범례의 위치를 변경하기 위해 [차트 디자인( )] 탭에서 [차트 구성 추가]-[범례]-'아래쪽'을 클릭합니다.

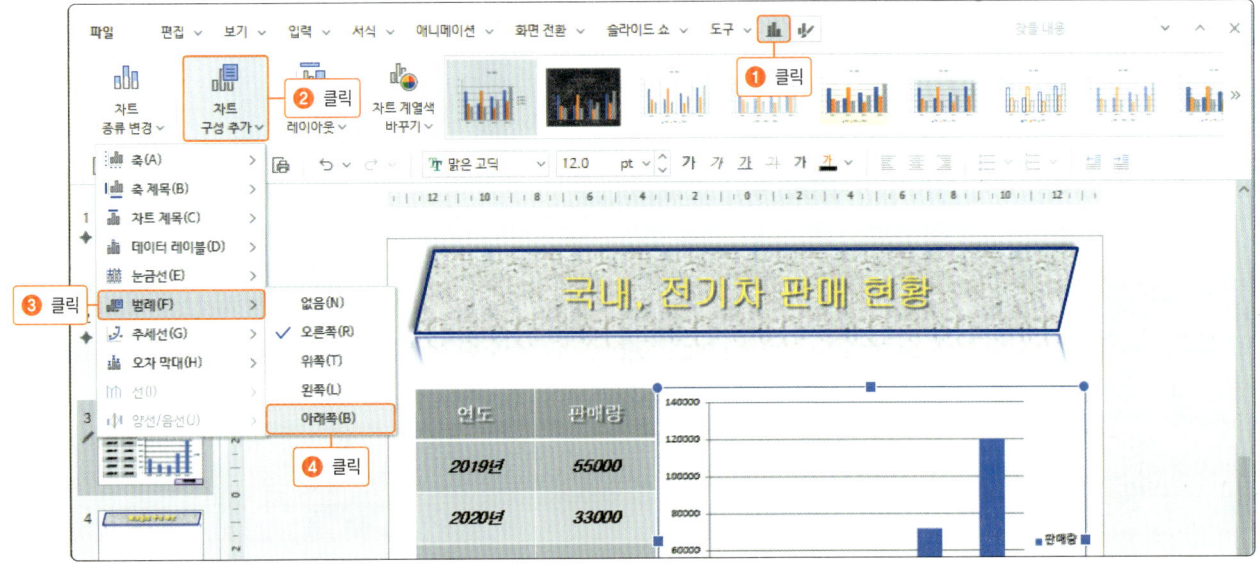

❽ 데이터 레이블을 표시하기 위해 [차트 디자인( )] 탭에서 [차트 구성 추가]-[데이터 레이블]-'표시'를 클릭합니다.

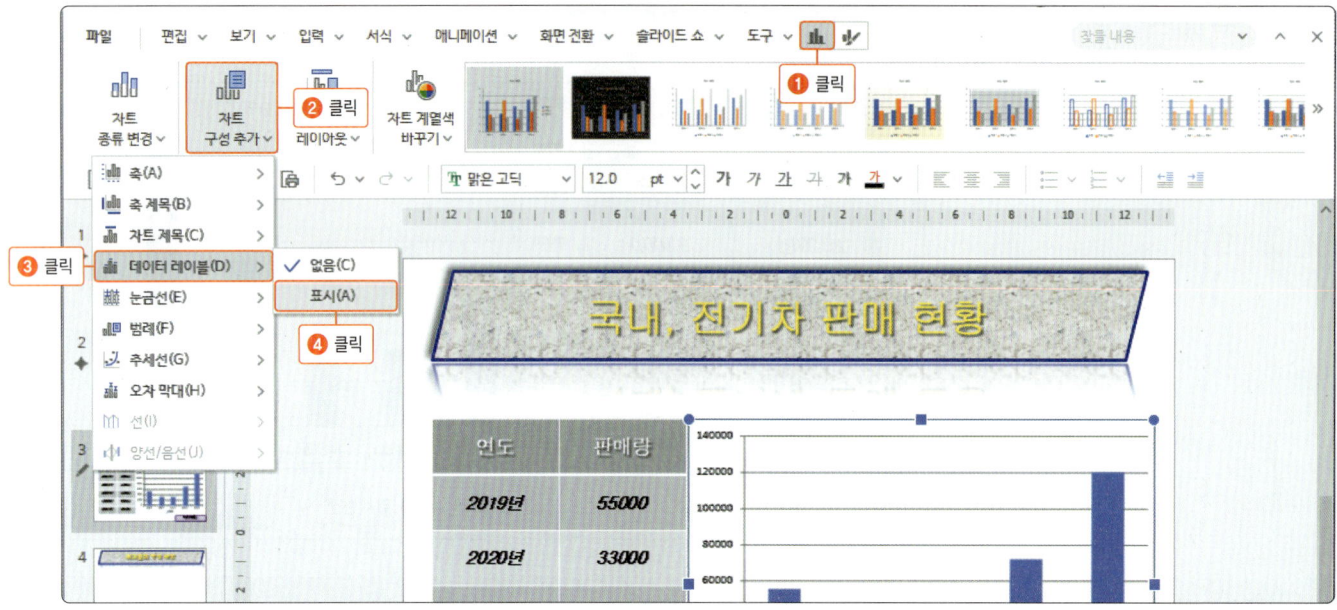

❾ 차트 스타일을 지정하기 위해 [차트 디자인( )] 탭에서 '스타일9( )'를 클릭합니다.

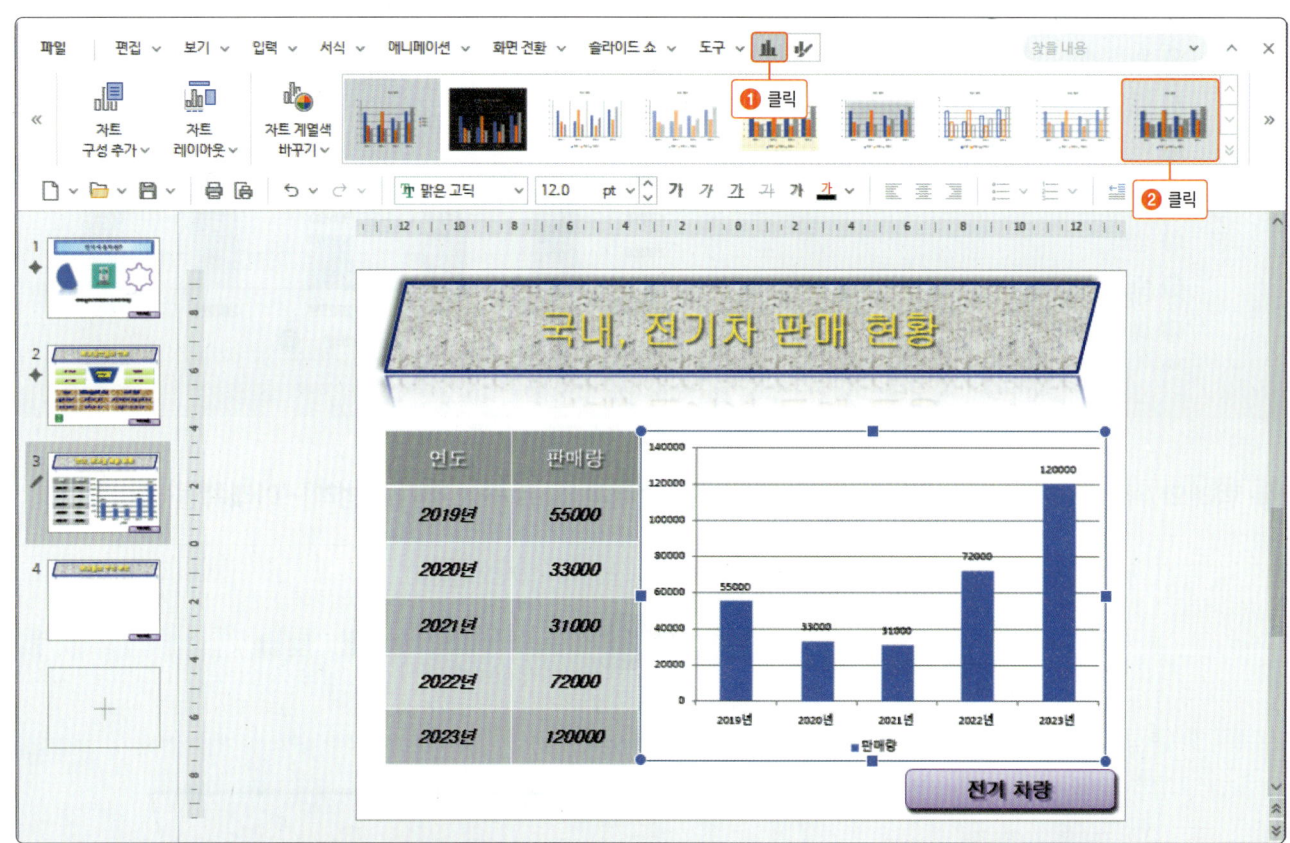

시험 유의 사항

차트를 작성한 후 ≪작성조건≫에 없는 내용이 차트에 있을 경우 ≪출력형태≫를 참고하여 차트 속성(범례 위치, 데이터 레이블 값 표시, 차트 제목) 등을 수험자가 판단하여 변경해야 합니다.

⑩ 차트 계열색을 지정하기 위해 [**차트 디자인( )**] 탭에서 [**차트 계열색 바꾸기**]를 클릭한 후 '**색상 조합 – 색2**'를 클릭합니다.

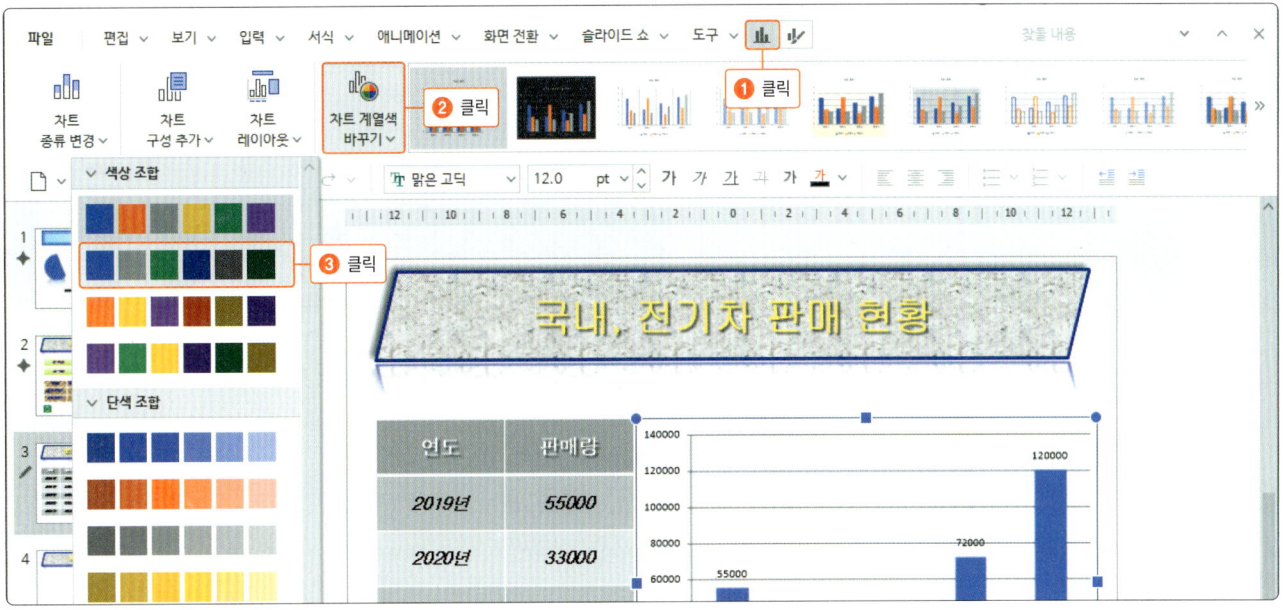

02 차트 글자 서식 변경하기

① 임의의 데이터 레이블 값을 클릭한 후 마우스 오른쪽 단추를 눌러 '**글자 모양 편집**'을 클릭합니다.

※ 그림과 같이 데이터 레이블의 값 전체가 지정 되도록 한 번만 클릭합니다.

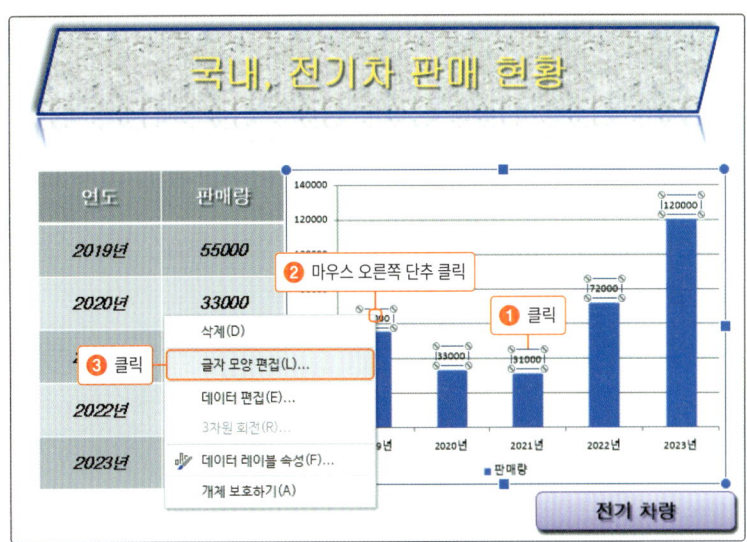

② [**차트 글자 모양**] 대화상자가 나오면 '**한글 글꼴(굴림), 영문 글꼴(굴림), 진하게( ), 크기(14pt)**'를 지정한 후 〈설정〉 단추를 클릭합니다.

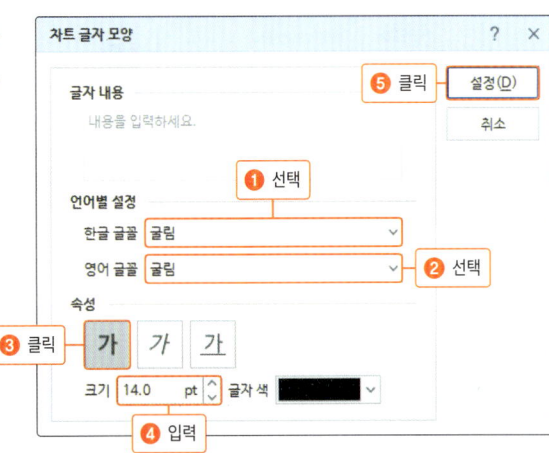

❸ '가로 축'을 클릭한 후 마우스 오른쪽 단추를 눌러 '글자 모양 편집'을 클릭합니다.

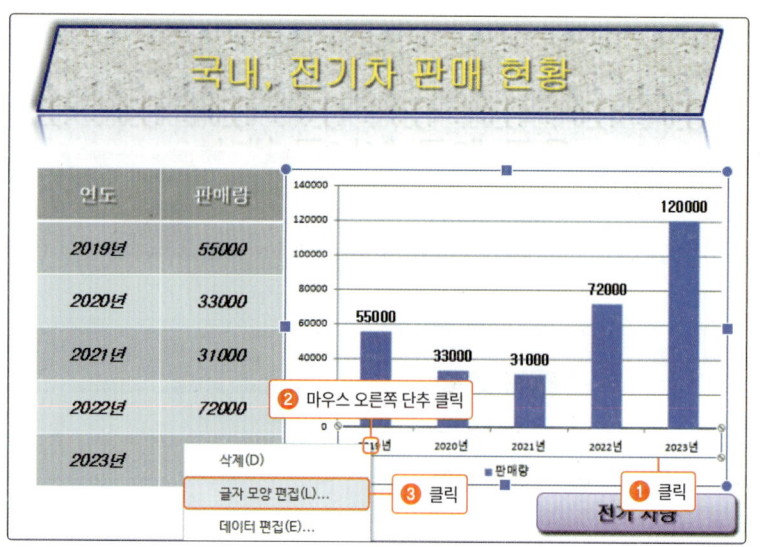

❹ [차트 글자 모양] 대화상자가 나오면 '한글 글꼴(굴림), 영문 글꼴(굴림), 진하게(가), 크기(14pt)'를 지정한 후 〈설정〉 단추를 클릭합니다.

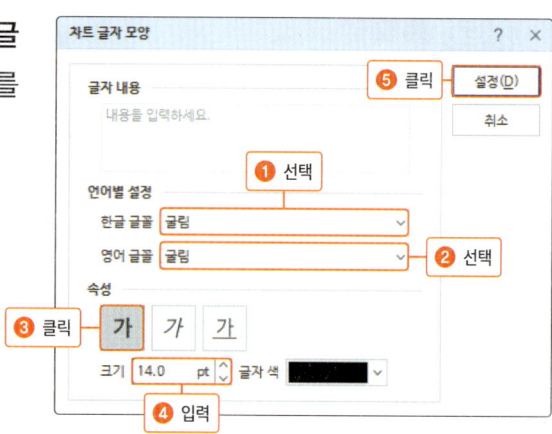

❺ '세로 축'을 클릭한 후 마우스 오른쪽 단추를 눌러 '글자 모양 편집'을 클릭합니다.

❻ [차트 글자 모양] 대화상자가 나오면 '한글 글꼴(굴림), 영문 글꼴(굴림), 진하게(가), 크기(14pt)'를 지정한 후 〈설정〉 단추를 클릭합니다.

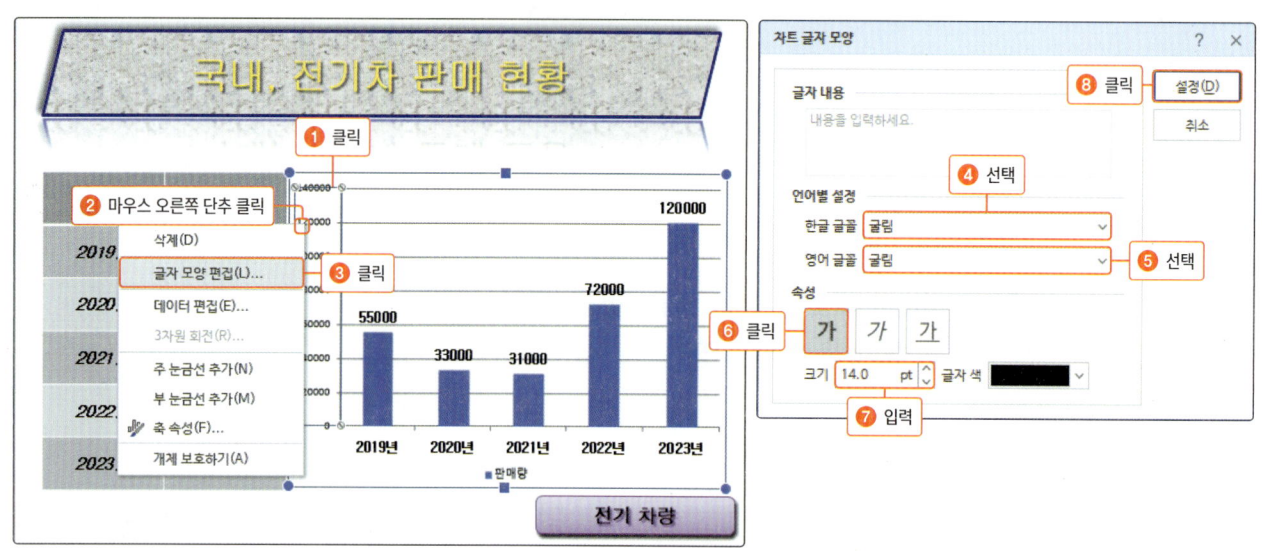

 《작성조건》에 글자 색이 있으면 색상 조건에 따라 지정합니다.

❼ '범례'를 클릭한 후 마우스 오른쪽 단추를 눌러 '**글자 모양 편집**'을 클릭합니다.

❽ [차트 글자 모양] 대화상자가 나오면 '**한글 글꼴(굴림), 영문 글꼴(굴림), 진하게(가), 기울임(가), 크기(16pt)**'를 지정한 후 〈설정〉 단추를 클릭합니다.

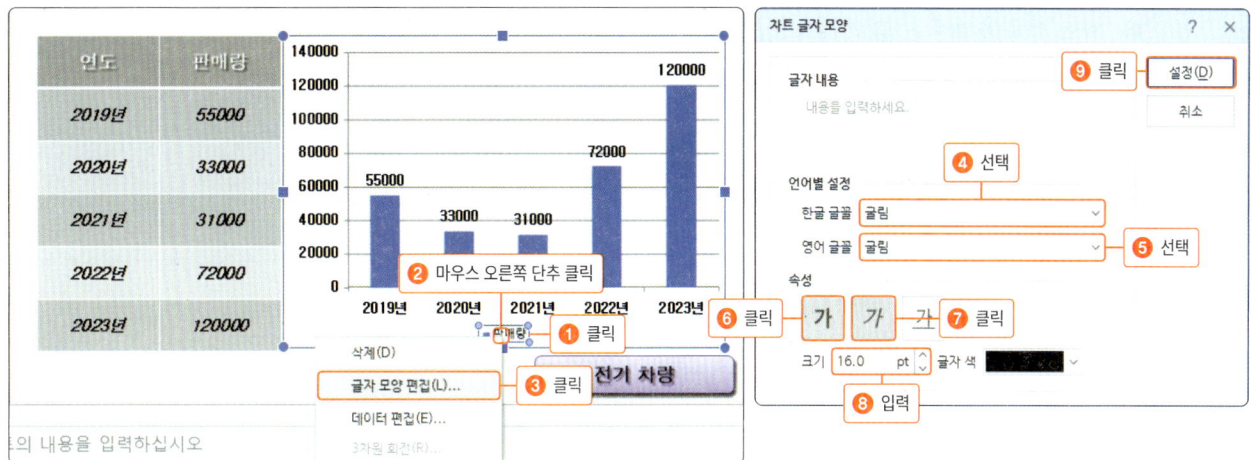

TIP 1000단위 구분기호(,)

❶ 데이터 레이블에 '1000단위 구분기호(,)'를 지정하기 위해 데이터 레이블을 선택한 후 마우스 오른쪽 단추를 눌러 '데이터 레이블 속성'을 클릭합니다.

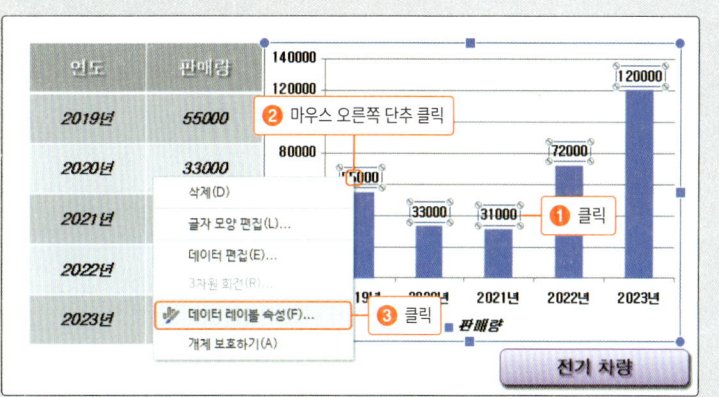

❷ [개체 속성] 작업 창이 나오면 [표시 형식] 탭에서 '범주(숫자)'를 선택한 후 '1000단위 구분기호(,) 사용'을 체크 표시합니다.

❸ 데이터 레이블에 '1000단위 구분기호(,)'가 지정되면 〈작업 창 닫기(X)〉를 클릭합니다.

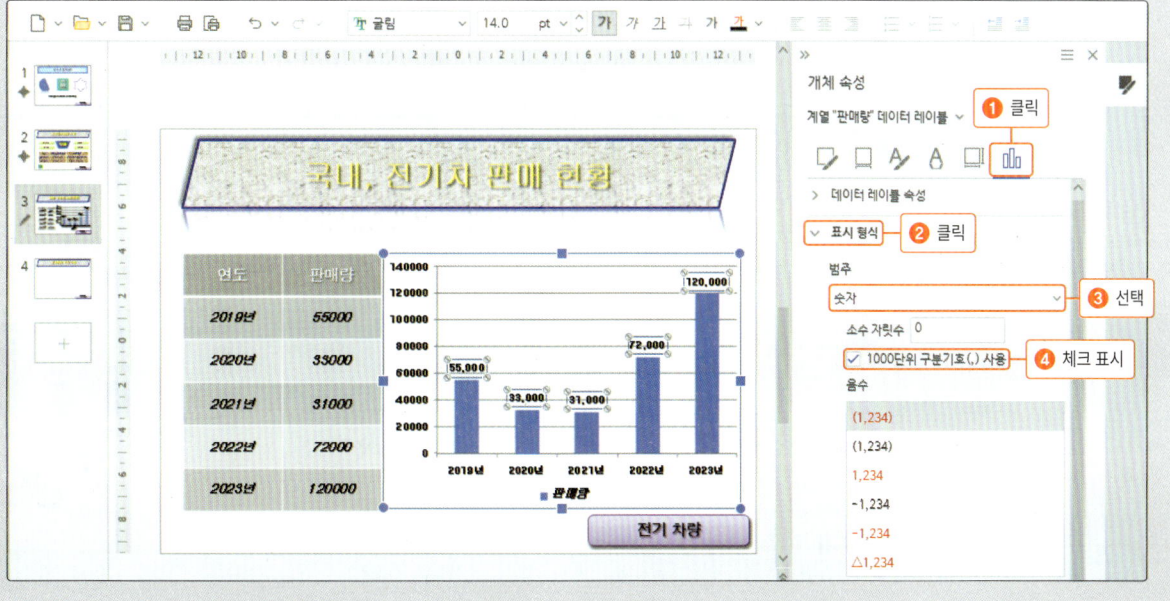

차트 제목 편집

차트 추가시 '차트 제목'은 삭제하고 작업하는 경우가 대부분입니다. 시험에 거의 출제되지는 않지만 글꼴 변경만 알아둡니다.

❶ '차트 제목'을 클릭한 후 마우스 오른쪽 단추를 눌러 '제목 편집'을 클릭합니다.

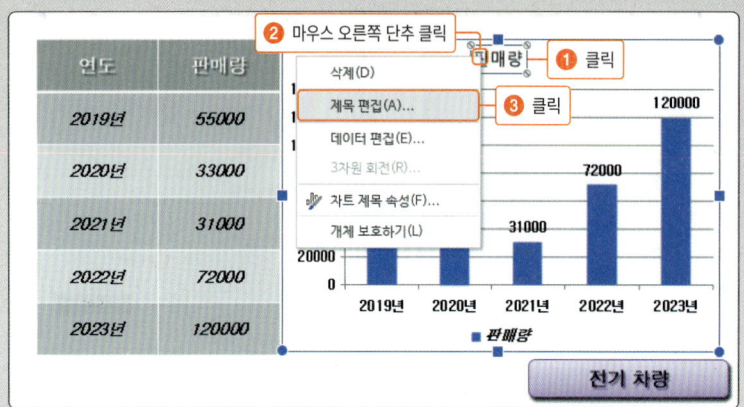

❷ [차트 글자 모양] 대화상자가 나오면 '한글 글꼴(궁서), 영문 글꼴(궁서), 진하게(가), 크기(20pt)'를 지정한 후 〈설정〉 단추를 클릭합니다.

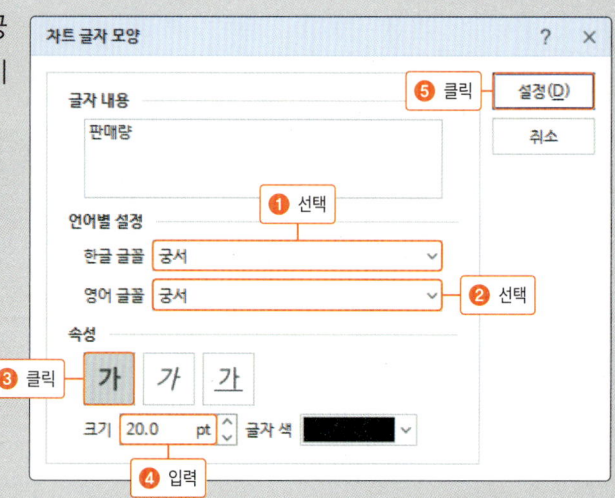

눈금선(축 속성)

❶ 주 눈금선 및 부 눈금선은 아래와 그림과 같이 추가 및 삭제할 수 있습니다.

※ 해당 개체를 클릭한 후 마우스 오른쪽 단추 눌러 해당 기능 클릭

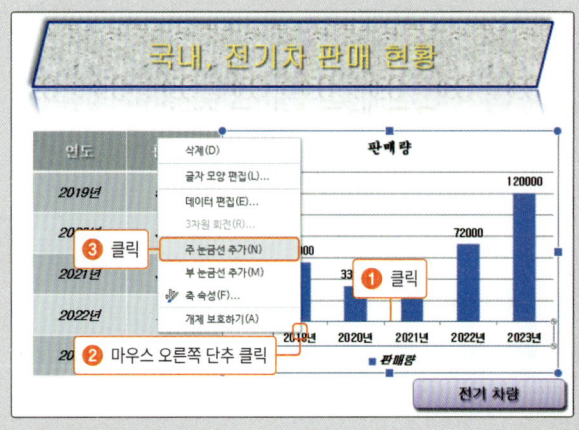

▲ 가로 주 눈금선 추가　　　　　　　　▲ 세로 주 눈금선 추가

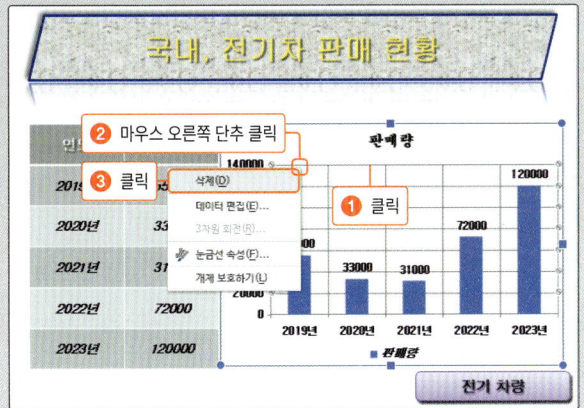
▲ 가로 주 눈금선 삭제

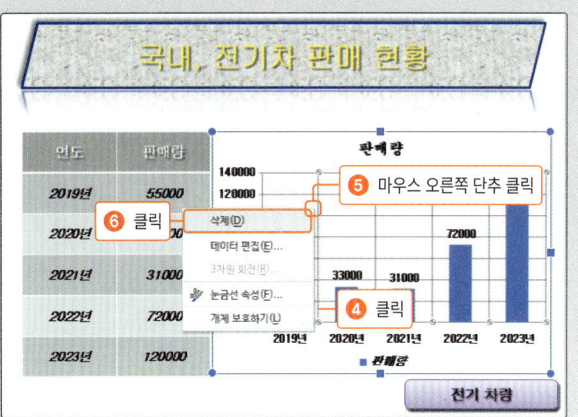
▲ 세로 주 눈금선 삭제

❷ 가로(항목 축) 및 세로(값 축) 축 값의 눈금선은 아래 그림과 같이 지정합니다.

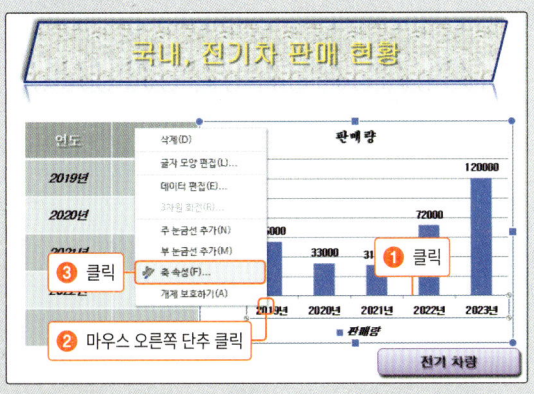
▲ 가로 축(항목 축) 값 눈금선 지정

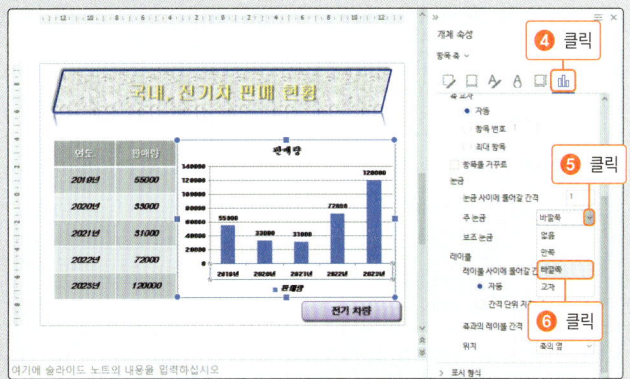
▲ 가로 축(항목 축) 값 눈금선 개체 속성

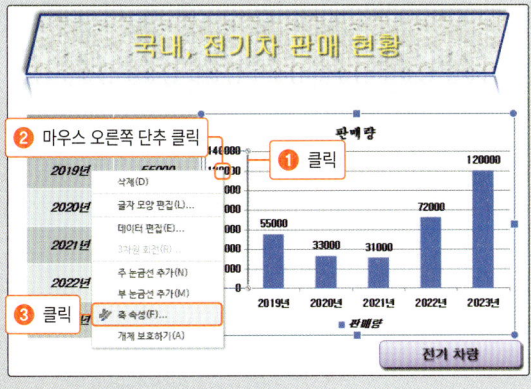
▲ 세로 축(값 축) 값 눈금선 지정

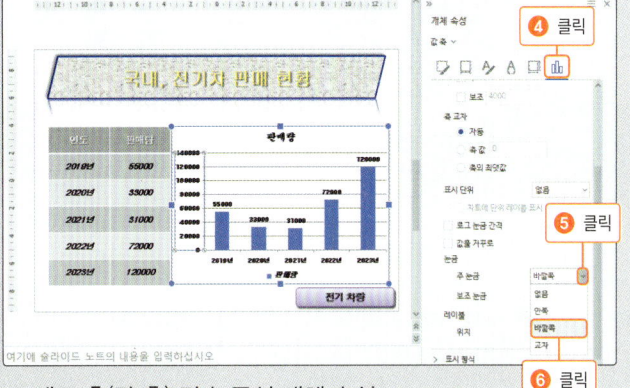
▲ 세로 축(값 축) 값 눈금선 개체 속성

차트 외곽선

❶ 차트 전체 및 차트 내부 요소별로 외곽선을 아래 그림과 같이 지정할 수 있습니다.

　※ 해당 개체를 클릭한 후 마우스 오른쪽 단추를 눌러 '차트 영역 속성'을 클릭

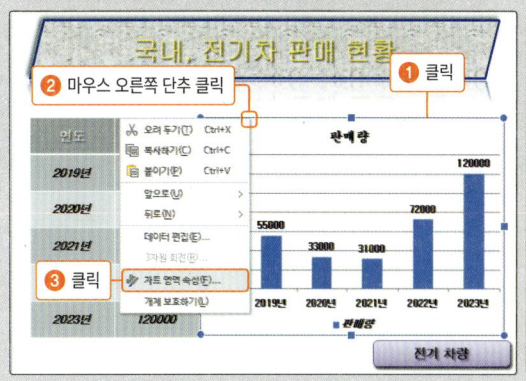
▲ 세로 축(값 축) 값 눈금선 지정

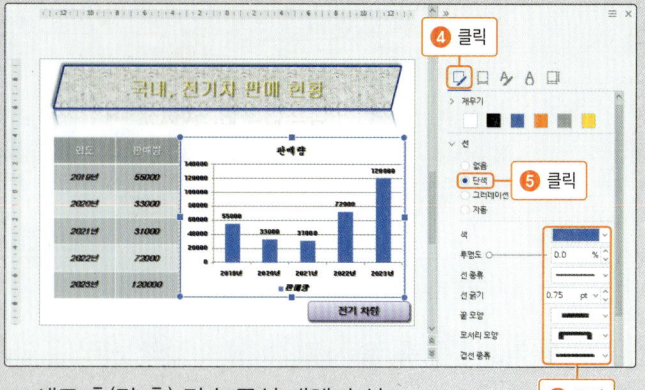
▲ 세로 축(값 축) 값 눈금선 개체 속성

범례 위치

❶ 범례 위치를 아래 그림과 같이 변경할 수 있습니다.

　※ 해당 개체를 클릭한 후 마우스 오른쪽 단추를 눌러 '범례 속성'을 클릭

▲ 세로 축(값 축) 값 눈금선 지정

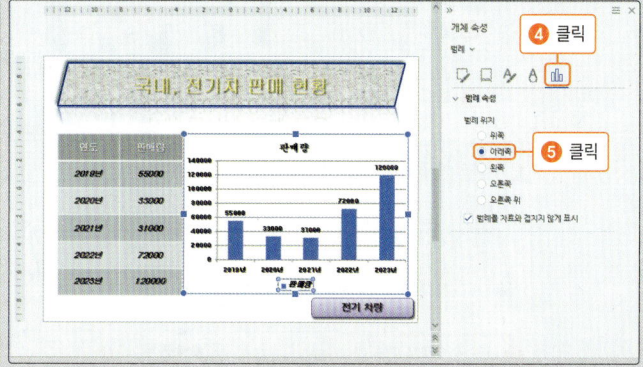
▲ 세로 축(값 축) 값 눈금선 개체 속성

차트 안 개체별 색상(채우기, 선)

❶ 차트 내부의 요소별로 색상을 아래 그림과 같이 지정할 수 있습니다.

　※ 해당 개체를 클릭한 후 마우스 오른쪽 단추를 눌러 '데이터 계열 속성'을 클릭

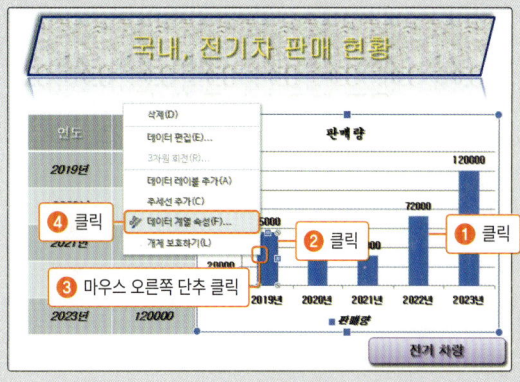
▲ 세로 축(값 축) 값 눈금선 지정

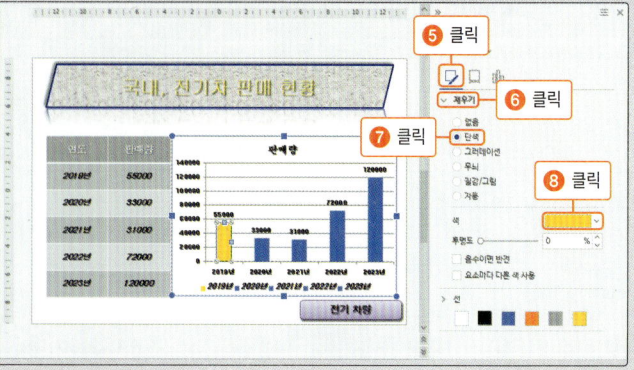
▲ 세로 축(값 축) 값 눈금선 개체 속성

축 서식 눈금 간격 설정

❶ 차트 축 서식의 눈금이 차트의 크기나 글자 크기에 따라 변경될 수 있습니다. ≪출력형태≫와 동일하게 간격을 조절하기 위해선 아래 그림과 같이 지정합니다.

※ 해당 개체를 클릭한 후 마우스 오른쪽 단추를 눌러 '축 속성'을 클릭

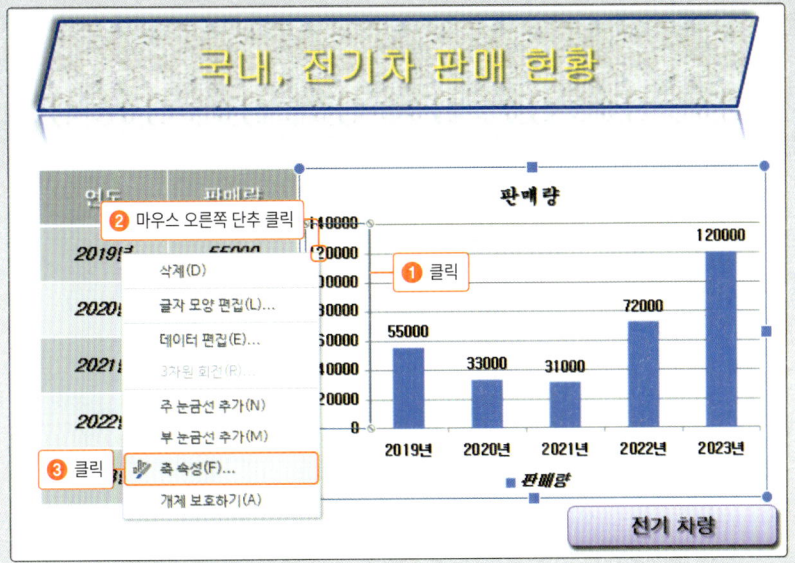

▲ 차트 축 서식 지정

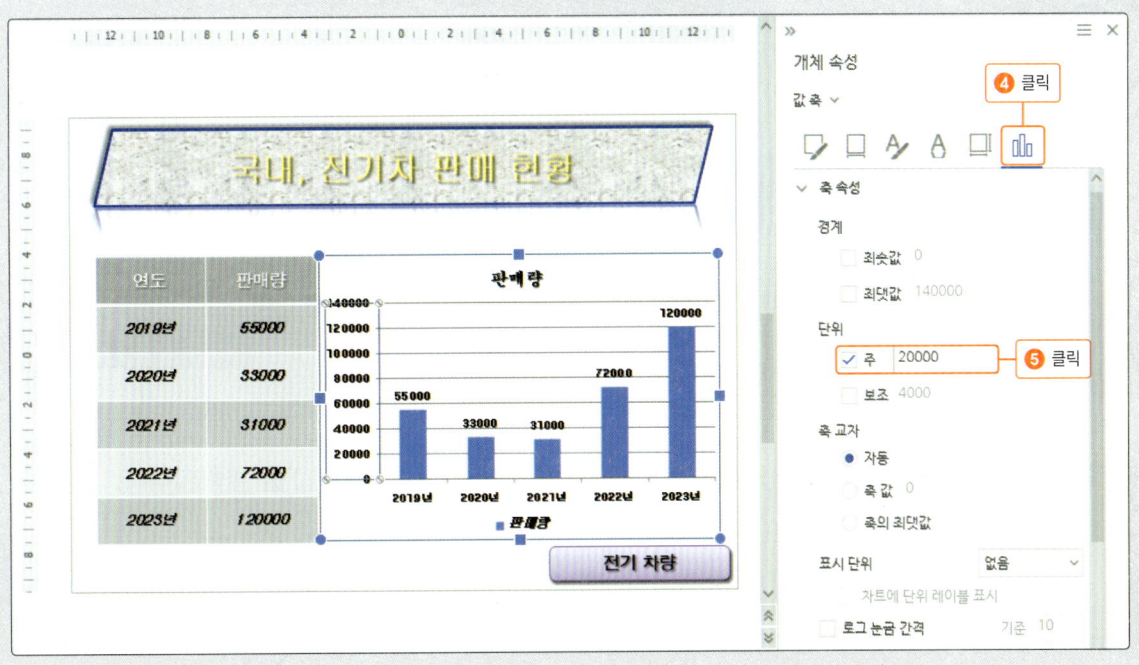

▲ 차트 축 서식 개체 속성

03 애니메이션 지정하기

▶ 애니메이션 지정 ⇒ 차트 : 나타내기 - 블라인드

① 애니메이션을 지정하기 위해 차트의 테두리를 클릭합니다.

② [애니메이션] 탭에서 [나타내기]-'블라인드'를 클릭합니다.

※ 반드시 애니메이션을 적용할 대상 개체를 선택한 후 작업해야 합니다.

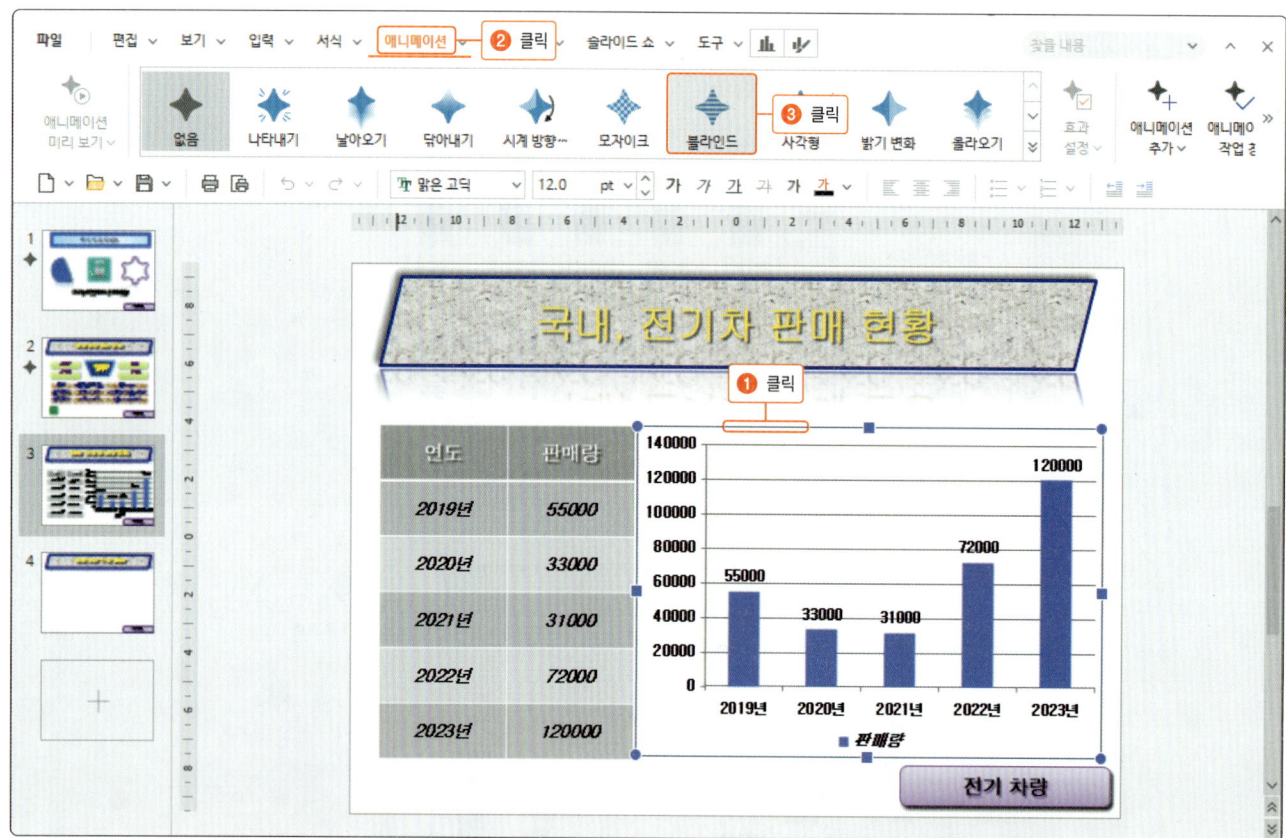

③ [파일]-[저장하기](Ctrl + S) 또는 [서식] 도구 상자에서 '저장하기(📄)'를 클릭합니다.

※ 실제 시험을 볼 때 작업 도중에 수시로(10분에 한 번 정도) 저장을 하는 것이 좋습니다.

[슬라이드3] 차트

 아래의 작성조건 및 출력형태에 알맞게 작업하시오.

• 소스파일 : [출제유형 10]- 정복10_문제01.show • 정답파일 : [출제유형 10]- 정복10_정답01.show

《출력형태》

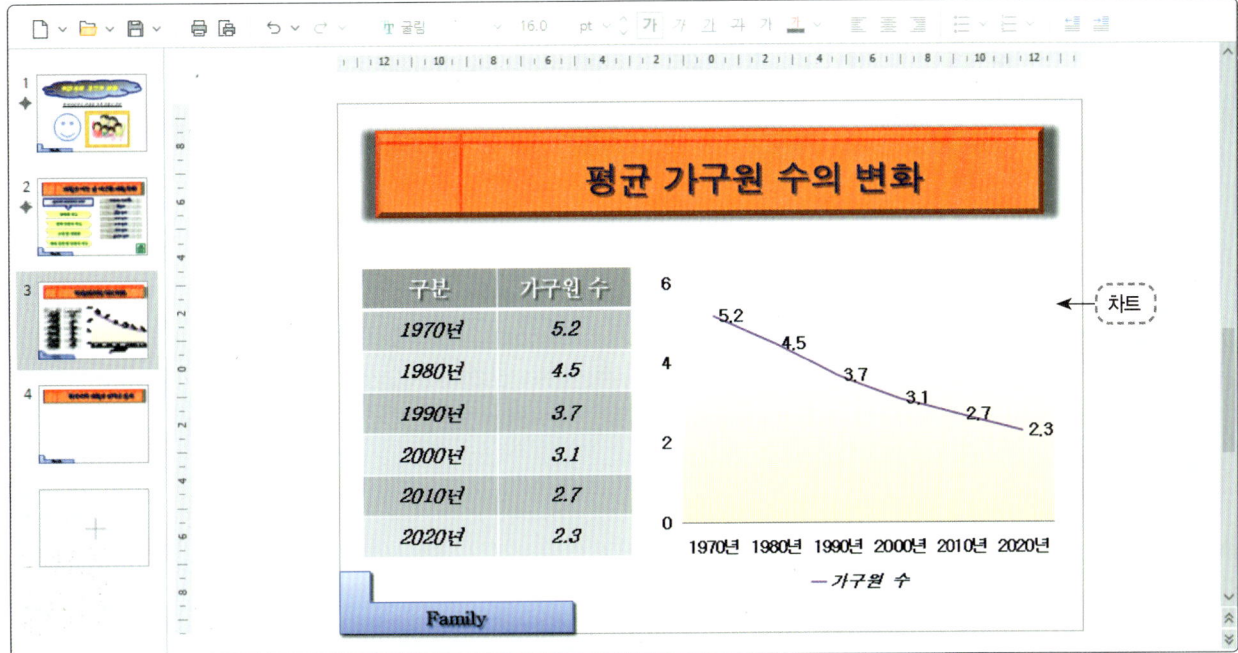

《작성조건》

▶ 차트 ⇒ 꺾은선형 : 꺾은선형, 차트 계열색('색상 조합 – 색4'),
　　차트 스타일(스타일4), 축 서식/자료점 이름표 서식 : 글꼴(굴림, 16pt, 진하게),
　　범례 서식 : 글꼴(돋움체, 18pt, 진하게, 기울임), 데이터는 표 참고

▶ 애니메이션 지정 ⇒ 차트 : 나타내기 – 블라인드

02 아래의 작성조건 및 출력형태에 알맞게 작업하시오.

• 소스파일 : [출제유형 10]- 정복10_문제02.show • 정답파일 : [출제유형 10]- 정복10_정답02.show

《출력형태》

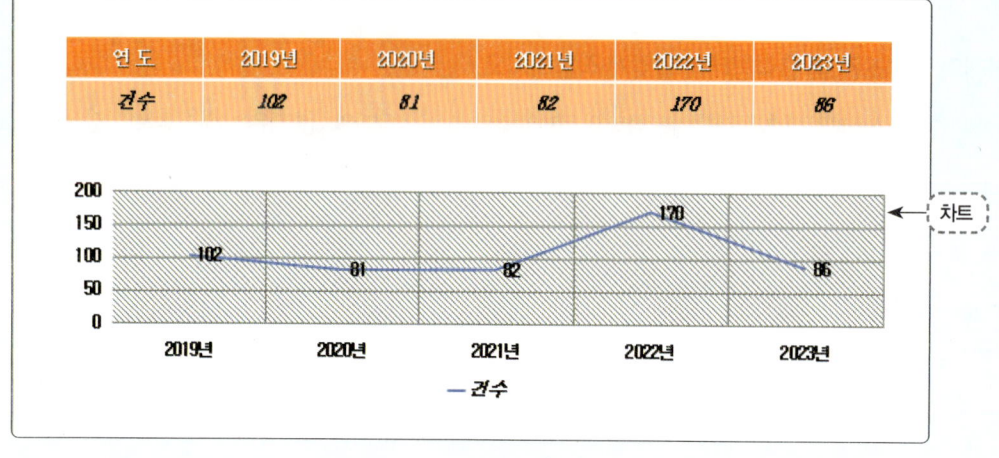

《작성조건》

▶ 차트 ⇒ 꺾은선형 : 꺾은선형, 차트 계열색('색상 조합 – 색2'),
  차트 스타일(스타일5), 축 서식/자료점 이름표 서식 : 글꼴(굴림, 14pt, 진하게),
  범례 서식 : 글꼴(굴림, 16pt, 진하게, 기울임), 데이터는 표 참고

▶ 애니메이션 지정 ⇒ 차트 : 나타내기 – 사각형

03 아래의 작성조건 및 출력형태에 알맞게 작업하시오.

• 소스파일 : [출제유형 10]- 정복10_문제03.show • 정답파일 : [출제유형 10]- 정복10_정답03.show

《출력형태》

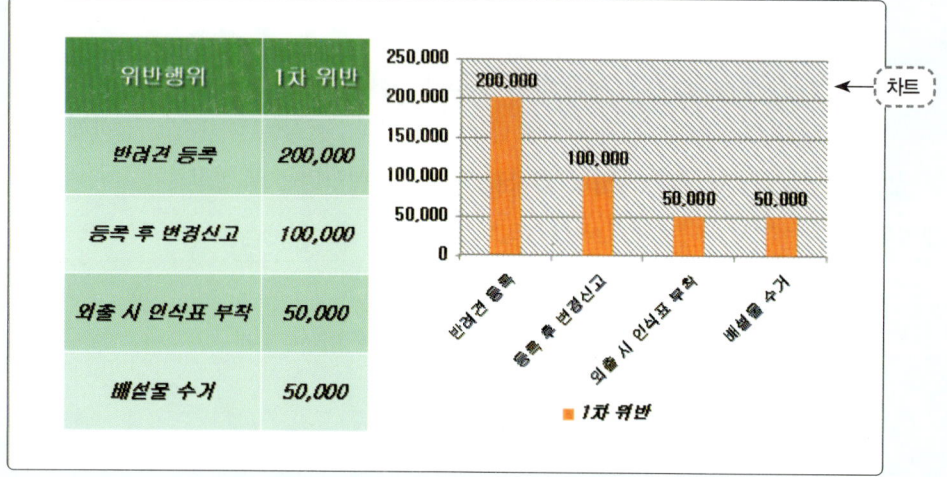

《작성조건》

▶ 차트 ⇒ 세로 막대형 : 묶은 세로 막대형, 차트 계열색('색상 조합 – 색3'),
  차트 스타일(스타일6), 축 서식/자료점 이름표 서식 : 글꼴(굴림, 14pt, 진하게),
  범례 서식 : 글꼴(굴림, 16pt, 진하게, 기울임), 데이터는 표 참고

▶ 애니메이션 지정 ⇒ 차트 : 나타내기 – 닦아내기

04 아래의 작성조건 및 출력형태에 알맞게 작업하시오.

· 소스파일 : [출제유형 10] – 정복10_문제04.show   · 정답파일 : [출제유형 10] – 정복10_정답04.show

《출력형태》

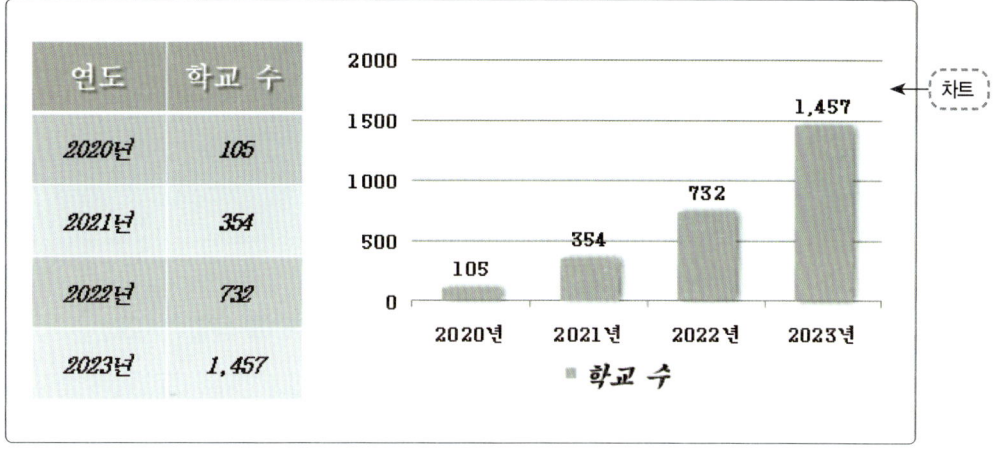

《작성조건》

▶ 차트 ⇒ 세로 막대형 : 묶은 세로 막대형, 차트 계열색('단색 조합 – 색3'),
　　　차트 스타일(스타일9), 축 서식/자료점 이름표 서식 : 글꼴(궁서, 18pt, 진하게),
　　　범례 서식 : 글꼴(궁서, 22pt, 진하게, 기울임), 데이터는 표 참고

▶ 애니메이션 지정 ⇒ 차트 : 나타내기 – 시계 방향 회전 적용)

 **05** 아래의 작성조건 및 출력형태에 알맞게 작업하시오.

· 소스파일 : [출제유형 10] – 정복10_문제05.show   · 정답파일 : [출제유형 10] – 정복10_정답05.show

《출력형태》

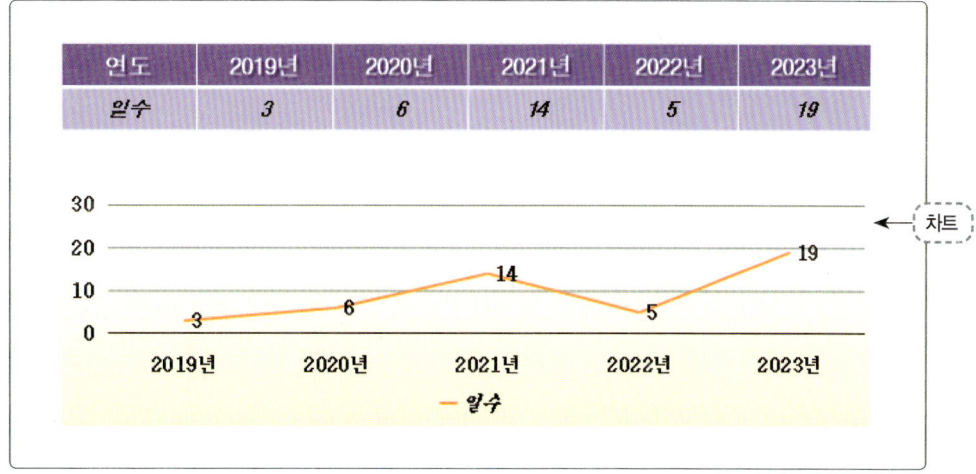

《작성조건》

▶ 차트 ⇒ 꺾은선형 : 꺾은선형, 차트 계열색('색상 조합 – 색3'),
　　　차트 스타일(스타일3), 축 서식/자료점 이름표 서식 : 글꼴(바탕, 16pt, 진하게),
　　　범례 서식 : 글꼴(궁서, 16pt, 진하게, 기울임), 데이터는 표 참고

▶ 애니메이션 지정 ⇒ 차트 : 나타내기 – 물결

출제유형 11

PART 02 출제유형 완전정복

[슬라이드3] 글상자 및 배경

- ☑ 글상자 삽입하기
- ☑ 배경에 그림 삽입하기

문제 미리보기

소스 파일: [출제유형 11]-유형11_문제.show **정답 파일**: [출제유형 11]-유형11_정답.show

◆ **[슬라이드3]** 아래의 작성조건 및 출력형태에 알맞게 세 번째 슬라이드에 작업하시오. (60점)

《출력형태》

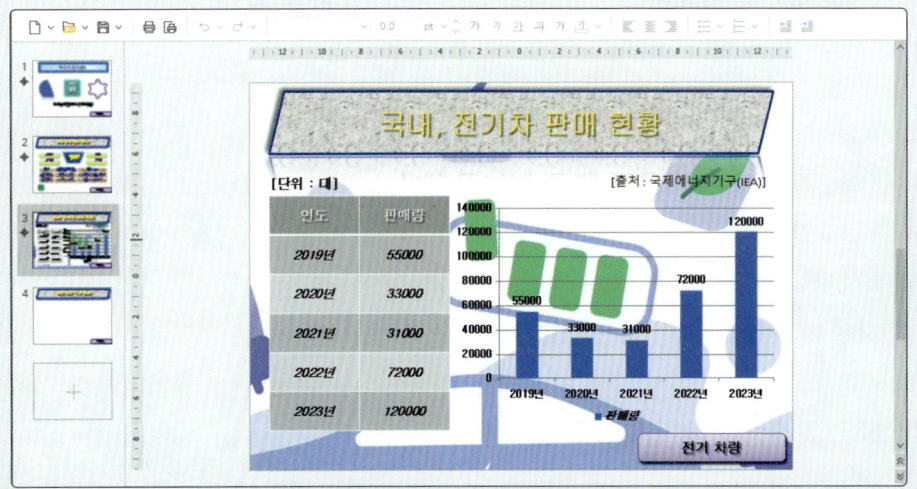

《작성조건》

(1) 제목
- ▶ 도형 1 ⇒ 기본 도형 : '평행 사변형', 도형 채우기(질감 – 대리석, 바둑판식 배열),
    선 색(단색, 색 : 파랑), 선 스타일(선 종류 : 실선, 굵기 : 3pt, 겹선 종류 : 단순형),
    도형 효과(그림자 – 바깥쪽 – 대각선 왼쪽 위, 반사 – '1/3 크기, 4 pt'),
    글꼴(굴림, 40pt, 진하게, 그림자, '노랑 40% 밝게')

(2) 본문
- ▶ 글 상자 1([단위 : 대]) ⇒ 글꼴(돋움, 20pt, 진하게)
- ▶ 표 ⇒ 표 스타일('보통 – 보통 스타일 1 – 강조 3'),
    가장 위의 행 : 글꼴(돋움, 20pt, 진하게, 그림자, 가운데 정렬, 가운데 맞춤),
    나머지 행 : 글꼴(돋움, 18pt, 진하게, 기울임, 가운데 정렬, 가운데 맞춤)
- ▶ 글 상자 2([출처 : 국제에너지기구(IEA)]) ⇒ 글꼴(돋움, 20pt, 진하게)
- ▶ 차트 ⇒ 세로 막대형 : 묶은 세로 막대형, 차트 계열색('색상 조합 – 색2'),
    차트 스타일(스타일9), 축 서식/자료점 이름표 서식 : 글꼴(굴림, 14pt, 진하게),
    범례 서식 : 글꼴(굴림, 16pt, 진하게, 기울임), 데이터는 표 참고
- ▶ 배경 ⇒ 배경 속성(채우기 – 그림 또는 질감 채우기)에서 그림 2 삽입(현재 슬라이드만 적용)
- ▶ 애니메이션 지정 ⇒ 차트 : 나타내기 – 블라인드
- ▶ 지시사항이 없는 부분은 《 출력형태 》와 동일하게 작성하시오.

01 글상자 1 삽입하기

▶ 글 상자 1([단위 : 대]) ⇒ 글꼴(돋움, 20pt, 진하게)

❶ [파일]-[불러오기](Ctrl + O)를 클릭합니다. [불러오기] 대화상자가 나오면 '유형11_문제.show' 파일을 불러옵니다.

❷ 세 번째 슬라이드를 선택한 후 [입력] 탭에서 '글상자( )'를 클릭합니다. 이어서, 마우스 포인터가 ┼ 모양으로 변경되면 표 위쪽을 클릭한 후 '[단위 : 대]'를 입력한 다음 Esc 키를 누릅니다.

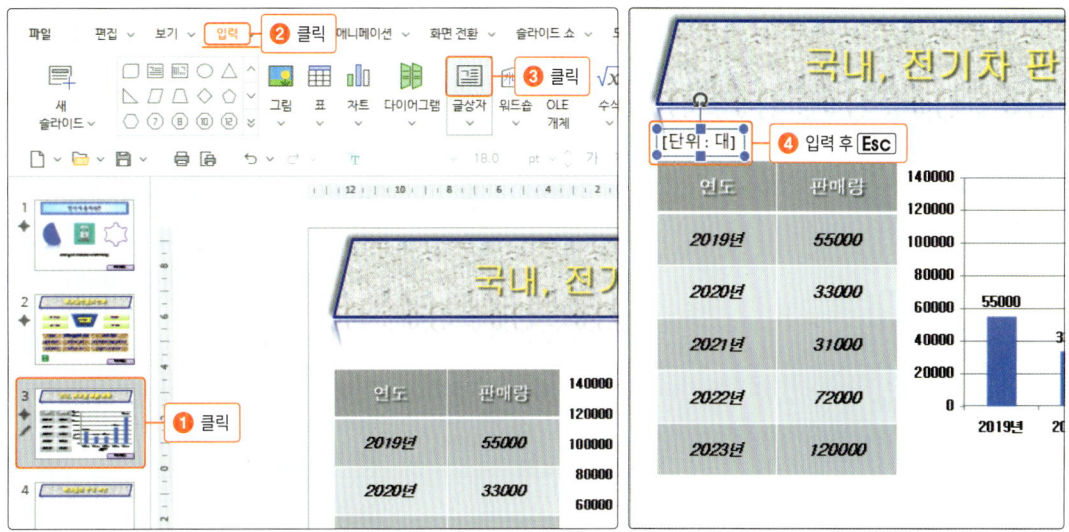

❸ 글상자의 테두리를 클릭한 후 [서식] 탭에서 '글꼴(돋움), 글자 크기(20pt), 진하게(가)'를 지정합니다. 이어서, 글상자의 테두리를 드래그하여 위치를 《출력형태》와 같이 변경합니다.

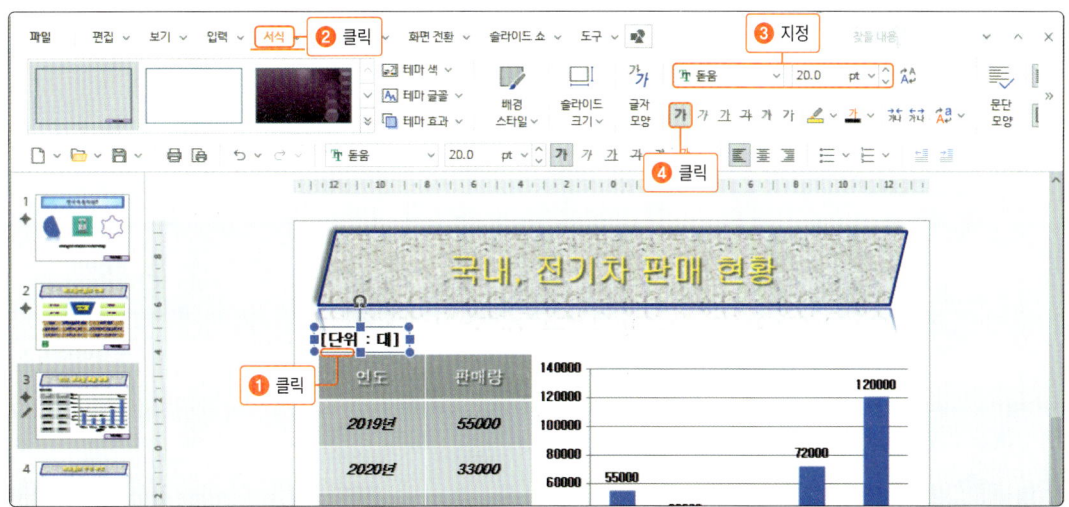

글상자 이동하기
글상자의 테두리를 드래그하여 이동할 수 있으며, Ctrl 키를 누른 채 키보드의 방향키(↑, ↓, ←, →)를 누르면 조금 더 세밀하게 위치를 변경할 수 있습니다.

02 글상자 2 삽입하기

▶ 글 상자 2([출처 : 국제에너지기구(IEA)]) ⇒ 글꼴(돋움, 20pt, 진하게)

① 차트 위에 글상자를 삽입하기 위해 [입력] 탭에서 '글상자(圖)'를 클릭합니다. 이어서, 마우스 포인터가 ┼ 모양으로 변경되면 차트 위쪽을 클릭한 후 '[출처 : 국제에너지기구(IEA)]'를 입력한 다음 Esc 키를 누릅니다.

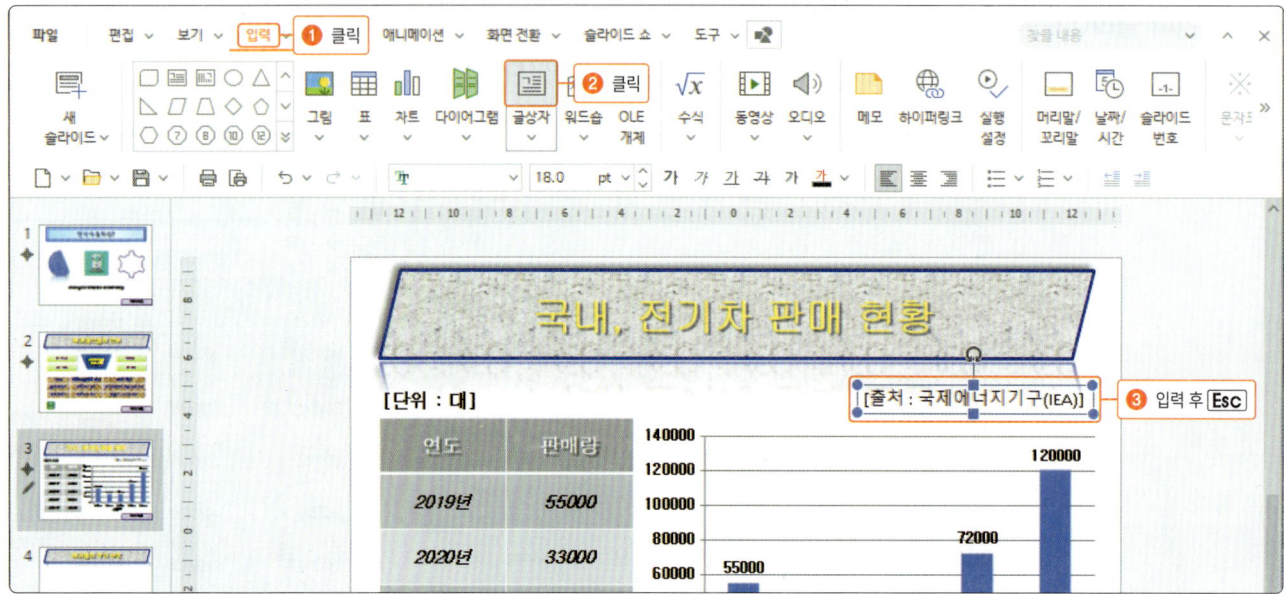

② 글상자의 테두리를 클릭한 후 [서식] 탭에서 '글꼴(돋움), 글자 크기(20pt), 진하게(가)'를 지정합니다. 이어서, 글상자의 위치를 《출력형태》와 같이 변경합니다.

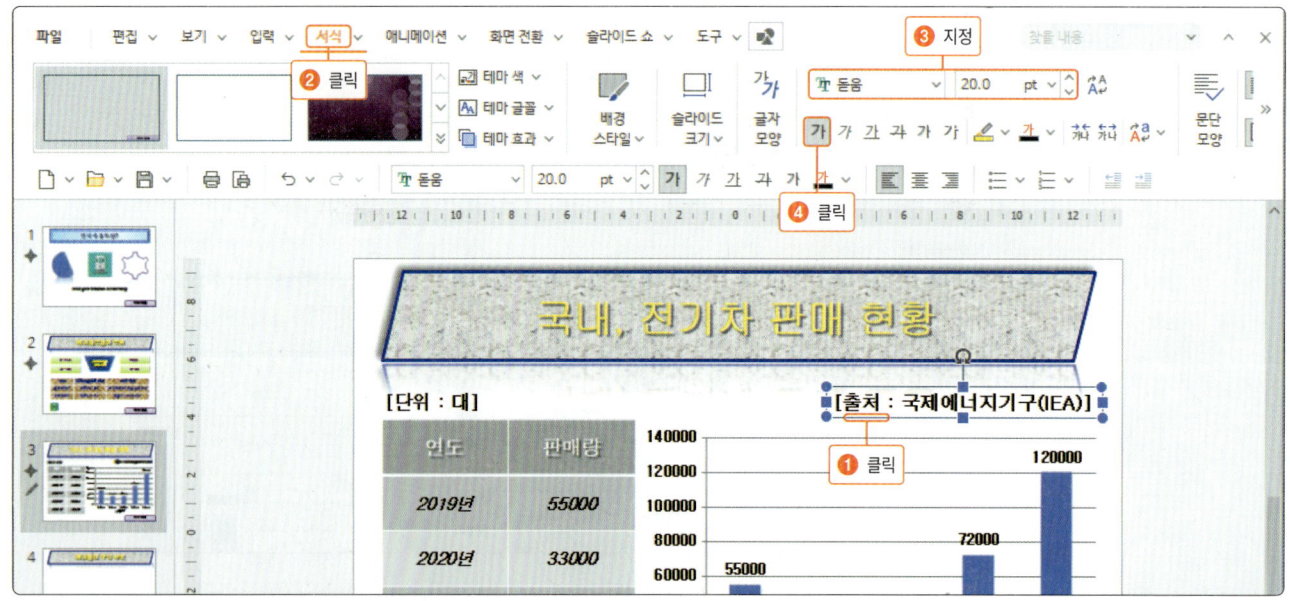

> **TIP 글상자 복사하기**
> '글상자 1'과 '글상자 2'의 글자 서식이 똑같을 경우에는 '글상자 1'을 작성한 후 Ctrl 또는 Ctrl + Shift 키를 누른 채 드래그하여 복사한 후 글상자 안의 내용을 변경하면 편리합니다.

03 배경에 그림 채우기

▶ 배경 ⇒ 배경 속성(채우기 – 그림 또는 질감 채우기)에서 그림 2 삽입(현재 슬라이드만 적용)

① 슬라이드의 빈 공간에서 마우스 오른쪽 단추를 눌러 '**배경 속성**'을 클릭합니다.

② [배경 속성] 작업 창이 나오면 [**채우기**] 탭에서 '**질감/그림**'을 클릭한 후 [**그림**]–'**그림**'을 클릭합니다.

③ [그림 넣기] 대화상자가 나오면 [**그림 파일**]–[**출제유형 완전정복**]–[**출제유형 11**]–'**그림 2**'를 클릭한 후 〈**열기**〉 단추를 클릭합니다.

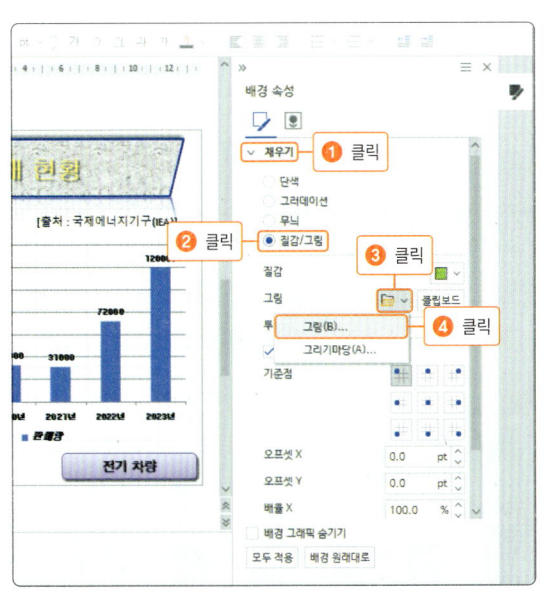
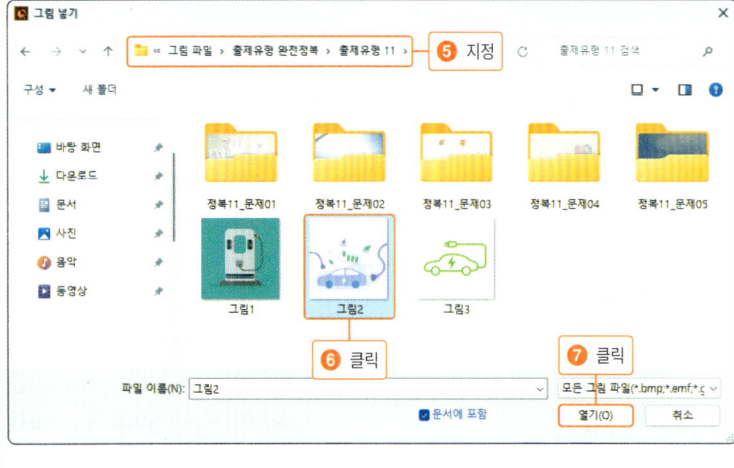

시험 유의 사항

실제 시험에서는 바탕 화면의 [KAIT]–[제출파일] 폴더에 있는 그림을 이용해야 합니다.
본 교재에서 제공되는 파일을 위 실제 시험지에 지시한 경로대로 바탕 화면에 복사한 후 연습하는 것도 좋은 방법입니다.

❹ 그림이 삽입되면 [배경 속성] 작업 창의 [채우기] 탭에서 '가운데 기준점( )'을 클릭한 후 〈작업 창 닫기( )〉 단추를 클릭합니다.

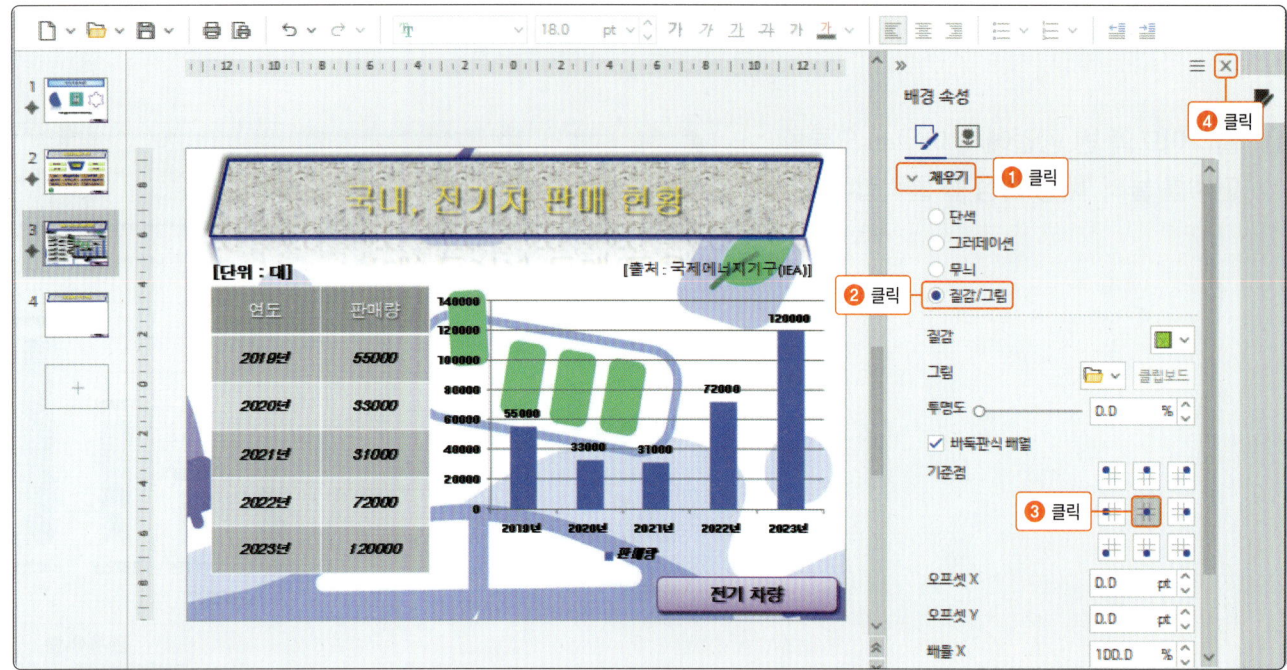

> **TIP 기준점**
> 배경에서 어느 곳을 기준점으로 잡고 그림을 바둑판식으로 채울지 지정합니다.

❺ [슬라이드 3]에만 배경에 그림이 삽입된 것을 확인합니다.

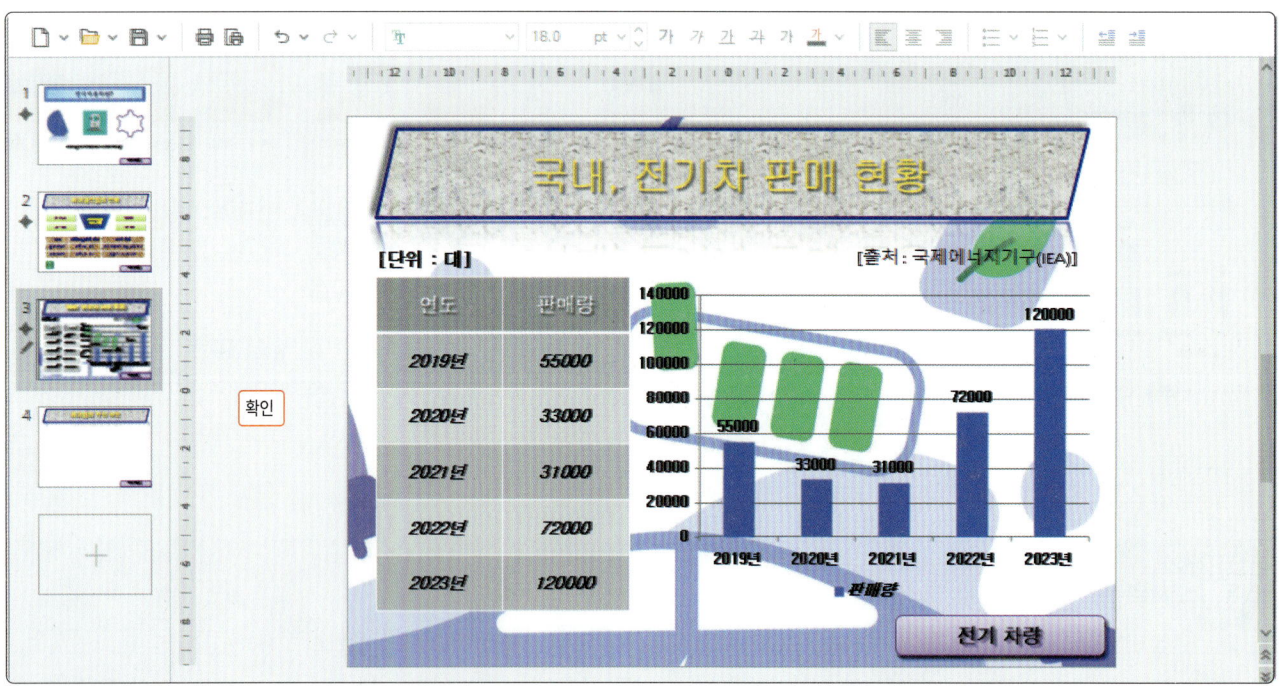

❻ [파일]-[저장하기](Ctrl + S) 또는 [서식] 도구 상자에서 '저장하기( )'를 클릭합니다.
  ※ 실제 시험을 볼 때 작업 도중에 수시로(10분에 한 번 정도) 저장을 하는 것이 좋습니다.

[슬라이드3] 글상자 및 배경

숏츠(Shorts)

01 아래의 작성조건 및 출력형태에 알맞게 작업하시오.

· 소스파일 : [출제유형 11]- 정복11_문제01.show   · 정답파일 : [출제유형 11]- 정복11_정답01.show

《출력형태》

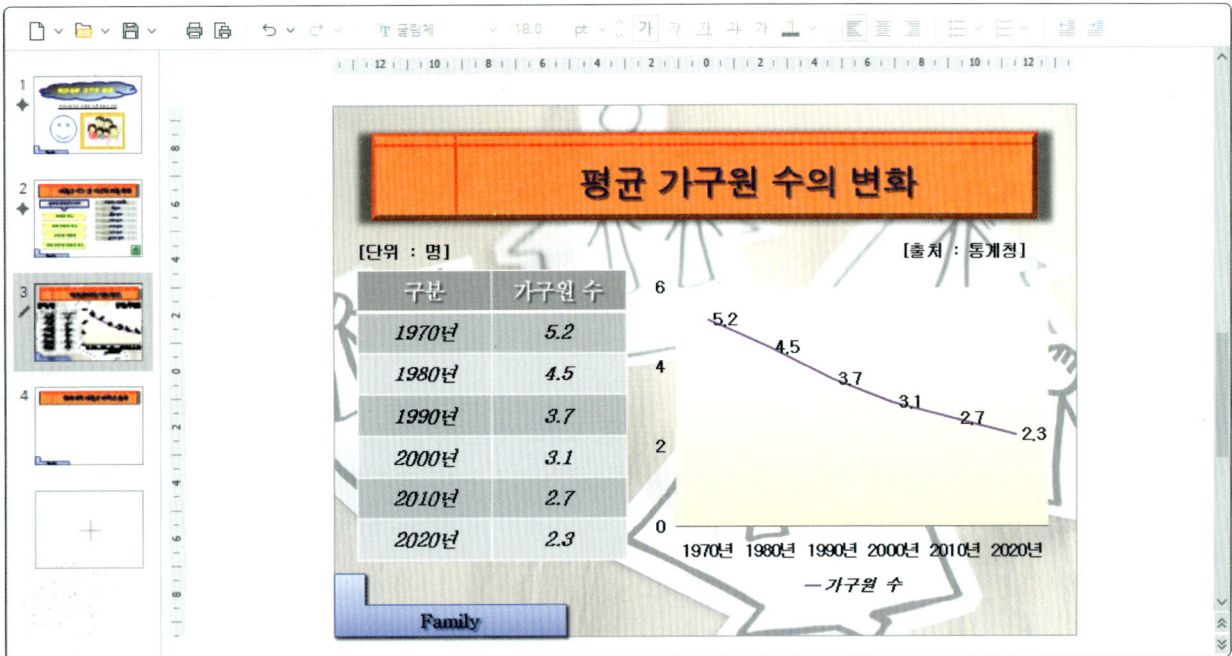

《작성조건》

▶ 글 상자 1([단위 : 명]) ⇒ 글꼴(굴림체, 18pt, 진하게)

▶ 글 상자 2([출처 : 통계청]) ⇒ 글꼴(굴림체, 18pt, 진하게)

▶ 배경 ⇒ 배경 속성(채우기 - 그림 또는 질감 채우기)에서 그림 2 삽입(현재 슬라이드만 적용)

02 아래의 작성조건 및 출력형태에 알맞게 작업하시오.

- 소스파일 : [출제유형 11]- 정복11_문제02.show
- 정답파일 : [출제유형 11]- 정복11_정답02.show

《출력형태》

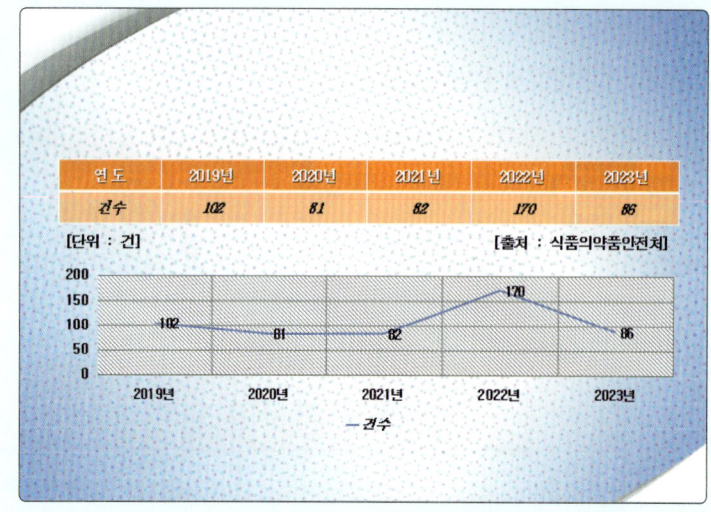

《작성조건》

▶ 글 상자 1([단위 : 건]) ⇒ 글꼴(돋움체, 18pt, 진하게)

▶ 글 상자 2([출처 : 식품의약품안전처]) ⇒ 글꼴(돋움체, 18pt, 진하게)

▶ 배경 ⇒ 배경 속성(채우기 – 그림 또는 질감 채우기)에서 그림 2 삽입(현재 슬라이드만 적용)

03 아래의 작성조건 및 출력형태에 알맞게 작업하시오.

- 소스파일 : [출제유형 11]- 정복11_문제03.show
- 정답파일 : [출제유형 11]- 정복11_정답03.show

《출력형태》

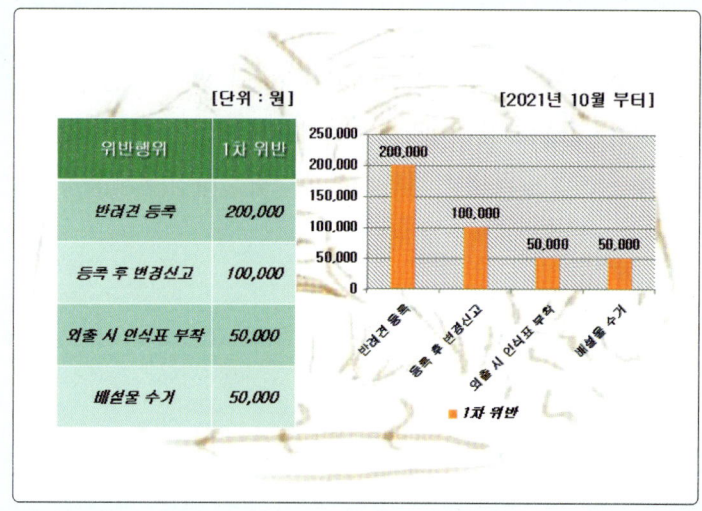

《작성조건》

▶ 글 상자 1([단위 : 원]) ⇒ 글꼴(굴림, 20pt, 진하게)

▶ 글 상자 2([2021년 10월 부터]) ⇒ 글꼴(굴림, 20pt, 진하게)

▶ 배경 ⇒ 배경 속성(채우기 – 그림 또는 질감 채우기)에서 그림 2 삽입(현재 슬라이드만 적용)

04 아래의 작성조건 및 출력형태에 알맞게 작업하시오.

• 소스파일 : [출제유형 11]- 정복11_문제04.show • 정답파일 : [출제유형 11]- 정복11_정답04.show

《출력형태》

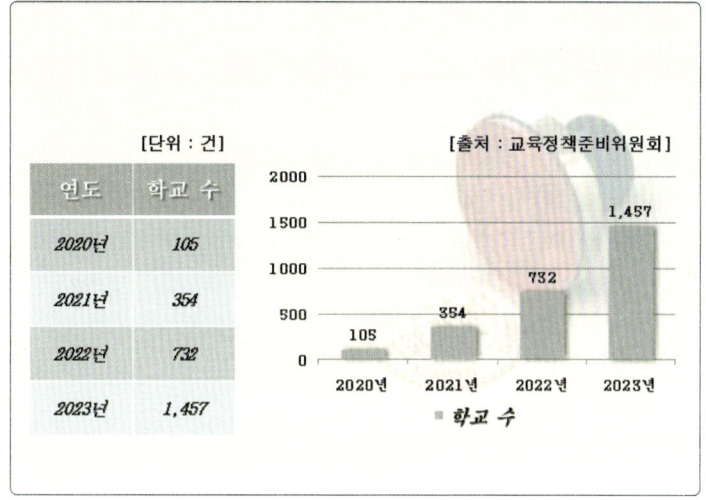

《작성조건》

▶ 글 상자 1([단위 : 건]) ⇒ 글꼴(돋움, 20pt, 진하게)
▶ 글 상자 2([출처 : 교육청정책준비위원회]) ⇒ 글꼴(돋움, 20pt, 진하게)
▶ 배경 ⇒ 배경 속성(채우기 – 그림 또는 질감 채우기)에서 그림 2 삽입(현재 슬라이드만 적용)

05 아래의 작성조건 및 출력형태에 알맞게 작업하시오.

• 소스파일 : [출제유형 11]- 정복11_문제05.show • 정답파일 : [출제유형 11]- 정복11_정답05.show

《출력형태》

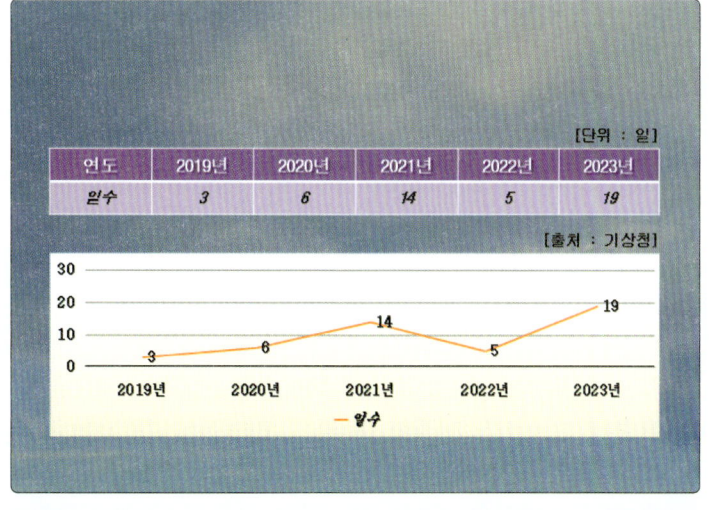

《작성조건》

▶ 글 상자 1([단위 : 명]) ⇒ 글꼴(굴림체, 18pt, 진하게)
▶ 글 상자 2([출처 : 통계청]) ⇒ 글꼴(굴림체, 18pt, 진하게)
▶ 배경 ⇒ 배경 속성(채우기 – 그림 또는 질감 채우기)에서 그림 2 삽입(현재 슬라이드만 적용)

출제유형 12

PART 02 출제유형 완전정복

[슬라이드4] 본문 도형

- ☑ 다양한 형태의 도형을 만든 후 복사하기
- ☑ 도형에 그림을 삽입하기

문제 미리보기

소스 파일 : [출제유형 12]-유형12_문제.show   **정답 파일** : [출제유형 12]-유형12_정답.show

◆ **[슬라이드4]** 아래의 작성조건 및 출력형태에 알맞게 네 번째 슬라이드에 작업하시오. (60점)

《출력형태》

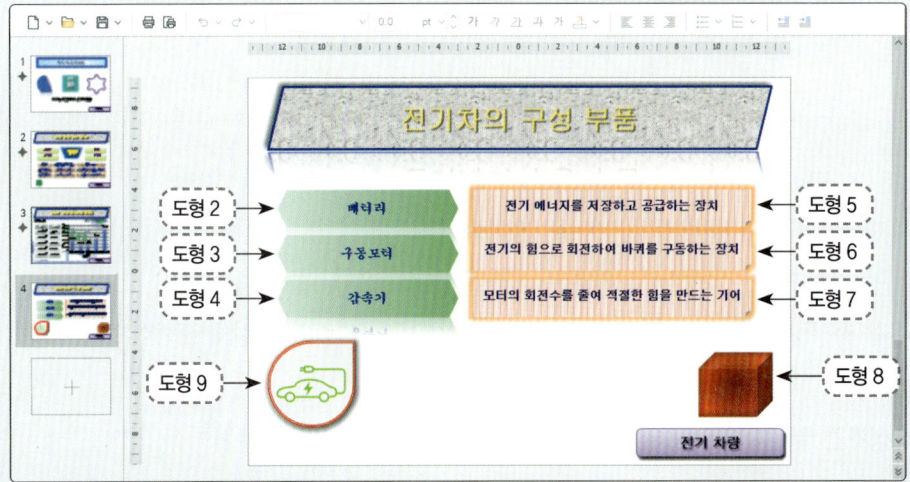

《작성조건》

(1) 제목
- ▶ 도형 1 ⇒ 기본 도형 : '평행 사변형', 도형 채우기(질감 - 대리석, 바둑판식 배열),
    선 색(단색, 색 : 파랑), 선 스타일(선 종류 : 실선, 굵기 : 3pt, 겹선 종류 : 단순형),
    도형 효과(그림자 - 바깥쪽 - 대각선 왼쪽 위, 반사 - '1/3 크기, 4 pt'),
    글꼴(굴림, 40pt, 진하게, 그림자, '노랑 40% 밝게')

(2) 본문
- ▶ 도형 2~4 ⇒ 기본 도형 : '육각형', 도형 채우기(초록, 밝은 그러데이션 - 선형 - 오른쪽에서), 선 없음,
    도형 효과(반사 - '1/2 크기, 근접'), 글꼴(궁서, 20pt, 진하게, 파랑)
- ▶ 도형 5~7 ⇒ 기본 도형 : '모서리가 접힌 도형', 도형 채우기(질감 - 분홍색 줄무늬, 바둑판식 배열), 선 없음,
    도형 효과(네온 - '강조색 2, 10 pt'), 글꼴(돋움, 18pt, 진하게, 검은 군청)
- ▶ 도형 8 ⇒ 기본 도형 : '정육면체', 도형 채우기(주황, 어두운 그러데이션 - 방사형 - 가운데에서), 선 없음,
    도형 효과(그림자 - 안쪽 - 가운데)
- ▶ 도형 9 ⇒ 기본 도형 : '눈물방울', 도형 채우기(그림 또는 질감 채우기) 기능을 사용하여 그림 3 삽입,
    선 색(단색, 색 : 빨강), 선 스타일(선 종류 : 실선, 굵기 : 4pt, 겹선 종류 : 이중),
    도형 효과(그림자 - 바깥쪽 - 가운데)
- ▶ 워드숍 삽입(감속기에 대한 오일 관리 필요!) ⇒ '윤곽 - 강조 3, 그림자',
    글자 효과(변환 - 휘기 - 원통 위), 글꼴(돋움, 30pt, 진하게, 그림자)
- ▶ 지시사항이 없는 부분은 《 출력형태 》와 동일하게 작성하시오.

01 도형 2~4 작성하기

(2) 본문
▶ 도형 2~4 ⇒ 기본 도형 : '육각형', 도형 채우기(초록, 밝은 그러데이션 – 선형 – 오른쪽에서), 선 없음,
　　　　　　　도형 효과(반사 – '1/2 크기, 근접'), 글꼴(궁서, 20pt, 진하게, 파랑)

❶ [파일]-[불러오기](**Ctrl**+**O**)를 클릭합니다. [불러오기] 대화상자가 나오면 '**유형12_문제.show**' 파일을 불러옵니다.

❷ **네 번째 슬라이드**를 선택한 후 [입력] 탭에서 '도형' 이미지 꾸러미의 자세히(▽) 단추를 눌러 [기본 도형]-'**육각형(⬡)**'을 클릭합니다.

❸ 마우스 포인터가 ✚ 모양으로 변경되면 드래그하여 도형을 삽입합니다. 이어서, 조절점(●)을 드래그하여 《출력형태》와 같이 크기를 조절한 후 위치를 변경합니다.

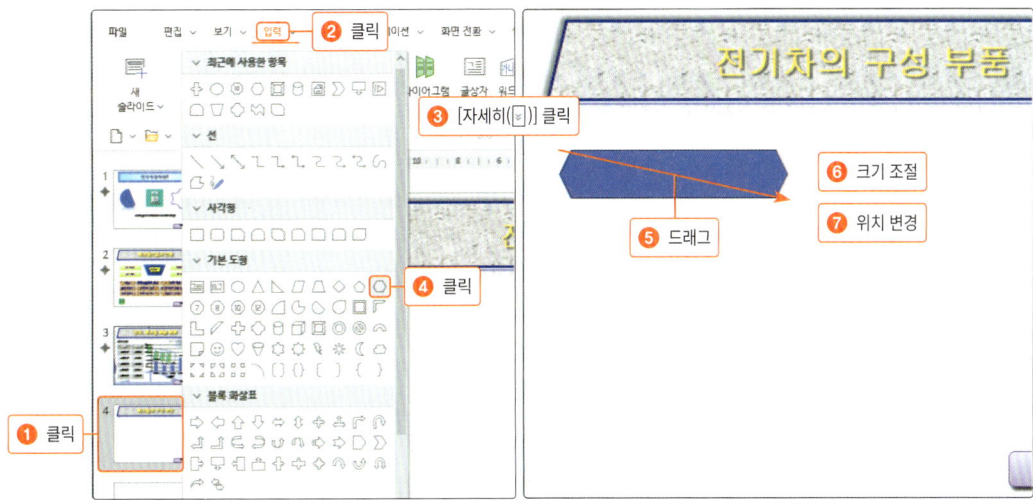

❹ 도형이 선택된 상태에서 '**배터리**'를 입력한 후 **Esc** 키를 누릅니다.

❺ [도형(🖼)] 탭에서 [도형 채우기(🎨)]의 목록(▽) 단추를 클릭한 후 '**초록**'을 클릭합니다.

❻ [도형 채우기(🎨)]의 목록(▽) 단추를 클릭한 후 [그러데이션]-[밝은 그러데이션]-'선형 – 오른쪽에서'를 클릭합니다.

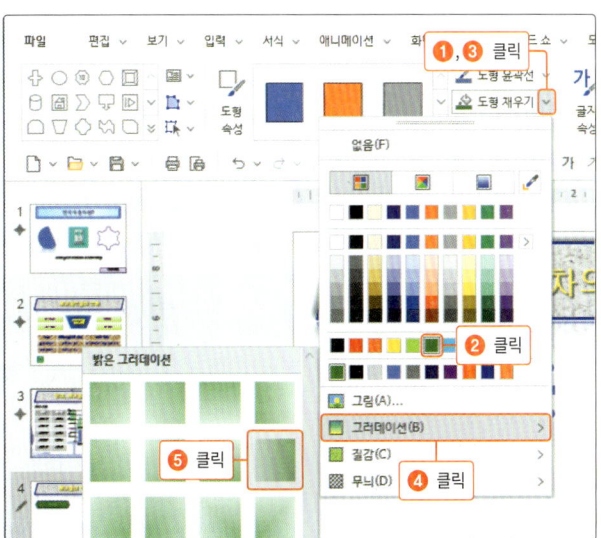

❼ 선 없음을 지정하기 위해 [도형( )] 탭에서 [도형 윤곽선( )]의 목록( ) 단추를 클릭한 후 '**없음**'을 클릭합니다.

❽ [도형( )] 탭에서 [도형 효과]-[반사]-'**1/2 크기, 근접**'을 클릭합니다.

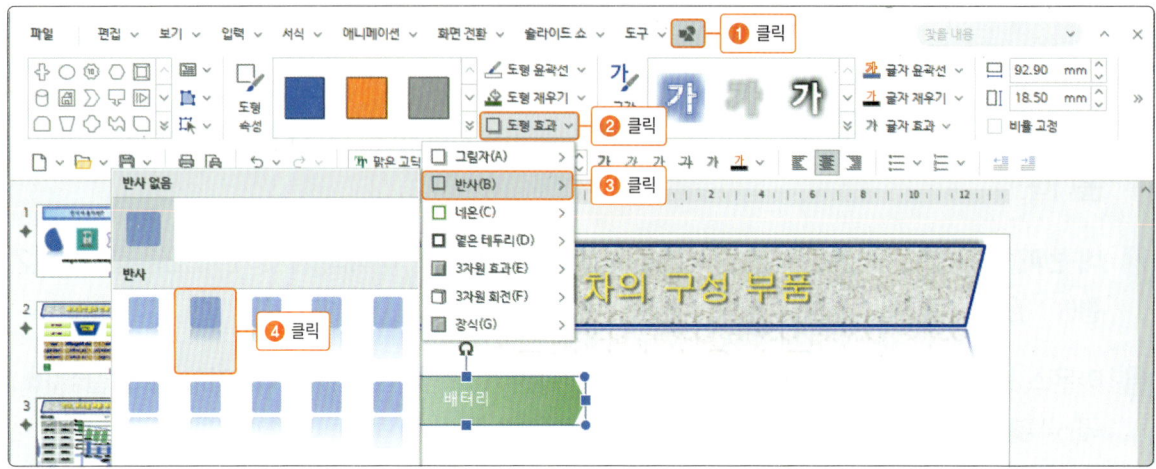

❾ 글자 서식을 지정하기 위해 [**서식**] 탭에서 '**글꼴(궁서), 글자 크기(20pt), 진하게( ), 글자 색(파랑)**'을 지정합니다.

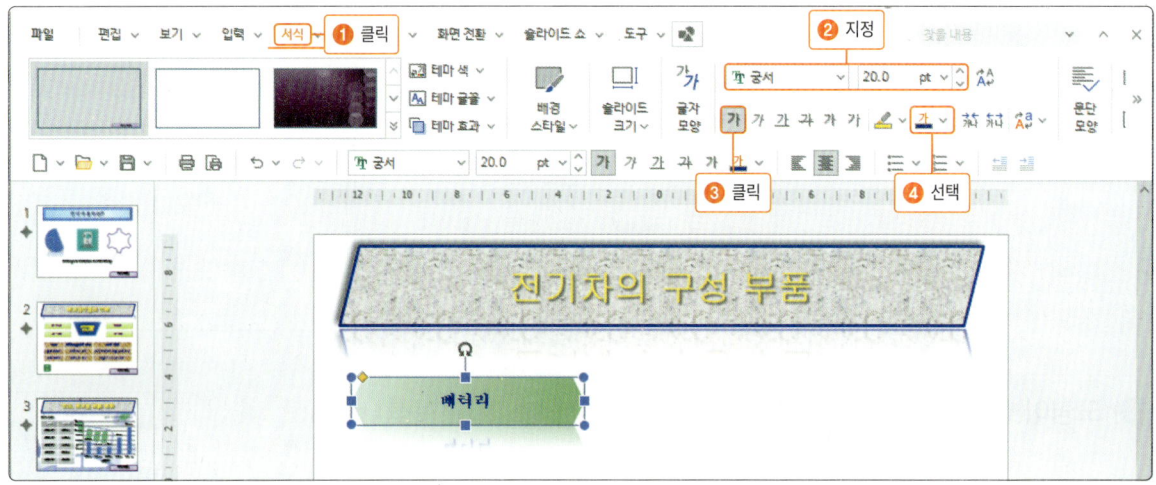

❿ 도형이 완성되면 Ctrl + Shift 키를 누른 채 도형의 테두리를 아래쪽으로 드래그하여 《출력형태》와 같이 복사합니다.

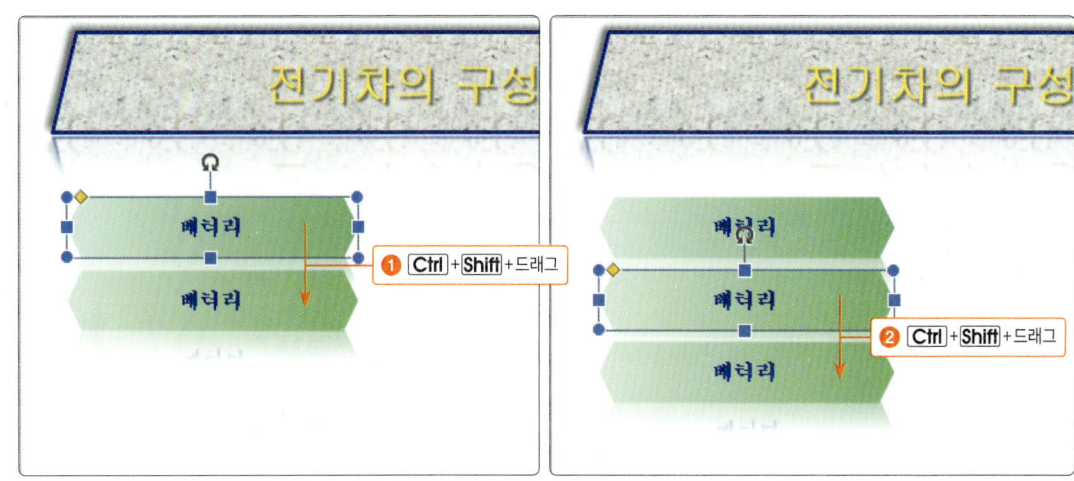

출제유형 12   120   [슬라이드4] 본문 도형

⓫ 도형이 복사되면 내용을 입력합니다.

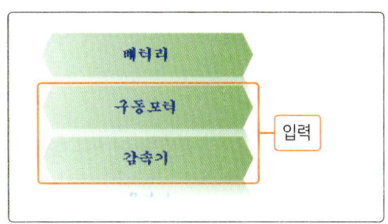

02 도형 5~7 작성하기

▶ 도형 5~7 ⇒ 기본 도형 : '모서리가 접힌 도형', 도형 채우기(질감 – 분홍색 줄무늬, 바둑판식 배열), 선 없음, 도형 효과(네온 – '강조색 2, 10 pt'), 글꼴(돋움, 18pt, 진하게, 검은 군청)

❶ [입력] 탭에서 '도형' 이미지 꾸러미의 자세히(∨) 단추를 눌러 [기본 도형]-'모서리가 접힌 도형(▭)'을 클릭합니다.

❷ 마우스 포인터가 모양으로 변경되면 드래그하여 도형을 삽입합니다. 이어서, 조절점(●)을 드래그하여 《출력형태》와 같이 크기를 조절한 후 위치를 변경합니다.

❸ 도형이 선택된 상태에서 '**전기 에너지를 저장하고 공급하는 장치**'를 입력한 후 Esc 키를 누릅니다.

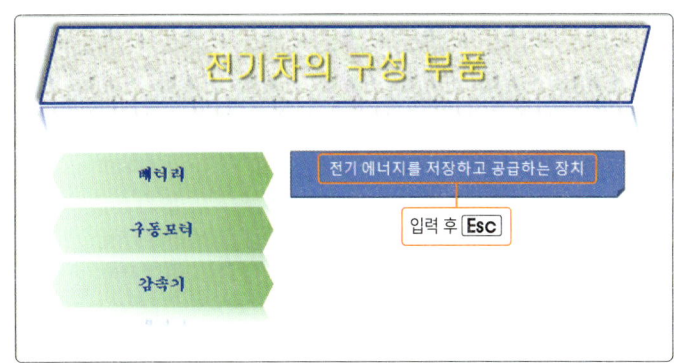

❹ 도형을 선택한 후 도형 위에서 마우스 오른쪽 단추를 눌러 '**개체 속성**'을 클릭합니다.

❺ [채우기] 탭에서 '**질감/그림**'을 클릭한 후 [질감]-'**분홍 줄무늬**(▨)'를 클릭합니다. 이어서, '**바둑판식 배열**'에 체크가 되어 있는지 확인한 후 〈작업 창 닫기(✕)〉 단추를 클릭합니다.

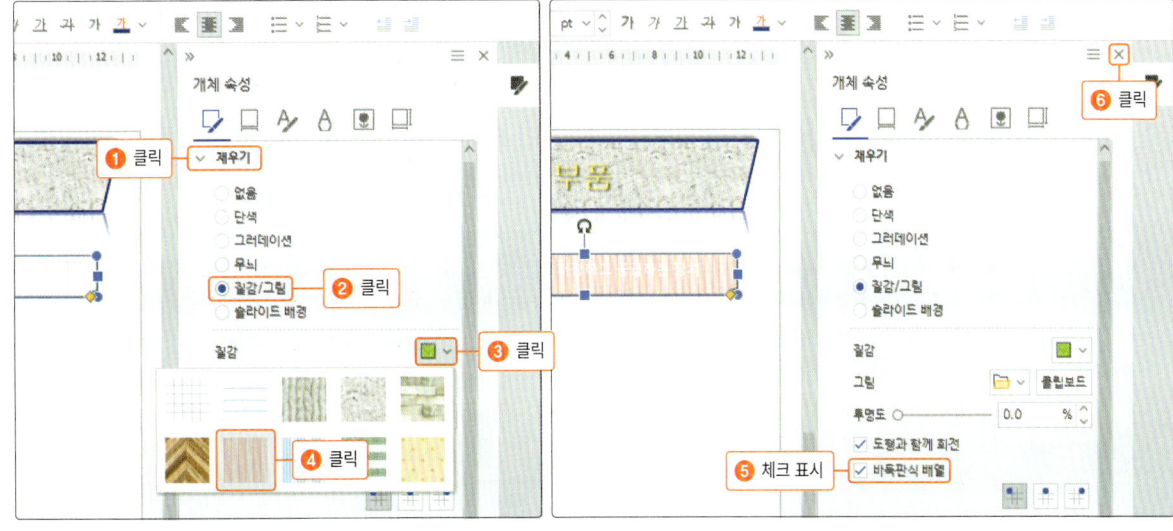

⑥ 선 없음을 지정하기 위해 [도형( )] 탭에서 [도형 윤곽선( )]의 목록( ) 단추를 클릭한 후 '**없음**'을 클릭합니다.

⑦ [도형( )] 탭에서 [도형 효과]-[네온]-'강조색 2, 10 pt'를 클릭합니다.

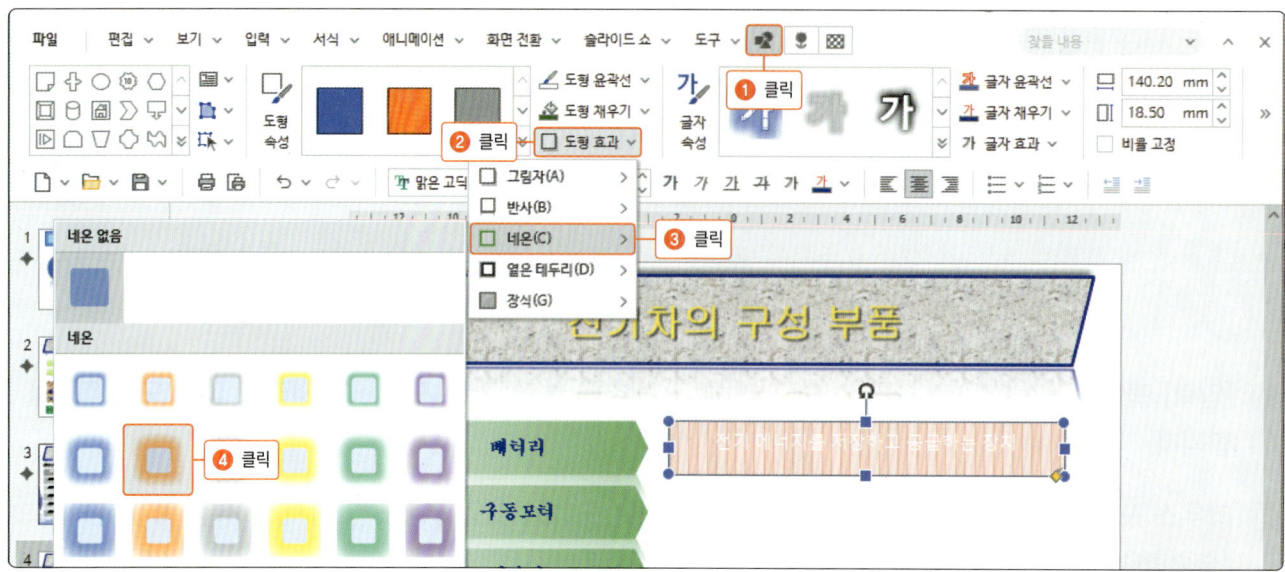

⑧ 글자 서식을 지정하기 위해 [서식] 탭에서 '글꼴(궁서), 글자 크기(20pt), 진하게( ), 글자 색(검은 군청)'을 지정합니다.

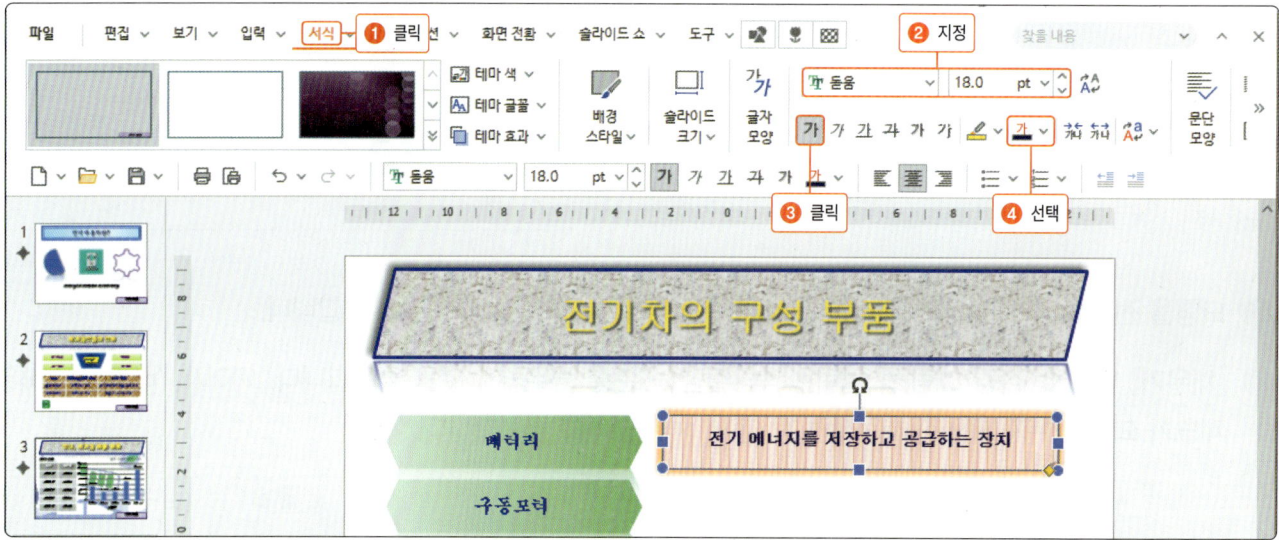

⑨ 도형이 완성되면 [Ctrl]+[Shift] 키를 누른 채 도형의 테두리를 아래쪽으로 드래그하여 《출력형태》와 같이 복사합니다.

⑩ 도형이 복사되면 내용을 입력합니다.

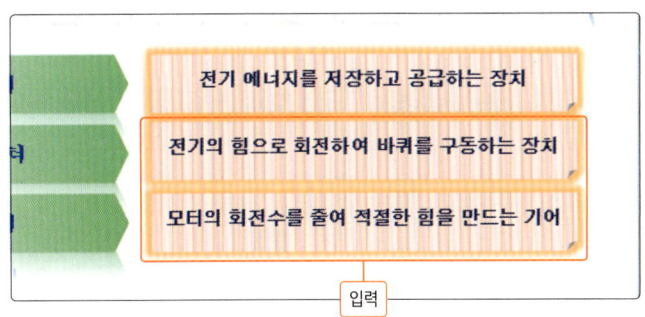

03 도형 8 작성하기

▶ 도형 8 ⇒ 기본 도형 : '정육면체', 도형 채우기(주황, 어두운 그러데이션 - 방사형 - 가운데에서), 선 없음, 도형 효과(그림자 - 안쪽 - 가운데)

❶ [입력] 탭에서 '도형' 이미지 꾸러미의 자세히(⌵) 단추를 눌러 [기본 도형]-'정육면체(⬛)'를 클릭합니다.

❷ 마우스 포인터가 ✛ 모양으로 변경되면 드래그하여 도형을 삽입합니다. 이어서, 조절점(●)을 드래그하여 《출력형태》와 같이 크기를 조절한 후 위치를 변경합니다.

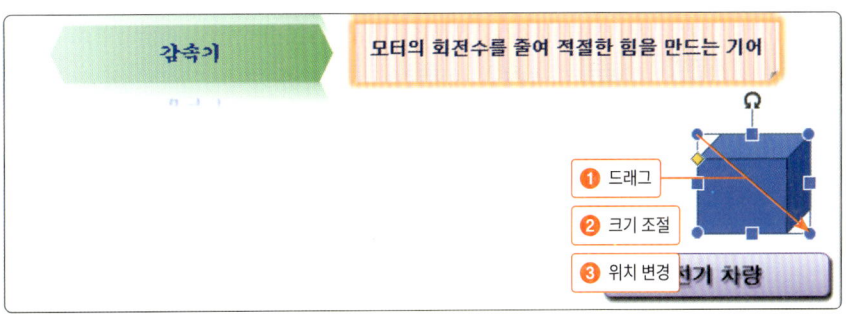

❸ [도형(🖌)] 탭에서 [도형 채우기(🎨)]의 목록(⌵) 단추를 클릭한 후 **'주황'**을 클릭합니다.

❹ [도형(🖌)] 탭에서 [도형 채우기(🎨)]의 목록(⌵) 단추를 클릭한 후 [그러데이션]-[어두운 그러데이션]-'**방사형 - 가운데에서(■)**'를 클릭합니다.

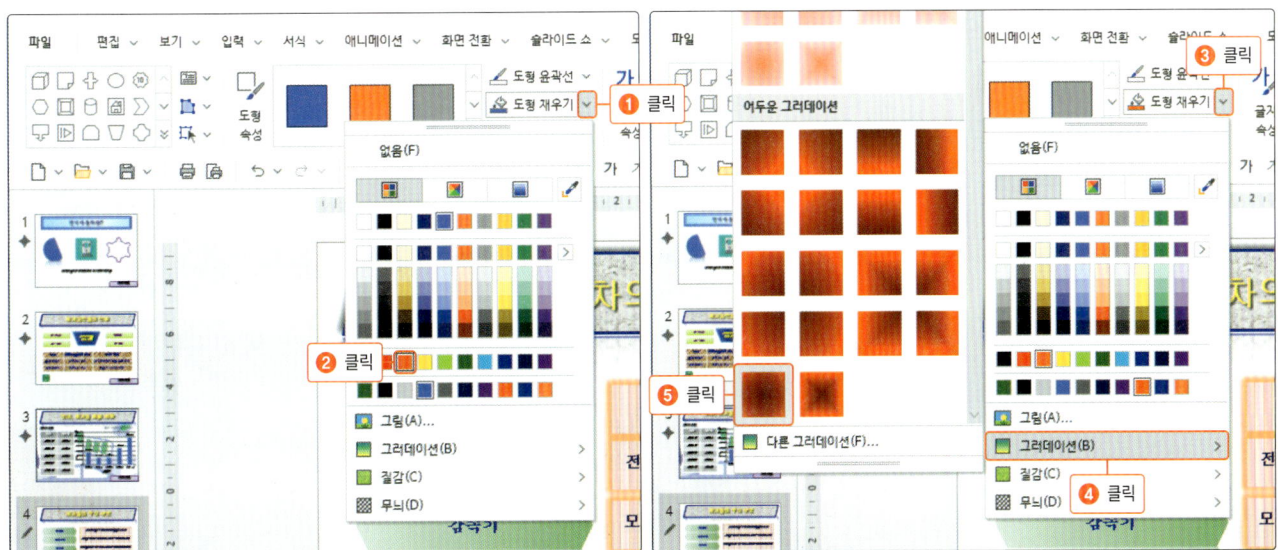

❺ [도형( )] 탭에서 [도형 윤곽선( )]의 목록( ) 단추를 클릭한 후 '**없음**'을 클릭합니다.

❻ [도형( )] 탭에서 [도형 효과]-[그림자]-[안쪽]-'가운데( )'를 클릭합니다.

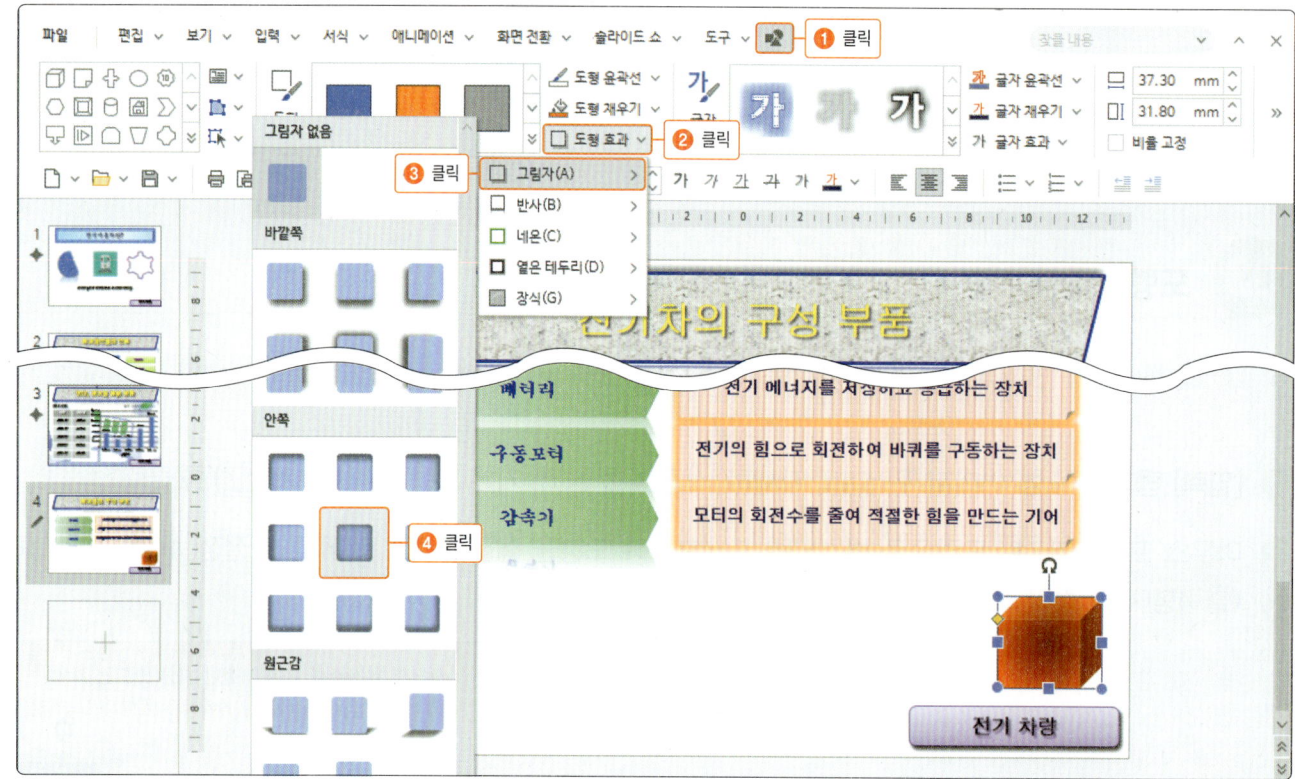

04 도형 9 작성하기

▶ 도형 9 ⇒ 기본 도형 : '눈물방울', 도형 채우기(그림 또는 질감 채우기) 기능을 사용하여 그림 3 삽입, 선 색(단색, 색 : 빨강), 선 스타일(선 종류 : 실선, 굵기 : 4pt, 겹선 종류 : 이중), 도형 효과(그림자 – 바깥쪽 – 가운데)

❶ [입력] 탭에서 '도형' 이미지 꾸러미의 자세히( ) 단추를 눌러 [기본 도형]-'눈물방울( )'을 클릭합니다.

❷ 마우스 포인터가 ┼ 모양으로 변경되면 드래그하여 도형을 삽입합니다. 이어서, 조절점( )을 드래그하여 《출력 형태》와 같이 크기를 조절한 후 위치를 변경합니다.

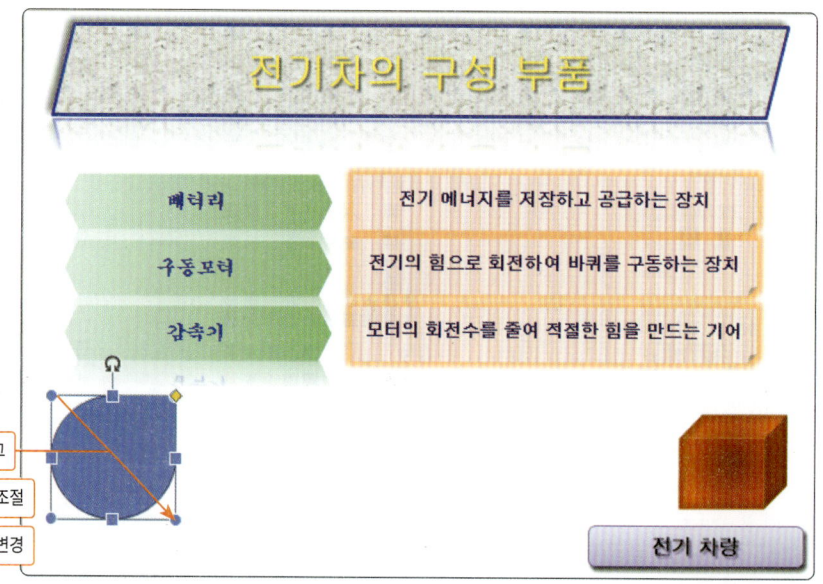

❸ 도형에 그림을 채우기 위해 마우스 오른쪽 단추를 눌러 '**개체 속성**'을 클릭합니다.

❹ [**개체 속성**] 작업 창이 나오면 [**채우기**] 탭에서 '**질감/그림**'을 클릭한 후 [**그림**]-'**그림**'을 클릭합니다. 이어서, [**그림 넣기**] 대화상자가 나오면 [**그림 파일**]-[**출제유형 완전정복**]-[**출제유형 12**]-'**그림 3**'을 선택한 후 〈**열기**〉 단추를 클릭합니다.

※ 실제 시험에서는 바탕화면의 [KAIT]-[제출파일] 폴더에 있는 그림을 이용해야 합니다.

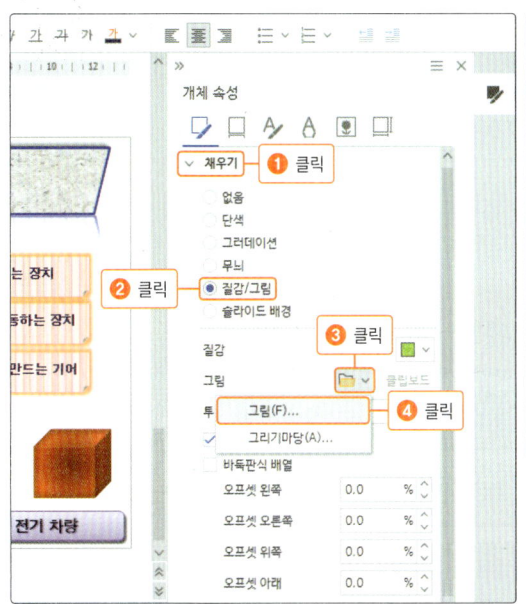
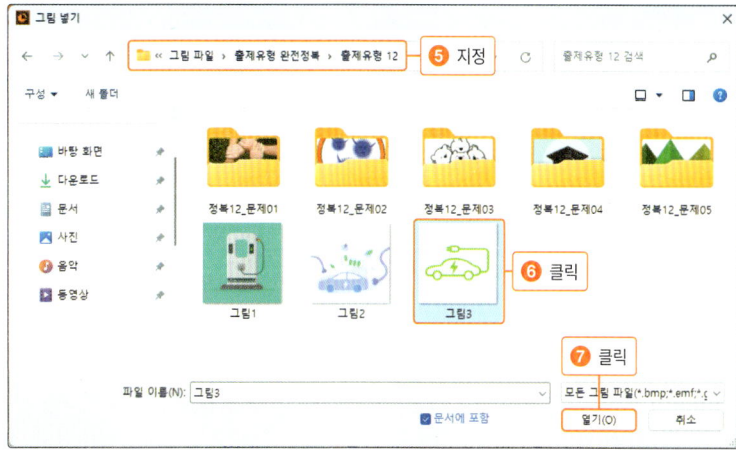

❺ [**선**] 탭을 클릭한 후 '**단색**'을 클릭한 다음 [**색**]-'**빨강**'을 선택합니다. 이어서, '**선 종류(실선), 선 굵기(4pt), 겹선 종류(이중(======))**'을 지정한 후 〈**작업 창 닫기**(☒)〉 단추를 클릭합니다.

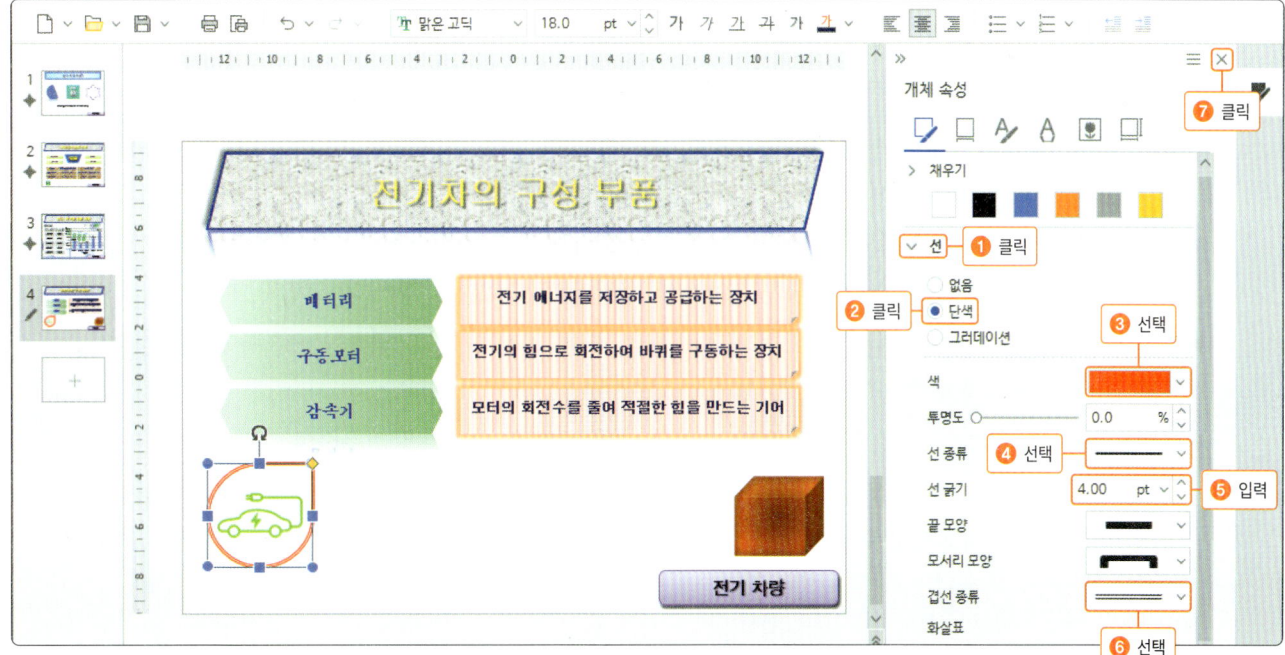

❻ [**도형(◨)**] 탭에서 [**도형 효과**]-[**그림자**]-[**바깥쪽**]-'**가운데(▣)**'를 클릭합니다.

❼ [**파일**]-[**저장하기**](**Ctrl**+**S**) 또는 [**서식**] 도구 상자에서 '**저장하기**(▤)'를 클릭합니다.

※ 실제 시험을 볼 때 작업 도중에 수시로(10분에 한 번 정도) 저장을 하는 것이 좋습니다.

[슬라이드4] 본문 도형

 아래의 작성조건 및 출력형태에 알맞게 작업하시오.

• 소스파일 : [출제유형 12]- 정복12_문제01.show   • 정답파일 : [출제유형 12]- 정복12_정답01.show

《출력형태》

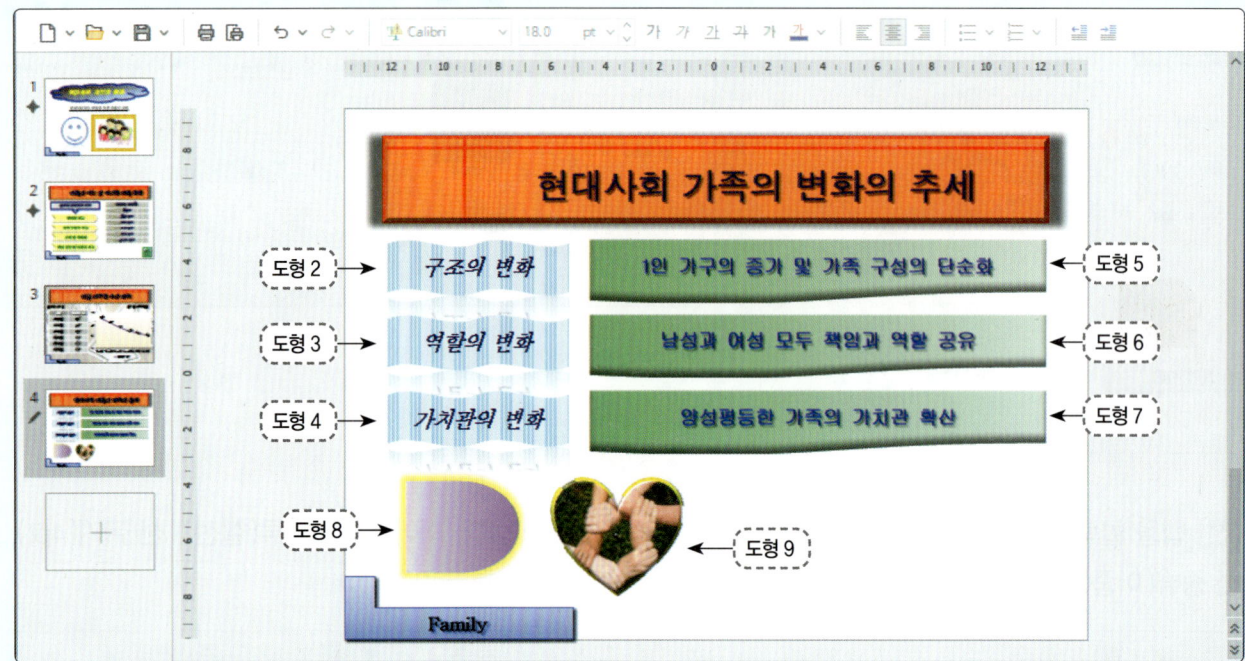

《작성조건》

▶ 도형 2~4 ⇒ 별 및 현수막 : '이중 물결', 도형 채우기(질감 – 하늘색 줄무늬, 바둑판식 배열), 선 없음,
　　도형 효과(반사 – '1/2 크기, 근접'), 글꼴(바탕, 22pt, 진하게, 기울임, 검은 군청)

▶ 도형 5~7 ⇒ 순서도 : '순서도: 문서', 도형 채우기(초록, 밝은 그러데이션 – 선형 – 왼쪽에서), 선 없음,
　　도형 효과(그림자 – 안쪽 – 아래쪽), 글꼴(굴림체, 20pt, 진하게, 그림자, 파랑)

▶ 도형 8 ⇒ 순서도 : '순서도: 지연', 도형 채우기(보라, 밝은 그러데이션 – 선형 – 오른쪽에서), 선 없음,
　　도형 효과(네온 – '강조색 4, 10 pt')

▶ 도형 9 ⇒ 기본 도형 : '하트', 도형 채우기(그림 또는 질감 채우기) 기능을 사용하여 그림 3 삽입,
　　선 색(단색, 색 : 노랑), 선 스타일(선 종류 : 긴 파선, 굵기 : 3pt, 겹선 종류 : 단순화),
　　도형 효과(3차원 효과 – 둥글게)

02 아래의 작성조건 및 출력형태에 알맞게 작업하시오.

• 소스파일 : [출제유형 12]- 정복12_문제02.show   • 정답파일 : [출제유형 12]- 정복12_정답02.show

《출력형태》

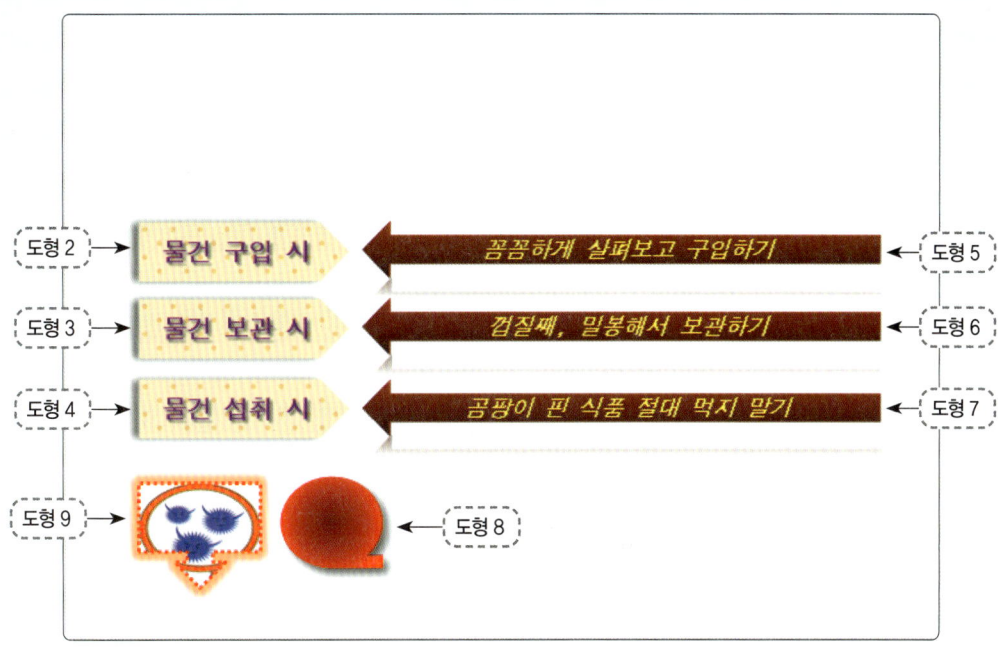

《작성조건》

▶ 도형 2~4 ⇒ 블록 화살표 : '오각형', 도형 채우기(질감 – 노란색 도트, 바둑판식 배열), 선 없음, 도형 효과(그림자 – 바깥쪽 – 왼쪽), 글꼴(돋움체, 22pt, 진하게, 그림자, 보라)

▶ 도형 5~7 ⇒ 블록 화살표 : '왼쪽 화살표', 도형 채우기(주황 50% 어둡게, 어두운 그러데이션 – 선형 – 아래쪽에서), 선 없음, 도형 효과(반사 – '1/3 크기, 근접'), 글꼴(돋움체, 20pt, 진하게, 기울임, 노랑)

▶ 도형 8 ⇒ 순서도 : '순서도: 순차적 액세스 저장소', 도형 채우기(빨강, 어두운 그러데이션 – 방사형 – 가운데에서), 선 없음, 도형 효과(그림자 – 바깥쪽 – 대각선 오른쪽 아래)

▶ 도형 9 ⇒ 블록 화살표 : '아래쪽 화살표 설명선', 도형 채우기(그림 또는 질감 채우기) 기능을 사용하여 그림 3 삽입, 선 색(단색, 색 : 빨강), 선 스타일(선 종류 : 점선, 굵기 : 3pt, 겹선 종류 : 단순화), 도형 효과(네온 – '강조색 2, 10 pt')

03 아래의 작성조건 및 출력형태에 알맞게 작업하시오.

• 소스파일 : [출제유형 12]- 정복12_문제03.show   • 정답파일 : [출제유형 12]- 정복12_정답03.show

《출력형태》

《작성조건》

▶ 도형 2~4 ⇒ 블록 화살표 : '오각형', 도형 채우기(질감 – 분홍 줄무늬, 바둑판식 배열), 선 없음,
　　　　　　도형 효과(3차원 효과 – 낮은 수준의 경사), 글꼴(굴림, 20pt, 진하게, 보라)

▶ 도형 5~7 ⇒ 순서도 : '순서도: 카드', 도형 채우기(밝은 연두색, 어두운 그러데이션 –
　　　　　　선형 – 아래쪽에서), 선 없음, 도형 효과(3차원 효과 – 둥글게),
　　　　　　글꼴(굴림, 20pt, 진하게, 검은 군청)

▶ 도형 8 ⇒ 수식 도형 : '등호', 도형 채우기(빨강, 어두운 그러데이션 – 방사형 – 가운데에서), 선 없음,
　　　　　도형 효과(반사 – '1/2 크기, 8 pt')

▶ 도형 9 ⇒ 별 및 현수막 : '이중 물결', 도형 채우기(그림 또는 질감 채우기) 기능을 사용하여 그림 3 삽입,
　　　　　선 색(단색, 색 : 밝은 연두색), 선 스타일(선 종류 : 실선, 굵기 : 2pt, 겹선 종류 : 단순화),
　　　　　도형 효과(그림자 – 바깥쪽 – 가운데)

04 아래의 작성조건 및 출력형태에 알맞게 작업하시오.

• 소스파일 : 없음 • 정답파일 : [출제유형 12]-정복12_정답04.pptx

《출력형태》

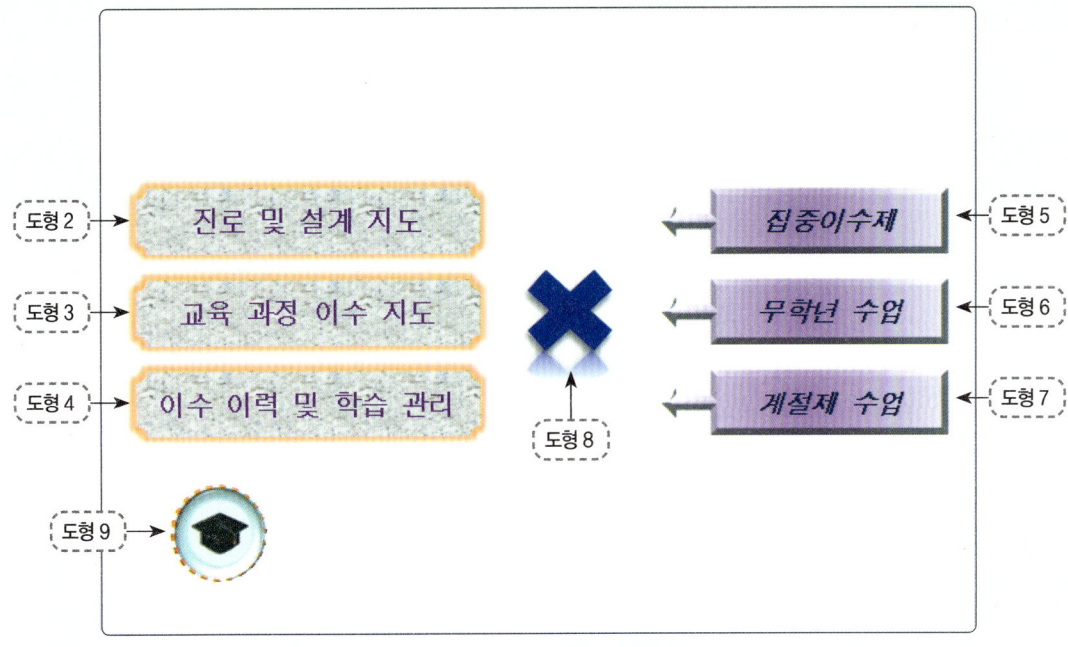

《작성조건》

▶ 도형 2~4 ⇒ 기본 도형 : '배지', 도형 채우기(질감 – 대리석, 바둑판식 배열), 선 없음,
   도형 효과(네온 – '강조색 2, 10 pt'), 글꼴(돋움체, 2pt, 진하게, 보라)

▶ 도형 5~7 ⇒ 블록 화살표 : '왼쪽 화살표 설명선', 도형 채우기(보라, 밝은 그러데이션 – 방사형 – 가운데에서),
   선 없음, 도형 효과(3차원 효과 – 각지게), 글꼴(돋움체, 24pt, 진하게, 기울임, 검은 군청)

▶ 도형 8 ⇒ 수식 도형 : '곱셈 기호', 도형 채우기(파랑, 어두운 그러데이션 – 방사형 – 가운데에서), 선 없음,
   도형 효과(그림자 – 바깥쪽 – 아래쪽, 반사 – '1/2 크기, 근접')

▶ 도형 9 ⇒ 기본 도형 : '타원', 도형 채우기(그림 또는 질감 채우기) 기능을 사용하여 그림 3 삽입,
   선 색(단색, 색 : '강조 2 주황'), 선 스타일(선 종류 : 점선, 굵기 : 3pt, 겹선 종류 : 단순화),
   도형 효과(3차원 효과 – 부드러운 곡선)

출제유형 13 [슬라이드4] 워드숍

PART 02 출제유형 완전정복

☑ 워드숍 삽입하기
☑ 워드숍 글자 서식 변경하기

문제 미리보기

소스 파일 : [출제유형 13]-유형13_문제.show   정답 파일 : [출제유형 13]-유형13_정답.show

◆【슬라이드4】아래의 작성조건 및 출력형태에 알맞게 네 번째 슬라이드에 작업하시오.   (60점)

《출력형태》

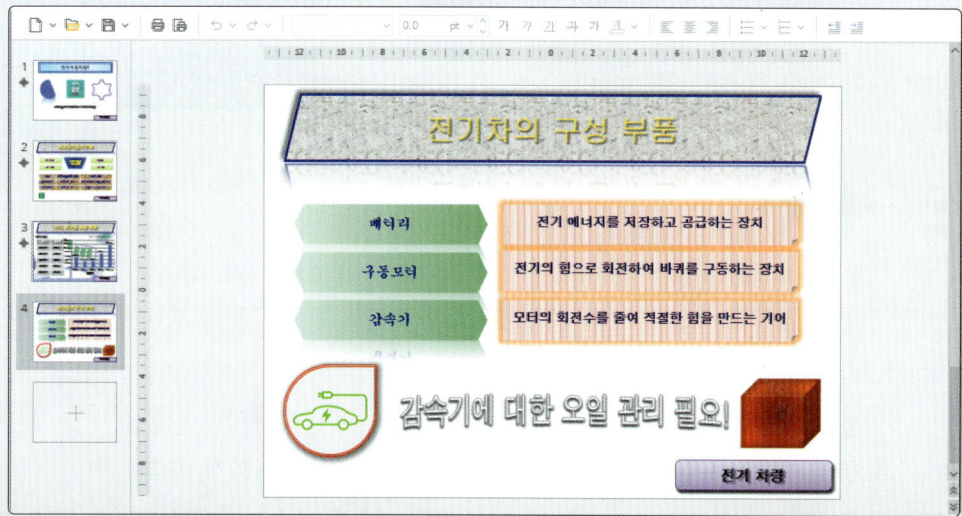

《작성조건》

(1) 제목
▶ 도형 1 ⇒ 기본 도형 : '평행 사변형', 도형 채우기(질감 - 대리석, 바둑판식 배열),
   선 색(단색, 색 : 파랑), 선 스타일(선 종류 : 실선, 굵기 : 3pt, 겹선 종류 : 단순형),
   도형 효과(그림자 - 바깥쪽 - 대각선 왼쪽 위, 반사 - '1/3 크기, 4 pt'),
   글꼴(굴림, 40pt, 진하게, 그림자, '노랑 40% 밝게')

(2) 본문
▶ 도형 2~4 ⇒ 기본 도형 : '육각형', 도형 채우기(초록, 밝은 그러데이션 - 선형 - 오른쪽에서), 선 없음,
   도형 효과(반사 - '1/2 크기, 근접'), 글꼴(궁서, 20pt, 진하게, 파랑)
▶ 도형 5~7 ⇒ 기본 도형 : '모서리가 접힌 도형', 도형 채우기(질감 - 분홍색 줄무늬, 바둑판식 배열), 선 없음,
   도형 효과(네온 - 강조색 2, 10 pt'), 글꼴(돋움, 18pt, 진하게, 검은 군청)
▶ 도형 8 ⇒ 기본 도형 : '정육면체', 도형 채우기(주황, 어두운 그러데이션 - 방사형 - 가운데에서), 선 없음,
   도형 효과(그림자 - 안쪽 - 가운데)
▶ 도형 9 ⇒ 기본 도형 : '눈물방울', 도형 채우기(그림 또는 질감 채우기) 기능을 사용하여 그림 3 삽입, 선 색(단색,
   색 : 빨강), 선 스타일(선 종류 : 실선, 굵기 : 4pt, 겹선 종류 : 이중), 도형 효과(그림자 - 바깥쪽 - 가운데)
▶ 워드숍 삽입(감속기에 대한 오일 관리 필요!) ⇒ '윤곽 - 강조 3, 그림자',
   글자 효과(변환 - 휘기 - 원통 위), 글꼴(돋움, 30pt, 진하게, 그림자)
▶ 지시사항이 없는 부분은 《 출력형태 》와 동일하게 작성하시오.

01 워드숍 작성하기

▶ 워드숍 삽입(감속기에 대한 오일 관리 필요!) ⇒ '윤곽 – 강조 3, 그림자', 글자 효과(변환 – 휘기 – 원통 위), 글꼴(돋움, 30pt, 진하게, 그림자)

① [파일]-[불러오기](Ctrl + O)를 클릭합니다. [불러오기] 대화상자가 나오면 '유형13_문제.show' 파일을 불러옵니다.

② 네 번째 슬라이드를 선택한 후 [입력] 탭에서 [워드숍(가나다)]-'윤곽 – 강조 3, 그림자(가)'를 클릭합니다.

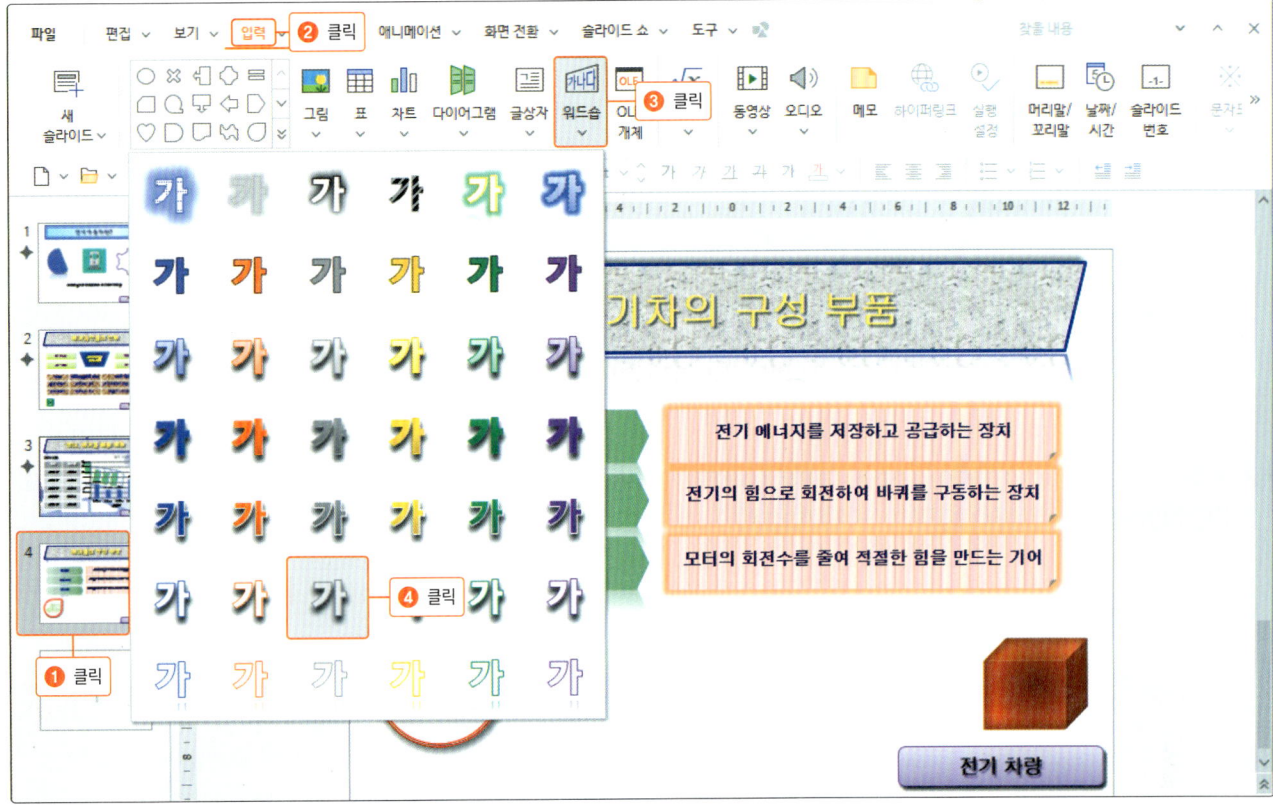

③ 크기와 위치를 지정한 후 《출력형태》와 같이 워드숍 글자를 '감속기에 대한 오일 관리 필요!'로 변경합니다.

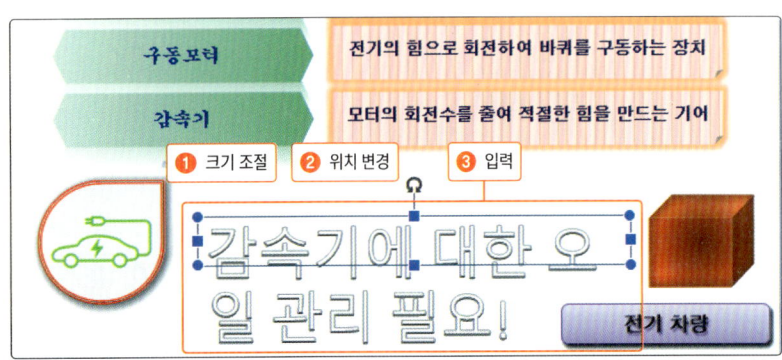

> **TIP 워드숍 이동하기**
> 워크숍을 마우스로 드래그하여 이동할 수 있으며, Ctrl 키를 누른 채 키보드의 방향키(↑, ↓, ←, →)를 누르면 조금 더 세밀하게 위치를 변경할 수 있습니다.

④ 워드숍을 클릭한 후 [도형( )] 탭에서 [글자 효과]-[변환]-[휘기]-'원통 위(12345)'를 클릭합니다.

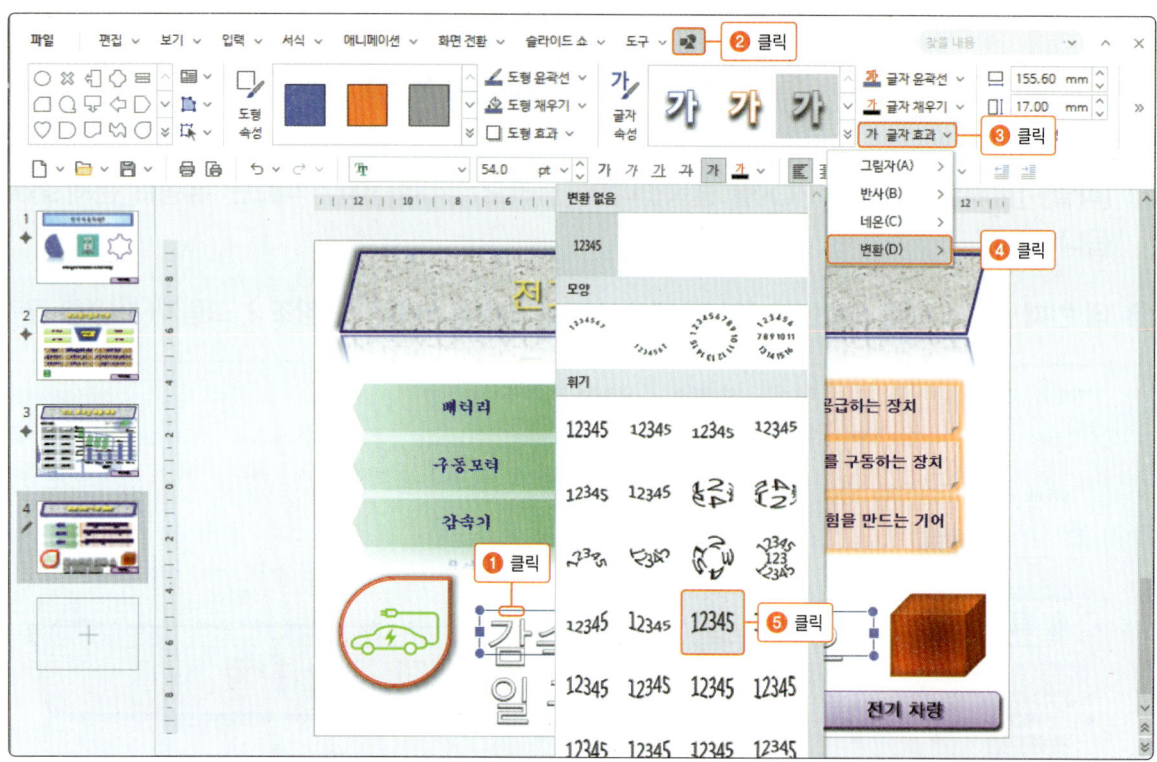

⑤ 워드숍이 선택된 상태에서 [서식] 탭에서 '글꼴(돋움), 글자 크기(30pt), 진하게(가), 그림자(가)'를 지정합니다. 이어서, 《출력형태》와 같이 크기와 위치를 변경합니다.

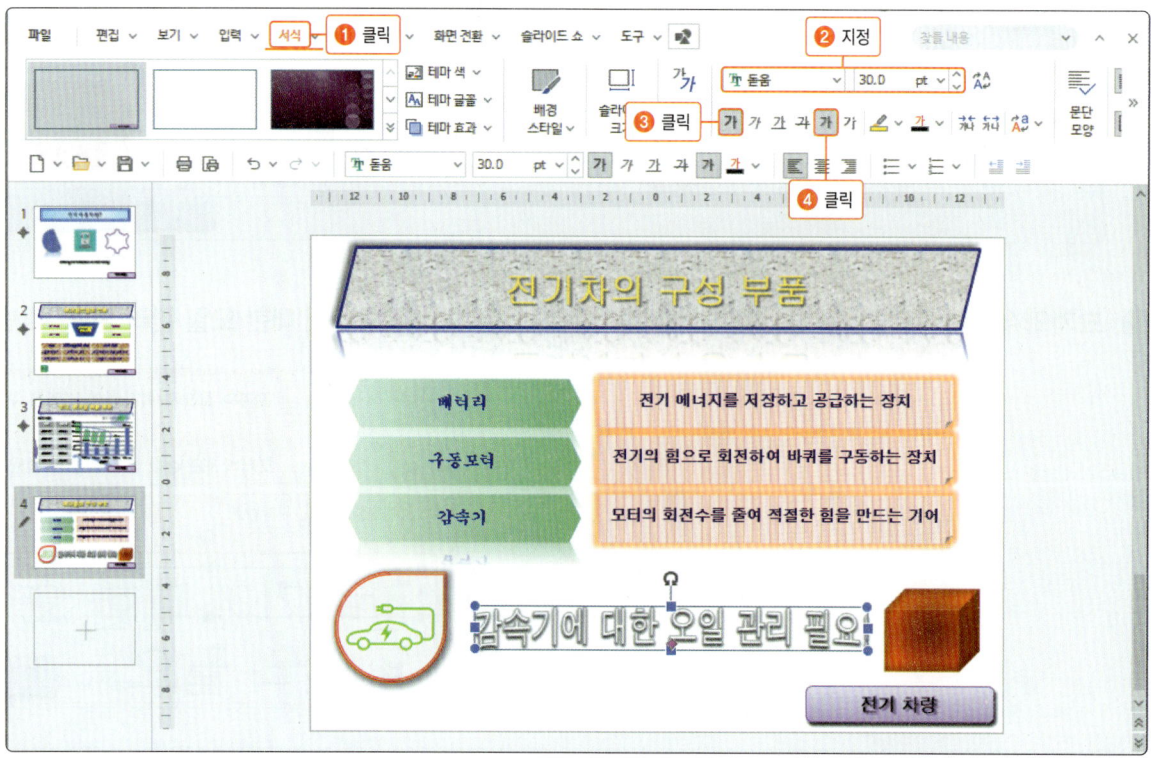

⑥ [파일]-[저장하기](Ctrl + S) 또는 [서식] 도구 상자에서 '저장하기( )'를 클릭합니다.

※ 실제 시험을 볼 때 작업 도중에 수시로(10분에 한 번 정도) 저장을 하는 것이 좋습니다.

[슬라이드4] 워드숍

01 아래의 작성조건 및 출력형태에 알맞게 작업하시오.

· 소스파일 : [출제유형 13]- 정복13_문제01.show · 정답파일 : [출제유형 13]- 정복13_정답01.show

숏츠(Shorts)

《출력형태》

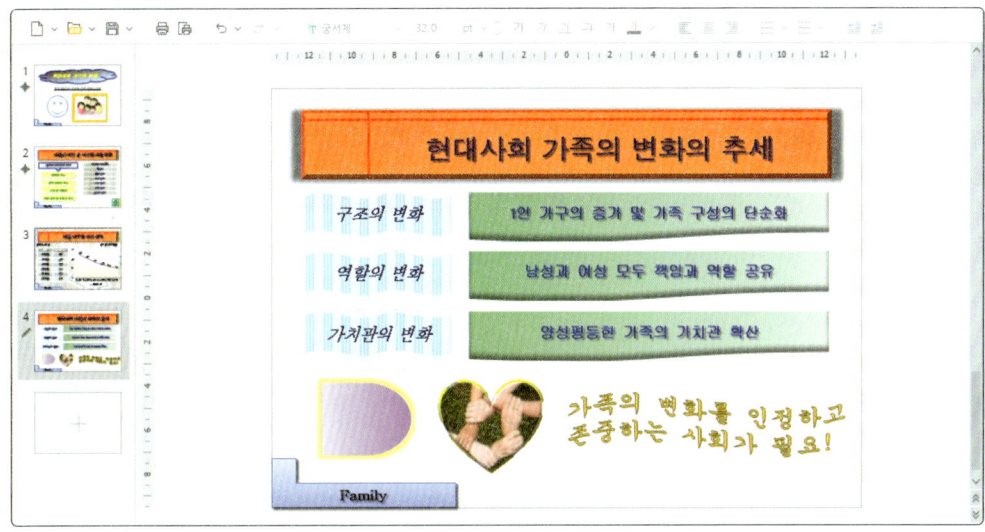

《작성조건》
▶ 워드숍 삽입(가족의 변화를 인정하고 존중하는 사회가 필요!)
  ⇒ '채우기 – 강조 4, 윤곽 – 강조 4(어두운 계열)',
  글자 효과(변환 – 휘기 – 물결 1), 글꼴(궁서체, 32pt, 진하게)

02 아래의 작성조건 및 출력형태에 알맞게 작업하시오.

· 소스파일 : 없음 · 정답파일 : [출제유형 13]- 정복13_정답02.show

숏츠(Shorts)

《출력형태》

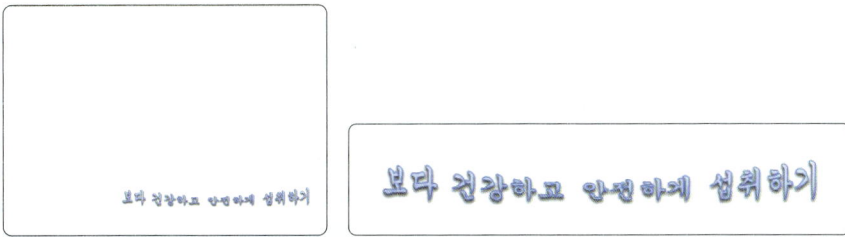

《작성조건》
▶ 워드숍 삽입(보다 건강하고 안전하게 섭취하기)
  ⇒ '채우기 – 강조 1(밝은 계열, 그러데이션), 윤곽 – 강조 1',
  글자 효과(변환 – 휘기 – 위쪽 수축), 글꼴(돋움, 30pt, 진하게, 그림자)

03 아래의 작성조건 및 출력형태에 알맞게 작업하시오.

• 소스파일 : 없음   • 정답파일 : [출제유형 13]- 정복13_정답03.show

《출력형태》

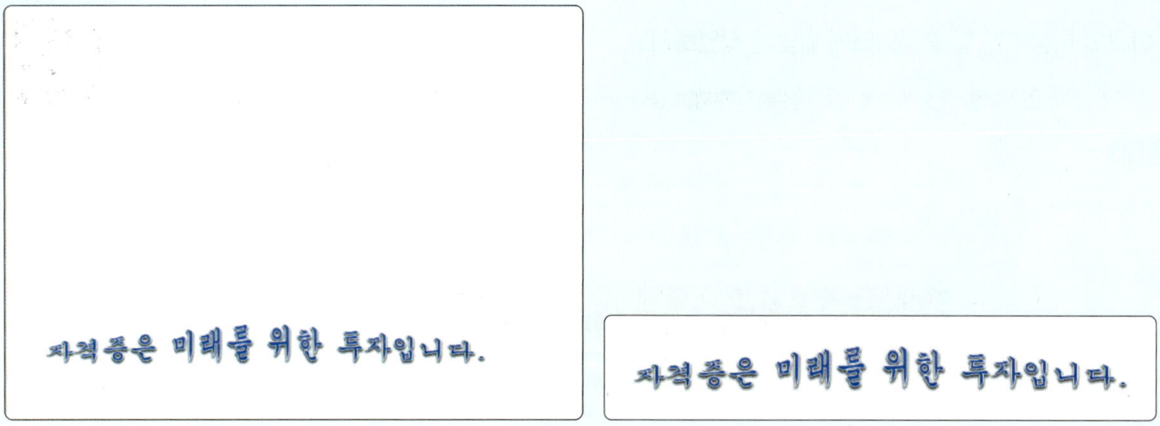

《작성조건》
▶ 워드숍 삽입(자격증은 미래를 위한 투자입니다.) ⇒ '채우기 – 강조 1(그러데이션), 윤곽 – 밝은 색 1',
글자 효과(변환 – 휘기 – 삼각형), 글꼴(궁서체, 36pt, 진하게, 그림자)

04 아래의 작성조건 및 출력형태에 알맞게 작업하시오.

• 소스파일 : 없음   • 정답파일 : [출제유형 13]- 정복13_정답04.show

《출력형태》

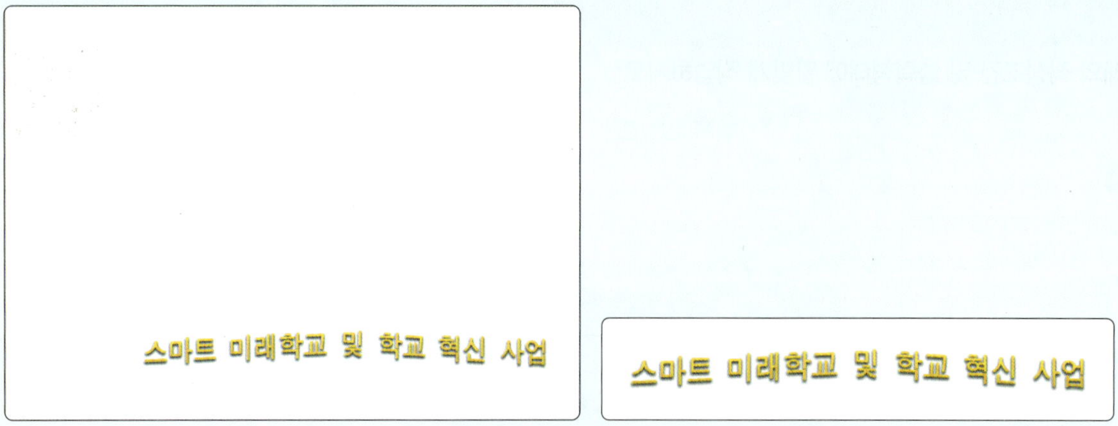

《작성조건》
▶ 워드숍 삽입(스마트 미래학교 및 학교 혁신 사업)
⇒ '채우기 – 강조 4(어두운 계열, 그러데이션), 윤곽 – 강조 4, 그림자',
글자 효과(변환 – 휘기 – 갈매기형 수장), 글꼴(돋움, 30pt, 그림자)

05 아래의 작성조건 및 출력형태에 알맞게 작업하시오.

· 소스파일 : 없음   · 정답파일 : [출제유형 13]- 정복13_정답05.show

《출력형태》

《작성조건》
▶ 워드숍 삽입(황사를 막기 위해 적극적으로 관리하기)
  ⇒ '채우기 – 강조 3(밝은 계열, 그러데이션), 윤곽 – 강조 3',
  글자 효과(변환 – 휘기 – 원통 위), 글꼴(궁서, 28pt, 진하게, 그림자)

06 아래의 작성조건 및 출력형태에 알맞게 작업하시오.

· 소스파일 : 없음   · 정답파일 : [출제유형 13]- 정복13_정답06.show

《출력형태》

《작성조건》
▶ 워드숍 삽입(건강에 해로운 미세먼지) ⇒ '채우기 – 강조 3(어두운 계열, 그러데이션), 윤곽 – 강조 3, 그림자',
  글자 효과(변환 – 휘기 – 아래쪽 팽창), 글꼴(굴림체, 32pt, 진하게, 그림자)

MEMO

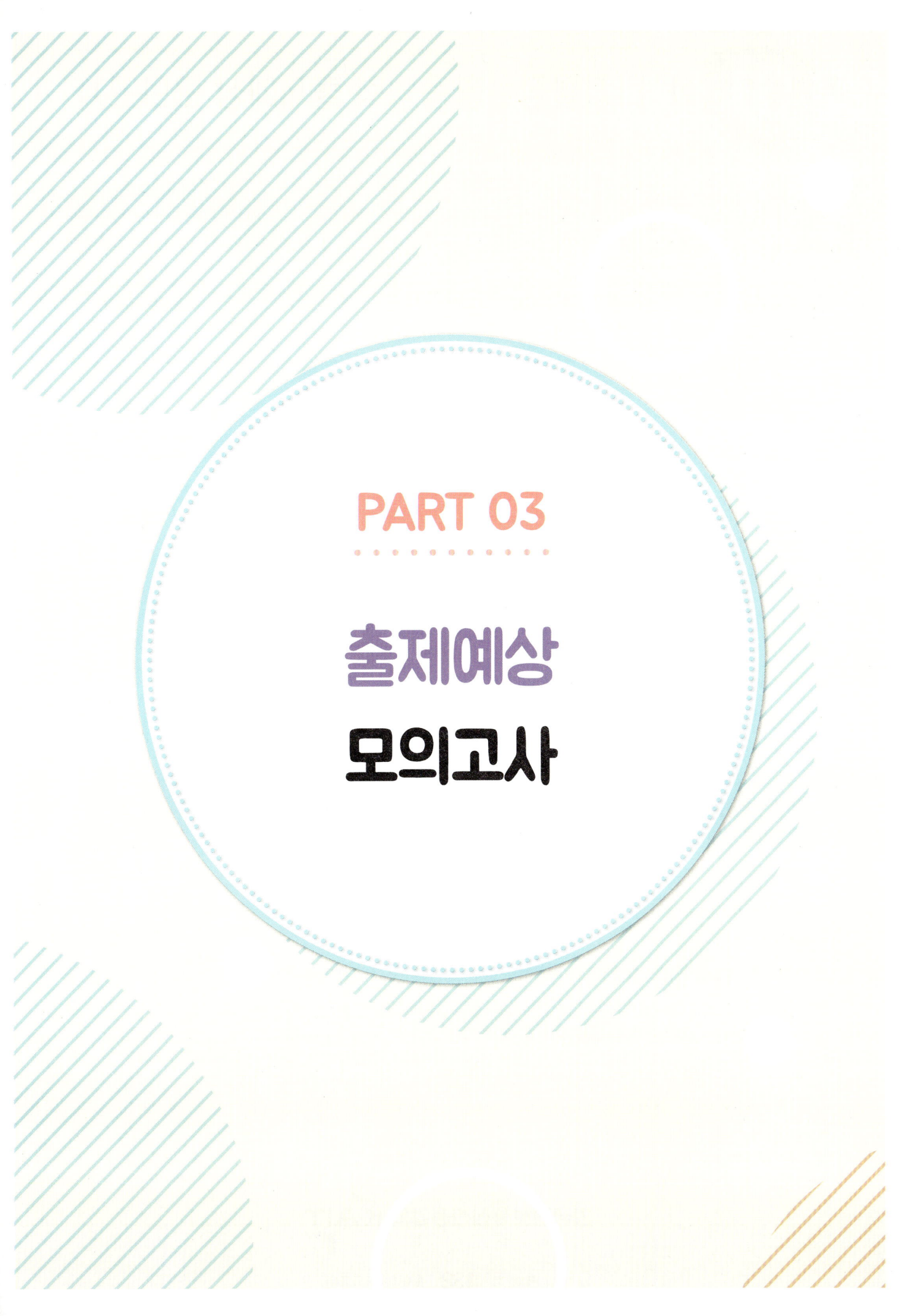

제 01 회 디지털정보활용능력 출제예상 모의고사

한컴오피스 한쇼 2022 버전용

☑ 시험과목 : 프리젠테이션(한쇼)
☑ 시험일자 : 20XX. XX. XX. (X)
☑ 응시자 기재사항 및 감독위원 확인

수검번호	DIO - XXXX -	감독위원 확인
성 명		

·응시자 유의사항·

1. 응시자는 신분증을 지참하여야 시험에 응시할 수 있으며, 시험이 종료될 때까지 신분증을 제시하지 못 할 경우 해당 시험은 0점 처리됩니다.

2. 시스템(PC작동여부, 네트워크 상태 등)의 이상여부를 반드시 확인하여야 하며, 시스템 이상이 있을 시 감독위원에게 조치를 받으셔야 합니다.

3. 시험 중 부주의 또는 고의로 시스템을 파손한 경우는 응시자 부담으로 합니다.

4. 답안 전송 프로그램을 통해 다운로드 받은 파일을 이용하여 답안파일을 작성하시기 바랍니다.

5. 작성한 답안 파일은 답안 전송 프로그램을 통하여 전송됩니다. 감독위원의 지시에 따라 주시기바랍니다.

6. 다음 사항의 경우 실격(0점) 혹은 부정행위 처리됩니다.
    1) 답안파일을 저장하지 않았거나, 저장한 파일이 손상되었을 경우
    2) 답안파일을 지정된 폴더(바탕화면 - "KAIT" 폴더)에 저장하지 않았을 경우
        ※ 답안 전송 프로그램 로그인 시 바탕화면에 자동 생성됨
    3) 답안파일을 다른 보조기억장치(USB) 혹은 네트워크(메신저, 게시판 등)로 전송할 경우
    4) 휴대용 전화기 등 통신기기를 사용할 경우

7. 슬라이드는 반드시 순서대로 작성해야 하며, 순서가 다를 경우 "0"점 처리됩니다.

8. 시험지에 제시된 글꼴이 응시 프로그램에 없는 경우, 반드시 감독위원에게 해당 내용을 통보한 뒤 조치를 받아야 합니다.

9. 슬라이드 작성 시 도형의 그룹설정을 사용하는 경우, 채점에서 감점 처리됩니다.

10. 시험의 완료는 작성이 완료된 답안을 저장하고, 답안전송이 완료된 상태를 확인한 것으로 합니다. 답안전송 확인 후 문제지는 감독위원에게 제출한 후 퇴실하여야 합니다.

11. 답안전송을 완료한 경우는 수정 또는 정정이 불가합니다.

12. 시험 시행 후 합격자 발표는 홈페이지(www.ihd.or.kr)에서 확인하시기를 바랍니다.
    ※ 합격자 발표 : 20XX. XX. XX. (X)

유의사항

- 《작성조건》을 준수하여 반드시 프리젠테이션 슬라이드로 작업합니다.
- 글꼴 및 기타 사항에 대해 별도의 지시사항이 없는 경우, 슬라이드 크기와 전체적인 균형을 고려하여 임의로 작성하되, 도형은 그룹으로 설정하지 않습니다.
- 새 프리젠테이션 만들기 – 한컴오피스, 쪽 설정(종류 – A4용지(210×297mm)), 슬라이드 방향(가로)로 지정합니다.
  ▶ 슬라이드 크기, 방향 조정 시 '맞춤 확인'으로 지정하여야 합니다.
- 공통적용사항(슬라이드 마스터)
  ▶ 도형 ⇒ 블록 화살표 : '오각형', 도형 스타일('밝은 계열 – 강조 2'), 글꼴(굴림, 20pt, 진하게, 밑줄)
- 그림 삽입 시 다운로드 한 그림 파일을 반드시 사용하여야 합니다.
- ⬚ ⟶ 은 지시사항이므로 작성하지 않습니다.
- 슬라이드에 제시된 글자 및 숫자 오타는 감점처리 됩니다.

문제 풀이

슬라이드 1 아래의 작성조건 및 출력형태에 알맞게 첫 번째 슬라이드에 작업하시오. (30점)

《출력형태》

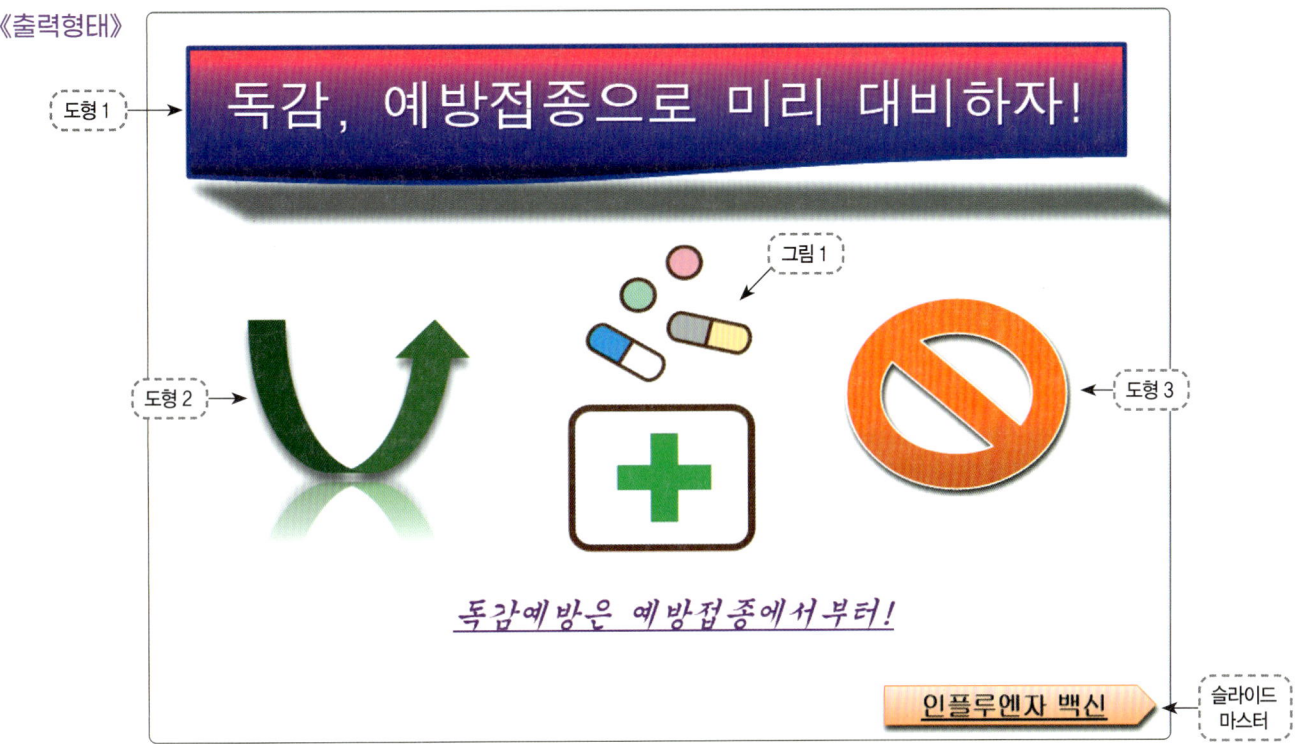

《작성조건》

▶ 도형 1 ⇒ 순서도 : '순서도: 문서', 도형 채우기(그러데이션 : 유형 – 늦은 노을, 종류 – 선형, 방향 – 선형 – 아래쪽에서), 선 색(단색, 색 : 파랑), 선 스타일(선 종류 : 실선, 굵기 : 3pt, 겹선 종류 : 단순형), 도형 효과(그림자 – 원근감 – 대각선 오른쪽 아래), 글꼴(돋움체, 40pt, 진하게, 그림자)

▶ 도형 2 ⇒ 블록 화살표 : '위로 구부러진 화살표', 도형 채우기(초록), 선 없음, 도형 효과(그림자 – 바깥쪽 – 아래쪽, 반사 – '1/2 크기, 8 pt')

▶ 도형 3 ⇒ 기본 도형 : '"없음" 기호', 도형 스타일('보통 효과 – 강조 2')

▶ 그림 삽입 ⇒ 그림 1 삽입, 크기(너비 : 50mm, 높이 : 80mm)

▶ 글상자(독감예방은 예방접종에서부터!) ⇒ 글꼴(궁서체, 24pt, 기울임, 밑줄, 보라)

▶ 애니메이션 지정 ⇒ 도형 1 : 나타내기 – 모자이크

▶ 지시사항이 없는 부분은 《출력형태》와 동일하게 작성하시오.

슬라이드2 아래의 작성조건 및 출력형태에 알맞게 두 번째 슬라이드에 작업하시오. (50점)

《출력형태》

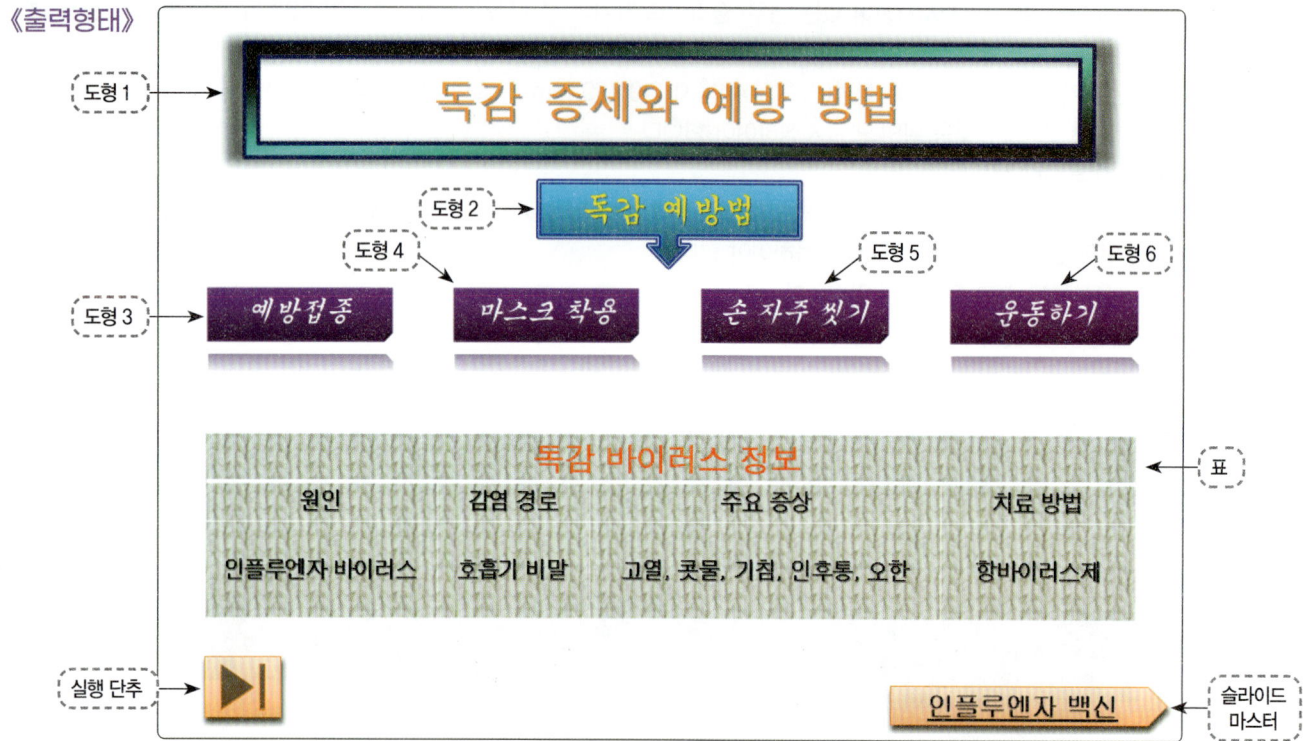

《작성조건》

(1) **제목**

▶ 도형 1 ⇒ 기본 도형 : '액자', 도형 채우기(그러데이션 : 유형 – 루비, 종류 – 선형, 방향 – 선형 – 왼쪽 위에서),
선 색(단색, 색 : 검은 군청), 선 스타일(선 종류 : 실선, 굵기 : 3pt, 겹선 종류 : 단순형),
도형 효과(그림자 – 바깥쪽 – 가운데), 글꼴(돋움체, 34pt, 진하게, 그림자, '강조 2 주황')

(2) **본문**

▶ 도형 2 ⇒ 블록 화살표 : '아래쪽 화살표 설명선', 도형 채우기(시안, 그러데이션 – 어두운 그러데이션 – 선형 –
아래쪽에서), 선 색(단색, 색 : 파랑), 선 스타일(선 종류 : 실선, 굵기 : 4pt, 겹선 종류 : 이중),
글꼴(궁서체, 24pt, 그림자, 노랑)

▶ 도형 3~6 ⇒ 기본 도형 : '모서리가 접힌 도형', 도형 채우기(보라, 그러데이션 – 어두운 그러데이션 – 선형 –
아래쪽에서), 선 없음, 도형 효과(반사 – '1/3 크기, 8 pt'), 글꼴(궁서, 20pt, 기울임)

▶ 실행 단추 ⇒ 실행 단추 : '실행 단추: 끝', 하이퍼링크 : 마지막 슬라이드, 도형 스타일('밝은 계열 – 강조 2')

▶ 표 ⇒ 채우기(질감 – 흰색 겉뜨기 스웨터, 바둑판식 배열),
가장 위의 행 : 글꼴(돋움, 24pt, 진하게, 빨강, 가운데 정렬, 가운데 맞춤),
나머지 행 : 글꼴(돋움, 16pt, 진하게, 그림자, 가운데 정렬, 가운데 맞춤)

▶ 애니메이션 지정 ⇒ 표 : 나타내기 – 날아오기

▶ 지시사항이 없는 부분은 《출력형태》와 동일하게 작성하시오.

슬라이드3 아래의 작성조건 및 출력형태에 알맞게 세 번째 슬라이드에 작업하시오. (60점)

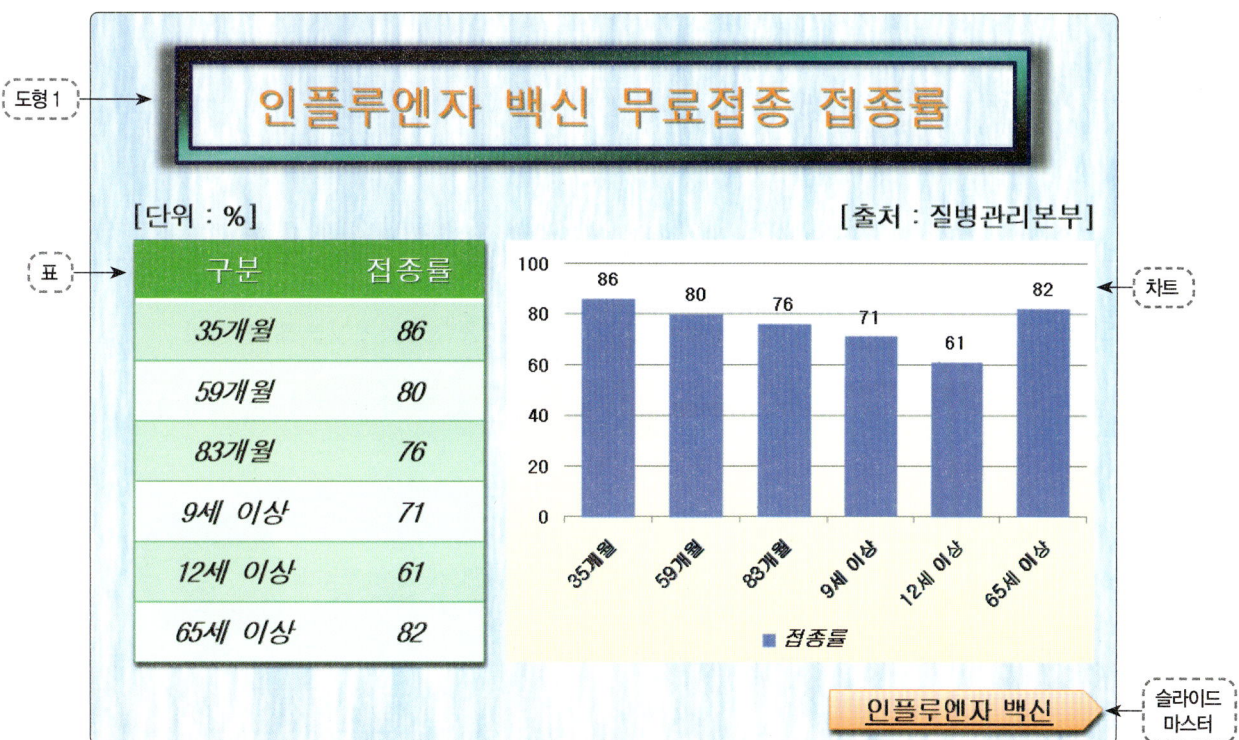

《작성조건》

(1) 제목

▶ 도형 1 ⇒ 기본 도형 : '액자', 도형 채우기(그러데이션 : 유형 – 루비, 종류 – 선형, 방향 – 선형 – 왼쪽 위에서),
 선 색(단색, 색 : 검은 군청), 선 스타일(선 종류 : 실선, 굵기 : 3pt, 겹선 종류 : 단순형),
 도형 효과(그림자 – 바깥쪽 – 가운데), 글꼴(돋움체, 34pt, 진하게, 그림자, '강조 2 주황'))

(2) 본문

▶ 글상자 1([단위 : %]) ⇒ 글꼴(돋움, 20pt, 진하게)

▶ 표 ⇒ 표 스타일('보통 – 보통 스타일 2 – 강조 5'),
 가장 위의 행 : 글꼴(돋움체, 22pt, 진하게, 그림자, 가운데 정렬, 가운데 맞춤),
 나머지 행 : 글꼴(돋움체, 20pt, 진하게, 기울임, 가운데 정렬, 가운데 맞춤)

▶ 글상자 2([출처 : 질병관리본부]) ⇒ 글꼴(돋움, 20pt, 진하게)

▶ 차트 ⇒ 세로 막대형 : 묶은 세로 막대형, 차트 계열색('색상 조합 – 색2'), 차트 스타일(스타일5),
 축 서식/자료점 이름표 서식 : 글꼴(굴림, 14pt, 진하게),
 범례 서식 : 글꼴(굴림, 16pt, 진하게, 기울임), 데이터는 표 참고

▶ 배경 ⇒ 배경 속성(채우기 – 그림 또는 질감 채우기)에서 그림 2 삽입(현재 슬라이드만 적용)

▶ 애니메이션 지정 ⇒ 차트 : 나타내기 – 사각형

▶ 지시사항이 없는 부분은 《출력형태》와 동일하게 작성하시오.

슬라이드4 아래의 작성조건 및 출력형태에 알맞게 네 번째 슬라이드에 작업하시오. [60점]

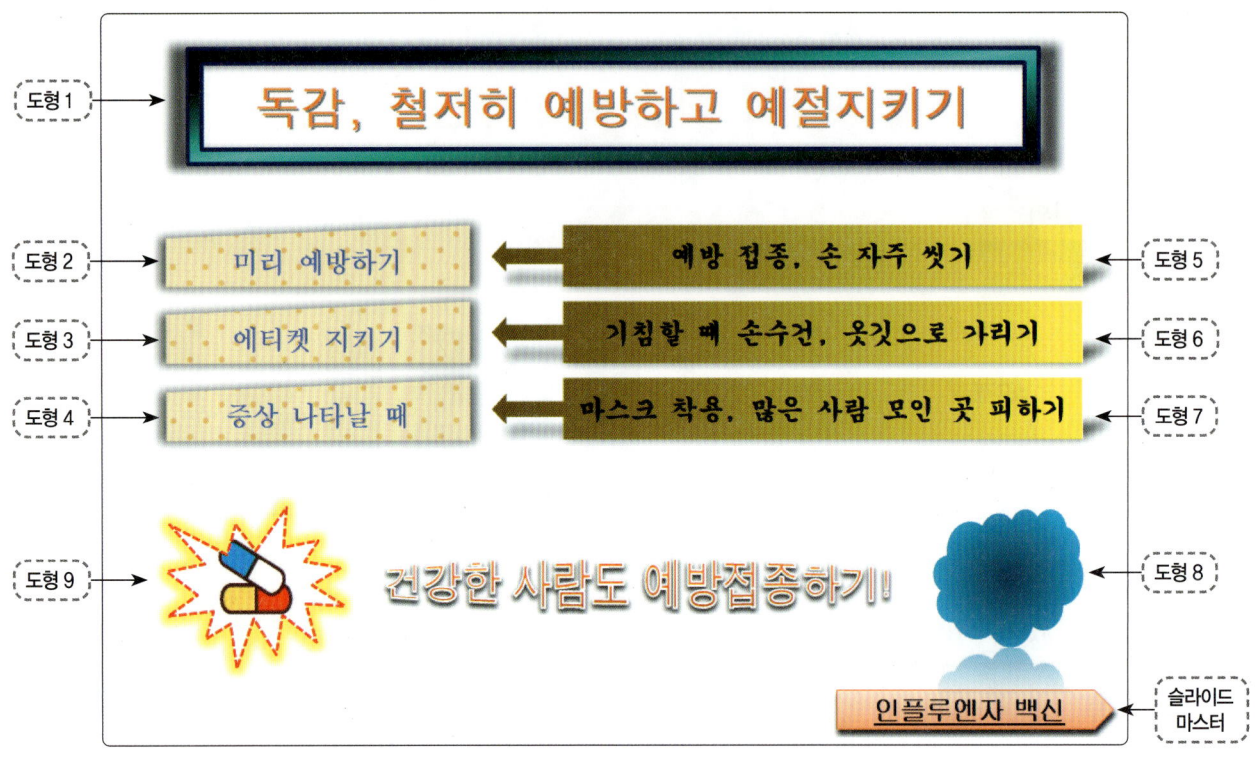

《작성조건》

(1) **제목**

▶ 도형 1 ⇒ 기본 도형 : '액자', 도형 채우기(그러데이션 : 유형 – 루비, 종류 – 선형, 방향 – 선형 – 왼쪽 위에서), 선 색(단색, 색 : 검은 군청), 선 스타일(선 종류 : 실선, 굵기 : 3pt, 겹선 종류 : 단순형), 도형 효과(그림자 – 바깥쪽 – 가운데), 글꼴(돋움체, 34pt, 진하게, 그림자, '강조 2 주황')

(2) **본문**

▶ 도형 2~4 ⇒ 순서도 : '순서도: 수동 입력', 도형 채우기(질감 – 노란색 도트, 바둑판식 배열), 선 없음, 도형 효과(그림자 – 바깥쪽 – 가운데), 글꼴(바탕체, 20pt, 진하게, '강조 1 하늘색')

▶ 도형 5~7 ⇒ 블록 화살표 : '왼쪽 화살표 설명선', 도형 채우기('강조 4 노랑', 그러데이션 – 어두운 그러데이션 – 선형 – 왼쪽에서), 선 없음, 도형 효과(그림자 – 원근감 – 대각선 오른쪽 위), 글꼴(궁서체, 20pt, 진하게, 검정)

▶ 도형 8 ⇒ 기본 도형 : '구름', 도형 채우기(시안, 그러데이션 – 어두운 그러데이션 – 방사형 – 가운데에서), 선 없음, 도형 효과(반사 – '1/3 크기, 근접')

▶ 도형 9 ⇒ 별 및 현수막 : '폭발 1', 도형 채우기(그림 또는 질감 채우기) 기능을 사용하여 그림 3 삽입, 선 색(단색, 색 : 빨강), 선 스타일(선 종류 : 긴 점선, 굵기 : 2pt, 겹선 종류 : 단순형), 도형 효과(네온 – '강조색 4, 10 pt')

▶ 워드숍 삽입(건강한 사람도 예방접종하기!) ⇒ '채우기 – 강조 2(그러데이션), 윤곽 – 밝은 색 1', 글자 효과(변환 – 휘기 – 팽창), 글꼴(돋움, 40pt, 진하게)

▶ 지시사항이 없는 부분은 《출력형태》와 동일하게 작성하시오.

제 02 회 디지털정보활용능력 출제예상 모의고사

☑ 시험과목 : 프리젠테이션(한쇼)
☑ 시험일자 : 20XX. XX. XX. (X)
☑ 응시자 기재사항 및 감독위원 확인

한컴오피스 한쇼 2022 버전용

수 검 번 호	DIO – XXXX –	감독위원 확인
성 명		

·응시자 유의사항·

1. 응시자는 신분증을 지참하여야 시험에 응시할 수 있으며, 시험이 종료될 때까지 신분증을 제시하지 못 할 경우 해당 시험은 0점 처리됩니다.
2. 시스템(PC작동여부, 네트워크 상태 등)의 이상여부를 반드시 확인하여야 하며, 시스템 이상이 있을 시 감독위원에게 조치를 받으셔야 합니다.
3. 시험 중 부주의 또는 고의로 시스템을 파손한 경우는 응시자 부담으로 합니다.
4. 답안 전송 프로그램을 통해 다운로드 받은 파일을 이용하여 답안파일을 작성하시기 바랍니다.
5. 작성한 답안 파일은 답안 전송 프로그램을 통하여 전송됩니다. 감독위원의 지시에 따라 주시기바랍니다.
6. 다음 사항의 경우 실격(0점) 혹은 부정행위 처리됩니다.
    1) 답안파일을 저장하지 않았거나, 저장한 파일이 손상되었을 경우
    2) 답안파일을 지정된 폴더(바탕화면 – "KAIT" 폴더)에 저장하지 않았을 경우
        ※ 답안 전송 프로그램 로그인 시 바탕화면에 자동 생성됨
    3) 답안파일을 다른 보조기억장치(USB) 혹은 네트워크(메신저, 게시판 등)로 전송할 경우
    4) 휴대용 전화기 등 통신기기를 사용할 경우
7. 슬라이드는 반드시 순서대로 작성해야 하며, 순서가 다를 경우 "0"점 처리됩니다.
8. 시험지에 제시된 글꼴이 응시 프로그램에 없는 경우, 반드시 감독위원에게 해당 내용을 통보한 뒤 조치를 받아야 합니다.
9. 슬라이드 작성 시 도형의 그룹설정을 사용하는 경우, 채점에서 감점 처리됩니다.
10. 시험의 완료는 작성이 완료된 답안을 저장하고, 답안전송이 완료된 상태를 확인한 것으로 합니다. 답안전송 확인 후 문제지는 감독위원에게 제출한 후 퇴실하여야 합니다.
11. 답안전송을 완료한 경우는 수정 또는 정정이 불가합니다.
12. 시험 시행 후 합격자 발표는 홈페이지(www.ihd.or.kr)에서 확인하시기를 바랍니다.
    ※ 합격자 발표 : 20XX. XX. XX. (X)

유의사항

- 《작성조건》을 준수하여 반드시 프리젠테이션 슬라이드로 작업합니다.
- 글꼴 및 기타 사항에 대해 별도의 지시사항이 없는 경우, 슬라이드 크기와 전체적인 균형을 고려하여 임의로 작성하되, 도형은 그룹으로 설정하지 않습니다.
- 새 프리젠테이션 만들기 – 한컴오피스, 쪽 설정(종류 – A4용지(210×297mm)), 슬라이드 방향(가로)로 지정합니다.
  ▶ 슬라이드 크기, 방향 조정 시 '맞춤 확인'으로 지정하여야 합니다.
- 공통적용사항(슬라이드 마스터)
  ▶ 도형 ⇒ 기본 도형 : '평행 사변형', 도형 스타일('어두운 계열 – 강조 3'), 글꼴(바탕, 20pt, 진하게, 그림자)
- 그림 삽입 시 다운로드 한 그림 파일을 반드시 사용하여야 합니다.
- ⬜⟶ 은 지시사항이므로 작성하지 않습니다.
- 슬라이드에 제시된 글자 및 숫자 오타는 감점처리 됩니다.

슬라이드1 아래의 작성조건 및 출력형태에 알맞게 첫 번째 슬라이드에 작업하시오. 〔30점〕

《출력형태》

《작성조건》

▶ 도형 1 ⇒ 기본 도형 : '정육면체', 도형 채우기(그러데이션 : 유형 – 솜사탕 1, 종류 – 선형, 방향 – 선형 – 아래쪽에서), 선 색(단색, 색 : 보라), 선 스타일(선 종류 : 실선, 굵기 : 3pt, 겹선 종류 : 단순형), 도형 효과(그림자 – 원근감 – 대각선 오른쪽 아래), 글꼴(궁서, 48pt, 기울임, 보라)

▶ 도형 2 ⇒ 기본 도형 : '하트', 도형 채우기('주황 25% 어둡게'), 선 없음, 도형 효과(그림자 – 바깥쪽 – 가운데, 반사 – '1/2 크기, 근접')

▶ 도형 3 ⇒ 수식 도형 : '나눗셈 기호', 도형 스타일('강한 효과 – 강조 4')

▶ 그림 삽입 ⇒ 그림 1 삽입, 크기(너비 : 65mm, 높이 : 65mm)

▶ 글상자(한국 영화의 관람객 저하가 심해지고 있다.) ⇒ 글꼴(돋움, 20pt, 진하게, 밑줄)

▶ 애니메이션 지정 ⇒ 도형 1 : 나타내기 – 닦아내기

▶ 지시사항이 없는 부분은 《출력형태》와 동일하게 작성하시오.

슬라이드2 아래의 작성조건 및 출력형태에 알맞게 두 번째 슬라이드에 작업하시오. (50점)

《작성조건》

(1) **제목**

▶ 도형 1 ⇒ 사각형 : '양쪽 모서리가 둥근 사각형', 도형 채우기(질감 - 벽돌, 바둑판식 배열),
　　　　선 색(단색, 색 : '노랑 40% 밝게'), 선 스타일(선 종류 : 실선, 굵기 : 3pt, 겹선 종류 : 단순형),
　　　　도형 효과(그림자 - 안쪽 - 아래쪽, 반사 - '1/3 크기, 근접'), 글꼴(궁서체, 48pt, 진하게, '강조 5 초록')

(2) **본문**

▶ 도형 2 ⇒ 기본 도형 : '구름', 도형 채우기(파랑, 그러데이션 - 어두운 그러데이션 - 사각형 - 가운데에서),
　　　　선 색(단색, 색 : 밝은 연두색), 선 스타일(선 종류 : 점선, 굵기 : 4pt, 겹선 종류 : 단순형),
　　　　글꼴(돋움, 26pt, 진하게, 노랑)

▶ 도형 3~6 ⇒ 사각형 : '한쪽 모서리가 잘린 사각형', 도형 채우기('강조 2 주황', 그러데이션 - 밝은 그러데이션 -
　　　　　선형 - 아래쪽에서), 선 없음, 도형 효과(그림자 - 바깥쪽 - 아래쪽),
　　　　　글꼴(돋움, 22pt, 진하게, '보라 25% 어둡게')

▶ 실행 단추 ⇒ 실행 단추 : '실행 단추: 끝', 하이퍼링크 : 마지막 슬라이드, 도형 스타일('보통 효과 - 강조 1')

▶ 표 ⇒ 채우기(질감 - 대리석, 바둑판식 배열),
　　　가장 위의 행 : 글꼴(돋움, 24pt, 진하게, 보라, 가운데 정렬, 가운데 맞춤),
　　　나머지 행 : 글꼴(돋움, 20pt, 진하게, 기울임, 가운데 정렬, 가운데 맞춤)

▶ 애니메이션 지정 ⇒ 표 : 나타내기 - 날아오기
▶ 지시사항이 없는 부분은 《출력형태》와 동일하게 작성하시오.

슬라이드3 아래의 작성조건 및 출력형태에 알맞게 세 번째 슬라이드에 작업하시오. **(60점)**

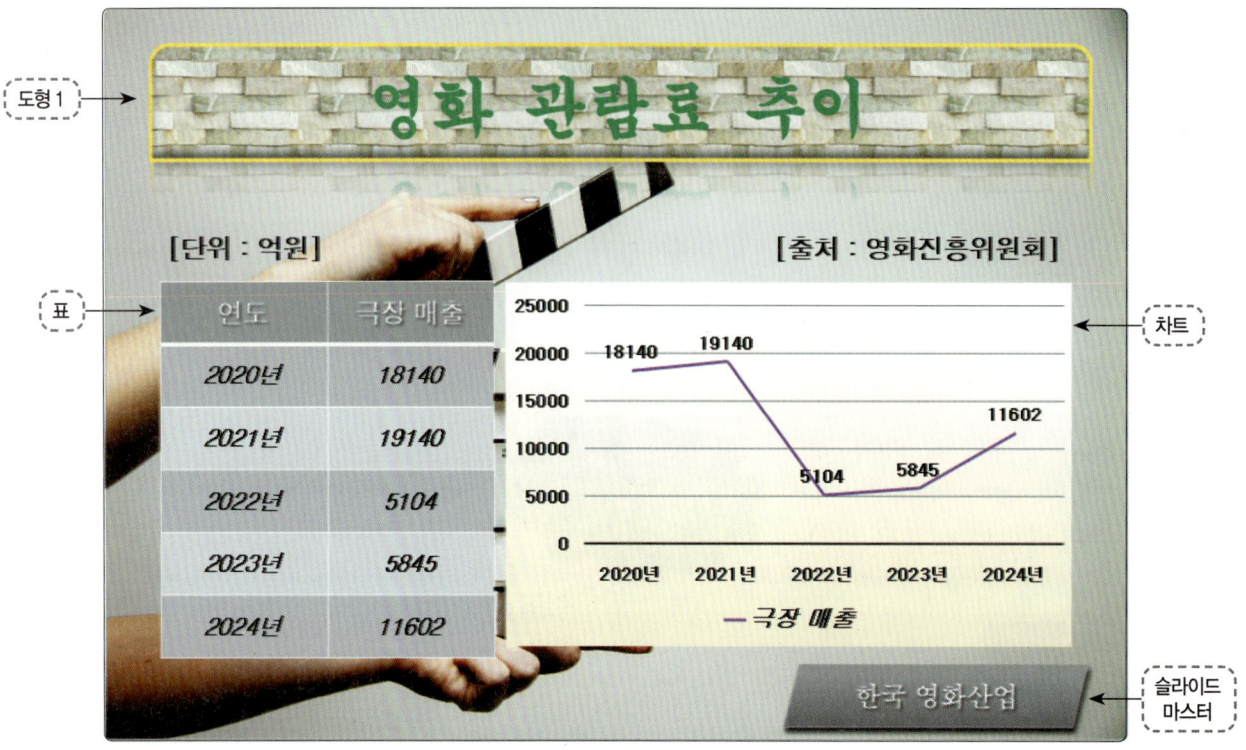

《작성조건》

(1) **제목**

▶ 도형 1 ⇒ 사각형 : '양쪽 모서리가 둥근 사각형', 도형 채우기(질감 – 벽돌, 바둑판식 배열),
  선 색(단색, 색 : '노랑 40% 밝게'), 선 스타일(선 종류 : 실선, 굵기 : 3pt, 겹선 종류 : 단순형),
  도형 효과(그림자 – 안쪽 – 아래쪽, 반사 – '1/3 크기, 근접'), 글꼴(궁서체, 48pt, 진하게, '강조 5 초록')

(2) **본문**

▶ 글 상자 1([단위 : 억원]) ⇒ 글꼴(돋움, 20pt, 진하게)

▶ 표 ⇒ 표 스타일('보통 – 보통 스타일 1 – 강조 3'),
  가장 위의 행 : 글꼴(돋움, 20pt, 진하게, 그림자, 가운데 정렬, 가운데 맞춤),
  나머지 행 : 글꼴(돋움, 18pt, 진하게, 기울임, 가운데 정렬, 가운데 맞춤)

▶ 글 상자 2([출처 : 영화진흥위원회]) ⇒ 글꼴(돋움, 20pt, 진하게)

▶ 차트 ⇒ 꺾은선형 : 꺾은선형, 차트 계열색('색상 조합 – 색4'),
  차트 스타일(스타일3), 축 서식/자료점 이름표 서식 : 글꼴(굴림, 14pt, 진하게),
  범례 서식 : 글꼴(굴림, 18pt, 진하게, 기울임), 데이터는 표 참고

▶ 배경 ⇒ 배경 속성(채우기 – 그림 또는 질감 채우기)에서 그림 2 삽입(현재 슬라이드만 적용)

▶ 애니메이션 지정 ⇒ 차트 : 나타내기 – 블라인드

▶ 지시사항이 없는 부분은《출력형태》와 동일하게 작성하시오.

슬라이드4
아래의 작성조건 및 출력형태에 알맞게 네 번째 슬라이드에 작업하시오. (60점)

《작성조건》

(1) **제목**

▶ 도형 1 ⇒ 사각형 : '양쪽 모서리가 둥근 사각형', 도형 채우기(질감 – 벽돌, 바둑판식 배열),
선 색(단색, 색 : '노랑 40% 밝게'), 선 스타일(선 종류 : 실선, 굵기 : 3pt, 겹선 종류 : 단순형),
도형 효과(그림자 – 안쪽 – 아래쪽, 반사 – '1/3 크기, 근접'), 글꼴(궁서체, 48pt, 진하게, '강조 5 초록')

(2) **본문**

▶ 도형 2~4 ⇒ 기본 도형 : '평행 사변형', 도형 채우기(질감 – 모눈종이, 바둑판식 배열), 선 없음,
도형 효과(네온 – '강조색 5, 10 pt'), 글꼴(바탕, 20pt, 진하게, '강조 6 보라')

▶ 도형 5~7 ⇒ 기본 도형 : '십자형', 도형 채우기('노랑 40% 밝게', 그러데이션 – 밝은 그러데이션 – 선형 – 왼쪽에서),
선 없음, 도형 효과(그림자 – 바깥쪽 – 아래쪽), 글꼴(바탕, 20pt, 진하게, 검정)

▶ 도형 8 ⇒ 기본 도형 : '번개', 도형 채우기(초록, 그러데이션 – 어두운 그러데이션 – 선형 – 아래쪽에서), 선 없음,
도형 효과(그림자 – 원근감 – 대각선 오른쪽 위)

▶ 도형 9 ⇒ 기본 도형 : '사다리꼴', 도형 채우기(그림 또는 질감 채우기) 기능을 사용하여 그림 3 삽입,
선 색(단색, 색 : '강조 1 하늘색'), 선 스타일(선 종류 : 실선, 굵기 : 5pt, 겹선 종류 : 이중),
도형 효과(그림자 – 바깥쪽 – 가운데)

▶ 워드숍 삽입(한국 영화를 많이 이용하자!) ⇒ '윤곽 – 강조 5, 반사',
글자 효과(변환 – 휘기 – 갈매기형 수장), 글꼴(궁서, 30pt, 진하게)

▶ 지시사항이 없는 부분은《출력형태》와 동일하게 작성하시오.

제 03 회 디지털정보활용능력 출제예상 모의고사

☑ 시험과목 : 프리젠테이션(한쇼)
☑ 시험일자 : 20XX. XX. XX. (X)
☑ 응시자 기재사항 및 감독위원 확인

한컴오피스 한쇼 2022 버전용

수 검 번 호	DIO - XXXX -	감독위원 확인
성 명		

응시자 유의사항

1. 응시자는 신분증을 지참하여야 시험에 응시할 수 있으며, 시험이 종료될 때까지 신분증을 제시하지 못 할 경우 해당 시험은 0점 처리됩니다.
2. 시스템(PC작동여부, 네트워크 상태 등)의 이상여부를 반드시 확인하여야 하며, 시스템 이상이 있을 시 감독위원에게 조치를 받으셔야 합니다.
3. 시험 중 부주의 또는 고의로 시스템을 파손한 경우는 응시자 부담으로 합니다.
4. 답안 전송 프로그램을 통해 다운로드 받은 파일을 이용하여 답안파일을 작성하시기 바랍니다.
5. 작성한 답안 파일은 답안 전송 프로그램을 통하여 전송됩니다. 감독위원의 지시에 따라 주시기바랍니다.
6. 다음 사항의 경우 실격(0점) 혹은 부정행위 처리됩니다.
    1) 답안파일을 저장하지 않았거나, 저장한 파일이 손상되었을 경우
    2) 답안파일을 지정된 폴더(바탕화면 - "KAIT" 폴더)에 저장하지 않았을 경우
       ※ 답안 전송 프로그램 로그인 시 바탕화면에 자동 생성됨
    3) 답안파일을 다른 보조기억장치(USB) 혹은 네트워크(메신저, 게시판 등)로 전송할 경우
    4) 휴대용 전화기 등 통신기기를 사용할 경우
7. 슬라이드는 반드시 순서대로 작성해야 하며, 순서가 다를 경우 "0"점 처리됩니다.
8. 시험지에 제시된 글꼴이 응시 프로그램에 없는 경우, 반드시 감독위원에게 해당 내용을 통보한 뒤 조치를 받아야 합니다.
9. 슬라이드 작성 시 도형의 그룹설정을 사용하는 경우, 채점에서 감점 처리됩니다.
10. 시험의 완료는 작성이 완료된 답안을 저장하고, 답안전송이 완료된 상태를 확인한 것으로 합니다. 답안전송 확인 후 문제지는 감독위원에게 제출한 후 퇴실하여야 합니다.
11. 답안전송을 완료한 경우는 수정 또는 정정이 불가합니다.
12. 시험 시행 후 합격자 발표는 홈페이지(www.ihd.or.kr)에서 확인하시기를 바랍니다.
    ※ 합격자 발표 : 20XX. XX. XX. (X)

유의사항

- 《작성조건》을 준수하여 반드시 프리젠테이션 슬라이드로 작업합니다.
- 글꼴 및 기타 사항에 대해 별도의 지시사항이 없는 경우, 슬라이드 크기와 전체적인 균형을 고려하여 임의로 작성하되, 도형은 그룹으로 설정하지 않습니다.
- 새 프리젠테이션 만들기 – 한컴오피스, 쪽 설정(종류 – A4용지(210×297mm)), 슬라이드 방향(가로)로 지정합니다.
  ▶ 슬라이드 크기, 방향 조정 시 '맞춤 확인'으로 지정하여야 합니다.
- 공통적용사항(슬라이드 마스터)
  ▶ 도형 ⇒ 기본 도형 : '배지', 도형 스타일('보통 효과 – 강조 1'), 글꼴(바탕, 20pt, 진하게, 그림자)
- 그림 삽입 시 다운로드 한 그림 파일을 반드시 사용하여야 합니다.
- ⬚⟶ 은 지시사항이므로 작성하지 않습니다.
- 슬라이드에 제시된 글자 및 숫자 오타는 감점처리 됩니다.

슬라이드1 아래의 작성조건 및 출력형태에 알맞게 첫 번째 슬라이드에 작업하시오. [30점]

《출력형태》

《작성조건》

▶ 도형 1 ⇒ 별 및 현수막 : '가로로 말린 두루마리 모양', 도형 채우기(그러데이션 : 유형 – 솜사탕 2, 종류 – 선형, 방향 – 선형 – 아래쪽에서', 선 색(단색, 색 : 시안), 선 스타일(선 종류 : 실선, 굵기 : 3pt, 겹선 종류 : 단순형), 도형 효과(그림자 – 원근감 – 대각선 왼쪽 위), 글꼴(굴림, 40pt, 그림자, '강조 4 노랑')
▶ 도형 2 ⇒ 순서도 : '순서도: 카드', 도형 채우기('강조 4 노랑'), 선 없음, 도형 효과(그림자 – 바깥쪽 – 가운데, 반사 – '1/3 크기, 4 pt')
▶ 도형 3 ⇒ 기본 도형 : '톱니바퀴2', 도형 스타일('테두리 – 강조 6, 채우기 없음')
▶ 그림 삽입 ⇒ 그림 1 삽입, 크기(너비 : 70mm, 높이 : 70mm)
▶ 글상자(직접 세차하는 이용자가 증가하고 있다.) ⇒ 글꼴(돋움, 20pt, 진하게, 밑줄)
▶ 애니메이션 지정 ⇒ 도형 1 : 나타내기 – 닦아내기
▶ 지시사항이 없는 부분은 《출력형태》와 동일하게 작성하시오.

슬라이드2 아래의 작성조건 및 출력형태에 알맞게 두 번째 슬라이드에 작업하시오. (50점)

《작성조건》

(1) **제목**

▶ 도형 1 ⇒ 기본 도형 : '양쪽 대괄호', 도형 채우기(질감 - 흰색 겉뜨기 스웨터, 바둑판식 배열),
　　　　　선 색(단색, 색 : '본문/배경 - 밝은 색 1 하양'), 선 스타일(선 종류 : 실선, 굵기 : 3pt, 겹선 종류 : 단순형),
　　　　　도형 효과(그림자 - 바깥쪽 - 아래쪽, 반사 - '1/3 크기, 4 pt'),
　　　　　글꼴(궁서체, 40pt, 진하게, 그림자, '강조 4 노랑')

(2) **본문**

▶ 도형 2 ⇒ 순서도 : '순서도: 수동 연산', 도형 채우기('강조 1 하늘색', 그러데이션 - 어두운 그러데이션 - 방사형 -
　　　　　가운데에서), 선 색(단색, 색 : 노랑), 선 스타일(선 종류 : 점선, 굵기 : 3pt, 겹선 종류 : 단순형),
　　　　　글꼴(돋움, 20pt, 진하게, 노랑)

▶ 도형 3~6 ⇒ 순서도 : '순서도: 수동 입력', 도형 채우기('강조 4 노랑', 그러데이션 - 밝은 그러데이션 - 선형 -
　　　　　왼쪽 위에서), 선 없음, 도형 효과(그림자 - 바깥쪽 - 아래쪽), 글꼴(돋움, 14pt, 진하게, 초록)

▶ 실행 단추 ⇒ 실행 단추 : '실행 단추: 끝', 하이퍼링크 : 마지막 슬라이드, 도형 스타일('밝은 계열 - 강조 5')

▶ 표 ⇒ 채우기(질감 - 대리석, 바둑판식 배열),
　　　　가장 위의 행 : 글꼴(돋움, 24pt, 진하게, 보라, 가운데 정렬, 가운데 맞춤),
　　　　나머지 행 : 글꼴(돋움, 20pt, 진하게, 기울임, 검은 군청, 가운데 정렬, 가운데 맞춤)

▶ 애니메이션 지정 ⇒ 표 : 나타내기 - 날아오기

▶ 지시사항이 없는 부분은 《출력형태》와 동일하게 작성하시오.

슬라이드3 아래의 작성조건 및 출력형태에 알맞게 세 번째 슬라이드에 작업하시오. **(60점)**

《작성조건》

(1) **제목**

- 도형 1 ⇒ 기본 도형 : '양쪽 대괄호', 도형 채우기(질감 – 흰색 겉뜨기 스웨터, 바둑판식 배열), 선 색(단색, 색 : '본문/배경 – 밝은 색 1 하양'), 선 스타일(선 종류 : 실선, 굵기 : 3pt, 겹선 종류 : 단순형), 도형 효과(그림자 – 바깥쪽 – 아래쪽, 반사 – '1/3 크기, 4 pt'), 글꼴(궁서체, 40pt, 진하게, 그림자, '강조 4 노랑')

(2) **본문**

- 글 상자 1([단위 : 만대]) ⇒ 글꼴(돋움, 20pt, 진하게)
- 표 ⇒ 표 스타일('보통 – 보통 스타일 1 – 강조 3'), 가장 위의 행 : 글꼴(돋움, 20pt, 진하게, 그림자, 가운데 정렬, 가운데 맞춤), 나머지 행 : 글꼴(돋움, 18pt, 진하게, 기울임, 가운데 정렬, 가운데 맞춤)
- 글 상자 2([출처 : 국토교통부]) ⇒ 글꼴(돋움, 20pt, 진하게)
- 차트 ⇒ 세로 막대형 : 묶은 세로 막대형, 차트 계열색('색상 조합 – 색4'), 차트 스타일(스타일5), 축 서식/자료점 이름표 서식 : 글꼴(굴림, 14pt, 진하게), 범례 서식 : 글꼴(굴림, 16pt, 진하게, 기울임), 데이터는 표 참고
- 배경 ⇒ 배경 속성(채우기 – 그림 또는 질감 채우기)에서 그림 2 삽입(현재 슬라이드만 적용)
- 애니메이션 지정 ⇒ 차트 : 나타내기 – 블라인드
- 지시사항이 없는 부분은《출력형태》와 동일하게 작성하시오.
- 지시사항이 없는 부분은《출력형태》와 동일하게 작성하시오.

슬라이드4 아래의 작성조건 및 출력형태에 알맞게 네 번째 슬라이드에 작업하시오. **(60점)**

《작성조건》

(1) 제목
- 도형 1 ⇒ 기본 도형 : '양쪽 대괄호', 도형 채우기(질감 – 흰색 겉뜨기 스웨터, 바둑판식 배열),
  선 색(단색, 색 : '본문/배경 – 밝은 색 1 하양'), 선 스타일(선 종류 : 실선, 굵기 : 3pt, 겹선 종류 : 단순형),
  도형 효과(그림자 – 바깥쪽 – 아래쪽, 반사 – '1/3 크기, 4 pt'),
  글꼴(궁서체, 40pt, 진하게, 그림자, '강조 4 노랑')

(2) 본문
- 도형 2~4 ⇒ 블록 화살표 : '오각형', 도형 채우기(초록, 그러데이션 – 밝은 그러데이션 – 선형 – 오른쪽에서),
  선 없음, 도형 효과(반사 – '1/2 크기, 근접'), 글꼴(바탕, 20pt, 진하게, '노랑 50% 어둡게')
- 도형 5~7 ⇒ 블록 화살표 : '왼쪽 화살표 설명선', 도형 채우기(질감 – 노란색 도트, 바둑판식 배열), 선 없음,
  도형 효과(네온 – '강조색 2, 10 pt'), 글꼴(바탕, 18pt, 진하게, '보라 50% 어둡게')
- 도형 8 ⇒ 기본 도형 : '해', 도형 채우기(주황, 그러데이션 – 어두운 그러데이션 – 방사형 – 가운데에서), 선 없음,
  도형 효과(그림자 – 바깥쪽 – 대각선 오른쪽 위)
- 도형 9 ⇒ 기본 도형 : '구름', 도형 채우기(그림 또는 질감 채우기) 기능을 사용하여 그림 3 삽입,
  선 색(단색, 색 : '강조 1 하늘색'), 선 스타일(선 종류 : 실선, 굵기 : 4pt, 겹선 종류 : 이중),
  도형 효과(그림자 – 바깥쪽 – 가운데)
- 워드숍 삽입(많은 노력이 필요한 셀프 세차) ⇒ '윤곽 – 강조 1, 그림자',
  글자 효과(변환 – 휘기 – 원통 위), 글꼴(돋움, 30pt, 진하게, 그림자)
- 지시사항이 없는 부분은 《출력형태》와 동일하게 작성하시오.

제 04 회 디지털정보활용능력 출제예상 모의고사

☑ 시험과목 : 프리젠테이션(한쇼)
☑ 시험일자 : 20XX. XX. XX. (X)
☑ 응시자 기재사항 및 감독위원 확인

한컴오피스 한쇼 2022 버전용

수검번호	DIO - XXXX -	감독위원 확인
성　　명		

· 응시자 유의사항 ·

1. 응시자는 신분증을 지참하여야 시험에 응시할 수 있으며, 시험이 종료될 때까지 신분증을 제시하지 못 할 경우 해당 시험은 0점 처리됩니다.

2. 시스템(PC작동여부, 네트워크 상태 등)의 이상여부를 반드시 확인하여야 하며, 시스템 이상이 있을 시 감독위원에게 조치를 받으셔야 합니다.

3. 시험 중 부주의 또는 고의로 시스템을 파손한 경우는 응시자 부담으로 합니다.

4. 답안 전송 프로그램을 통해 다운로드 받은 파일을 이용하여 답안파일을 작성하시기 바랍니다.

5. 작성한 답안 파일은 답안 전송 프로그램을 통하여 전송됩니다. 감독위원의 지시에 따라 주시기바랍니다.

6. 다음 사항의 경우 실격(0점) 혹은 부정행위 처리됩니다.
    1) 답안파일을 저장하지 않았거나, 저장한 파일이 손상되었을 경우
    2) 답안파일을 지정된 폴더(바탕화면 – "KAIT" 폴더)에 저장하지 않았을 경우
        ※ 답안 전송 프로그램 로그인 시 바탕화면에 자동 생성됨
    3) 답안파일을 다른 보조기억장치(USB) 혹은 네트워크(메신저, 게시판 등)로 전송할 경우
    4) 휴대용 전화기 등 통신기기를 사용할 경우

7. 슬라이드는 반드시 순서대로 작성해야 하며, 순서가 다를 경우 "0"점 처리됩니다.

8. 시험지에 제시된 글꼴이 응시 프로그램에 없는 경우, 반드시 감독위원에게 해당 내용을 통보한 뒤 조치를 받아야 합니다.

9. 슬라이드 작성 시 도형의 그룹설정을 사용하는 경우, 채점에서 감점 처리됩니다.

10. 시험의 완료는 작성이 완료된 답안을 저장하고, 답안전송이 완료된 상태를 확인한 것으로 합니다. 답안전송 확인 후 문제지는 감독위원에게 제출한 후 퇴실하여야 합니다.

11. 답안전송을 완료한 경우는 수정 또는 정정이 불가합니다.

12. 시험 시행 후 합격자 발표는 홈페이지(www.ihd.or.kr)에서 확인하시기를 바랍니다.
    ※ 합격자 발표 : 20XX. XX. XX. (X)

유의사항

- 《작성조건》을 준수하여 반드시 프리젠테이션 슬라이드로 작업합니다.
- 글꼴 및 기타 사항에 대해 별도의 지시사항이 없는 경우, 슬라이드 크기와 전체적인 균형을 고려하여 임의로 작성하되, 도형은 그룹으로 설정하지 않습니다.
- 새 프리젠테이션 만들기 – 한컴오피스, 쪽 설정(종류 – A4용지(210×297mm)), 슬라이드 방향(가로)로 지정합니다.
  ▶ 슬라이드 크기, 방향 조정 시 '맞춤 확인'으로 지정하여야 합니다.
- 공통적용사항(슬라이드 마스터)
  ▶ 도형 ⇒ 기본 도형 : '평행 사변형', 도형 스타일('밝은 계열 – 강조 4'), 글꼴(바탕, 22pt, 진하게, 기울임)
- 그림 삽입 시 다운로드 한 그림 파일을 반드시 사용하여야 합니다.
- ⎧⎯⎯⎯⎫→ 은 지시사항이므로 작성하지 않습니다.
- 슬라이드에 제시된 글자 및 숫자 오타는 감점처리 됩니다.

슬라이드1 아래의 작성조건 및 출력형태에 알맞게 첫 번째 슬라이드에 작업하시오. [30점]

《출력형태》

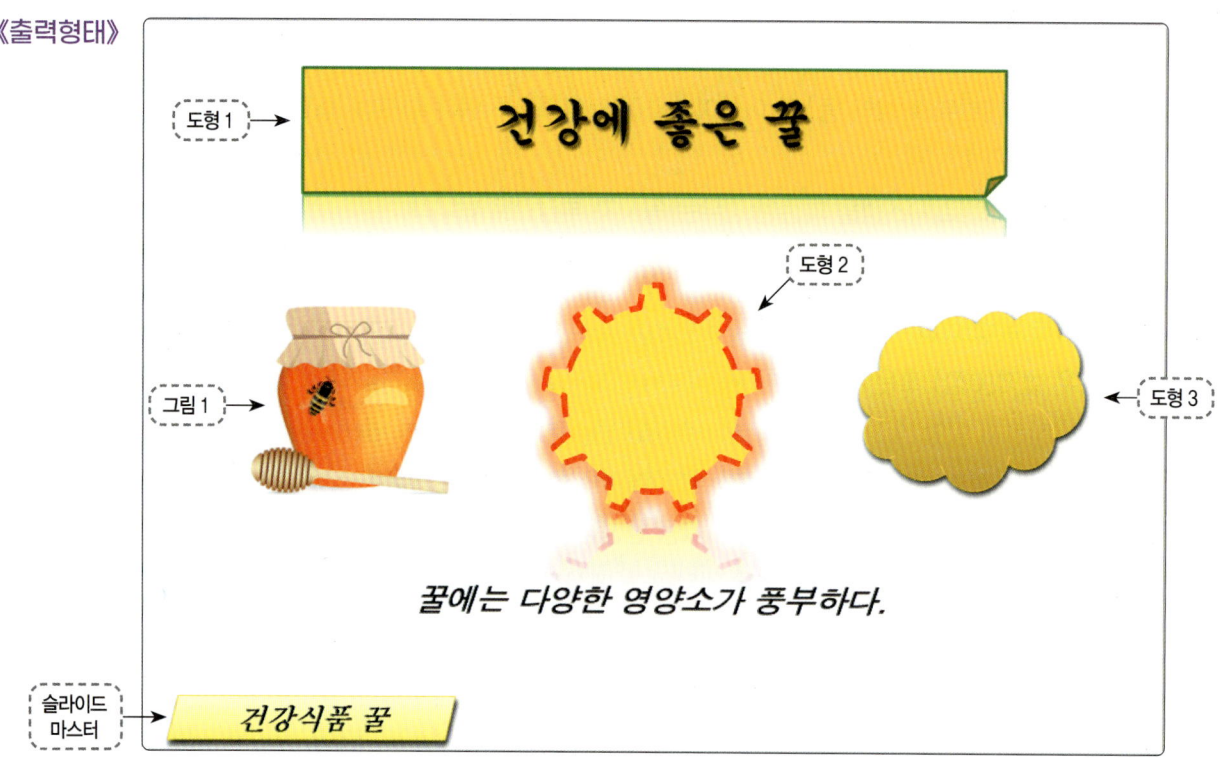

《작성조건》

▶ 도형 1 ⇒ 기본 도형 : '모서리가 접힌 도형', 도형 채우기(단색 : '강조 4 노랑'), 선 색(단색, 색 : 초록), 선 스타일(선 종류 : 실선, 굵기 : 2pt, 겹선 종류 : 단순형), 도형 효과(반사 – '1/3 크기, 근접'), 글꼴(궁서, 36pt, 그림자, 검정)
▶ 도형 2 ⇒ 기본 도형 : '톱니바퀴2', 도형 채우기(노랑), 선 색(단색, 색 : 빨강), 선 스타일(선 종류 : 파선, 굵기 : 4.5pt, 겹선 종류 : 단순형), 도형 효과(반사 – '1/3 크기, 근접', 네온 – '강조 색 2, 15 pt')
▶ 도형 3 ⇒ 기본 도형 : '구름', 도형 스타일('어두운 계열 – 강조 4')
▶ 그림 삽입 ⇒ 그림 1 삽입, 크기(너비 : 70mm, 높이 : 70mm)
▶ 글상자(꿀에는 다양한 영양소가 풍부하다.) ⇒ 글꼴(돋움, 24pt, 진하게, 기울임)
▶ 애니메이션 지정 ⇒ 도형 1 : 나타내기 – 닦아내기
▶ 지시사항이 없는 부분은《출력형태》와 동일하게 작성하시오.

슬라이드2 아래의 작성조건 및 출력형태에 알맞게 두 번째 슬라이드에 작업하시오. **(50점)**

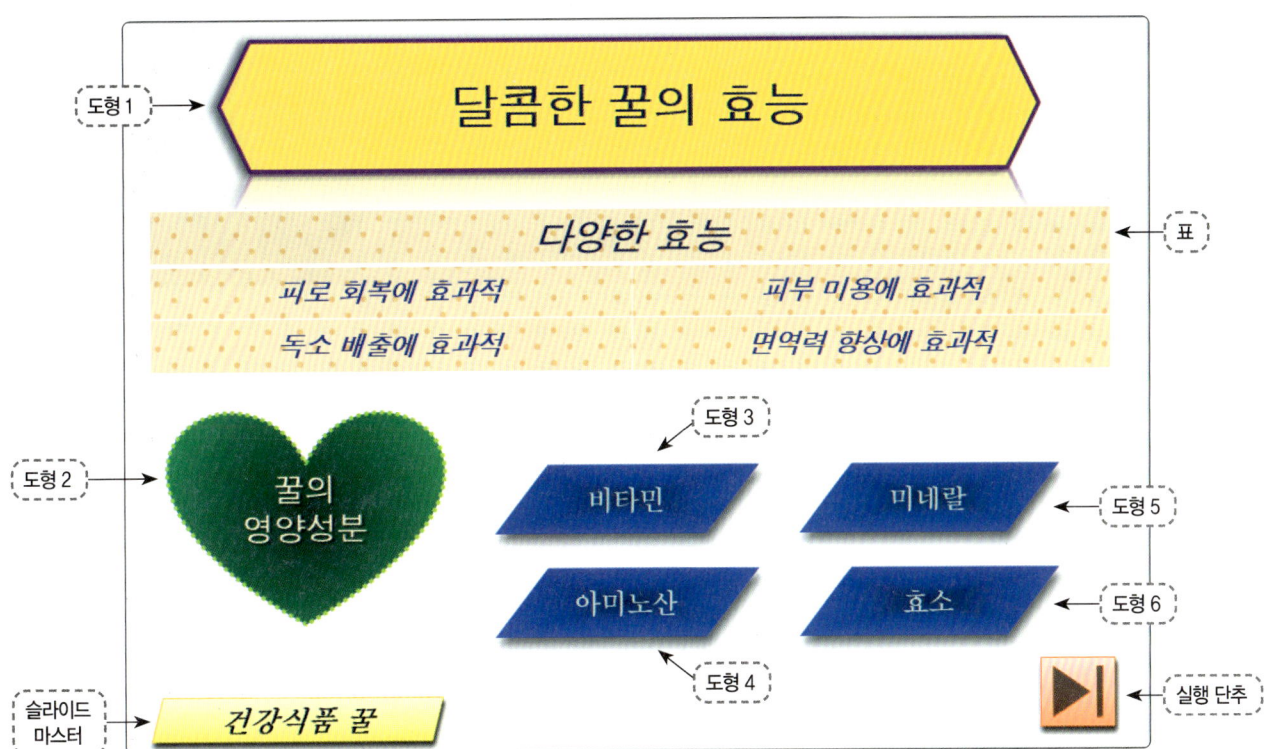

《작성조건》

(1) **제목**

▶ 도형 1 ⇒ 기본 도형 : '육각형', 도형 채우기('노랑 40% 밝게'), 선 색(단색, 색 : 보라)
  선 스타일(선 종류 : 실선, 굵기 : 3pt, 겹선 종류 : 단순형), 도형 효과(그림자 – 바깥쪽 – 왼쪽,
  반사 – '1/3 크기, 근접'), 글꼴(돋움, 36pt, 진하게, 검은 군청)

(2) **본문**

▶ 도형 2 ⇒ 기본 도형 : '하트', 도형 채우기('강조 5 초록', 그러데이션 – 어두운 그러데이션 – 방사형 – 가운데에서),
  선 색(단색, 색 : 밝은 연두색), 선 스타일(선 종류 : 점선, 굵기 : 3pt, 겹선 종류 : 단순형),
  글꼴(돋움, 24pt, 진하게, 그림자, '노랑 80% 밝게')

▶ 도형 3~6 ⇒ 순서도 : '순서도: 데이터', 도형 채우기('강조 1 하늘색', 그러데이션 – 어두운 그러데이션 – 사각형 –
  가운데에서), 선 없음, 도형 효과(그림자 – 바깥쪽 – 아래쪽), 글꼴(바탕, 20pt, 진하게, '초록 80% 밝게')

▶ 실행 단추 ⇒ 실행 단추 : '실행 단추: 끝', 하이퍼링크 : 마지막 슬라이드, 도형 스타일('밝은 계열 – 강조 2')

▶ 표 ⇒ 채우기(질감 – 노란색 도트, 바둑판식 배열),
  가장 위의 행 : 글꼴(돋움, 28pt, 진하게, 검은 군청, 가운데 정렬, 가운데 맞춤),
  나머지 행 : 글꼴(돋움, 20pt, 진하게, 기울임, 파랑, 가운데 정렬, 가운데 맞춤)

▶ 애니메이션 지정 ⇒ 도형 2 : 나타내기 – 물결

▶ 지시사항이 없는 부분은 《출력형태》와 동일하게 작성하시오.

슬라이드3 — 아래의 작성조건 및 출력형태에 알맞게 세 번째 슬라이드에 작업하시오. (60점)

《작성조건》

(1) 제목

▶ 도형 1 ⇒ 기본 도형 : '육각형', 도형 채우기('강조 4 노랑 40% 밝게'), 선 색(단색, 색 : 보라)
  선 스타일(선 종류 : 실선, 굵기 : 3pt, 겹선 종류 : 단순형), 도형 효과(그림자 – 바깥쪽 – 왼쪽,
  반사 – '1/3 크기, 근접'), 글꼴(돋움, 36pt, 진하게, 검은 군청)

(2) 본문

▶ 글 상자 1([단위 : 톤]) ⇒ 글꼴(돋움, 20pt, 진하게)

▶ 표 ⇒ 표 스타일('보통 – 보통 스타일 1 – 강조 4'),
  가장 위의 행 : 글꼴(돋움, 20pt, 진하게, 그림자, 가운데 정렬, 가운데 맞춤),
  나머지 행 : 글꼴(돋움, 18pt, 진하게, 기울임, 가운데 정렬, 가운데 맞춤)

▶ 글 상자 2([출처 : 농촌경제연구원]) ⇒ 글꼴(돋움, 20pt, 진하게)

▶ 차트 ⇒ 세로 막대형 : 묶은 세로 막대형, 차트 계열색('색상 조합 – 색3'), 차트 스타일(스타일5),
  축 서식/자료점 이름표 서식 : 글꼴(굴림, 12pt, 진하게),
  범례 서식 : 글꼴(굴림, 14pt, 진하게, 기울임), 데이터는 표 참고

▶ 배경 ⇒ 배경 속성(채우기 – 그림 또는 질감 채우기)에서 그림 2 삽입(현재 슬라이드만 적용)

▶ 애니메이션 지정 ⇒ 차트 : 나타내기 – 모자이크

▶ 지시사항이 없는 부분은《출력형태》와 동일하게 작성하시오.

슬라이드4 — 아래의 작성조건 및 출력형태에 알맞게 네 번째 슬라이드에 작업하시오. (60점)

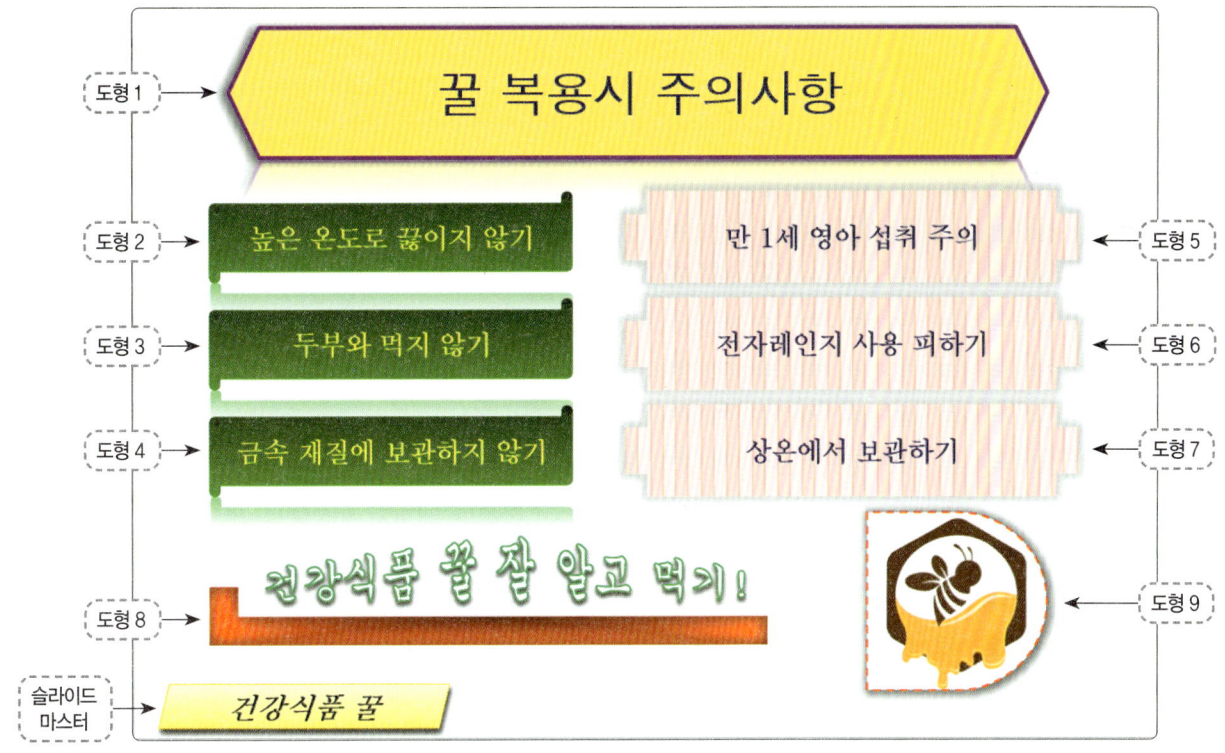

《작성조건》

(1) **제목**

▶ 도형 1 ⇒ 기본 도형 : '육각형', 도형 채우기('강조 4 노랑 40% 밝게'), 선 색(단색, 색 : 보라)
　　　　　선 스타일(선 종류 : 실선, 굵기 : 3pt, 겹선 종류 : 단순형), 도형 효과(그림자 – 바깥쪽 – 왼쪽,
　　　　　반사 – '1/3 크기, 근접'), 글꼴(돋움, 36pt, 진하게, 검은 군청)

(2) **본문**

▶ 도형 2~4 ⇒ 별 및 현수막 : '가로로 말린 두루마리 모양', 도형 채우기(초록, 그러데이션 – 어두운 그러데이션 –
　　　　　　선형 – 위쪽에서), 선 없음, 도형 효과(반사 – '1/3 크기, 근접'), 글꼴(바탕, 20pt, 진하게, 노랑)

▶ 도형 5~7 ⇒ 기본 도형 : '십자형', 도형 채우기(질감 – 분홍색 줄무늬, 바둑판식 배열), 선 없음,
　　　　　　도형 효과(네온 – '강조 색 3, 10 pt'), 글꼴(바탕, 20pt, 진하게, 검은 군청)

▶ 도형 8 ⇒ 기본 도형 : 'L 도형', 도형 채우기(주황, 그러데이션 – 어두운 그러데이션 – 사각형 – 가운데에서),
　　　　　선 없음, 도형 효과(그림자 – 안쪽 – 가운데)

▶ 도형 9 ⇒ 순서도 : '순서도: 지연', 도형 채우기(그림 또는 질감 채우기) 기능을 사용하여 그림 3 삽입,
　　　　　선 색(단색, 색 : 빨강), 선 스타일(선 종류 : 파선, 굵기 : 1.5pt, 겹선 종류 : 단순형),
　　　　　도형 효과(그림자 – 바깥쪽 – 가운데)

▶ 워드숍 삽입(건강식품 꿀 잘 알고 먹기!) ⇒ '윤곽 – 강조 5, 그림자',
　　　　　글자 효과(변환 – 휘기 – 삼각형), 글꼴(궁서, 30pt, 진하게, 그림자)

▶ 지시사항이 없는 부분은 《출력형태》와 동일하게 작성하시오.

제 05 회 디지털정보활용능력 출제예상 모의고사

☑ 시험과목 : 프리젠테이션(한쇼)
☑ 시험일자 : 20XX. XX. XX. (X)
☑ 응시자 기재사항 및 감독위원 확인

한컴오피스 한쇼 2022 버전용

수검번호	DIO - XXXX -	감독위원 확인
성 명		

응시자 유의사항

1. 응시자는 신분증을 지참하여야 시험에 응시할 수 있으며, 시험이 종료될 때까지 신분증을 제시하지 못 할 경우 해당 시험은 0점 처리됩니다.
2. 시스템(PC작동여부, 네트워크 상태 등)의 이상여부를 반드시 확인하여야 하며, 시스템 이상이 있을 시 감독위원에게 조치를 받으셔야 합니다.
3. 시험 중 부주의 또는 고의로 시스템을 파손한 경우는 응시자 부담으로 합니다.
4. 답안 전송 프로그램을 통해 다운로드 받은 파일을 이용하여 답안파일을 작성하시기 바랍니다.
5. 작성한 답안 파일은 답안 전송 프로그램을 통하여 전송됩니다. 감독위원의 지시에 따라 주시기바랍니다.
6. 다음 사항의 경우 실격(0점) 혹은 부정행위 처리됩니다.
   1) 답안파일을 저장하지 않았거나, 저장한 파일이 손상되었을 경우
   2) 답안파일을 지정된 폴더(바탕화면 - "KAIT" 폴더)에 저장하지 않았을 경우
      ※ 답안 전송 프로그램 로그인 시 바탕화면에 자동 생성됨
   3) 답안파일을 다른 보조기억장치(USB) 혹은 네트워크(메신저, 게시판 등)로 전송할 경우
   4) 휴대용 전화기 등 통신기기를 사용할 경우
7. 슬라이드는 반드시 순서대로 작성해야 하며, 순서가 다를 경우 "0"점 처리됩니다.
8. 시험지에 제시된 글꼴이 응시 프로그램에 없는 경우, 반드시 감독위원에게 해당 내용을 통보한 뒤 조치를 받아야 합니다.
9. **슬라이드 작성 시 도형의 그룹설정을 사용하는 경우, 채점에서 감점 처리됩니다.**
10. 시험의 완료는 작성이 완료된 답안을 저장하고, 답안전송이 완료된 상태를 확인한 것으로 합니다. 답안전송 확인 후 문제지는 감독위원에게 제출한 후 퇴실하여야 합니다.
11. 답안전송을 완료한 경우는 수정 또는 정정이 불가합니다.
12. 시험 시행 후 합격자 발표는 홈페이지(www.ihd.or.kr)에서 확인하시기를 바랍니다.
    ※ 합격자 발표 : 20XX. XX. XX. (X)

유의사항

- 《작성조건》을 준수하여 반드시 프리젠테이션 슬라이드로 작업합니다.
- 글꼴 및 기타 사항에 대해 별도의 지시사항이 없는 경우, 슬라이드 크기와 전체적인 균형을 고려하여 임의로 작성하되, 도형은 그룹으로 설정하지 않습니다.
- 새 프리젠테이션 만들기 – 한컴오피스, 쪽 설정(종류 – A4용지(210×297mm)), 슬라이드 방향(가로)로 지정합니다.
  ▶ 슬라이드 크기, 방향 조정 시 '맞춤 확인'으로 지정하여야 합니다.
- 공통적용사항(슬라이드 마스터)
  ▶ 도형 ⇒ 블록 화살표 : '갈매기형 수장', 도형 스타일('밝은 계열 – 강조 6'), 글꼴(굴림, 18pt, 진하게)
- 그림 삽입 시 다운로드 한 그림 파일을 반드시 사용하여야 합니다.
- ⎔→ 은 지시사항이므로 작성하지 않습니다.
- 슬라이드에 제시된 글자 및 숫자 오타는 감점처리 됩니다.

슬라이드1 아래의 작성조건 및 출력형태에 알맞게 첫 번째 슬라이드에 작업하시오. (30점)

《출력형태》

《작성조건》

▶ 도형 1 ⇒ 사각형 – '양쪽 모서리가 잘린 사각형', 도형 채우기(그러데이션 : 유형 – 레몬, 종류 – 선형, 방향 – 선형 – 위쪽에서), 선 색(단색, 색 : 시안), 선 스타일(선 종류 : 실선, 굵기 : 3pt, 겹선 종류 : 단순형), 도형 효과(그림자 – 안쪽 – 가운데), 글꼴(돋움, 50pt, 진하게, 주황)
▶ 도형 2 ⇒ 블록 화살표 : '휘어진 화살표', 도형 채우기(주황), 선 없음, 도형 효과(그림자 – 원근감 – 대각선 오른쪽 위, 반사 – '1/2 크기, 근접')
▶ 도형 3 ⇒ 기본 도형 : '원형', 도형 스타일('보통 효과 – 강조 6')
▶ 그림 삽입 ⇒ 그림 1 삽입, 크기(너비 : 70mm, 높이 : 70mm)
▶ 글상자(간편하고 안전하게 본인인증) ⇒ 글꼴(궁서, 22pt, 진하게)
▶ 애니메이션 지정 ⇒ 도형 1 : 나타내기 – 닦아내기
▶ 지시사항이 없는 부분은《출력형태》와 동일하게 작성하시오.

슬라이드2 아래의 작성조건 및 출력형태에 알맞게 두 번째 슬라이드에 작업하시오. (50점)

《작성조건》

(1) **제목**

▶ 도형 1 ⇒ 순서도 : '순서도: 대체 처리', 도형 채우기('강조 6 보라'), 선 색(단색, 색 : 초록),
   선 스타일(선 종류 : 실선, 굵기 : 3pt, 겹선 종류 : 단순형), 도형 효과(그림자 - 안쪽 - 가운데,
   반사 - '1/3 크기, 근접'), 글꼴(궁서, 40pt, 그림자)

(2) **본문**

▶ 도형 2 ⇒ 기본 도형 : '타원', 도형 채우기('강조 5 초록', 그러데이션 - 어두운 그러데이션 - 방사형 - 가운데에서),
   선 색(단색, 색 : 빨강), 선 스타일(선 종류 : 점선, 굵기 : 2pt, 겹선 종류 : 단순형),
   글꼴(돋움, 22pt, 진하게, 그림자)

▶ 도형 3~6 ⇒ 순서도 : '순서도: 카드', 도형 채우기(시안, 그러데이션 - 어두운 그러데이션 - 선형 - 오른쪽에서),
   선 없음, 도형 효과(그림자 - 바깥쪽 - 가운데), 글꼴(굴림, 18pt, 진하게, 그림자)

▶ 실행 단추 ⇒ 실행 단추 : '실행 단추: 홈', 하이퍼링크 : 첫째 슬라이드, 도형 스타일('테두리 - 강조 6, 채우기 없음')

▶ 표 ⇒ 채우기(질감 - 분홍 줄무늬, 바둑판식 배열),
   가장 위의 행 : 글꼴(돋움, 22pt, 진하게, 그림자, 검은 군청, 가운데 정렬, 가운데 맞춤),
   나머지 행 : 글꼴(돋움, 18pt, 진하게, 초록, 가운데 정렬, 가운데 맞춤)

▶ 애니메이션 지정 ⇒ 표 : 나타내기 - 날아오기

▶ 지시사항이 없는 부분은 《출력형태》와 동일하게 작성하시오.

슬라이드3 아래의 작성조건 및 출력형태에 알맞게 세 번째 슬라이드에 작업하시오. (60점)

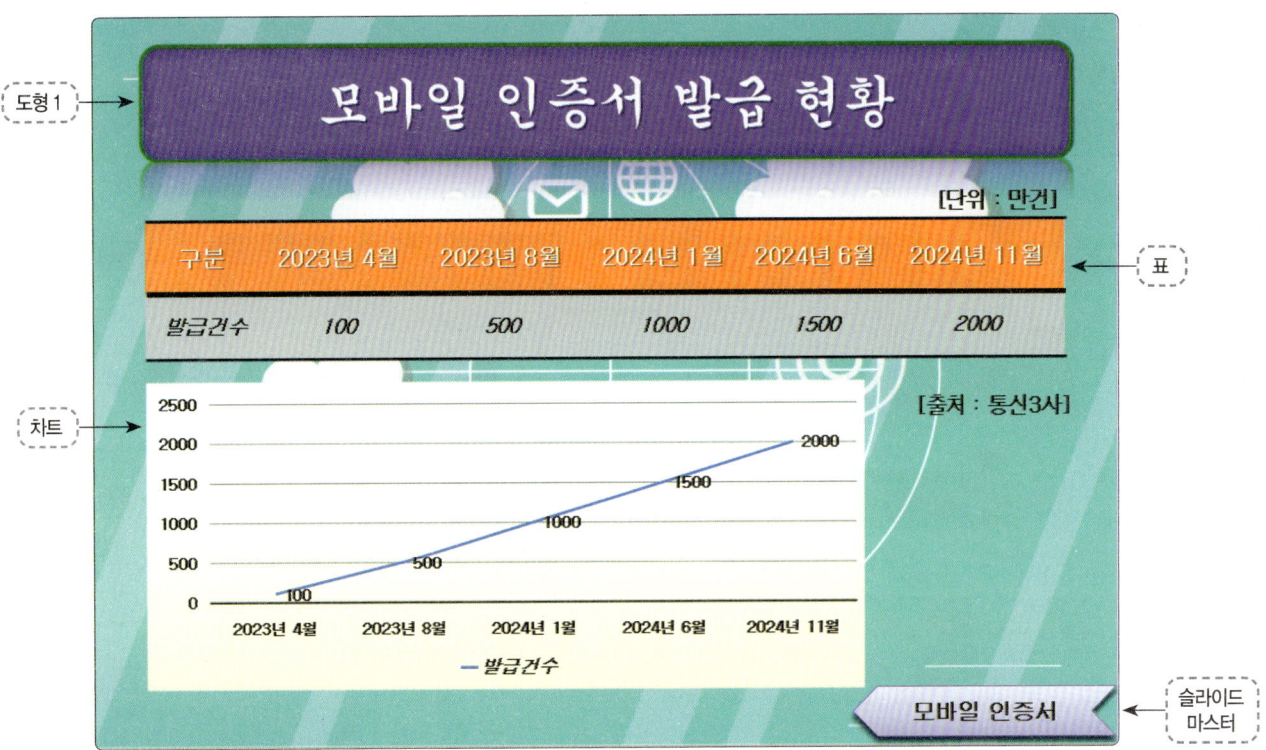

《작성조건》

(1) **제목**

▶ 도형 1 ⇒ 순서도 : '순서도: 대체 처리', 도형 채우기('강조 6 보라'), 선 색(단색, 색 : 초록),
　　선 스타일(선 종류 : 실선, 굵기 : 3pt, 겹선 종류 : 단순형), 도형 효과(그림자 – 안쪽 – 가운데,
　　반사 – '1/3 크기, 근접'), 글꼴(궁서, 40pt, 그림자)

(2) **본문**

▶ 글 상자 1([단위 : 만건]) ⇒ 글꼴(돋움, 16pt, 진하게)

▶ 표 ⇒ 표 스타일('보통 – 보통 스타일 3 – 강조 2'),
　　가장 위의 행 : 글꼴(굴림, 18pt, 진하게, 그림자, 가운데 정렬, 가운데 맞춤),
　　나머지 행 : 글꼴(굴림, 16pt, 진하게, 기울임, 가운데 정렬, 가운데 맞춤)

▶ 글 상자 2([출처 : 통신3사]) ⇒ 글꼴(돋움, 16pt, 진하게)

▶ 차트 ⇒ 꺾은선형 : 꺾은선형, 차트 계열색('색상 조합 – 색2'),
　　차트 스타일(스타일3), 축 서식/자료점 이름표 서식 : 글꼴(돋움, 12pt, 진하게),
　　범례 서식 : 글꼴(돋움, 14pt, 진하게, 기울임), 데이터는 표 참고

▶ 배경 ⇒ 배경 속성(채우기 – 그림 또는 질감 채우기)에서 그림 2 삽입(현재 슬라이드만 적용)

▶ 애니메이션 지정 ⇒ 차트 : 나타내기 – 블라인드

▶ 지시사항이 없는 부분은《출력형태》와 동일하게 작성하시오.

슬라이드4 아래의 작성조건 및 출력형태에 알맞게 네 번째 슬라이드에 작업하시오. **(60점)**

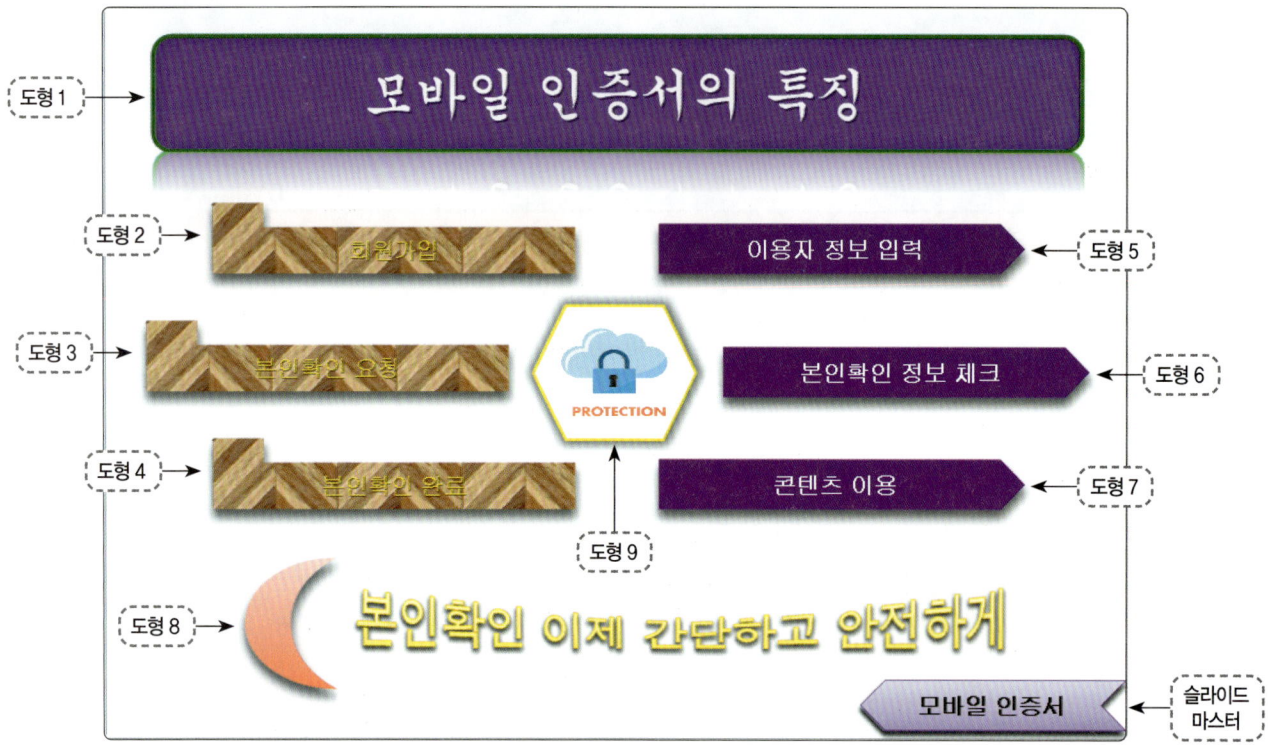

《작성조건》

(1) **제목**

▶ 도형 1 ⇒ 순서도 : '순서도: 대체 처리', 도형 채우기('강조 6 보라'), 선 색(단색, 색 : 초록), 선 스타일(선 종류 : 실선, 굵기 : 3pt, 겹선 종류 : 단순형), 도형 효과(그림자 – 안쪽 – 가운데, 반사 – '1/3 크기, 근접'), 글꼴(궁서, 40pt, 그림자)

(2) **본문**

▶ 도형 2~4 ⇒ 기본 도형 : 'L 도형', 도형 채우기(질감 – 나무, 바둑판식 배열), 선 없음, 도형 효과(그림자 – 바깥쪽 – 아래쪽), 글꼴(굴림, 18pt, 노랑, 진하게, 그림자)

▶ 도형 5~7 ⇒ 블록 화살표 : '오각형', 도형 채우기(보라), 선 없음, 도형 효과(그림자 – 바깥쪽 – 아래쪽), 글꼴(굴림, 18pt, 진하게)

▶ 도형 8 ⇒ 기본 도형 : '달', 도형 채우기(주황, 그러데이션 – 밝은 그러데이션 – 선형 – 아래쪽에서), 선 없음, 도형 효과(그림자 – 바깥쪽 – 아래쪽)

▶ 도형 9 ⇒ 기본 도형 : '육각형', 도형 채우기(그림 또는 질감 채우기) 기능을 사용하여 그림 3 삽입, 선 색(단색, 색 : 노랑), 선 스타일(선 종류 : 실선, 굵기 : 2pt, 겹선 종류 : 단순형), 도형 효과(그림자 – 바깥쪽 – 가운데)

▶ 워드숍 삽입(본인확인 이제 간단하고 안전하게)
⇒ '채우기 – 강조 4(밝은 계열, 그러데이션), 윤곽 – 강조 4', 변환 – 휘기 – 위쪽 수축), 글꼴(돋움, 32pt, 진하게, 그림자)

▶ 지시사항이 없는 부분은《출력형태》와 동일하게 작성하시오.

제 06 회 디지털정보활용능력 출제예상 모의고사

☑ 시험과목 : 프리젠테이션(한쇼)
☑ 시험일자 : 20XX. XX. XX. (X)
☑ 응시자 기재사항 및 감독위원 확인

한컴오피스 한쇼 2022 버전용

수검번호	DIO - XXXX -	감독위원 확인
성 명		

· 응시자 유의사항 ·

1. 응시자는 신분증을 지참하여야 시험에 응시할 수 있으며, 시험이 종료될 때까지 신분증을 제시하지 못 할 경우 해당 시험은 0점 처리됩니다.

2. 시스템(PC작동여부, 네트워크 상태 등)의 이상여부를 반드시 확인하여야 하며, 시스템 이상이 있을 시 감독위원에게 조치를 받으셔야 합니다.

3. 시험 중 부주의 또는 고의로 시스템을 파손한 경우는 응시자 부담으로 합니다.

4. 답안 전송 프로그램을 통해 다운로드 받은 파일을 이용하여 답안파일을 작성하시기 바랍니다.

5. 작성한 답안 파일은 답안 전송 프로그램을 통하여 전송됩니다. 감독위원의 지시에 따라 주시기바랍니다.

6. 다음 사항의 경우 실격(0점) 혹은 부정행위 처리됩니다.
   1) 답안파일을 저장하지 않았거나, 저장한 파일이 손상되었을 경우
   2) 답안파일을 지정된 폴더(바탕화면 - "KAIT" 폴더)에 저장하지 않았을 경우
      ※ 답안 전송 프로그램 로그인 시 바탕화면에 자동 생성됨
   3) 답안파일을 다른 보조기억장치(USB) 혹은 네트워크(메신저, 게시판 등)로 전송할 경우
   4) 휴대용 전화기 등 통신기기를 사용할 경우

7. 슬라이드는 반드시 순서대로 작성해야 하며, 순서가 다를 경우 "0"점 처리됩니다.

8. 시험지에 제시된 글꼴이 응시 프로그램에 없는 경우, 반드시 감독위원에게 해당 내용을 통보한 뒤 조치를 받아야 합니다.

9. **슬라이드 작성 시 도형의 그룹설정을 사용하는 경우, 채점에서 감점 처리됩니다.**

10. 시험의 완료는 작성이 완료된 답안을 저장하고, 답안전송이 완료된 상태를 확인한 것으로 합니다. 답안전송 확인 후 문제지는 감독위원에게 제출한 후 퇴실하여야 합니다.

11. 답안전송을 완료한 경우는 수정 또는 정정이 불가합니다.

12. 시험 시행 후 합격자 발표는 홈페이지(www.ihd.or.kr)에서 확인하시기를 바랍니다.
    ※ 합격자 발표 : 20XX. XX. XX. (X)

유의사항

- 《작성조건》을 준수하여 반드시 프리젠테이션 슬라이드로 작업합니다.
- 글꼴 및 기타 사항에 대해 별도의 지시사항이 없는 경우, 슬라이드 크기와 전체적인 균형을 고려하여 임의로 작성하되, 도형은 그룹으로 설정하지 않습니다.
- 새 프리젠테이션 만들기 – 한컴오피스, 쪽 설정(종류 – A4용지(210×297mm)), 슬라이드 방향(가로)로 지정합니다.
  ▶ 슬라이드 크기, 방향 조정 시 '맞춤 확인'으로 지정하여야 합니다.
- 공통적용사항(슬라이드 마스터)
  ▶ 도형 ⇒ 기본 도형 : '모서리가 접힌 도형', 도형 스타일('어두운 계열 – 강조 1'), 글꼴(돋움, 20pt, 진하게, 그림자)
- 그림 삽입 시 다운로드 한 그림 파일을 반드시 사용하여야 합니다.
- ⎵⎯▶ 은 지시사항이므로 작성하지 않습니다.
- 슬라이드에 제시된 글자 및 숫자 오타는 감점처리 됩니다.

슬라이드1 아래의 작성조건 및 출력형태에 알맞게 첫 번째 슬라이드에 작업하시오. [30점]

《출력형태》

《작성조건》

▶ 도형 1 ⇒ 순서도 : '순서도: 대체 처리', 도형 채우기(그러데이션 : 유형 – 솜사탕 2, 종류 – 선형, 방향 – 선형 – 아래쪽에서), 선 색(단색, 색 : 시안), 선 스타일(선 종류 : 실선, 굵기 : 3pt, 겹선 종류 : 단순형), 도형 효과(그림자 – 원근감 – 대각선 오른쪽 아래), 글꼴(궁서, 48pt, 그림자, 시안)
▶ 도형 2 ⇒ 순서도 : '순서도: 순차적 액세스 저장소', 도형 채우기(초록), 선 없음, 도형 효과(그림자 – 바깥쪽 – 가운데, 반사 – '1/3 크기, 근접')
▶ 도형 3 ⇒ 블록 화살표 : 왼쪽/오른쪽 화살표 설명선, 도형 스타일('강한 효과 – 강조 4')
▶ 그림 삽입 ⇒ 그림 1 삽입, 크기(너비 : 70mm, 높이 : 70mm)
▶ 글상자(산업분야에 인공지능 도입이 증가하고 있다.) ⇒ 글꼴(돋움, 20pt, 진하게, 밑줄)
▶ 애니메이션 지정 ⇒ 도형 1 : 나타내기 – 닦아내기
▶ 지시사항이 없는 부분은 《출력형태》와 동일하게 작성하시오.

슬라이드2 아래의 작성조건 및 출력형태에 알맞게 두 번째 슬라이드에 작업하시오. (50점)

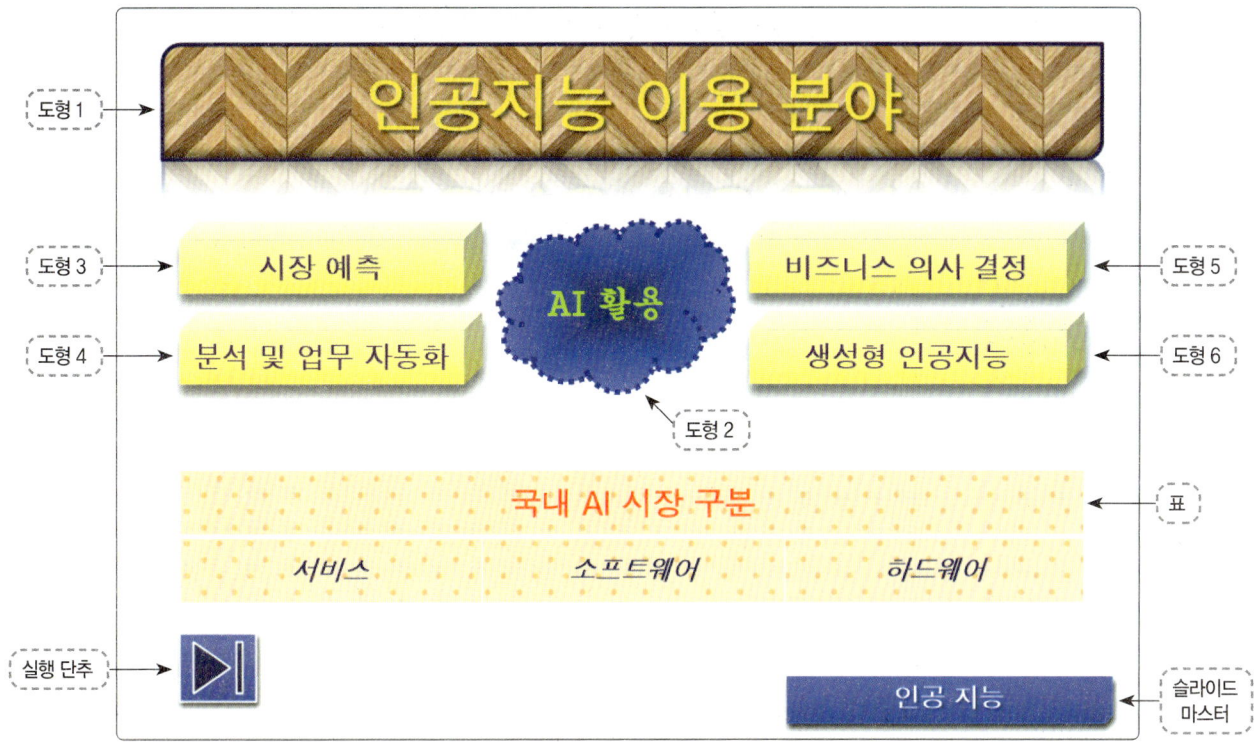

《작성조건》

(1) **제목**

▶ 도형 1 ⇒ 사각형 : '대각선 방향의 모서리가 둥근 사각형', 도형 채우기(질감 – 나무, 바둑판식 배열), 선 색(단색, 색 : 검은 군청), 선 스타일(선 종류 : 실선, 굵기 : 3pt, 겹선 종류 : 단순형), 도형 효과(그림자 – 안쪽 – 아래쪽, 반사 – '1/3 크기, 근접'), 글꼴(돋움, 48pt, 진하게, 그림자, 노랑)

(2) **본문**

▶ 도형 2 ⇒ 기본 도형 : '구름', 도형 채우기('강조 1 하늘색', 그러데이션 – 어두운 그러데이션 – 사각형 – 가운데에서), 선 색(단색, 색 : 파랑), 선 스타일(선 종류 : 점선, 굵기 : 4pt, 겹선 종류 : 단순형), 글꼴(궁서, 26pt, 진하게, 밝은 연두색)

▶ 도형 3~6 ⇒ 기본 도형 : '정육면체', 도형 채우기('강조 4 노랑', 그러데이션 – 밝은 그러데이션 – 선형 – 아래쪽에서), 선 없음, 도형 효과(그림자 – 바깥쪽 – 아래쪽), 글꼴(돋움, 22pt, 진하게, '보라 50% 어둡게')

▶ 실행 단추 ⇒ 실행 단추 : '실행 단추: 끝', 하이퍼링크 : 마지막 슬라이드, 도형 스타일('보통 효과 – 강조 1')

▶ 표 ⇒ 채우기(질감 – 노란색 도트, 바둑판식 배열),
　　가장 위의 행 : 글꼴(돋움, 24pt, 진하게, 빨강, 가운데 정렬, 가운데 맞춤),
　　나머지 행 : 글꼴(돋움, 20pt, 진하게, 기울임, 검은 군청, 가운데 정렬, 가운데 맞춤)

▶ 애니메이션 지정 ⇒ 표 : 나타내기 – 날아오기

▶ 지시사항이 없는 부분은 《출력형태》와 동일하게 작성하시오.

슬라이드3 아래의 작성조건 및 출력형태에 알맞게 세 번째 슬라이드에 작업하시오. (60점)

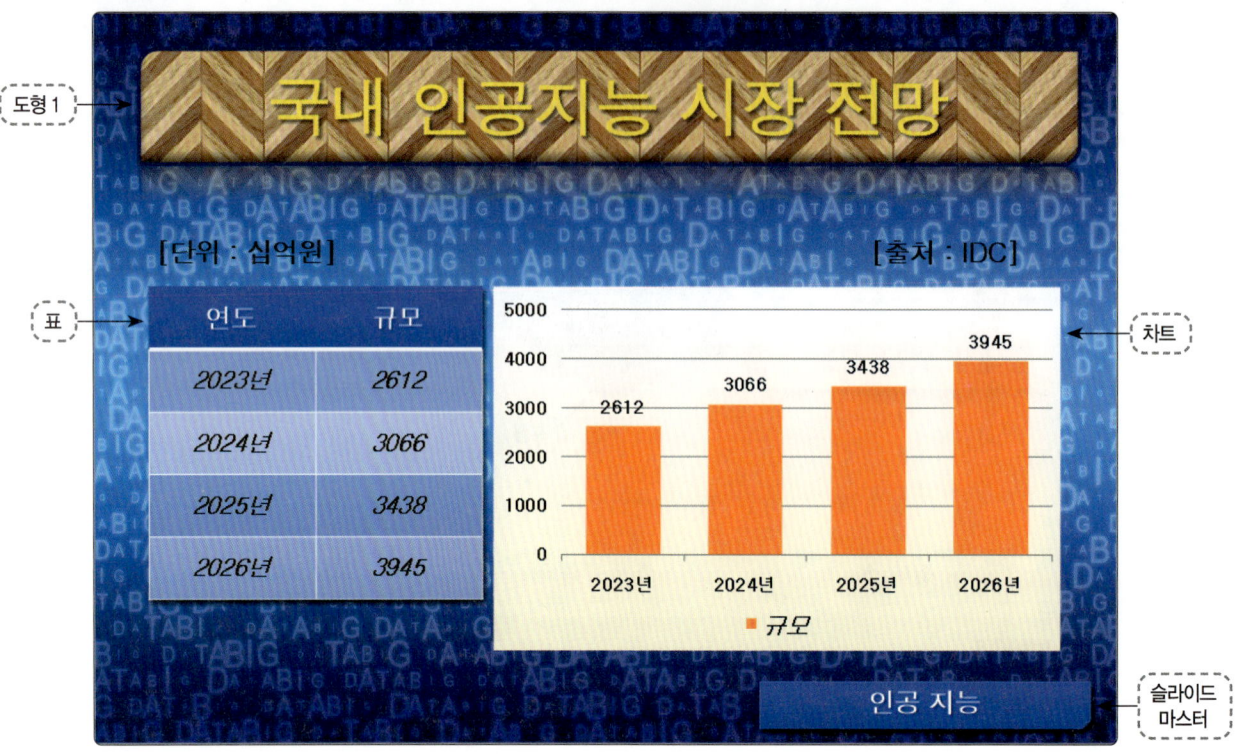

《작성조건》

(1) **제목**
- 도형 1 ⇒ 사각형 : '대각선 방향의 모서리가 둥근 사각형', 도형 채우기(질감 - 나무, 바둑판식 배열), 선 색(단색, 색 : 검은 군청), 선 스타일(선 종류 : 실선, 굵기 : 3pt, 겹선 종류 : 단순형), 도형 효과(그림자 - 안쪽 - 아래쪽, 반사 - '1/3 크기, 근접'), 글꼴(돋움, 48pt, 진하게, 그림자, 노랑)

(2) **본문**
- 글 상자 1([단위 : 십억원] ⇒ 글꼴(돋움, 20pt, 진하게)
- 표 ⇒ 표 스타일('일반 - 일반 스타일 1 - 강조 1'),
  가장 위의 행 : 글꼴(돋움, 20pt, 진하게, 그림자, 가운데 정렬, 가운데 맞춤),
  나머지 행 : 글꼴(돋움, 18pt, 진하게, 기울임, 가운데 정렬, 가운데 맞춤)
- 글 상자 2([출처 : IDC]) ⇒ 글꼴(돋움, 20pt, 진하게)
- 차트 ⇒ 세로 막대형 : 묶은 세로 막대형, 차트 계열색('색상 조합 - 색3'),
  차트 스타일(스타일5), 축 서식/자료점 이름표 서식 : 글꼴(굴림, 14pt, 진하게),
  범례 서식 : 글꼴(굴림, 18pt, 진하게, 기울임), 데이터는 표 참고
- 배경 ⇒ 배경 속성(채우기 - 그림 또는 질감 채우기)에서 그림 2 삽입(현재 슬라이드만 적용)
- 애니메이션 지정 ⇒ 차트 : 나타내기 - 블라인드
- 지시사항이 없는 부분은 《출력형태》와 동일하게 작성하시오.

슬라이드4 — 아래의 작성조건 및 출력형태에 알맞게 네 번째 슬라이드에 작업하시오. (60점)

《작성조건》

(1) **제목**
- 도형 1 ⇒ 사각형 : '대각선 방향의 모서리가 둥근 사각형', 도형 채우기(질감 – 나무, 바둑판식 배열), 선 색(단색, 색 : 검은 군청), 선 스타일(선 종류 : 실선, 굵기 : 3pt, 겹선 종류 : 단순형), 도형 효과(그림자 – 안쪽 – 아래쪽, 반사 – '1/3 크기, 근접'), 글꼴(돋움, 48pt, 진하게, 그림자, 노랑)

(2) **본문**
- 도형 2~4 ⇒ 블록 화살표 : '톱니 모양의 오른쪽 화살표', 도형 채우기(질감 – 대리석, 바둑판식 배열), 선 없음, 도형 효과(네온 – '강조색 5, 10 pt'), 글꼴(바탕, 20pt, 진하게, '주황 25% 어둡게')
- 도형 5~7 ⇒ 기본 도형 : '십자형', 도형 채우기('강조 4 노랑', 그러데이션 – 밝은 그러데이션 – 선형 – 왼쪽에서), 선 없음, 도형 효과(그림자 – 바깥쪽 – 아래쪽), 글꼴(바탕, 20pt, 진하게, 검정)
- 도형 8 ⇒ 기본 도형 : '부분 원형', 도형 채우기(초록, 그러데이션 – 어두운 그러데이션 – 선형 – 아래쪽에서), 선 없음, 도형 효과(그림자 – 원근감 – 대각선 오른쪽 위)
- 도형 9 ⇒ 기본 도형 : '평행 사변형', 도형 채우기(그림 또는 질감 채우기) 기능을 사용하여 그림 3 삽입, 선 색(단색, 색 : '강조 1 하늘색'), 선 스타일(선 종류 : 실선, 굵기 : 4pt, 겹선 종류 : 이중), 도형 효과(그림자 – 바깥쪽 – 가운데)
- 워드숍 삽입(AI 시대 교육정책의 핵심 과제) ⇒ '채우기 – 강조 1(밝은 계열, 그러데이션), 윤곽 – 강조 1', 글자 효과(변환 – 휘기 – 갈매기형 수장), 글꼴(궁서, 28pt, 진하게, 그림자)
- 지시사항이 없는 부분은 《출력형태》와 동일하게 작성하시오.

제 07 회 디지털정보활용능력 출제예상 모의고사

☑ 시험과목 : 프리젠테이션(한쇼)
☑ 시험일자 : 20XX. XX. XX. (X)
☑ 응시자 기재사항 및 감독위원 확인

한컴오피스 한쇼 2022 버전용

수검번호	DIO – XXXX –	감독위원 확인
성 명		

·응시자 유의사항·

1. 응시자는 신분증을 지참하여야 시험에 응시할 수 있으며, 시험이 종료될 때까지 신분증을 제시하지 못 할 경우 해당 시험은 0점 처리됩니다.
2. 시스템(PC작동여부, 네트워크 상태 등)의 이상여부를 반드시 확인하여야 하며, 시스템 이상이 있을 시 감독위원에게 조치를 받으셔야 합니다.
3. 시험 중 부주의 또는 고의로 시스템을 파손한 경우는 응시자 부담으로 합니다.
4. 답안 전송 프로그램을 통해 다운로드 받은 파일을 이용하여 답안파일을 작성하시기 바랍니다.
5. 작성한 답안 파일은 답안 전송 프로그램을 통하여 전송됩니다. 감독위원의 지시에 따라 주시기바랍니다.
6. 다음 사항의 경우 실격(0점) 혹은 부정행위 처리됩니다.
   1) 답안파일을 저장하지 않았거나, 저장한 파일이 손상되었을 경우
   2) 답안파일을 지정된 폴더(바탕화면 – "KAIT" 폴더)에 저장하지 않았을 경우
      ※ 답안 전송 프로그램 로그인 시 바탕화면에 자동 생성됨
   3) 답안파일을 다른 보조기억장치(USB) 혹은 네트워크(메신저, 게시판 등)로 전송할 경우
   4) 휴대용 전화기 등 통신기기를 사용할 경우
7. 슬라이드는 반드시 순서대로 작성해야 하며, 순서가 다를 경우 "0"점 처리됩니다.
8. 시험지에 제시된 글꼴이 응시 프로그램에 없는 경우, 반드시 감독위원에게 해당 내용을 통보한 뒤 조치를 받아야 합니다.
9. **슬라이드 작성 시 도형의 그룹설정을 사용하는 경우, 채점에서 감점 처리됩니다.**
10. 시험의 완료는 작성이 완료된 답안을 저장하고, 답안전송이 완료된 상태를 확인한 것으로 합니다. 답안전송 확인 후 문제지는 감독위원에게 제출한 후 퇴실하여야 합니다.
11. 답안전송을 완료한 경우는 수정 또는 정정이 불가합니다.
12. 시험 시행 후 합격자 발표는 홈페이지(www.ihd.or.kr)에서 확인하시기를 바랍니다.
    ※ 합격자 발표 : 20XX. XX. XX. (X)

유의사항

- 《작성조건》을 준수하여 반드시 프리젠테이션 슬라이드로 작업합니다.
- 글꼴 및 기타 사항에 대해 별도의 지시사항이 없는 경우, 슬라이드 크기와 전체적인 균형을 고려하여 임의로 작성하되, 도형은 그룹으로 설정하지 않습니다.
- 새 프리젠테이션 만들기 - 한컴오피스, 쪽 설정(종류 - A4용지(210×297mm)), 슬라이드 방향(가로)로 지정합니다.
  ▶ 슬라이드 크기, 방향 조정 시 '맞춤 확인'으로 지정하여야 합니다.
- 공통적용사항(슬라이드 마스터)
  ▶ 도형 ⇒ 기본 도형 : '육각형', 도형 스타일('어두운 계열 - 강조 1'), 글꼴(바탕, 20pt, 진하게)
- 그림 삽입 시 다운로드 한 그림 파일을 반드시 사용하여야 합니다.
- ⌐ ⌐ ⌐ ⌐ ⌐→ 은 지시사항이므로 작성하지 않습니다.
- 슬라이드에 제시된 글자 및 숫자 오타는 감점처리 됩니다.

슬라이드1 아래의 작성조건 및 출력형태에 알맞게 첫 번째 슬라이드에 작업하시오. [30점]

《출력형태》

《작성조건》

▶ 도형 1 ⇒ 기본 도형 : '사다리꼴', 도형 채우기(그러데이션 : 유형 - 막대 사탕, 종류 - 선형, 방향 - 선형 - 아래쪽에서), 선 색(단색, 색 : 보라), 선 스타일(선 종류 : 실선, 굵기 : 3pt, 겹선 종류 : 단순형), 도형 효과(그림자 - 원근감 - 대각선 오른쪽 위), 글꼴(궁서, 40pt, 그림자, 밝은 연두색)

▶ 도형 2 ⇒ 수식 도형 : '등호', 도형 채우기('주황 25% 어둡게'), 선 없음, 도형 효과(그림자 - 바깥쪽 - 가운데, 반사 - '1/3 크기, 4pt')

▶ 도형 3 ⇒ 기본 도형 : '웃는 얼굴', 도형 스타일('테두리 - 강조 1, 채우기 없음')

▶ 그림 삽입 ⇒ 그림 1 삽입, 크기(너비 : 70mm, 높이 : 70mm)

▶ 글상자(여러 위협으로부터 정보를 지키자!) ⇒ 글꼴(돋움, 24pt, 진하게, 밑줄)

▶ 애니메이션 지정 ⇒ 도형 1 : 나타내기 - 닦아내기

▶ 지시사항이 없는 부분은 《출력형태》와 동일하게 작성하시오.

슬라이드2 아래의 작성조건 및 출력형태에 알맞게 두 번째 슬라이드에 작업하시오. (50점)

《작성조건》

(1) 제목

▶ 도형 1 ⇒ 기본 도형 : '칠각형', 도형 채우기(질감 – 모눈종이, 바둑판식 배열), 선 색(단색, 색 : 주황), 선 스타일(선 종류 : 실선, 굵기 : 3pt, 겹선 종류 : 단순형), 도형 효과(그림자 – 바깥쪽 – 가운데, 반사 – '1/3 크기, 근접'), 글꼴(궁서체, 40pt, 진하게, 그림자, '연한 노랑 50% 어둡게')

(2) 본문

▶ 도형 2 ⇒ 사각형 : '모서리가 둥근 직사각형', 도형 채우기('주황 25% 어둡게', 그러데이션 – 어두운 그러데이션 – 방사형 – 가운데에서), 선 색(단색, 색 : 초록), 선 스타일(선 종류 : 점선, 굵기 : 3pt, 겹선 종류 : 단순형), 글꼴(돋움, 24pt, 진하게, 노랑)

▶ 도형 3~6 ⇒ 사각형 : '한쪽 모서리가 잘린 사각형', 도형 채우기(보라, 그러데이션 – 밝은 그러데이션 – 선형 – 아래쪽에서), 선 없음, 도형 효과(그림자 – 바깥쪽 – 아래쪽), 글꼴(돋움, 20pt, 진하게, 보라)

▶ 실행 단추 ⇒ 실행 단추 : '실행 단추: 끝', 하이퍼링크 : 마지막 슬라이드, 도형 스타일('밝은 계열 – 강조 5')

▶ 표 ⇒ 채우기(질감 – 노란색 도트, 바둑판식 배열),
　　　가장 위의 행 : 글꼴(돋움, 24pt, 진하게, 검은 군청, 가운데 정렬, 가운데 맞춤),
　　　나머지 행 : 글꼴(돋움, 20pt, 기울임, 검은 군청, 가운데 정렬, 가운데 맞춤)

▶ 애니메이션 지정 ⇒ 표 : 나타내기 – 날아오기

▶ 지시사항이 없는 부분은 《출력형태》와 동일하게 작성하시오.

슬라이드3 아래의 작성조건 및 출력형태에 알맞게 세 번째 슬라이드에 작업하시오. **(60점)**

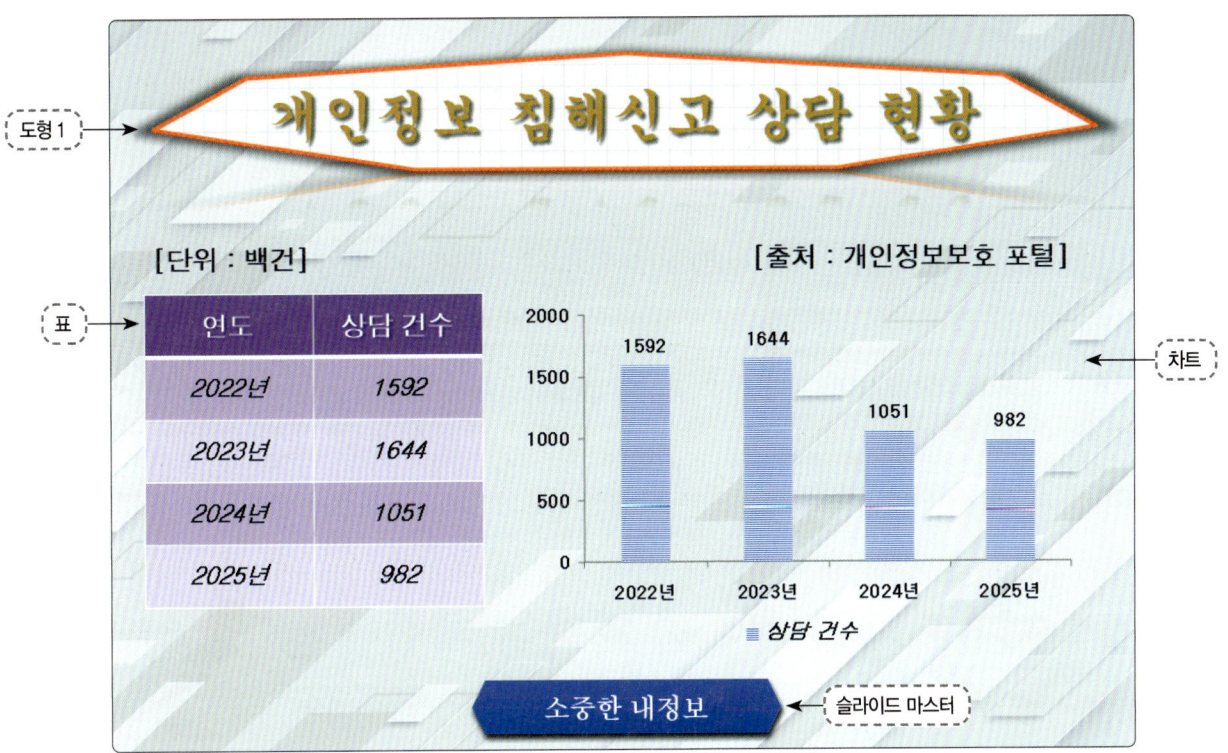

《작성조건》

(1) **제목**
- 도형 1 ⇒ 기본 도형 : '칠각형', 도형 채우기(질감 – 모눈종이, 바둑판식 배열), 선 색(단색, 색 : 주황), 선 스타일(선 종류 : 실선, 굵기 : 3pt, 겹선 종류 : 단순형), 도형 효과(그림자 – 바깥쪽 – 가운데, 반사 – '1/3 크기, 근접'), 글꼴(궁서체, 40pt, 진하게, 그림자, '연한 노랑 50% 어둡게')

(2) **본문**
- 글 상자 1([단위 : 백건]) ⇒ 글꼴(돋움, 20pt, 진하게)
- 표 ⇒ 표 스타일('보통 – 보통 스타일 1 – 강조 6'),
  가장 위의 행 : 글꼴(돋움, 20pt, 진하게, 그림자, 가운데 정렬, 가운데 맞춤),
  나머지 행 : 글꼴(돋움, 18pt, 진하게, 기울임, 가운데 정렬, 가운데 맞춤)
- 글 상자 2([출처 : 개인정보보호 포털]) ⇒ 글꼴(돋움, 20pt, 진하게)
- 차트 ⇒ 세로 막대형 : 묶은 세로 막대형, 차트 계열색('색상 조합 – 색2'),
  차트 스타일(스타일4), 축 서식/자료점 이름표 서식 : 글꼴(굴림, 14pt, 진하게),
  범례 서식 : 글꼴(굴림, 16pt, 진하게, 기울임), 데이터는 표 참고
- 배경 ⇒ 배경 속성(채우기 – 그림 또는 질감 채우기)에서 그림 2 삽입(현재 슬라이드만 적용)
- 애니메이션 지정 ⇒ 차트 : 나타내기 – 블라인드
- 지시사항이 없는 부분은 《출력형태》와 동일하게 작성하시오.

슬라이드4 — 아래의 작성조건 및 출력형태에 알맞게 네 번째 슬라이드에 작업하시오. (60점)

《작성조건》

(1) **제목**

▶ 도형 1 ⇒ 기본 도형 : '칠각형', 도형 채우기(질감 – 모눈종이, 바둑판식 배열), 선 색(단색, 색 : 주황), 선 스타일(선 종류 : 실선, 굵기 : 3pt, 겹선 종류 : 단순형), 도형 효과(그림자 – 바깥쪽 – 가운데, 반사 – '1/3 크기, 근접'), 글꼴(궁서체, 40pt, 진하게, 그림자, '연한 노랑 50% 어둡게')

(2) **본문**

▶ 도형 2~4 ⇒ 기본 도형 : '액자', 도형 채우기(주황, 그러데이션 – 밝은 그러데이션 – 선형 – 오른쪽에서), 선 없음, 도형 효과(반사 – '1/2 크기, 근접'), 글꼴(바탕, 20pt, 진하게, '노랑 50% 어둡게')

▶ 도형 5~7 ⇒ 기본 도형 : '정육면체', 도형 채우기(질감 – 대리석, 바둑판식 배열), 선 없음, 도형 효과(네온 – '강조색 2, 10 pt'), 글꼴(바탕, 20pt, 진하게, 검은 군청)

▶ 도형 8 ⇒ 기본 도형 : '번개', 도형 채우기(주황, 그러데이션 – 어두운 그러데이션 – 방사형 – 가운데에서), 선 없음, 도형 효과(그림자 – 원근감 – 대각선 오른쪽 아래)

▶ 도형 9 ⇒ 기본 도형 : '톱니바퀴2', 도형 채우기(그림 또는 질감 채우기) 기능을 사용하여 그림 3 삽입, 선 색(단색, 색 : '강조 2 주황'), 선 스타일(선 종류 : 실선, 굵기 : 4pt, 겹선 종류 : 이중), 도형 효과(그림자 – 바깥쪽 – 가운데)

▶ 워드숍 삽입(생활 속에서 지키는 개인정보) ⇒ '윤곽 – 강조 1, 그림자', 글자 효과(변환 – 휘기 – 원통 위), 글꼴(궁서, 30pt, 진하게, 그림자)

▶ 지시사항이 없는 부분은《출력형태》와 동일하게 작성하시오.

제 08 회 디지털정보활용능력 출제예상 모의고사

한컴오피스 한쇼 2022 버전용

- ☑ 시험과목 : 프리젠테이션(한쇼)
- ☑ 시험일자 : 20XX. XX. XX. (X)
- ☑ 응시자 기재사항 및 감독위원 확인

수 검 번 호	DIO – XXXX –	감독위원 확인
성 명		

· 응시자 유의사항 ·

1. 응시자는 신분증을 지참하여야 시험에 응시할 수 있으며, 시험이 종료될 때까지 신분증을 제시하지 못 할 경우 해당 시험은 0점 처리됩니다.
2. 시스템(PC작동여부, 네트워크 상태 등)의 이상여부를 반드시 확인하여야 하며, 시스템 이상이 있을 시 감독위원에게 조치를 받으셔야 합니다.
3. 시험 중 부주의 또는 고의로 시스템을 파손한 경우는 응시자 부담으로 합니다.
4. 답안 전송 프로그램을 통해 다운로드 받은 파일을 이용하여 답안파일을 작성하시기 바랍니다.
5. 작성한 답안 파일은 답안 전송 프로그램을 통하여 전송됩니다. 감독위원의 지시에 따라 주시기바랍니다.
6. 다음 사항의 경우 실격(0점) 혹은 부정행위 처리됩니다.
    1) 답안파일을 저장하지 않았거나, 저장한 파일이 손상되었을 경우
    2) 답안파일을 지정된 폴더(바탕화면 – "KAIT" 폴더)에 저장하지 않았을 경우
        ※ 답안 전송 프로그램 로그인 시 바탕화면에 자동 생성됨
    3) 답안파일을 다른 보조기억장치(USB) 혹은 네트워크(메신저, 게시판 등)로 전송할 경우
    4) 휴대용 전화기 등 통신기기를 사용할 경우
7. 슬라이드는 반드시 순서대로 작성해야 하며, 순서가 다를 경우 "0"점 처리됩니다.
8. 시험지에 제시된 글꼴이 응시 프로그램에 없는 경우, 반드시 감독위원에게 해당 내용을 통보한 뒤 조치를 받아야 합니다.
9. 슬라이드 작성 시 도형의 그룹설정을 사용하는 경우, 채점에서 감점 처리됩니다.
10. 시험의 완료는 작성이 완료된 답안을 저장하고, 답안전송이 완료된 상태를 확인한 것으로 합니다. 답안전송 확인 후 문제지는 감독위원에게 제출한 후 퇴실하여야 합니다.
11. 답안전송을 완료한 경우는 수정 또는 정정이 불가합니다.
12. 시험 시행 후 합격자 발표는 홈페이지(www.ihd.or.kr)에서 확인하시기를 바랍니다.
    ※ 합격자 발표 : 20XX. XX. XX. (X)

유의사항

- 《작성조건》을 준수하여 반드시 프리젠테이션 슬라이드로 작업합니다.
- 글꼴 및 기타 사항에 대해 별도의 지시사항이 없는 경우, 슬라이드 크기와 전체적인 균형을 고려하여 임의로 작성하되, 도형은 그룹으로 설정하지 않습니다.
- 새 프리젠테이션 만들기 – 한컴오피스, 쪽 설정(종류 – A4용지(210×297mm)), 슬라이드 방향(가로)로 지정합니다.
  - ▶ 슬라이드 크기, 방향 조정 시 '맞춤 확인'으로 지정하여야 합니다.
- 공통적용사항(슬라이드 마스터)
  - ▶ 도형 ⇒ 기본 도형 : '평행 사변형', 도형 스타일('밝은 계열 – 강조 1'), 글꼴(바탕, 22pt, 진하게, 기울임)
- 그림 삽입 시 다운로드 한 그림 파일을 반드시 사용하여야 합니다.
- ⌒⌒⌒ ➔ 은 지시사항이므로 작성하지 않습니다.
- 슬라이드에 제시된 글자 및 숫자 오타는 감점처리 됩니다.

슬라이드1 아래의 작성조건 및 출력형태에 알맞게 첫 번째 슬라이드에 작업하시오. (30점)

《출력형태》

《작성조건》

- ▶ 도형 1 ⇒ 사각형 : '양쪽 모서리가 잘린 사각형', 도형 채우기('강조 5 초록'), 선 색(단색, 색 : 초록), 선 스타일(선 종류 : 실선, 굵기 : 2pt, 겹선 종류 : 단순형), 도형 효과(반사 – 1/3 크기, 근접), 글꼴(궁서, 36pt, 그림자, 검정)
- ▶ 도형 2 ⇒ 기본 도형 : '해', 도형 채우기(노랑), 선 색(단색, 색 : 빨강), 선 스타일(선 종류 : 파선, 굵기 : 4.5pt, 겹선 종류 : 단순형), 도형 효과(반사 – '1/3 크기, 근접', 네온 – '강조색 2, 15 pt')
- ▶ 도형 3 ⇒ 기본 도형 : '달', 도형 스타일('어두운 계열 – 강조 4')
- ▶ 그림 삽입 ⇒ 그림 1 삽입, 크기(너비 : 70mm, 높이 : 70mm)
- ▶ 글상자(청정한 자연에서의 아름다운 풍경과 여유를) ⇒ 글꼴(궁서, 24pt, 진하게, 기울임)
- ▶ 애니메이션 지정 ⇒ 도형 1 : 나타내기 – 닦아내기
- ▶ 지시사항이 없는 부분은 《출력형태》와 동일하게 작성하시오.

슬라이드2 — 아래의 작성조건 및 출력형태에 알맞게 두 번째 슬라이드에 작업하시오. (50점)

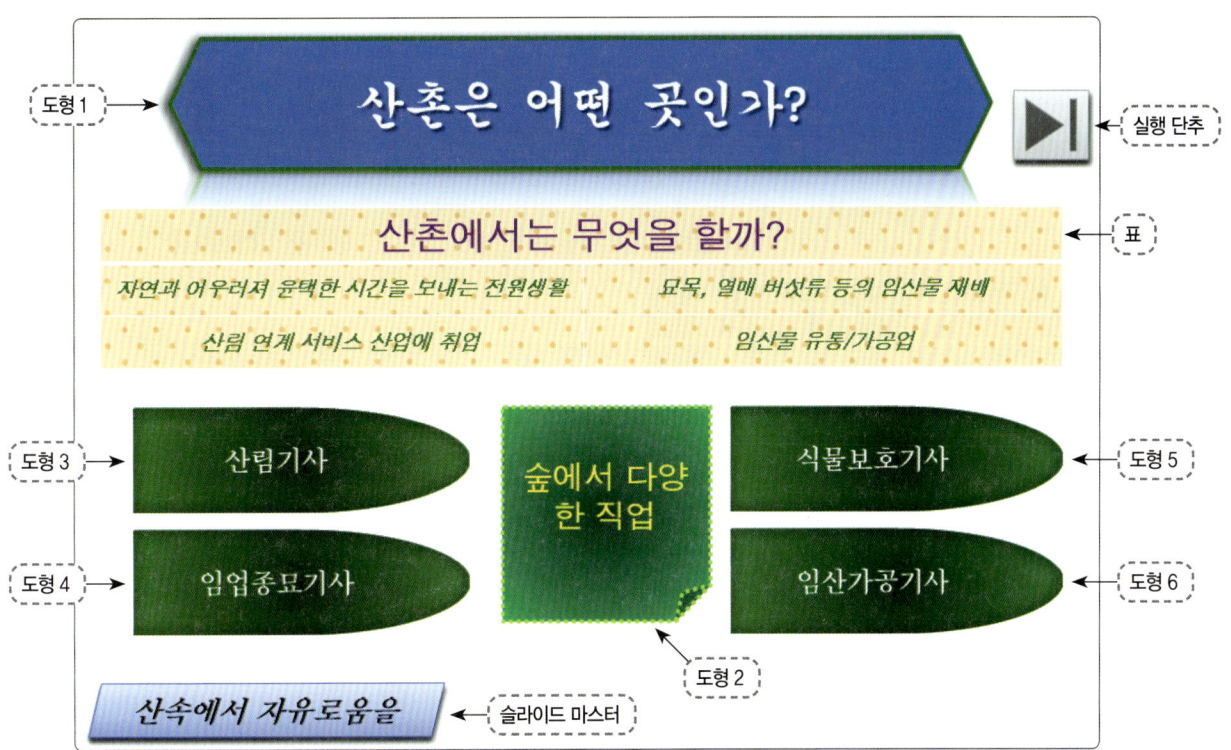

《작성조건》

(1) 제목

▶ 도형 1 ⇒ 기본 도형 : '육각형', 도형 채우기('강조 1 하늘색'), 선 색(단색, 색 : 초록), 선 스타일(선 종류 : 실선, 굵기 : 3pt, 겹선 종류 : 단순형), 도형 효과(그림자 – 바깥쪽 – 왼쪽, 반사 – '1/3 크기, 근접'), 글꼴(궁서체, 36pt, 진하게, 그림자)

(2) 본문

▶ 도형 2 ⇒ 기본 도형 : '모서리가 접힌 도형', 도형 채우기('강조 5 초록', 그러데이션 – 어두운 그러데이션 – 방사형 – 가운데에서), 선 색(단색, 색 : 밝은 연두색), 선 스타일(선 종류 : 점선, 굵기 : 3pt, 겹선 종류 : 단순형), 글꼴(돋움, 24pt, 진하게, 노랑)

▶ 도형 3~6 ⇒ 순서도 : '순서도: 지연', 도형 채우기(초록, 그러데이션 – 어두운 그러데이션 – 방사형 – 가운데에서), 선 없음, 도형 효과(그림자 – 안쪽 – 가운데), 글꼴(바탕, 20pt, 진하게)

▶ 실행 단추 ⇒ 실행 단추 : '실행 단추: 끝', 하이퍼링크 : 마지막 슬라이드, 도형 스타일('밝은 계열 – 강조 3')

▶ 표 ⇒ 채우기(질감 – 노란색 도트, 바둑판식 배열), 가장 위의 행 : 글꼴(돋움, 28pt, 진하게, 보라, 가운데 정렬, 가운데 맞춤), 나머지 행 : 글꼴(돋움, 16pt, 진하게, 기울임, 초록, 가운데 정렬, 가운데 맞춤)

▶ 애니메이션 지정 ⇒ 도형 2 : 나타내기 – 물결

▶ 지시사항이 없는 부분은《출력형태》와 동일하게 작성하시오.

슬라이드3 아래의 작성조건 및 출력형태에 알맞게 세 번째 슬라이드에 작업하시오. **(60점)**

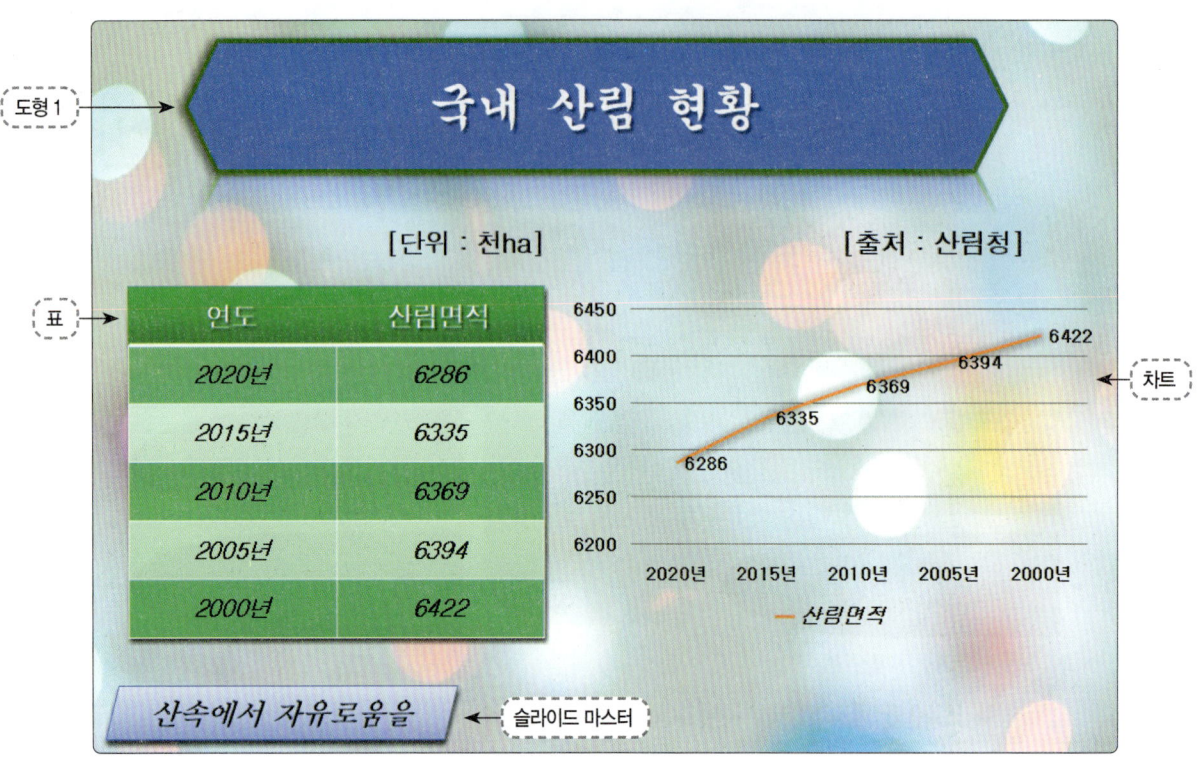

《작성조건》

(1) **제목**

▶ 도형 1 ⇒ 기본 도형 : '육각형', 도형 채우기('강조 1 하늘색'), 선 색(단색, 색 : 초록), 선 스타일(선 종류 : 실선, 굵기 : 3pt, 겹선 종류 : 단순형), 도형 효과(그림자 – 바깥쪽 – 왼쪽, 반사 – '1/3 크기, 근접'), 글꼴(궁서체, 36pt, 진하게, 그림자)

(2) **본문**

▶ 글 상자 1([단위 : 천ha]) ⇒ 글꼴(돋움, 20pt, 진하게)

▶ 표 ⇒ 표 스타일('일반 – 일반 스타일 1 – 강조 5'),
가장 위의 행 : 글꼴(돋움, 20pt, 진하게, 그림자, 가운데 정렬, 가운데 맞춤),
나머지 행 : 글꼴(돋움, 18pt, 진하게, 기울임, 가운데 정렬, 가운데 맞춤)

▶ 글 상자 2([출처 : 산림청]) ⇒ 글꼴(돋움, 20pt, 진하게)

▶ 차트 ⇒ 꺾은선형 : 꺾은선형, 차트 계열색('색상 조합 – 색3'),
차트 스타일(스타일7), 축 서식/자료점 이름표 서식 : 글꼴(굴림, 14pt, 진하게),
범례 서식 : 글꼴(굴림, 16pt, 진하게, 기울임), 데이터는 표 참고

▶ 배경 ⇒ 배경 속성(채우기 – 그림 또는 질감 채우기)에서 그림 2 삽입(현재 슬라이드만 적용)

▶ 애니메이션 지정 ⇒ 차트 : 나타내기 – 모자이크

▶ 지시사항이 없는 부분은《출력형태》와 동일하게 작성하시오.

슬라이드4 아래의 작성조건 및 출력형태에 알맞게 네 번째 슬라이드에 작업하시오. (60점)

《작성조건》

(1) **제목**

▶ 도형 1 ⇒ 기본 도형 : '육각형', 도형 채우기('강조 1 하늘색'), 선 색(단색, 색 : 초록), 선 스타일(선 종류 : 실선, 굵기 : 3pt, 겹선 종류 : 단순형), 도형 효과(그림자 – 바깥쪽 – 왼쪽, 반사 – '1/3 크기, 근접'), 글꼴(궁서체, 36pt, 진하게, 그림자)

(2) **본문**

▶ 도형 2~4 ⇒ 기본 도형 : '정육면체', 도형 채우기(주황, 그러데이션 – 어두운 그러데이션 – 선형 – 왼쪽에서), 선 없음, 도형 효과(반사 – '1/3 크기, 근접'), 글꼴(바탕, 20pt, 진하게, 노랑)

▶ 도형 5~7 ⇒ 기본 도형 : '십자형', 도형 채우기(질감 – 하늘색 줄무늬, 바둑판식 배열), 선 없음, 도형 효과(네온 – '강조색 3, 10 pt'), 글꼴(바탕, 20pt, 진하게, 검은 군청)

▶ 도형 8 ⇒ 블록 화살표 : '오른쪽 화살표', 도형 채우기(시안, 그러데이션 – 어두운 그러데이션 – 사각형 – 가운데에서), 선 없음, 도형 효과(그림자 – 안쪽 – 가운데)

▶ 도형 9 ⇒ 순서도 : '순서도: 천공 테이프', 도형 채우기(그림 또는 질감 채우기) 기능을 사용하여 그림 3 삽입, 선 색(단색, 색 : 빨강), 선 스타일(선 종류 : 점선, 굵기 : 1.5pt, 겹선 종류 : 단순형), 도형 효과(그림자 – 바깥쪽 – 가운데)

▶ 워드숍 삽입(나에게 맞는 자연에서 살기) ⇒ '윤곽 – 강조 6, 그림자', 글자 효과(변환 – 휘기 – 삼각형), 글꼴(궁서, 30pt, 진하게, 그림자)

▶ 지시사항이 없는 부분은《출력형태》와 동일하게 작성하시오.

제 09 회 디지털정보활용능력 출제예상 모의고사

☑ 시험과목 : 프리젠테이션(한쇼)
☑ 시험일자 : 20XX. XX. XX. (X)
☑ 응시자 기재사항 및 감독위원 확인

한컴오피스 한쇼 2022 버전용

수검번호	DIO - XXXX -	감독위원 확인
성 명		

· 응시자 유의사항 ·

1. 응시자는 신분증을 지참하여야 시험에 응시할 수 있으며, 시험이 종료될 때까지 신분증을 제시하지 못 할 경우 해당 시험은 0점 처리됩니다.
2. 시스템(PC작동여부, 네트워크 상태 등)의 이상여부를 반드시 확인하여야 하며, 시스템 이상이 있을 시 감독위원에게 조치를 받으셔야 합니다.
3. 시험 중 부주의 또는 고의로 시스템을 파손한 경우는 응시자 부담으로 합니다.
4. 답안 전송 프로그램을 통해 다운로드 받은 파일을 이용하여 답안파일을 작성하시기 바랍니다.
5. 작성한 답안 파일은 답안 전송 프로그램을 통하여 전송됩니다. 감독위원의 지시에 따라 주시기바랍니다.
6. 다음 사항의 경우 실격(0점) 혹은 부정행위 처리됩니다.
   1) 답안파일을 저장하지 않았거나, 저장한 파일이 손상되었을 경우
   2) 답안파일을 지정된 폴더(바탕화면 - "KAIT" 폴더)에 저장하지 않았을 경우
      ※ 답안 전송 프로그램 로그인 시 바탕화면에 자동 생성됨
   3) 답안파일을 다른 보조기억장치(USB) 혹은 네트워크(메신저, 게시판 등)로 전송할 경우
   4) 휴대용 전화기 등 통신기기를 사용할 경우
7. 슬라이드는 반드시 순서대로 작성해야 하며, 순서가 다를 경우 "0"점 처리됩니다.
8. 시험지에 제시된 글꼴이 응시 프로그램에 없는 경우, 반드시 감독위원에게 해당 내용을 통보한 뒤 조치를 받아야 합니다.
9. **슬라이드 작성 시 도형의 그룹설정을 사용하는 경우, 채점에서 감점 처리됩니다.**
10. 시험의 완료는 작성이 완료된 답안을 저장하고, 답안전송이 완료된 상태를 확인한 것으로 합니다. 답안전송 확인 후 문제지는 감독위원에게 제출한 후 퇴실하여야 합니다.
11. 답안전송을 완료한 경우는 수정 또는 정정이 불가합니다.
12. 시험 시행 후 합격자 발표는 홈페이지(www.ihd.or.kr)에서 확인하시기를 바랍니다.
    ※ 합격자 발표 : 20XX. XX. XX. (X)

한국정보통신진흥협회 KAIT

유의사항

- 《작성조건》을 준수하여 반드시 프리젠테이션 슬라이드로 작업합니다.
- 글꼴 및 기타 사항에 대해 별도의 지시사항이 없는 경우, 슬라이드 크기와 전체적인 균형을 고려하여 임의로 작성하되, 도형은 그룹으로 설정하지 않습니다.
- 새 프리젠테이션 만들기 – 한컴오피스, 쪽 설정(종류 – A4용지(210×297mm)), 슬라이드 방향(가로)로 지정합니다.
  ▶ 슬라이드 크기, 방향 조정 시 '맞춤 확인'으로 지정하여야 합니다.
- 공통적용사항(슬라이드 마스터)
  ▶ 도형 ⇒ 기본 도형 : '양쪽 중괄호', 도형 스타일('밝은 계열 – 강조 1'), 글꼴(바탕, 20pt, 진하게, 그림자)
- 그림 삽입 시 다운로드 한 그림 파일을 반드시 사용하여야 합니다.
- ⌐ ⌐ ⌐ → 은 지시사항이므로 작성하지 않습니다.
- 슬라이드에 제시된 글자 및 숫자 오타는 감점처리 됩니다.

슬라이드1 아래의 작성조건 및 출력형태에 알맞게 첫 번째 슬라이드에 작업하시오. (30점)

《출력형태》

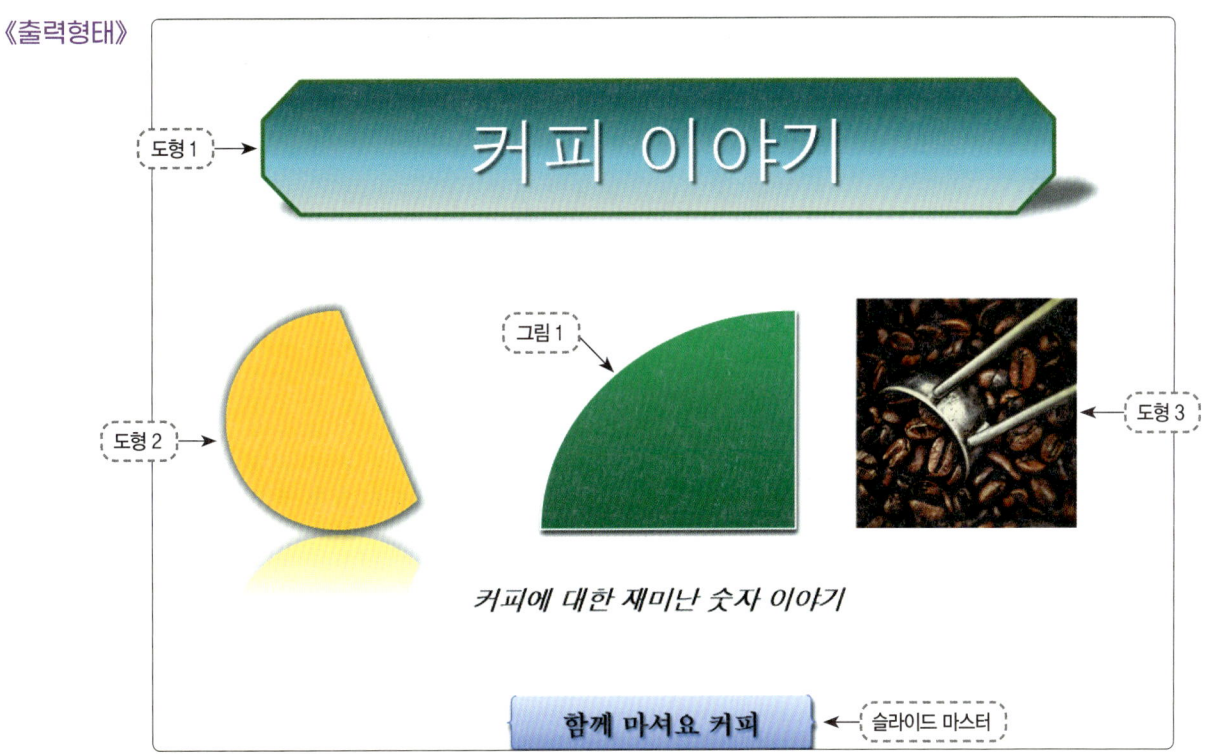

《작성조건》

▶ 도형 1 ⇒ 기본 도형 : '팔각형', 도형 채우기(그러데이션 : 유형 – 옥, 종류 – 선형, 방향 – 선형 – 위쪽에서), 선 색(단색, 색 : 초록), 선 스타일(선 종류 : 실선, 굵기 : 3pt, 겹선 종류 : 단순형), 도형 효과(그림자 – 원근감 – 대각선 오른쪽 위), 글꼴(돋움, 54pt, 그림자)
▶ 도형 2 ⇒ 기본 도형 : '현', 도형 채우기('강조 4 노랑'), 선 없음, 도형 효과(그림자 – 바깥쪽 – 가운데, 반사 – '1/3 크기, 4 pt')
▶ 도형 3 ⇒ 기본 도형 : '부채꼴', 도형 스타일('보통 효과 – 강조 5')
▶ 그림 삽입 ⇒ 그림 1 삽입, 크기(너비 : 60mm, 높이 : 60mm)
▶ 글상자(커피에 대한 재미난 숫자 이야기) ⇒ 글꼴(돋움, 20pt, 진하게, 기울임)
▶ 애니메이션 지정 ⇒ 도형 1 : 나타내기 – 닦아내기
▶ 지시사항이 없는 부분은 《출력형태》와 동일하게 작성하시오.

슬라이드2 — 아래의 작성조건 및 출력형태에 알맞게 두 번째 슬라이드에 작업하시오. (50점)

《작성조건》

(1) 제목

▶ 도형 1 ⇒ 순서도 : '순서도: 수동 입력', 도형 채우기(질감 – 벽돌, 바둑판식 배열), 선 색(단색, 색 : '강조 5 초록'), 선 스타일(선 종류 : 실선, 굵기 : 3pt, 겹선 종류 : 단순형), 도형 효과(그림자 – 안쪽 – 아래쪽, 반사 – '1/3 크기, 근접'), 글꼴(궁서, 48pt, 진하게, 그림자, '강조 6 보라')

(2) 본문

▶ 도형 2 ⇒ 기본 도형 : '사다리꼴', 도형 채우기('초록 25% 어둡게'), 그러데이션 – 어두운 그러데이션 – 방사형 – 가운데에서), 선 색(단색, 색 : 밝은 연두색), 선 스타일(선 종류 : 점선, 굵기 : 6pt, 겹선 종류 : 단순형), 글꼴(돋움, 22pt, 진하게, 노랑)

▶ 도형 3~6 ⇒ 기본 도형 : '육각형', 도형 채우기('강조 4 노랑'), 선 없음, 도형 효과(그림자 – 바깥쪽 – 아래쪽), 글꼴(돋움, 22pt, 진하게, 검은 군청)

▶ 실행 단추 ⇒ 실행 단추 : '실행 단추: 끝', 하이퍼링크 : 마지막 슬라이드, 도형 스타일('밝은 계열 – 강조 3')

▶ 표 ⇒ 채우기(질감 – 대리석, 바둑판식 배열),
　　가장 위의 행 : 글꼴(돋움, 28pt, 진하게, 초록, 가운데 정렬, 가운데 맞춤),
　　나머지 행 : 글꼴(돋움, 20pt, 진하게, 기울임, 가운데 정렬, 가운데 맞춤)

▶ 애니메이션 지정 ⇒ 표 : 나타내기 – 날아오기

▶ 지시사항이 없는 부분은《출력형태》와 동일하게 작성하시오.

슬라이드3 아래의 작성조건 및 출력형태에 알맞게 세 번째 슬라이드에 작업하시오. **(60점)**

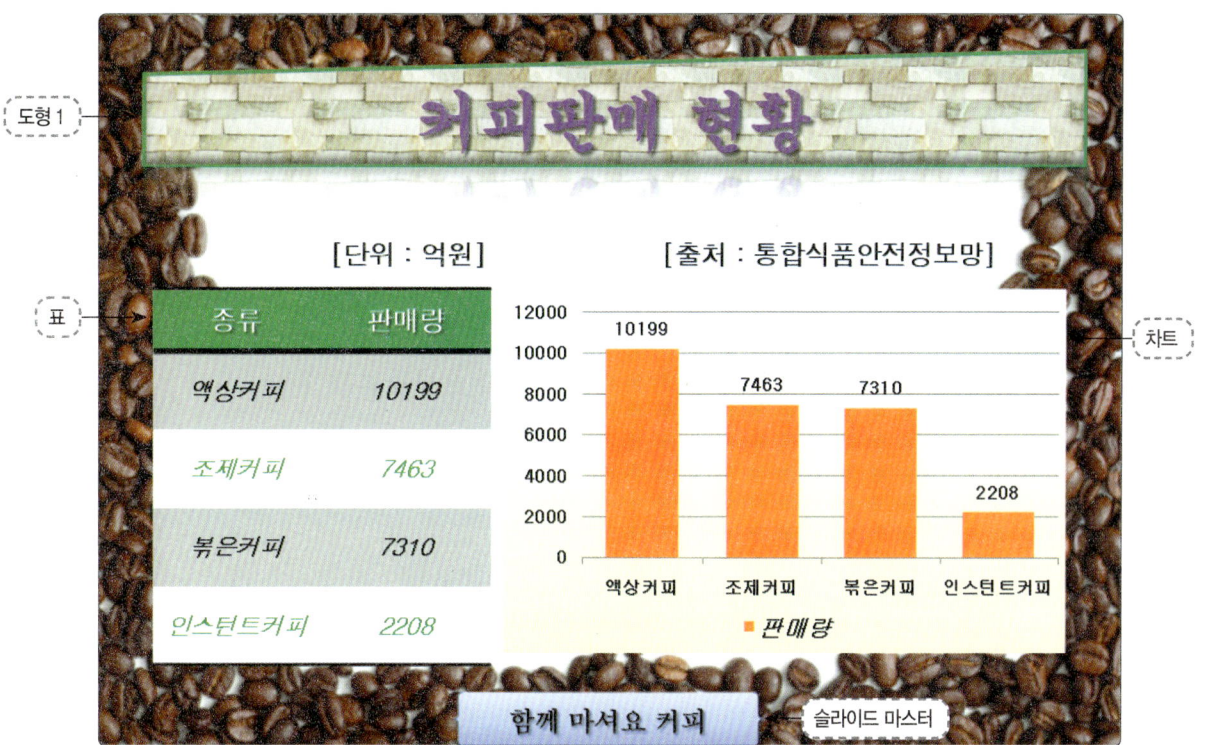

《작성조건》

(1) **제목**

▶ 도형 1 ⇒ 순서도 : '순서도: 수동 입력', 도형 채우기(질감 – 시멘트, 바둑판식 배열), 선 색(단색, 색 : '강조 5 초록'),
　　　　　선 스타일(선 종류 : 실선, 굵기 : 3pt, 겹선 종류 : 단순형), 도형 효과(그림자 – 안쪽 – 아래쪽,
　　　　　반사 – '1/3 크기, 근접'), 글꼴(궁서, 48pt, 진하게, 그림자,'강조 4 노랑')

(2) **본문**

▶ 글 상자 1([단위 : 억원]) ⇒ 글꼴(돋움, 20pt, 진하게)

▶ 표 ⇒ 표 스타일('보통 – 보통 스타일 3 – 강조 5'),
　　　　가장 위의 행 : 글꼴(돋움, 20pt, 진하게, 그림자, 가운데 정렬, 가운데 맞춤),
　　　　나머지 행 : 글꼴(돋움, 18pt, 진하게, 기울임, 가운데 정렬, 가운데 맞춤)

▶ 글 상자 2([출처 : 통합식품안전정보망]) ⇒ 글꼴(돋움, 20pt, 진하게)

▶ 차트 ⇒ 세로 막대형 : 묶은 세로 막대형, 차트 계열색('색상 조합 – 색3'),
　　　　차트 스타일(스타일5), 축 서식/자료점 이름표 서식 : 글꼴(굴림, 14pt, 진하게),
　　　　범례 서식 : 글꼴(굴림, 18pt, 진하게, 기울임), 데이터는 표 참고

▶ 배경 ⇒ 배경 속성(채우기 – 그림 또는 질감 채우기)에서 그림 2 삽입(현재 슬라이드만 적용)

▶ 애니메이션 지정 ⇒ 차트 : 나타내기 – 블라인드

▶ 지시사항이 없는 부분은《출력형태》와 동일하게 작성하시오.

슬라이드4 아래의 작성조건 및 출력형태에 알맞게 네 번째 슬라이드에 작업하시오. (60점)

《작성조건》

(1) **제목**

▶ 도형 1 ⇒ 순서도 : '순서도: 수동 입력', 도형 채우기(질감 - 시멘트, 바둑판식 배열), 선 색(단색, 색 : '강조 5 초록'),
　　선 스타일(선 종류 : 실선, 굵기 : 3pt, 겹선 종류 : 단순형), 도형 효과(그림자 - 안쪽 - 아래쪽,
　　반사 - '1/3 크기, 근접'), 글꼴(궁서, 48pt, 진하게, 그림자, '강조 4 노랑')

(2) **본문**

▶ 도형 2~4 ⇒ 기본 도형 : '모서리가 접힌 도형', 도형 채우기(밝은 연두색), 선 없음,
　　도형 효과(네온 - '강조색 2, 10 pt'), 글꼴(돋움, 20pt, 진하게, 검은 군청)

▶ 도형 5~7 ⇒ 기본 도형 : '배지', 도형 채우기('초록 40% 밝게', 그러데이션 - 밝은 그러데이션 - 선형 -
　　아래쪽에서), 선 없음, 도형 효과(반사 - '1/3 크기, 근접'), 글꼴(돋움, 20pt, 진하게, 검정)

▶ 도형 8 ⇒ 기본 도형 : '대각선 줄무늬', 도형 채우기(빨강, 그러데이션 - 어두운 그러데이션 - 사각형 -
　　가운데에서), 선 없음, 도형 효과(그림자 - 원근감 - 대각선 오른쪽 위)

▶ 도형 9 ⇒ 기본 도형 : '원통', 도형 채우기(그림 또는 질감 채우기) 기능을 사용하여 그림 3 삽입,
　　선 색(단색, 색 : '강조 3 시멘트색'), 선 스타일(선 종류 : 실선, 굵기 : 3pt, 겹선 종류 : 이중),
　　도형 효과(그림자 - 바깥쪽 - 가운데)

▶ 워드숍 삽입(센스 있게 커피를 마셔 보아요!) ⇒ '윤곽 - 강조 5, 그림자',
　　글자 효과(변환 - 휘기 - 이중 물결 2), 글꼴(궁서, 30pt, 진하게, 그림자)

▶ 지시사항이 없는 부분은《출력형태》와 동일하게 작성하시오.

제 10 회 디지털정보활용능력 출제예상 모의고사

한컴오피스 한쇼 2022 버전용

☑ 시험과목 : 프리젠테이션(한쇼)
☑ 시험일자 : 20XX. XX. XX. (X)
☑ 응시자 기재사항 및 감독위원 확인

수검번호	DIO - XXXX -	감독위원 확인
성 명		

· 응시자 유의사항 ·

1. 응시자는 신분증을 지참하여야 시험에 응시할 수 있으며, 시험이 종료될 때까지 신분증을 제시하지 못 할 경우 해당 시험은 0점 처리됩니다.
2. 시스템(PC작동여부, 네트워크 상태 등)의 이상여부를 반드시 확인하여야 하며, 시스템 이상이 있을 시 감독위원에게 조치를 받으셔야 합니다.
3. 시험 중 부주의 또는 고의로 시스템을 파손한 경우는 응시자 부담으로 합니다.
4. 답안 전송 프로그램을 통해 다운로드 받은 파일을 이용하여 답안파일을 작성하시기 바랍니다.
5. 작성한 답안 파일은 답안 전송 프로그램을 통하여 전송됩니다. 감독위원의 지시에 따라 주시기바랍니다.
6. 다음 사항의 경우 실격(0점) 혹은 부정행위 처리됩니다.
    1) 답안파일을 저장하지 않았거나, 저장한 파일이 손상되었을 경우
    2) 답안파일을 지정된 폴더(바탕화면 - "KAIT" 폴더)에 저장하지 않았을 경우
        ※ 답안 전송 프로그램 로그인 시 바탕화면에 자동 생성됨
    3) 답안파일을 다른 보조기억장치(USB) 혹은 네트워크(메신저, 게시판 등)로 전송할 경우
    4) 휴대용 전화기 등 통신기기를 사용할 경우
7. 슬라이드는 반드시 순서대로 작성해야 하며, 순서가 다를 경우 "0"점 처리됩니다.
8. 시험지에 제시된 글꼴이 응시 프로그램에 없는 경우, 반드시 감독위원에게 해당 내용을 통보한 뒤 조치를 받아야 합니다.
9. 슬라이드 작성 시 도형의 그룹설정을 사용하는 경우, 채점에서 감점 처리됩니다.
10. 시험의 완료는 작성이 완료된 답안을 저장하고, 답안전송이 완료된 상태를 확인한 것으로 합니다. 답안전송 확인 후 문제지는 감독위원에게 제출한 후 퇴실하여야 합니다.
11. 답안전송을 완료한 경우는 수정 또는 정정이 불가합니다.
12. 시험 시행 후 합격자 발표는 홈페이지(www.ihd.or.kr)에서 확인하시기를 바랍니다.
    ※ 합격자 발표 : 20XX. XX. XX. (X)

유의사항

- 《작성조건》을 준수하여 반드시 프리젠테이션 슬라이드로 작업합니다.
- 글꼴 및 기타 사항에 대해 별도의 지시사항이 없는 경우, 슬라이드 크기와 전체적인 균형을 고려하여 임의로 작성하되, 도형은 그룹으로 설정하지 않습니다.
- 새 프리젠테이션 만들기 – 한컴오피스, 쪽 설정(종류 – A4용지(210×297mm)), 슬라이드 방향(가로)로 지정합니다.
  ▶ 슬라이드 크기, 방향 조정 시 '맞춤 확인'으로 지정하여야 합니다.
- 공통적용사항(슬라이드 마스터)
  ▶ 도형 ⇒ 기본 도형 : '평행 사변형', 도형 스타일('강한 효과 – 강조 2'), 글꼴(굴림, 25pt, 진하게, 노랑)
- 그림 삽입 시 다운로드 한 그림 파일을 반드시 사용하여야 합니다.
- ⬚⟶ 은 지시사항이므로 작성하지 않습니다.
- 슬라이드에 제시된 글자 및 숫자 오타는 감점처리 됩니다.

슬라이드1 아래의 작성조건 및 출력형태에 알맞게 첫 번째 슬라이드에 작업하시오. (30점)

《출력형태》

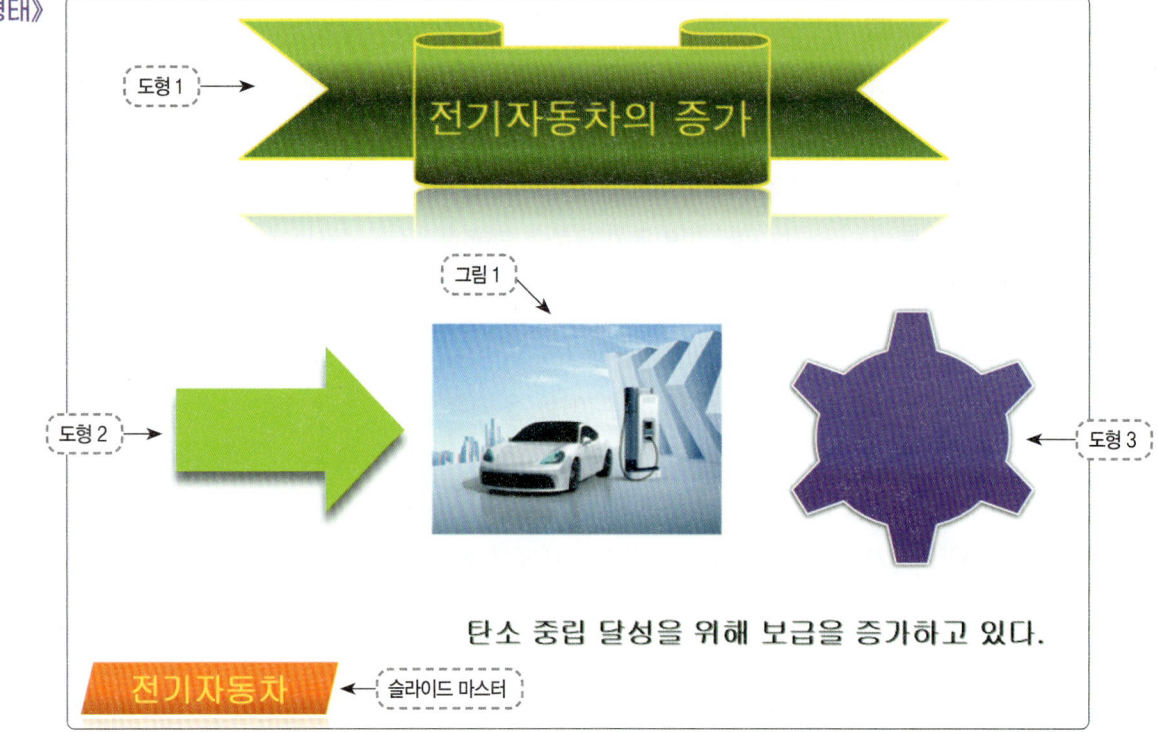

《작성조건》

▶ 도형 1 ⇒ 별 및 현수막 : '아래쪽 리본', 도형 채우기(그러데이션 : 유형 – 청동, 종류 – 선형, 방향 – 선형 – 위쪽에서), 선 색(단색, 색 : 노랑), 선 스타일(선 종류 : 실선, 굵기 : 2pt, 겹선 종류 : 단순형), 도형 효과(반사 – '1/3 크기, 근접'), 글꼴(돋움, 30pt, 진하게, 노랑)

▶ 도형 2 ⇒ 블록 화살표 : '오른쪽 화살표', 도형 채우기(밝은 연두색), 선 없음, 도형 효과(그림자 – 바깥쪽 – 아래쪽)

▶ 도형 3 ⇒ 기본 도형 : '톱니바퀴1', 도형 스타일('보통 효과 – 강조 6')

▶ 그림 삽입 ⇒ 그림 1 삽입, 크기(너비 : 78mm, 높이 : 55mm)

▶ 글상자 (탄소 중립 달성을 위해 보급을 증가하고 있다.) ⇒ 글꼴(굴림, 22pt, 진하게)

▶ 애니메이션 지정 ⇒ 도형 1 : 나타내기 – 날아오기

▶ 지시사항이 없는 부분은 《출력형태》와 동일하게 작성하시오.

슬라이드2 아래의 작성조건 및 출력형태에 알맞게 두 번째 슬라이드에 작업하시오. (50점)

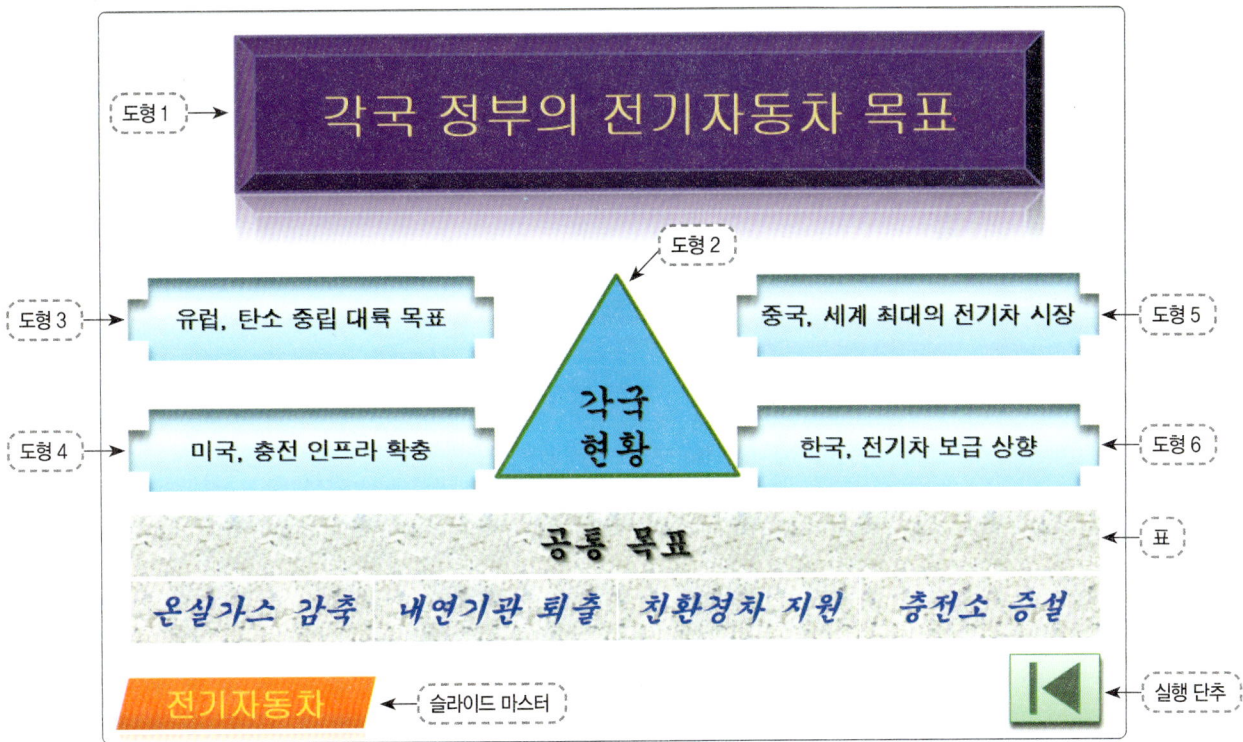

《작성조건》

(1) **제목**

▶ 도형 1 ⇒ 기본 도형 : '빗면', 도형 채우기(보라), 선 색(단색, 색 : '강조 6 보라'), 선 스타일(선 종류 : 실선, 굵기 : 2pt, 겹선 종류 : 단순형), 도형 효과(그림자 – 안쪽 – 가운데, 반사 – '1/3 크기, 근접'), 글꼴(굴림, 38pt, 진하게, '노랑 60% 밝게')

(2) **본문**

▶ 도형 2 ⇒ 기본 도형 : '이등변 삼각형', 도형 채우기(시안), 선 색(단색, 색 : 초록), 선 스타일(선 종류 : 실선, 굵기 : 3pt, 겹선 종류 : 단순형), 글꼴(궁서 28pt, 검정)

▶ 도형 3~6 ⇒ 기본 도형 : '십자형', 도형 채우기(그레이션 : 유형 – 솜사탕 2, 종류 – 선형, 방향 – 선형 – 아래쪽에서), 선 없음, 도형 효과(그림자 – 안쪽 – 위쪽), 글꼴(돋움, 18pt, 진하게, 검정)

▶ 실행 단추 ⇒ 실행 단추 : '실행 단추: 시작', 하이퍼링크 : 첫째 슬라이드, 도형 스타일('밝은 계열 – 강조 5')

▶ 표 ⇒ 채우기(질감 – 대리석, 바둑판식 배열),
가장 위의 행 : 글꼴(궁서체, 26pt, 진하게, 그림자, 검정, 가운데 정렬, 가운데 맞춤),
나머지 행 : 글꼴(궁서체, 24pt, 진하게, 기울임, 파랑, 가운데 정렬, 가운데 맞춤)

▶ 애니메이션 지정 ⇒ 도형 2 : 나타내기 – 모자이크

▶ 지시사항이 없는 부분은《출력형태》와 동일하게 작성하시오.

슬라이드3 아래의 작성조건 및 출력형태에 알맞게 세 번째 슬라이드에 작업하시오. **(60점)**

《작성조건》

(1) 제목

▶ 도형 1 ⇒ 기본 도형 : '빗면', 도형 채우기(보라), 선 색(단색, 색 : '강조 6 보라'), 선 스타일(선 종류 : 실선, 굵기 : 2pt, 겹선 종류 : 단순형), 도형 효과(그림자 – 안쪽 – 가운데, 반사 – '1/3 크기, 근접'), 글꼴(굴림, 38pt, 진하게, '노랑 60% 밝게')

(2) 본문

▶ 글 상자 1([단위 : %]) ⇒ 글꼴(굴림, 20pt, 진하게)

▶ 표 ⇒ 표 스타일(보통 스타일 3 – 강조 1),
　　　가장 위의 행 : 글꼴(돋움, 20pt, 진하게, 그림자, 가운데 정렬, 가운데 맞춤),
　　　나머지 행 : 글꼴(돋움, 20pt, 진하게, 기울임, 가운데 정렬, 가운데 맞춤)

▶ 글 상자 2([출처 : IEA]) ⇒ 글꼴(굴림, 20pt, 진하게)

▶ 차트 ⇒ 꺾은선형 : 꺾은선형, 차트 계열색('색상 조합 – 색2'),
　　　차트 스타일(스타일3), 축 서식/자료점 이름표 서식 : 글꼴(돋움, 14pt, 진하게),
　　　범례 서식 : 글꼴(돋움, 16pt, 진하게, 기울임), 데이터는 표 참고

▶ 배경 ⇒ 배경 속성(채우기 – 그림 또는 질감 채우기)에서 그림 2 삽입(현재 슬라이드만 적용)

▶ 애니메이션 지정 ⇒ 차트 : 나타내기 – 블라인드

▶ 지시사항이 없는 부분은 《출력형태》와 동일하게 작성하시오.

슬라이드4 아래의 작성조건 및 출력형태에 알맞게 네 번째 슬라이드에 작업하시오. (60점)

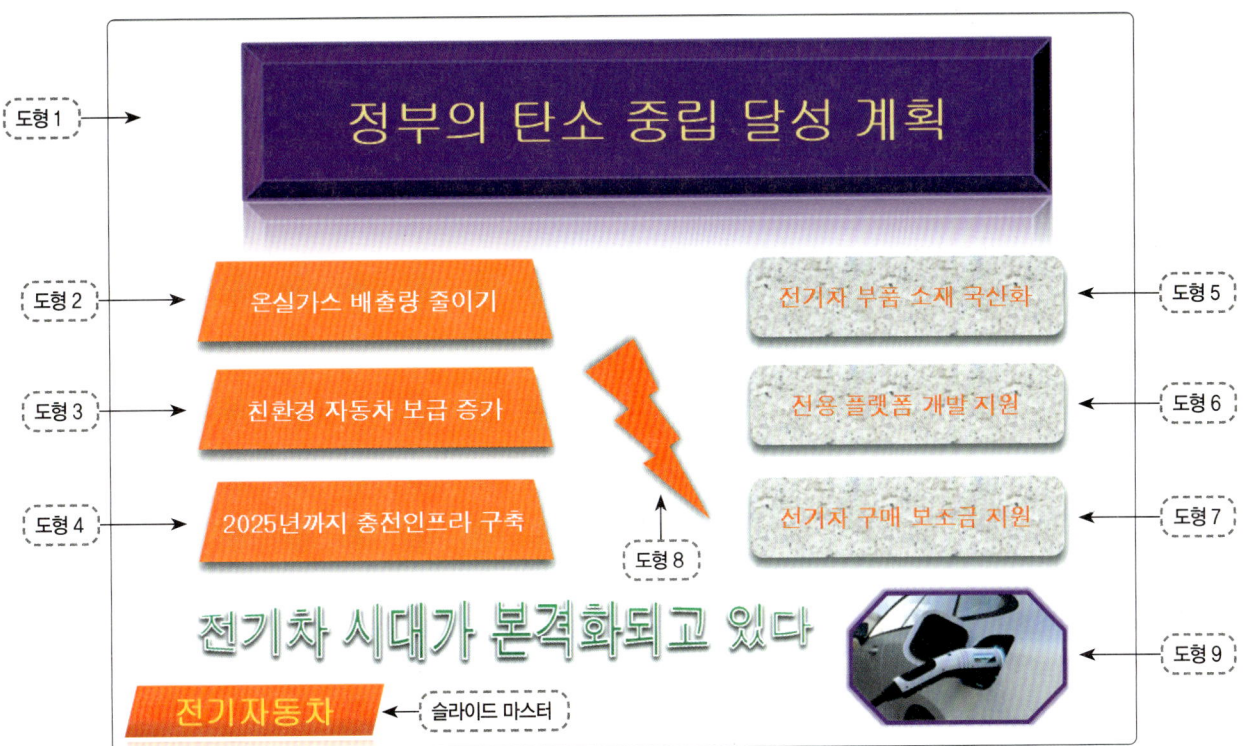

《작성조건》

(1) **제목**

▶ 도형 1 ⇒ 기본 도형 : '빗면', 도형 채우기(보라), 선 색(단색, 색 : '강조 6 보라'), 선 스타일(선 종류 : 실선, 굵기 : 2pt, 겹선 종류 : 단순형), 도형 효과(그림자 - 안쪽 - 가운데, 반사 - '1/3 크기, 근접'), 글꼴(굴림, 38pt, 진하게, '노랑 60% 밝게')

(2) **본문**

▶ 도형 2~4 ⇒ 기본 도형 : '사다리꼴', 도형 채우기('강조 2 주황'), 선 없음, 도형 효과(그림자 - 바깥쪽 - 아래쪽), 글꼴(돋움, 18pt, 진하게)

▶ 도형 5~7 ⇒ 순서도 : '순서도: 대체 처리', 도형 채우기(질감 - 대리석, 바둑판식 배열), 선 없음, 도형 효과(그림자 - 바깥쪽 - 아래쪽), 글꼴(돋움, 18pt, 진하게, 주황)

▶ 도형 8 ⇒ 기본 도형 : '번개', 도형 채우기(주황), 선 없음, 도형 효과(그림자 - 바깥쪽 - 가운데)

▶ 도형 9 ⇒ 기본 도형 : '팔각형', 도형 채우기(그림) 기능을 사용하여 그림 3 삽입, 선 색(단색, 색 : 보라), 선 스타일(선 종류: 실선, 굵기 : 3pt, 겹선 종류 : 단순형), 도형 효과(네온 - '강조색 6, 5 pt')

▶ 워드숍 삽입(전기차 시대가 본격화되고 있다) ⇒ '채우기 - 강조 5(그러데이션), 윤곽 - 밝은 색 1', 글자 효과(변환 - 휘기 - 팽창), 글꼴(돋움, 32pt, 진하게, 그림자)

▶ 지시사항이 없는 부분은 《출력형태》와 동일하게 작성하시오.

제 11 회 디지털정보활용능력 출제예상 모의고사

☑ 시험과목 : 프리젠테이션(한쇼)
☑ 시험일자 : 20XX. XX. XX. (X)
☑ 응시자 기재사항 및 감독위원 확인

한컴오피스 한쇼 2022 버전용

수검번호	DIO – XXXX –	감독위원 확인
성 명		

·응시자 유의사항·

1. 응시자는 신분증을 지참하여야 시험에 응시할 수 있으며, 시험이 종료될 때까지 신분증을 제시하지 못 할 경우 해당 시험은 0점 처리됩니다.

2. 시스템(PC작동여부, 네트워크 상태 등)의 이상여부를 반드시 확인하여야 하며, 시스템 이상이 있을 시 감독위원에게 조치를 받으셔야 합니다.

3. 시험 중 부주의 또는 고의로 시스템을 파손한 경우는 응시자 부담으로 합니다.

4. 답안 전송 프로그램을 통해 다운로드 받은 파일을 이용하여 답안파일을 작성하시기 바랍니다.

5. 작성한 답안 파일은 답안 전송 프로그램을 통하여 전송됩니다. 감독위원의 지시에 따라 주시기바랍니다.

6. 다음 사항의 경우 실격(0점) 혹은 부정행위 처리됩니다.
   1) 답안파일을 저장하지 않았거나, 저장한 파일이 손상되었을 경우
   2) 답안파일을 지정된 폴더(바탕화면 – "KAIT" 폴더)에 저장하지 않았을 경우
      ※ 답안 전송 프로그램 로그인 시 바탕화면에 자동 생성됨
   3) 답안파일을 다른 보조기억장치(USB) 혹은 네트워크(메신저, 게시판 등)로 전송할 경우
   4) 휴대용 전화기 등 통신기기를 사용할 경우

7. 슬라이드는 반드시 순서대로 작성해야 하며, 순서가 다를 경우 "0"점 처리됩니다.

8. 시험지에 제시된 글꼴이 응시 프로그램에 없는 경우, 반드시 감독위원에게 해당 내용을 통보한 뒤 조치를 받아야 합니다.

9. 슬라이드 작성 시 도형의 그룹설정을 사용하는 경우, 채점에서 감점 처리됩니다.

10. 시험의 완료는 작성이 완료된 답안을 저장하고, 답안전송이 완료된 상태를 확인한 것으로 합니다. 답안전송 확인 후 문제지는 감독위원에게 제출한 후 퇴실하여야 합니다.

11. 답안전송을 완료한 경우는 수정 또는 정정이 불가합니다.

12. 시험 시행 후 합격자 발표는 홈페이지(www.ihd.or.kr)에서 확인하시기를 바랍니다.
    ※ 합격자 발표 : 20XX. XX. XX. (X)

유의사항

- 《작성조건》을 준수하여 반드시 프리젠테이션 슬라이드로 작업합니다.
- 글꼴 및 기타 사항에 대해 별도의 지시사항이 없는 경우, 슬라이드 크기와 전체적인 균형을 고려하여 임의로 작성하되, 도형은 그룹으로 설정하지 않습니다.
- 새 프리젠테이션 만들기 – 한컴오피스, 쪽 설정(종류 – A4용지(210×297mm)), 슬라이드 방향(가로)로 지정합니다.
  ▶ 슬라이드 크기, 방향 조정 시 '맞춤 확인'으로 지정하여야 합니다.
- 공통적용사항(슬라이드 마스터)
  ▶ 도형 ⇒ 기본 도형 : '정오각형', 도형 스타일('어두운 계열 – 강조 3'), 글꼴(바탕, 20pt, 진하게, 그림자)
- 그림 삽입 시 다운로드 한 그림 파일을 반드시 사용하여야 합니다.
- ⬚ ⟶ 은 지시사항이므로 작성하지 않습니다.
- 슬라이드에 제시된 글자 및 숫자 오타는 감점처리 됩니다.

슬라이드1 아래의 작성조건 및 출력형태에 알맞게 첫 번째 슬라이드에 작업하시오. 〔30점〕

《출력형태》

《작성조건》

▶ 도형 1 ⇒ 기본 도형 : '양쪽 대괄호', 도형 채우기(그러데이션 : 유형 – 막대 사탕, 종류 – 선형, 방향 – 선형 – 아래쪽에서), 선 색(단색, 색 : 초록), 선 스타일(선 종류 : 실선, 굵기 : 3pt, 겹선 종류 : 단순형), 도형 효과(그림자 – 원근감 – 대각선 왼쪽 위), 글꼴(궁서, 40pt, 그림자, 노랑)

▶ 도형 2 ⇒ 블록 화살표 : '오른쪽 화살표 설명선', 도형 채우기('강조 2 주황'), 선 없음, 도형 효과(그림자 – 바깥쪽 – 가운데, 반사 – '1/3 크기, 4 pt')

▶ 도형 3 ⇒ 기본 도형 : '톱니바퀴1', 도형 스타일('테두리 – 강조 5, 채우기 없음')

▶ 그림 삽입 ⇒ 그림 1 삽입, 크기(너비 : 60mm, 높이 : 60mm)

▶ 글상자(건강한 생활과 정기 검진으로 예방하자) ⇒ 글꼴(돋움, 20pt, 진하게, 밑줄)

▶ 애니메이션 지정 ⇒ 도형 1 : 나타내기 – 닦아내기

▶ 지시사항이 없는 부분은 《출력형태》와 동일하게 작성하시오.

| 슬라이드2 | 아래의 작성조건 및 출력형태에 알맞게 두 번째 슬라이드에 작업하시오. (50점) |

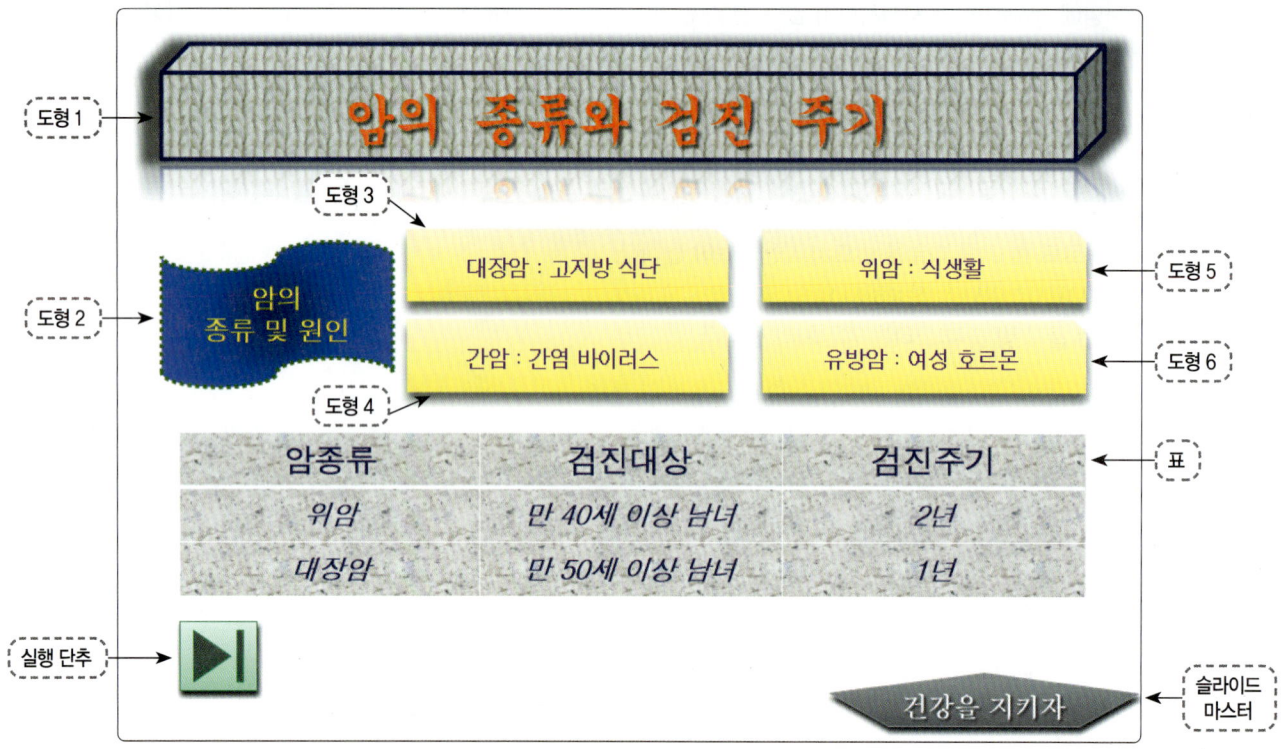

《작성조건》

(1) **제목**

▶ 도형 1 ⇒ 기본 도형 : '정육면체', 도형 채우기(질감 – 흰색 겉뜨기 스웨터, 바둑판식 배열), 선 색(단색, 색 : 검은 군청), 선 스타일(선 종류 : 실선, 굵기 : 3pt, 겹선 종류 : 단순형), 도형 효과(그림자 – 바깥쪽 – 가운데, 반사 – '1/3 크기, 4pt'), 글꼴(궁서체, 40pt, 진하게, 그림자, 주황)

(2) **본문**

▶ 도형 2 ⇒ 순서도 : '순서도: 천공 테이프', 도형 채우기('강조 1 하늘색', 그러데이션 – 어두운 그러데이션 – 방사형 – 가운데에서), 선 색(단색, 색 : 초록), 선 스타일(선 종류 : 점선, 굵기 : 3pt, 겹선 종류 : 단순형), 글꼴(돋움, 20pt, 진하게, 노랑)

▶ 도형 3~6 ⇒ 사각형 : '한쪽 모서리가 잘린 사각형', 도형 채우기('강조 4 노랑', 그러데이션 – 밝은 그러데이션 – 선형 – 아래쪽에서), 선 없음, 도형 효과(그림자 – 바깥쪽 – 아래쪽), 글꼴(돋움, 16pt, 진하게, 보라)

▶ 실행 단추 ⇒ 실행 단추 : '실행 단추: 끝', 하이퍼링크 : 마지막 슬라이드, 도형 스타일('밝은 계열 – 강조 5')

▶ 표 ⇒ 채우기(질감 – 대리석, 바둑판식 배열),
가장 위의 행 : 글꼴(돋움, 24pt, 진하게, 검은 군청, 가운데 정렬, 가운데 맞춤),
나머지 행 : 글꼴(돋움, 20pt, 진하게, 기울임, 검은 군청, 가운데 정렬, 가운데 맞춤)

▶ 애니메이션 지정 ⇒ 표 : 나타내기 – 날아오기

▶ 지시사항이 없는 부분은 《출력형태》와 동일하게 작성하시오.

슬라이드3   아래의 작성조건 및 출력형태에 알맞게 세 번째 슬라이드에 작업하시오. **(60점)**

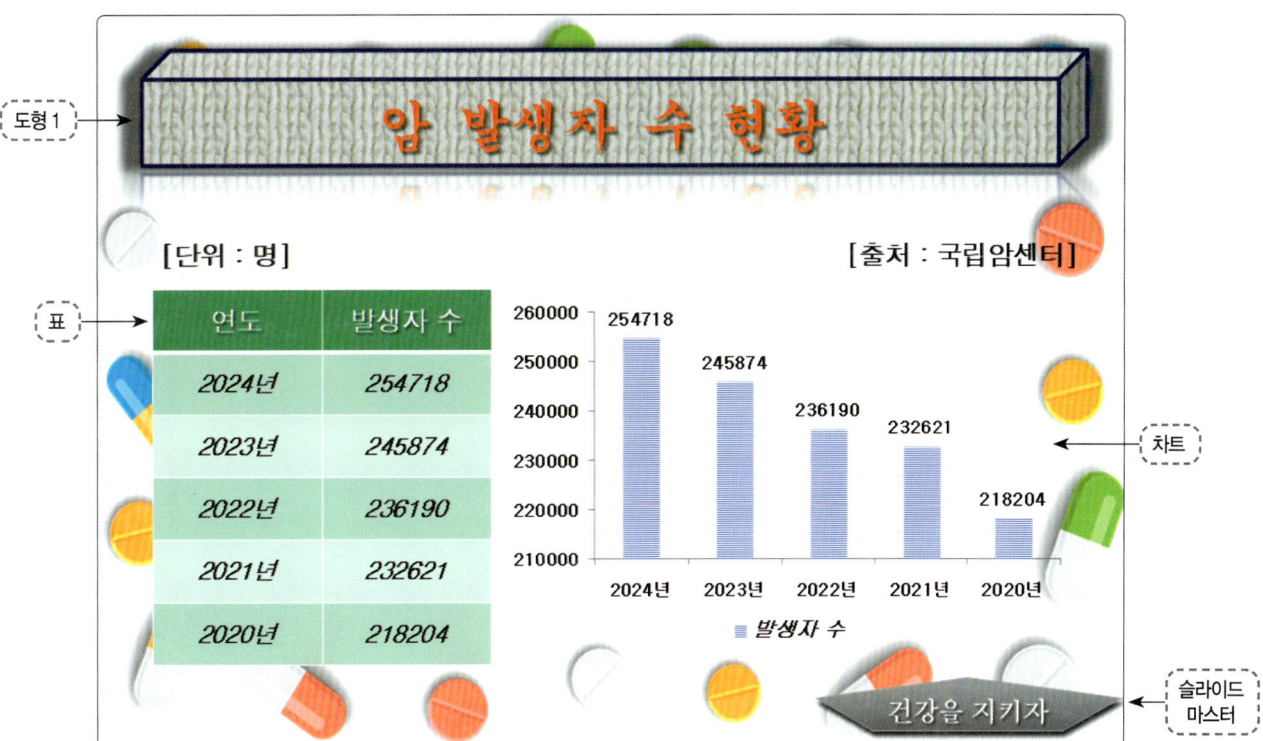

《작성조건》

(1) 제목

▶ 도형 1 ⇒ 기본 도형 : '정육면체', 도형 채우기(질감 - 금속, 바둑판식 배열), 선 색(단색, 색 : 검은 군청), 선 스타일(선 종류 : 실선, 굵기 : 3pt, 겹선 종류 : 단순형), 도형 효과(그림자 - 바깥쪽 - 가운데, 반사 - '1/3 크기, 4pt'), 글꼴(궁서체, 40pt, 진하게, 그림자, '강조 4 노랑')

(2) 본문

▶ 글 상자 1([단위 : 명]) ⇒ 글꼴(돋움, 20pt, 진하게)

▶ 표 ⇒ 표 스타일('보통 - 보통 스타일 1 - 강조 5'),
　　가장 위의 행 : 글꼴(돋움, 20pt, 진하게, 그림자, 가운데 정렬, 가운데 맞춤),
　　나머지 행 : 글꼴(돋움, 18pt, 진하게, 기울임, 가운데 정렬, 가운데 맞춤)

▶ 글 상자 2([출처 : 국립암센터]) ⇒ 글꼴(돋움, 20pt, 진하게)

▶ 차트 ⇒ 세로 막대형 : 묶은 세로 막대형, 차트 계열색('색상 조합 - 색2'),
　　차트 스타일(스타일4), 축 서식/자료점 이름표 서식 : 글꼴(굴림, 14pt, 진하게),
　　범례 서식 : 글꼴(굴림, 16pt, 진하게, 기울임), 데이터는 표 참고

▶ 배경 ⇒ 배경 속성(채우기 - 그림 또는 질감 채우기)에서 그림 2 삽입(현재 슬라이드만 적용)

▶ 애니메이션 지정 ⇒ 차트 : 나타내기 - 블라인드

▶ 지시사항이 없는 부분은 《출력형태》와 동일하게 작성하시오.

슬라이드4 아래의 작성조건 및 출력형태에 알맞게 네 번째 슬라이드에 작업하시오. (60점)

《작성조건》

(1) **제목**

▶ 도형 1 ⇒ 기본 도형 : '정육면체', 도형 채우기(질감 - 금속, 바둑판식 배열), 선 색(단색, 색 : 검은 군청),
  선 스타일(선 종류 : 실선, 굵기 : 3pt, 겹선 종류 : 단순형), 도형 효과(그림자 - 바깥쪽 - 가운데,
  반사 - '1/3 크기, 4pt'), 글꼴(궁서체, 40pt, 진하게, 그림자, '강조 4 노랑')

(2) **본문**

▶ 도형 2~4 ⇒ 기본 도형 : '십자형', 도형 채우기(시안, 그러데이션 - 밝은 그러데이션 - 선형 - 오른쪽에서),
  선 없음, 도형 효과(반사 - '1/2 크기, 근접'), 글꼴(바탕, 20pt, 진하게, '초록 50% 어둡게')

▶ 도형 5~7 ⇒ 기본 도형 : '빗면', 도형 채우기(질감 - 대리석, 바둑판식 배열), 선 없음,
  도형 효과(네온 - '강조색 2, 10 pt'), 글꼴(바탕, 18pt, 진하게, 검은 군청)

▶ 도형 8 ⇒ 기본 도형 : '하트', 도형 채우기(주황, 그러데이션 - 어두운 그러데이션 - 방사형 - 가운데에서),
  선 없음, 도형 효과(그림자 - 원근감 - 대각선 오른쪽 아래)

▶ 도형 9 ⇒ 기본 도형 : '구름', 도형 채우기(그림 또는 질감 채우기) 기능을 사용하여 그림 3 삽입,
  선 색(단색, 색 : '강조 2 주황'), 선 스타일(선 종류 : 실선, 굵기 : 4pt, 겹선 종류 : 이중),
  도형 효과(그림자 - 바깥쪽 - 가운데)

▶ 워드숍 삽입(생활 속에서 실천하는 건강관리) ⇒ '윤곽 - 강조 1, 그림자', 글자 효과(변환 - 휘기 - 원통 위),
  글꼴(궁서, 30pt, 진하게, 그림자)

▶ 지시사항이 없는 부분은 《출력형태》와 동일하게 작성하시오.

제 12 회 디지털정보활용능력 출제예상 모의고사

☑ 시험과목 : 프리젠테이션(한쇼)
☑ 시험일자 : 20XX. XX. XX. (X)
☑ 응시자 기재사항 및 감독위원 확인

한컴오피스 한쇼 2022 버전용

수검번호	DIO - XXXX -	감독위원 확인
성 명		

· 응시자 유의사항 ·

1. 응시자는 신분증을 지참하여야 시험에 응시할 수 있으며, 시험이 종료될 때까지 신분증을 제시하지 못 할 경우 해당 시험은 0점 처리됩니다.
2. 시스템(PC작동여부, 네트워크 상태 등)의 이상여부를 반드시 확인하여야 하며, 시스템 이상이 있을 시 감독위원에게 조치를 받으셔야 합니다.
3. 시험 중 부주의 또는 고의로 시스템을 파손한 경우는 응시자 부담으로 합니다.
4. 답안 전송 프로그램을 통해 다운로드 받은 파일을 이용하여 답안파일을 작성하시기 바랍니다.
5. 작성한 답안 파일은 답안 전송 프로그램을 통하여 전송됩니다. 감독위원의 지시에 따라 주시기바랍니다.
6. 다음 사항의 경우 실격(0점) 혹은 부정행위 처리됩니다.
    1) 답안파일을 저장하지 않았거나, 저장한 파일이 손상되었을 경우
    2) 답안파일을 지정된 폴더(바탕화면 – "KAIT" 폴더)에 저장하지 않았을 경우
        ※ 답안 전송 프로그램 로그인 시 바탕화면에 자동 생성됨
    3) 답안파일을 다른 보조기억장치(USB) 혹은 네트워크(메신저, 게시판 등)로 전송할 경우
    4) 휴대용 전화기 등 통신기기를 사용할 경우
7. 슬라이드는 반드시 순서대로 작성해야 하며, 순서가 다를 경우 "0"점 처리됩니다.
8. 시험지에 제시된 글꼴이 응시 프로그램에 없는 경우, 반드시 감독위원에게 해당 내용을 통보한 뒤 조치를 받아야 합니다.
9. **슬라이드 작성 시 도형의 그룹설정을 사용하는 경우, 채점에서 감점 처리됩니다.**
10. 시험의 완료는 작성이 완료된 답안을 저장하고, 답안전송이 완료된 상태를 확인한 것으로 합니다. 답안전송 확인 후 문제지는 감독위원에게 제출한 후 퇴실하여야 합니다.
11. 답안전송을 완료한 경우는 수정 또는 정정이 불가합니다.
12. 시험 시행 후 합격자 발표는 홈페이지(www.ihd.or.kr)에서 확인하시기를 바랍니다.
    ※ 합격자 발표 : 20XX. XX. XX. (X)

유의사항

- 《작성조건》을 준수하여 반드시 프리젠테이션 슬라이드로 작업합니다.
- 글꼴 및 기타 사항에 대해 별도의 지시사항이 없는 경우, 슬라이드 크기와 전체적인 균형을 고려하여 임의로 작성하되, 도형은 그룹으로 설정하지 않습니다.
- 새 프리젠테이션 만들기 – 한컴오피스, 쪽 설정(종류 – A4용지(210×297mm)), 슬라이드 방향(가로)로 지정합니다.
  ▶ 슬라이드 크기, 방향 조정 시 '맞춤 확인'으로 지정하여야 합니다.
- 공통적용사항(슬라이드 마스터)
  ▶ 도형 ⇒ 기본 도형 : '평행 사변형', 도형 스타일('보통 효과 – 강조 5'), 글꼴(굴림체, 20pt, 진하게)
- 그림 삽입 시 다운로드 한 그림 파일을 반드시 사용하여야 합니다.
- ⬜⟶ 은 지시사항이므로 작성하지 않습니다.
- 슬라이드에 제시된 글자 및 숫자 오타는 감점처리 됩니다.

슬라이드 1   아래의 작성조건 및 출력형태에 알맞게 첫 번째 슬라이드에 작업하시오. (30점)

《출력형태》

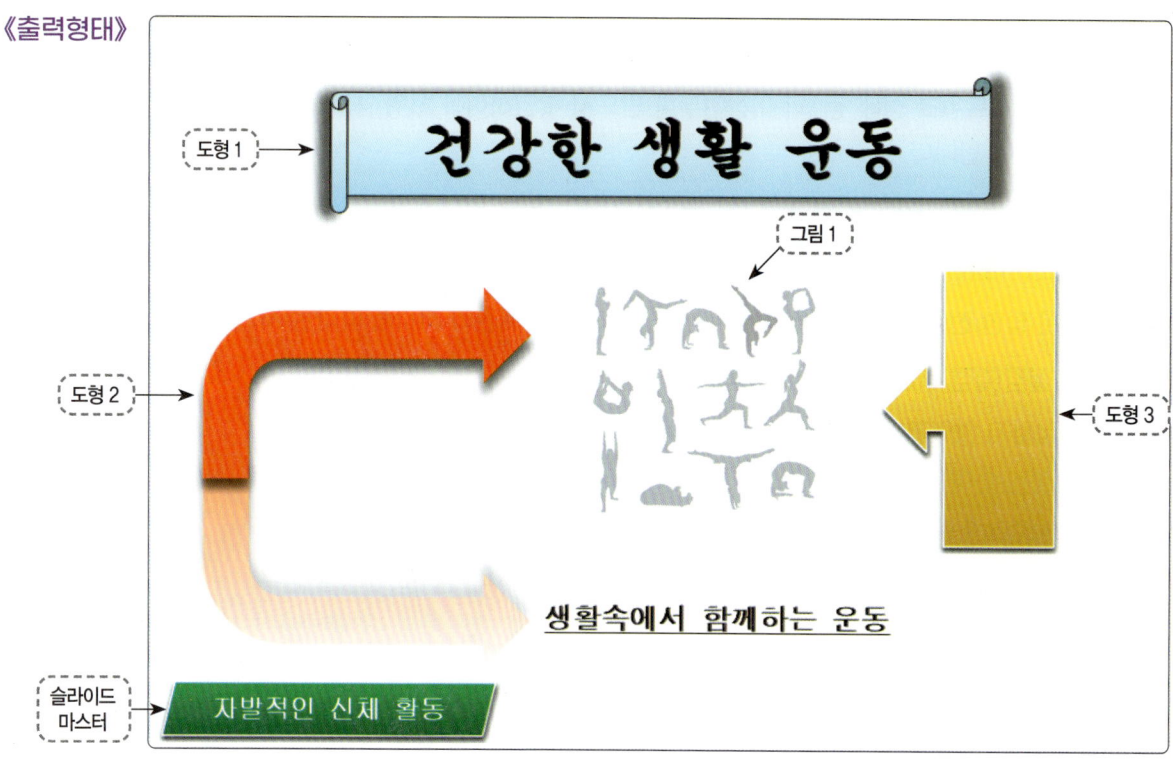

《작성조건》

▶ 도형 1 ⇒ 별 및 현수막 : '가로로 말린 두루마리 모양', 도형 채우기(그러데이션 : 유형 – 솜사탕 2, 종류 – 선형, 방향 – 선형 – 아래쪽에서), 선 색(단색, 색 : 검정), 선 스타일(선 종류 : 실선, 굵기 : 1pt, 겹선 종류 : 단순형), 도형 효과(그림자 – 바깥쪽 – 가운데), 글꼴(궁서체, 46pt, 진하게, 검정)

▶ 도형 2 ⇒ 블록 화살표 : '굽은 화살표', 도형 채우기(주황), 선 없음, 도형 효과(그림자 – 바깥쪽 – 아래쪽, 반사 – '전체 크기, 근접')

▶ 도형 3 ⇒ 블록 화살표 : '왼쪽 화살표 설명선', 도형 스타일('보통 효과 – 강조 4')

▶ 그림 삽입 ⇒ 그림 1 삽입, 크기(너비 : 60mm, 높이 : 60mm)

▶ 글상자(생활속에서 함께하는 운동) ⇒ 글꼴(돋움체, 22pt, 진하게, 밑줄)

▶ 애니메이션 지정 ⇒ 그림 1 : 나타내기 – 날아오기

▶ 지시사항이 없는 부분은 《출력형태》와 동일하게 작성하시오.

슬라이드2 아래의 작성조건 및 출력형태에 알맞게 두 번째 슬라이드에 작업하시오. (50점)

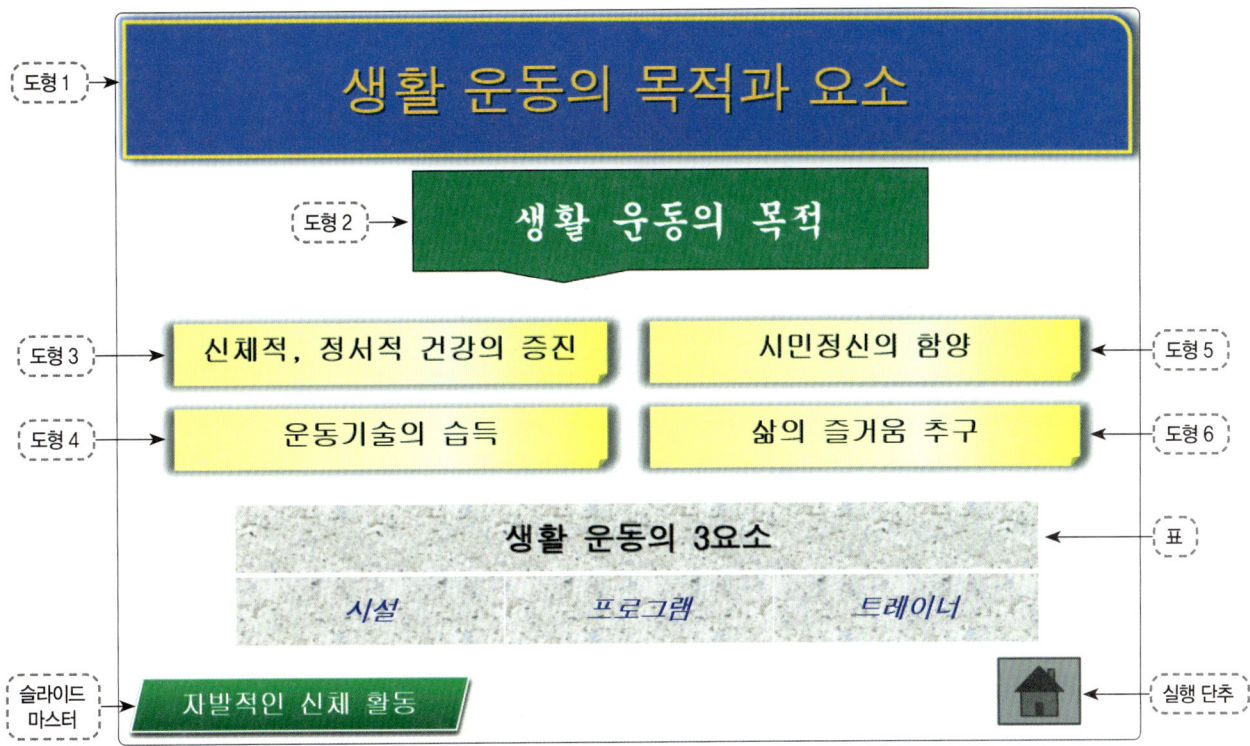

《작성조건》

(1) **제목**

▶ 도형 1 ⇒ 사각형 : '한쪽 모서리가 둥근 사각형', 도형 채우기('강조 1 하늘색'), 선 색(단색, 색 : 노랑),
　　　　　선 스타일(선 종류 : 실선, 굵기 : 3pt, 겹선 종류 : 단순형), 도형 효과(그림자 – 바깥쪽 – 오른쪽,
　　　　　네온 – '강조색 1, 5 pt'), 글꼴(돋움, 40pt, 진하게, 그림자, '강조 4 노랑')

(2) **본문**

▶ 도형 2 ⇒ 설명선 : '사각형 설명선', 도형 채우기('강조 5 초록'), 선 색(단색, 색 : 검정),
　　　　　선 스타일(선 종류 : 실선, 굵기 : 1pt, 겹선 종류 : 단순형), 글꼴(궁서체, 30pt, 진하게)

▶ 도형 3~6 ⇒ 기본 도형 : '모서리가 접힌 도형', 도형 채우기(그러데이션 : 유형 – 레몬, 종류 – 선형, 방향 – 선형 –
　　　　　왼쪽에서), 선 없음, 도형 효과(그림자 – 바깥쪽 – 가운데), 글꼴(굴림체, 22pt, 진하게, 검정)

▶ 실행 단추 ⇒ 실행 단추 : '실행 단추: 홈', 하이퍼링크 : 첫째 슬라이드, 도형 스타일('채우기 – 강조 3')

▶ 표 ⇒ 채우기(질감 – 대리석, 바둑판식 배열),
　　　가장 위의 행 : 글꼴(돋움체, 24pt, 진하게, 그림자, 검정, 가운데 정렬, 가운데 맞춤),
　　　나머지 행 : 글꼴(돋움체, 20pt, 진하게, 기울임, 파랑, 가운데 정렬, 가운데 맞춤)

▶ 애니메이션 지정 ⇒ 도형 2 : 나타내기 – 블라인드

▶ 지시사항이 없는 부분은 《출력형태》와 동일하게 작성하시오.

슬라이드3 아래의 작성조건 및 출력형태에 알맞게 세 번째 슬라이드에 작업하시오. **(60점)**

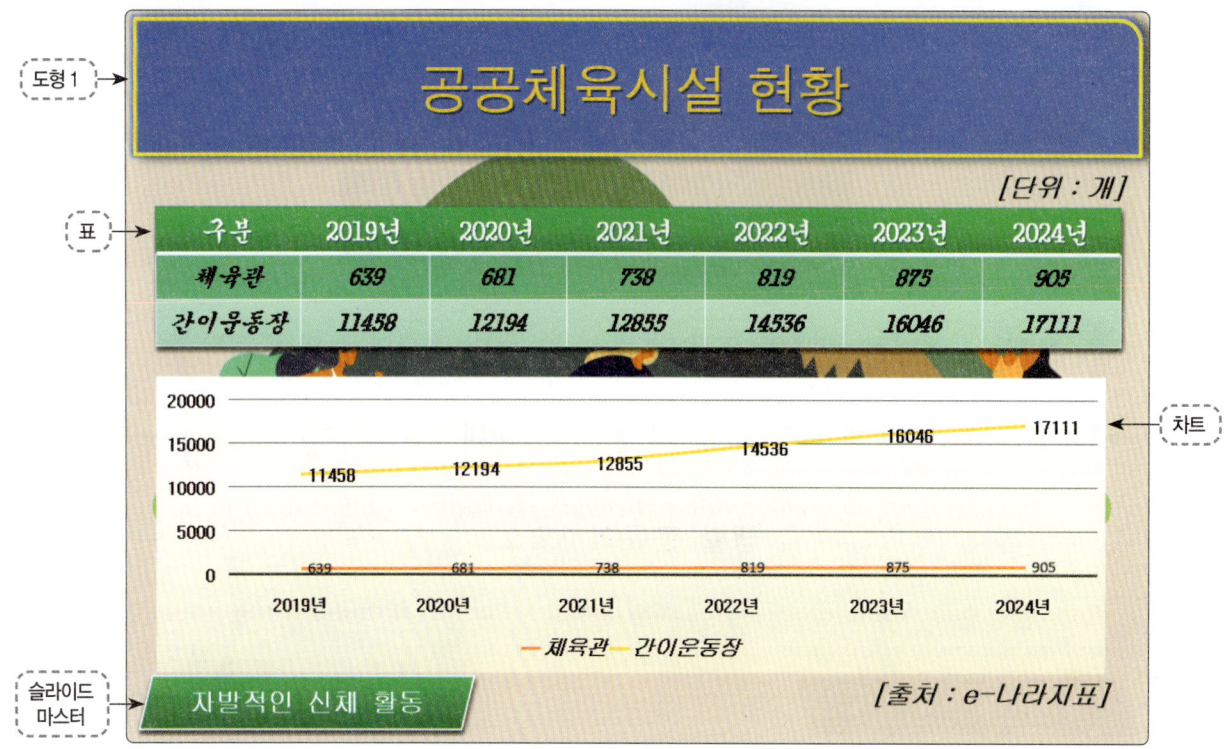

《작성조건》

(1) **제목**

- 도형 1 ⇒ 사각형 : '한쪽 모서리가 둥근 사각형', 도형 채우기('강조 1 하늘색'), 선 색(단색, 색 : 노랑), 선 스타일(선 종류 : 실선, 굵기 : 3pt, 겹선 종류 : 단순형), 도형 효과(그림자 - 바깥쪽 - 오른쪽, 네온 - '강조색 1, 5 pt'), 글꼴(돋움, 40pt, 진하게, 그림자, '강조 4 노랑')

(2) **본문**

- 글 상자 1([단위 : 개]) ⇒ 글꼴(굴림, 20pt, 진하게, 기울임)
- 표 ⇒ 표 스타일('일반 - 일반 스타일 1 - 강조 5'),
  가장 위의 행 : 글꼴(궁서체, 20pt, 진하게, 그림자, 가운데 정렬, 가운데 맞춤),
  나머지 행 : 글꼴(궁서체, 18pt, 진하게, 기울임, 가운데 정렬, 가운데 맞춤)
- 글 상자 2([출처 : e-나라지표]) ⇒ 글꼴(굴림, 20pt, 진하게, 기울임)
- 차트 ⇒ 꺾은선/영역형 : 표식이 있는 꺾은선형, 차트 계열색('색상 조합 - 색3'),
  차트 스타일(스타일3), 축 서식/자료점 이름표 서식 : 글꼴(굴림체, 14pt, 진하게),
  범례 서식 : 글꼴(굴림체, 16pt, 진하게, 기울임), 데이터는 표 참고
- 배경 ⇒ 배경 속성(채우기 - 그림 또는 질감 채우기)에서 그림 2 삽입(현재 슬라이드만 적용)
- 애니메이션 지정 ⇒ 차트 : 나타내기 - 사각형
- 지시사항이 없는 부분은 《출력형태》와 동일하게 작성하시오.

슬라이드4 아래의 작성조건 및 출력형태에 알맞게 네 번째 슬라이드에 작업하시오. **(60점)**

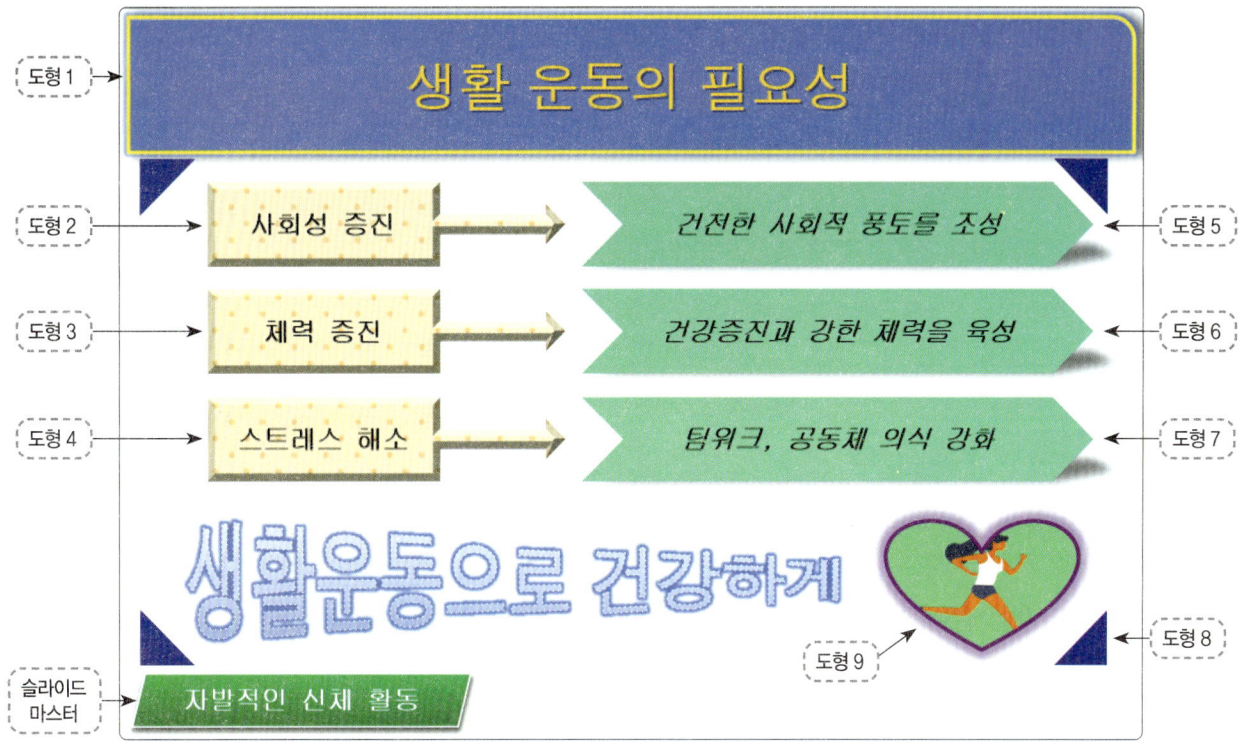

《작성조건》

(1) 제목

▶ 도형 1 ⇒ 사각형 : '한쪽 모서리가 둥근 사각형', 도형 채우기('강조 1 하늘색'), 선 색(단색, 색 : 노랑),
　　　　　선 스타일(선 종류 : 실선, 굵기 : 3pt, 겹선 종류 : 단순형), 도형 효과(그림자 – 바깥쪽 – 오른쪽,
　　　　　네온 – '강조색 1, 5 pt'), 글꼴(돋움, 40pt, 진하게, 그림자, '강조 4 노랑')

(2) 본문

▶ 도형 2~4 ⇒ 블록 화살표 : '오른쪽 화살표 설명선', 도형 채우기(질감 – 노란색 도트, 바둑판식 배열), 선 없음,
　　　　　　도형 효과(3차원 효과 – 각지게), 글꼴(굴림체, 20pt, 진하게, 검정)

▶ 도형 5~7 ⇒ 블록 화살표 : '갈매기형 수장', 도형 채우기('초록 40% 밝게'), 선 없음, 도형 효과(그림자 – 원근감 –
　　　　　　대각선 오른쪽 위), 글꼴(굴림체, 20pt, 진하게, 기울임, 검정)

▶ 도형 8 ⇒ 기본 도형 : '삼각형 모서리', 도형 채우기(파랑), 선 없음, 도형 효과(그림자 – 안쪽 – 가운데)

▶ 도형 9 ⇒ 기본 도형 : '하트', 도형 채우기(그림) 기능을 사용하여 그림 3 삽입,
　　　　　선 색(실선, 색 : 보라), 선 스타일(선 종류 : 실선, 굵기 : 3pt, 겹선 종류 : 단순형),
　　　　　도형 효과(네온 – '강조색 6, 10 pt')

▶ 워드숍 삽입(생활운동으로 건강하게) ⇒ '채우기 – 강조 1(그러데이션), 네온',
　　　　　글자 효과(변환 – 휘기 – 오른쪽 줄이기), 글꼴(돋움, 60pt, 진하게)

▶ 지시사항이 없는 부분은《출력형태》와 동일하게 작성하시오.

제 13 회 디지털정보활용능력 출제예상 모의고사

☑ 시험과목 : 프리젠테이션(한쇼)
☑ 시험일자 : 20XX. XX. XX. (X)
☑ 응시자 기재사항 및 감독위원 확인

한컴오피스 한쇼 2022 버전용

수 검 번 호	DIO - XXXX -	감독위원 확인
성 명		

· 응시자 유의사항 ·

1. 응시자는 신분증을 지참하여야 시험에 응시할 수 있으며, 시험이 종료될 때까지 신분증을 제시하지 못 할 경우 해당 시험은 0점 처리됩니다.

2. 시스템(PC작동여부, 네트워크 상태 등)의 이상여부를 반드시 확인하여야 하며, 시스템 이상이 있을 시 감독위원에게 조치를 받으셔야 합니다.

3. 시험 중 부주의 또는 고의로 시스템을 파손한 경우는 응시자 부담으로 합니다.

4. 답안 전송 프로그램을 통해 다운로드 받은 파일을 이용하여 답안파일을 작성하시기 바랍니다.

5. 작성한 답안 파일은 답안 전송 프로그램을 통하여 전송됩니다. 감독위원의 지시에 따라 주시기바랍니다.

6. 다음 사항의 경우 실격(0점) 혹은 부정행위 처리됩니다.
    1) 답안파일을 저장하지 않았거나, 저장한 파일이 손상되었을 경우
    2) 답안파일을 지정된 폴더(바탕화면 – "KAIT" 폴더)에 저장하지 않았을 경우
        ※ 답안 전송 프로그램 로그인 시 바탕화면에 자동 생성됨
    3) 답안파일을 다른 보조기억장치(USB) 혹은 네트워크(메신저, 게시판 등)로 전송할 경우
    4) 휴대용 전화기 등 통신기기를 사용할 경우

7. 슬라이드는 반드시 순서대로 작성해야 하며, 순서가 다를 경우 "0"점 처리됩니다.

8. 시험지에 제시된 글꼴이 응시 프로그램에 없는 경우, 반드시 감독위원에게 해당 내용을 통보한 뒤 조치를 받아야 합니다.

9. **슬라이드 작성 시 도형의 그룹설정을 사용하는 경우, 채점에서 감점 처리됩니다.**

10. 시험의 완료는 작성이 완료된 답안을 저장하고, 답안전송이 완료된 상태를 확인한 것으로 합니다. 답안전송 확인 후 문제지는 감독위원에게 제출한 후 퇴실하여야 합니다.

11. 답안전송을 완료한 경우는 수정 또는 정정이 불가합니다.

12. 시험 시행 후 합격자 발표는 홈페이지(www.ihd.or.kr)에서 확인하시기를 바랍니다.
    ※ 합격자 발표 : 20XX. XX. XX. (X)

유의사항

- 《작성조건》을 준수하여 반드시 프리젠테이션 슬라이드로 작업합니다.
- 글꼴 및 기타 사항에 대해 별도의 지시사항이 없는 경우, 슬라이드 크기와 전체적인 균형을 고려하여 임의로 작성하되, 도형은 그룹으로 설정하지 않습니다.
- 새 프리젠테이션 만들기 – 한컴오피스, 쪽 설정(종류 – A4용지(210×297mm)), 슬라이드 방향(가로)로 지정합니다.
  ▶ 슬라이드 크기, 방향 조정 시 '맞춤 확인'으로 지정하여야 합니다.
- 공통적용사항(슬라이드 마스터)
  ▶ 도형 ⇒ 기본 도형 : '사다리꼴', 도형 스타일('보통 효과 – 강조 5'), 글꼴(돋움체, 16pt, 진하게)
- 그림 삽입 시 다운로드 한 그림 파일을 반드시 사용하여야 합니다.
- ⎯⎯⎯⎯⎯▶ 은 지시사항이므로 작성하지 않습니다.
- 슬라이드에 제시된 글자 및 숫자 오타는 감점처리 됩니다.

슬라이드1   아래의 작성조건 및 출력형태에 알맞게 첫 번째 슬라이드에 작업하시오. (30점)

《출력형태》

《작성조건》

▶ 도형 1 ⇒ 기본 도형 : '빗면', 도형 채우기(그러데이션 : 유형 – 시냇가, 종류 – 선형, 방향 – 선형 – 왼쪽에서), 선 색(단색, 색 : 파랑), 선 스타일(선 종류 : 실선, 굵기 : 3pt, 겹선 종류 : 단순형), 도형 효과(그림자 – 원근감 – 대각선 오른쪽 위), 글꼴(궁서체, 50pt, 그림자)

▶ 도형 2 ⇒ 기본 도형 : '정육면체', 도형 채우기('강조 4 노랑'), 선 없음, 도형 효과(그림자 – 안쪽 – 가운데, 네온 – '강조색 2, 15 pt')

▶ 도형 3 ⇒ 기본 도형 : '해', 도형 스타일('강한 효과 – 강조 2')

▶ 그림 삽입 ⇒ 그림 1 삽입, 크기(너비 : 70mm, 높이 : 70mm)

▶ 글상자(직접 보고, 듣고, 체험하는 진로탐색) ⇒ 글꼴(굴림, 24pt, 진하게)

▶ 애니메이션 지정 ⇒ 도형 1 : 나타내기 – 날아오기

▶ 지시사항이 없는 부분은 《출력형태》와 동일하게 작성하시오.

슬라이드2 아래의 작성조건 및 출력형태에 알맞게 두 번째 슬라이드에 작업하시오. (50점)

《작성조건》

(1) **제목**

▶ 도형 1 ⇒ 블록 화살표 : '오각형', 도형 채우기(질감 - 나무, 바둑판식 배열), 선 색(단색, 색 : 주황), 선 스타일(선 종류 : 실선, 굵기 : 3pt, 겹선 종류 : 단순형), 도형 효과(반사 - '1/2 크기, 근접', 네온 - '강조색 2, 10 pt'), 글꼴(굴림, 40pt, 진하게, 그림자, 밝은 연두색)

(2) **본문**

▶ 도형 2 ⇒ 별 및 현수막 : '포인트가 10개인 별', 도형 채우기('하늘색 40% 밝게'), 선 색(단색, 색 : 파랑), 선 스타일(선 종류 : 실선, 굵기 : 3pt, 겹선 종류 : 단순형), 글꼴(궁서, 26pt, 기울임, 그림자)

▶ 도형 3~6 ⇒ 기본 도형 : '눈물방울', 도형 채우기(보라, 그러데이션 - 어두운 그러데이션 - 선형 - 아래쪽에서), 선 없음, 도형 효과(그림자 - 안쪽 - 가운데), 글꼴(돋움, 18pt, 진하게)

▶ 실행 단추 ⇒ 실행 단추 : '실행 단추: 끝', 하이퍼링크 : 마지막 슬라이드, 도형 스타일('밝은 계열 - 강조 6')

▶ 표 ⇒ 채우기(질감 - 흰색 걸뜨기 스웨터, 바둑판식 배열), 가장 위의 행 : 글꼴(궁서체, 24pt, 진하게, 파랑, 가운데 정렬, 가운데 맞춤), 나머지 행 : 글꼴(돋움, 20pt, 진하게, 기울임, 검은 군청 가운데 정렬, 가운데 맞춤)

▶ 애니메이션 지정 ⇒ 표 : 나타내기 - 모자이크

▶ 지시사항이 없는 부분은《출력형태》와 동일하게 작성하시오.

슬라이드3 아래의 작성조건 및 출력형태에 알맞게 세 번째 슬라이드에 작업하시오. (60점)

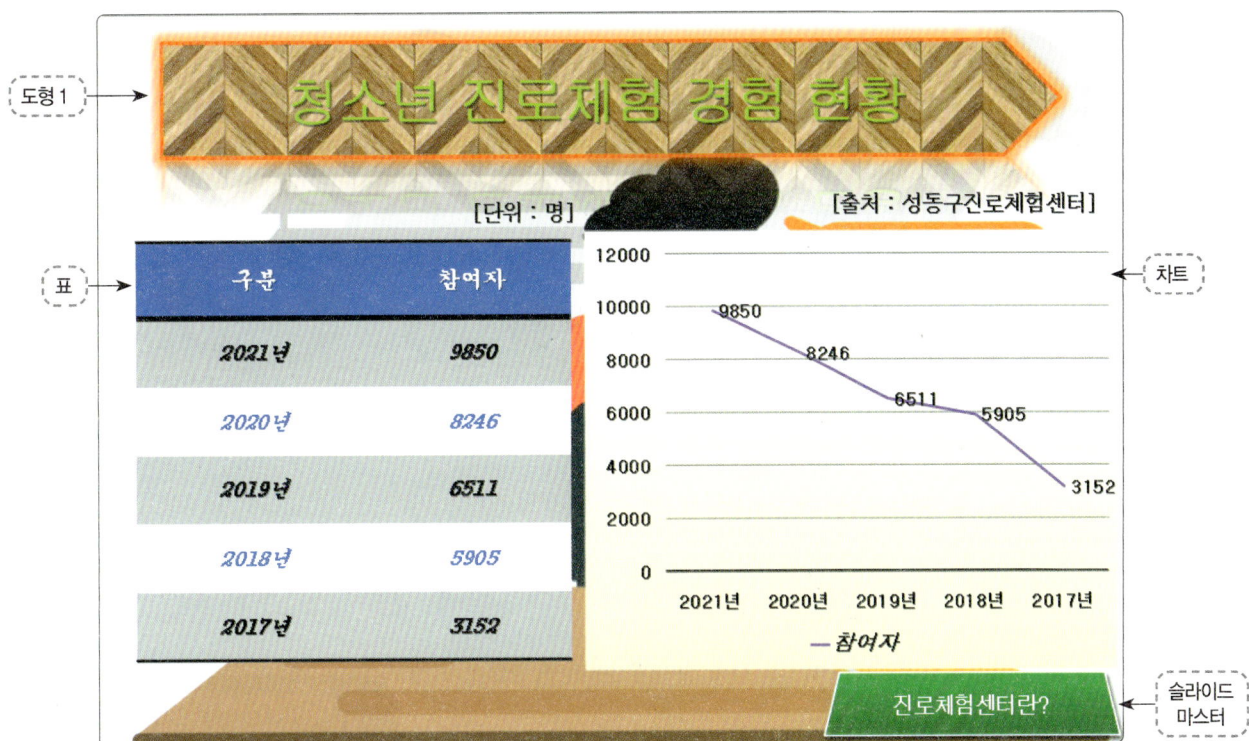

《작성조건》

(1) 제목

▶ 도형 1 ⇒ 블록 화살표 : '오각형', 도형 채우기(질감 – 나무, 바둑판식 배열), 선 색(단색, 색 : 주황), 선 스타일(선 종류 : 실선, 굵기 : 3pt, 겹선 종류 : 단순형), 도형 효과(반사 – '1/2 크기, 근접', 네온 – '강조색 2, 10 pt'), 글꼴(굴림, 40pt, 진하게, 그림자, 밝은 연두색)

(2) 본문

▶ 글 상자 1([단위 : 명]) ⇒ 글꼴(바탕, 16pt, 진하게)

▶ 표 ⇒ 표 스타일('보통 – 보통 스타일 3 – 강조 1'),
　　가장 위의 행 : 글꼴(궁서, 18pt, 진하게, 그림자, 가운데 정렬, 가운데 맞춤),
　　나머지 행 : 글꼴(궁서, 16pt, 진하게, 기울임, 가운데 정렬, 가운데 맞춤)

▶ 글 상자 2([출처 : 성동구진로체험센터) ⇒ 글꼴(바탕, 16pt, 진하게)

▶ 차트 ⇒ 꺾은선/영역형 : 꺾은선형, 차트 계열색('색상 조합 – 색4'),
　　차트 스타일(스타일3), 축 서식/자료점 이름표 서식 : 글꼴(돋움, 14pt, 진하게),
　　범례 서식 : 글꼴(돋움, 16pt, 진하게, 기울임), 데이터는 표 참고

▶ 배경 ⇒ 배경 속성(채우기 – 그림 또는 질감 채우기)에서 그림 2 삽입(현재 슬라이드만 적용)

▶ 애니메이션 지정 ⇒ 차트 : 나타내기 – 날아오기

▶ 지시사항이 없는 부분은 《출력형태》와 동일하게 작성하시오.

슬라이드4 아래의 작성조건 및 출력형태에 알맞게 네 번째 슬라이드에 작업하시오. (60점)

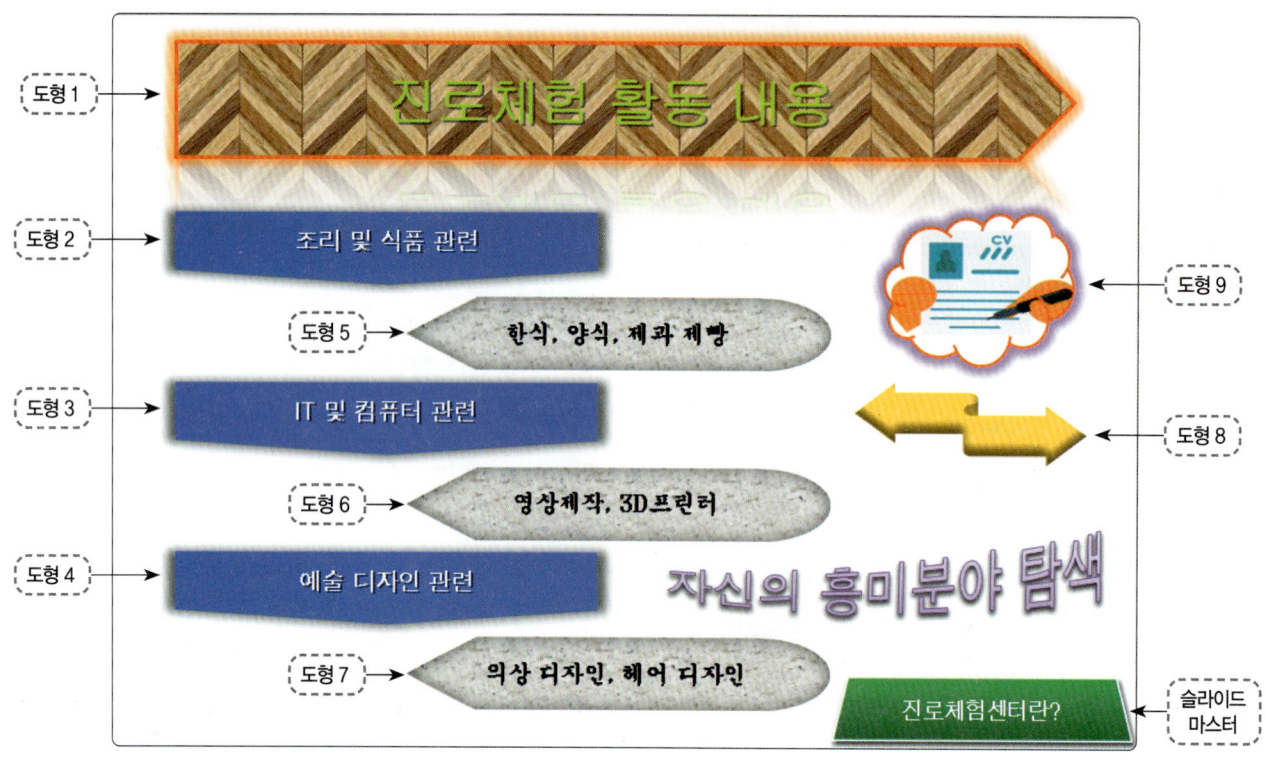

《작성조건》

(1) **제목**

▶ 도형 1 ⇒ 블록 화살표 : '오각형', 도형 채우기(질감 – 나무, 바둑판식 배열), 선 색(단색, 색 : 주황),
선 스타일(선 종류 : 실선, 굵기 : 3pt, 겹선 종류 : 단순형), 도형 효과(반사 – '1/2 크기, 근접',
네온 – '강조색 2, 10 pt'), 글꼴(굴림, 40pt, 진하게, 그림자, 밝은 연두색)

(2) **본문**

▶ 도형 2~4 ⇒ 순서도 : '페이지 연결자', 도형 채우기('강조 1 하늘색'), 선 없음, 도형 효과(그림자 – 바깥쪽 – 가운데),
글꼴(돋움, 18pt, 진하게, 그림자)

▶ 도형 5~7 ⇒ 순서도 : '순서도: 화면 표시', 도형 채우기(질감 – 대리석, 바둑판식 배열), 선 없음,
도형 효과(그림자 – 안쪽 – 가운데), 글꼴(궁서, 18pt, 진하게, 검정)

▶ 도형 8 ⇒ 블록 화살표 : '접힌 화살표', 도형 채우기('강조 4 노랑'), 선 없음, 도형 효과(그림자 – 안쪽 – 아래쪽)

▶ 도형 9 ⇒ 기본 도형 : '구름', 도형 채우기(그림) 기능을 사용하여 그림 3 삽입,
선 색(단색, 색 : 주황), 선 스타일(선 종류 : 실선, 굵기 : 2pt, 겹선 종류 : 단순형),
도형 효과(네온 – '강조색 6, 10 pt')

▶ 워드숍 삽입(자신의 흥미분야 탐색) ⇒ '채우기 – 강조 6(밝은 계열, 그러데이션), 윤곽 – 강조 6',
글자 효과(변환 – 휘기 – 휘어 올라오기), 글꼴(돋움, 32pt, 진하게, 그림자)

▶ 지시사항이 없는 부분은 《출력형태》와 동일하게 작성하시오.

제 14 회 디지털정보활용능력 출제예상 모의고사

☑ 시험과목 : 프리젠테이션(한쇼)
☑ 시험일자 : 20XX. XX. XX. (X)
☑ 응시자 기재사항 및 감독위원 확인

한컴오피스 한쇼 2022 버전용

수검번호	DIO – XXXX –	감독위원 확인
성 명		

· 응시자 유의사항 ·

1. 응시자는 신분증을 지참하여야 시험에 응시할 수 있으며, 시험이 종료될 때까지 신분증을 제시하지 못 할 경우 해당 시험은 0점 처리됩니다.
2. 시스템(PC작동여부, 네트워크 상태 등)의 이상여부를 반드시 확인하여야 하며, 시스템 이상이 있을 시 감독위원에게 조치를 받으셔야 합니다.
3. 시험 중 부주의 또는 고의로 시스템을 파손한 경우는 응시자 부담으로 합니다.
4. 답안 전송 프로그램을 통해 다운로드 받은 파일을 이용하여 답안파일을 작성하시기 바랍니다.
5. 작성한 답안 파일은 답안 전송 프로그램을 통하여 전송됩니다. 감독위원의 지시에 따라 주시기바랍니다.
6. 다음 사항의 경우 실격(0점) 혹은 부정행위 처리됩니다.
    1) 답안파일을 저장하지 않았거나, 저장한 파일이 손상되었을 경우
    2) 답안파일을 지정된 폴더(바탕화면 – "KAIT" 폴더)에 저장하지 않았을 경우
        ※ 답안 전송 프로그램 로그인 시 바탕화면에 자동 생성됨
    3) 답안파일을 다른 보조기억장치(USB) 혹은 네트워크(메신저, 게시판 등)로 전송할 경우
    4) 휴대용 전화기 등 통신기기를 사용할 경우
7. 슬라이드는 반드시 순서대로 작성해야 하며, 순서가 다를 경우 "0"점 처리됩니다.
8. 시험지에 제시된 글꼴이 응시 프로그램에 없는 경우, 반드시 감독위원에게 해당 내용을 통보한 뒤 조치를 받아야 합니다.
9. 슬라이드 작성 시 도형의 그룹설정을 사용하는 경우, 채점에서 감점 처리됩니다.
10. 시험의 완료는 작성이 완료된 답안을 저장하고, 답안전송이 완료된 상태를 확인한 것으로 합니다. 답안전송 확인 후 문제지는 감독위원에게 제출한 후 퇴실하여야 합니다.
11. 답안전송을 완료한 경우는 수정 또는 정정이 불가합니다.
12. 시험 시행 후 합격자 발표는 홈페이지(www.ihd.or.kr)에서 확인하시기를 바랍니다.
    ※ 합격자 발표 : 20XX. XX. XX. (X)

유의사항

- 《작성조건》을 준수하여 반드시 프리젠테이션 슬라이드로 작업합니다.
- 글꼴 및 기타 사항에 대해 별도의 지시사항이 없는 경우, 슬라이드 크기와 전체적인 균형을 고려하여 임의로 작성하되, 도형은 그룹으로 설정하지 않습니다.
- 새 프리젠테이션 만들기 – 한컴오피스, 쪽 설정(종류 – A4용지(210×297mm)), 슬라이드 방향(가로)로 지정합니다.
  ▶ 슬라이드 크기, 방향 조정 시 '맞춤 확인'으로 지정하여야 합니다.
- 공통적용사항(슬라이드 마스터)
  ▶ 도형 ⇒ 사각형 : '한쪽 모서리가 잘린 사각형', 도형 스타일('강한 효과 – 강조 1'), 글꼴(굴림, 25pt, 진하게, 노랑)
- 그림 삽입 시 다운로드 한 그림 파일을 반드시 사용하여야 합니다.
- ⬚⟶ 은 지시사항이므로 작성하지 않습니다.
- 슬라이드에 제시된 글자 및 숫자 오타는 감점처리 됩니다.

슬라이드1 아래의 작성조건 및 출력형태에 알맞게 첫 번째 슬라이드에 작업하시오. [30점]

《출력형태》

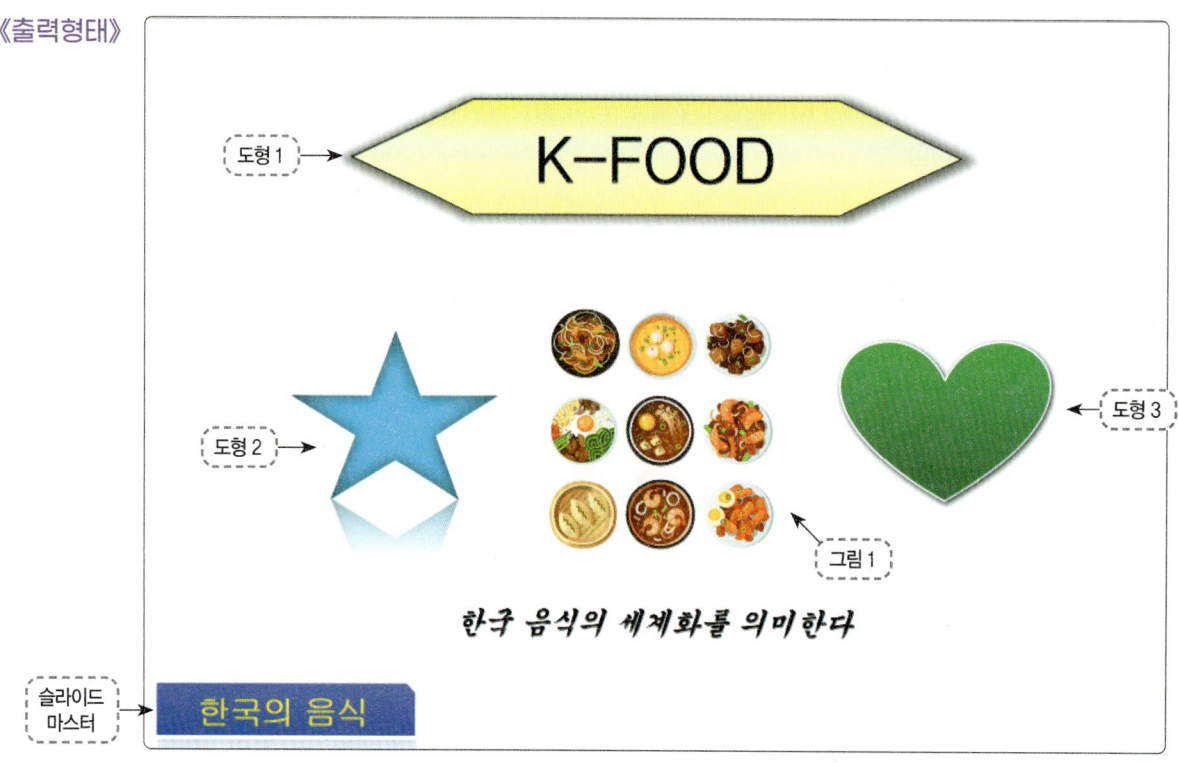

《작성조건》

▶ 도형 1 ⇒ 순서도 : '순서도: 준비', 도형 채우기(그러데이션 : 유형 – 레몬, 종류 – 선형, 방향 – 선형 – 아래쪽에서), 선 색(단색, 색 : 검정), 선 스타일(선 종류 : 실선, 굵기 : 1pt, 겹선 종류 : 단순형), 도형 효과(그림자 – 바깥쪽 – 가운데), 글꼴(돋움, 46pt, 진하게, 검정)

▶ 도형 2 ⇒ 별 및 현수막 : '포인트가 5개인 별', 도형 채우기(시안), 선 없음, 도형 효과(그림자 – 안쪽 – 가운데, 반사 – '1/3 크기, 근접')

▶ 도형 3 ⇒ 기본 도형 : 하트, 도형 스타일('보통 효과 – 강조 5')

▶ 그림 삽입 ⇒ 그림 1 삽입, 크기(너비 : 65mm, 높이 : 65mm)

▶ 글상자(한국 음식의 세계화를 의미한다) ⇒ 글꼴(궁서, 22pt, 진하게, 기울임)

▶ 애니메이션 지정 ⇒ 도형 1 : 나타내기 – 날아오기

▶ 지시사항이 없는 부분은 《출력형태》와 동일하게 작성하시오.

슬라이드2 아래의 작성조건 및 출력형태에 알맞게 두 번째 슬라이드에 작업하시오. (50점)

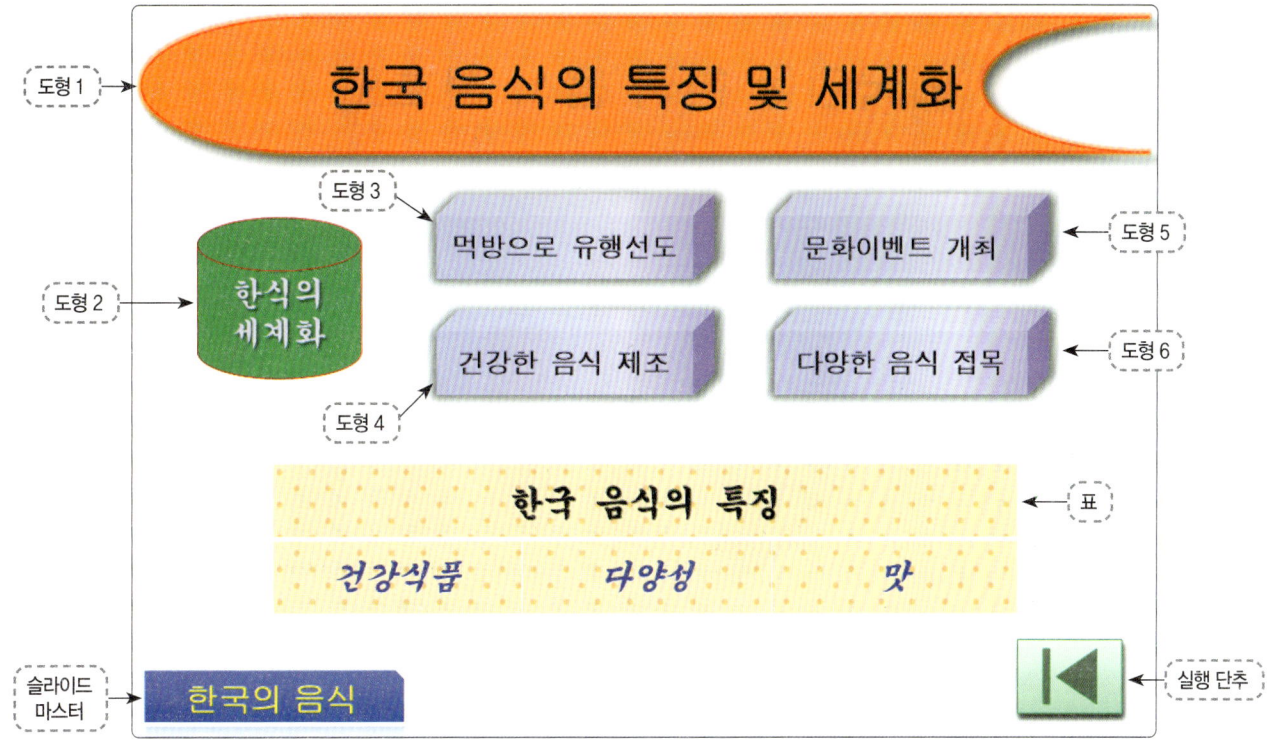

《작성조건》

(1) **제목**

▶ 도형 1 ⇒ 순서도 : '순서도: 저장 데이터', 도형 채우기('강조 2 주황'), 선 색(단색, 색 : 빨강), 선 스타일(선 종류: 실선, 굵기 : 1.5pt, 겹선 종류 : 단순형), 도형 효과(그림자 – 바깥쪽 – 대각선 오른쪽 아래, 네온 – '강조색 2, 5 pt'), 글꼴(굴림, 40pt, 진하게, 검정)

(2) **본문**

▶ 도형 2 ⇒ 기본 도형 : '원통', 도형 채우기('강조 5 초록'), 선 색(단색, 색 : 빨강), 선 스타일(선 종류: 실선, 굵기 : 1pt, 겹선 종류 : 단순형), 글꼴(궁서체, 24pt, 진하게, 그림자, '보라 80% 밝게')

▶ 도형 3~6 ⇒ 기본 도형 : '정육면체', 도형 채우기(그러데이션 : 유형 – 보라, 종류 – 선형, 방향 – 선형 – 왼쪽에서), 선 없음, 도형 효과(그림자 – 바깥쪽 – 가운데), 글꼴(돋움체, 20pt, 진하게, 검정)

▶ 실행 단추 ⇒ 실행 단추 : 시작, 하이퍼링크 : 첫째 슬라이드, 도형 스타일('밝은 계열 – 강조 5')

▶ 표 ⇒ 채우기(질감 – 노란색 도트, 바둑판식 배열),
가장 위의 행 : 글꼴(궁서체, 26pt, 진하게, 그림자, 검정, 가운데 정렬, 가운데 맞춤),
나머지 행 : 글꼴(궁서체, 24pt, 진하게, 기울임, 파랑, 가운데 정렬, 가운데 맞춤)

▶ 애니메이션 지정 ⇒ 도형 2 : 나타내기 – 모자이크

▶ 지시사항이 없는 부분은《출력형태》와 동일하게 작성하시오.

슬라이드3   아래의 작성조건 및 출력형태에 알맞게 세 번째 슬라이드에 작업하시오. (60점)

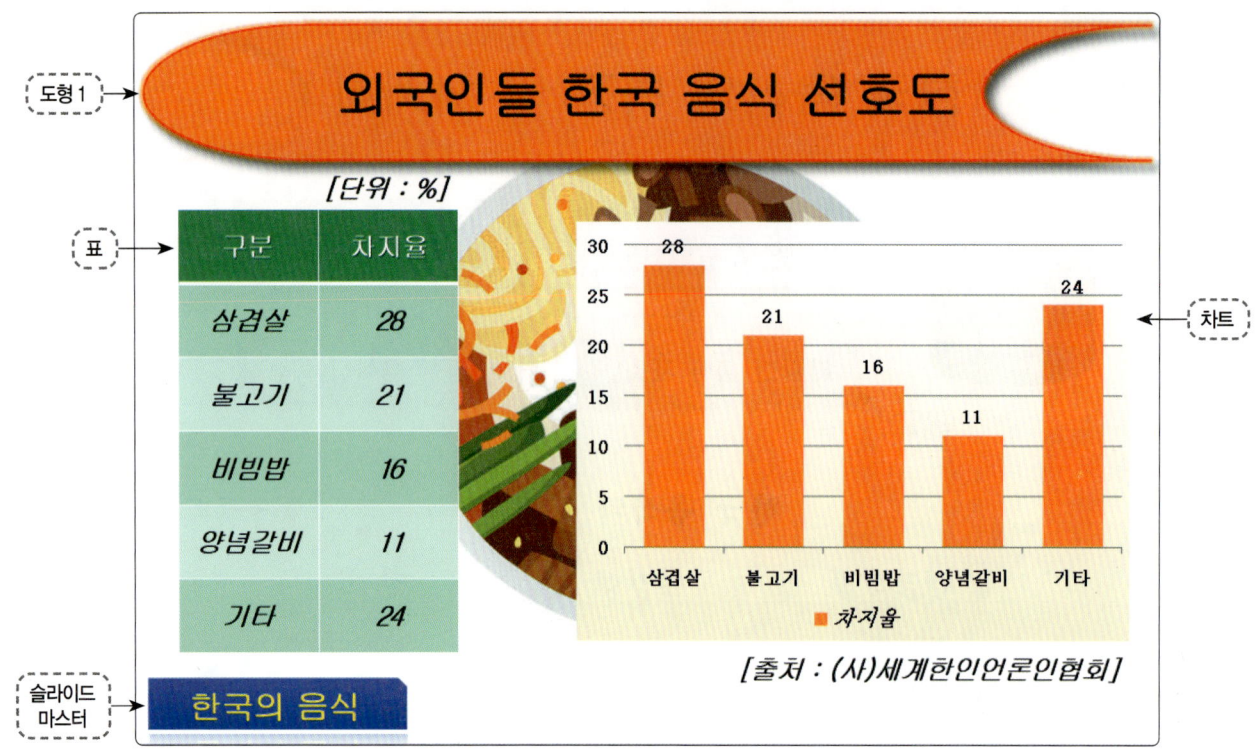

《작성조건》

(1) 제목

▶도형 1 ⇒ 순서도 : '순서도: 저장 데이터', 도형 채우기('강조 2 주황'), 선 색(단색, 색 : 빨강), 선 스타일(선 종류: 실선, 굵기 : 1.5pt, 겹선 종류 : 단순형), 도형 효과(그림자 – 바깥쪽 – 대각선 오른쪽 아래, 네온 – '강조색 2, 5 pt'), 글꼴(굴림, 40pt, 진하게, 검정)

(2) 본문

▶ 글 상자 1([단위 : %]) ⇒ 글꼴(굴림, 20pt, 진하게, 기울임)

▶ 표 ⇒ 표 스타일('보통 – 보통 스타일 1 – 강조 5'),
  가장 위의 행 : 글꼴(굴림체, 20pt, 진하게, 그림자, 가운데 정렬, 가운데 맞춤),
  나머지 행 : 글꼴(굴림체, 20pt, 진하게, 기울임, 가운데 정렬, 가운데 맞춤)

▶ 글 상자 2([출처 : (사)세계한인언론인협회]) ⇒ 글꼴(굴림, 20pt, 진하게, 기울임)

▶ 차트 ⇒ 세로 막대형 : 묶은 세로 막대형, 차트 계열색('색상 조합 – 색3'),
  차트 스타일(스타일5), 축 서식/자료점 이름표 서식 : 글꼴(바탕, 14pt, 진하게),
  범례 서식 : 글꼴(바탕, 16pt, 진하게, 기울임), 데이터는 표 참고

▶ 배경 ⇒ 배경 속성(채우기 – 그림 또는 질감 채우기)에서 그림 2 삽입(현재 슬라이드만 적용)

▶ 애니메이션 지정 ⇒ 차트 : 나타내기 – 블라인드

▶ 지시사항이 없는 부분은《출력형태》와 동일하게 작성하시오.

슬라이드4 아래의 작성조건 및 출력형태에 알맞게 네 번째 슬라이드에 작업하시오. (60점)

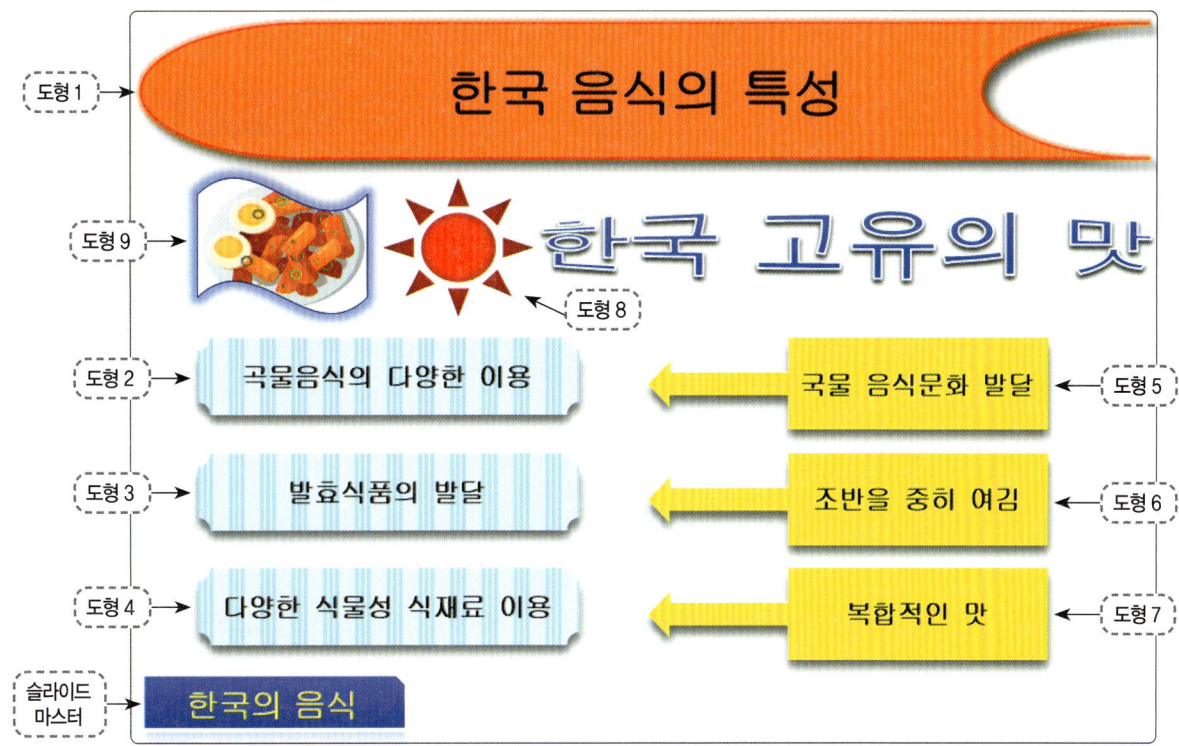

《작성조건》

(1) 제목

▶ 도형 1 ⇒ 순서도 : '순서도: 저장 데이터', 도형 채우기('강조 2 주황'), 선 색(단색, 색 : 빨강), 선 스타일(선 종류: 실선, 굵기 : 1.5pt, 겹선 종류 : 단순형), 도형 효과(그림자 – 바깥쪽 – 대각선 오른쪽 아래, 네온 – '강조색 2, 5 pt'), 글꼴(굴림, 40pt, 진하게, 검정)

(2) 본문

▶ 도형 2~4 ⇒ 기본 도형 : '배지', 도형 채우기(질감 – 하늘색 줄무늬, 바둑판식 배열), 선 없음, 도형 효과(그림자 – 바깥쪽 – 아래쪽), 글꼴(굴림체, 20pt, 진하게, 검정)

▶ 도형 5~7 ⇒ 블록 화살표 : '왼쪽 화살표 설명선', 도형 채우기(노랑), 선 없음, 도형 효과(그림자 – 바깥쪽 – 아래쪽), 글꼴(굴림체, 20pt, 진하게, 검정)

▶ 도형 8 ⇒ 기본 도형 : '해', 도형 채우기(빨강), 선 없음, 도형 효과(그림자 – 안쪽 – 가운데)

▶ 도형 9 ⇒ 별 및 현수막 : '물결', 도형 채우기(그림) 기능을 사용하여 그림 3 삽입, 선 색 (단색, 색 : 파랑), 선 스타일(선 종류: 실선, 굵기 : 1pt, 겹선 종류 : 단순형), 도형 효과(네온 – '강조색 1, 10 pt')

▶ 워드숍 삽입(한국 고유의 맛) ⇒ '채우기 – 강조 1(그러데이션), 윤곽 – 밝은 색 1', 글자 효과(변환 – 휘기 – 팽창), 글꼴(돋움, 40pt, 진하게, 그림자)

▶ 지시사항이 없는 부분은《출력형태》와 동일하게 작성하시오.

제 15 회 디지털정보활용능력 출제예상 모의고사

☑ 시험과목 : 프리젠테이션(한쇼)
☑ 시험일자 : 20XX. XX. XX. (X)
☑ 응시자 기재사항 및 감독위원 확인

한컴오피스 한쇼 2022 버전용

수검번호	DIO – XXXX –	감독위원 확인
성 명		

·응시자 유의사항·

1. 응시자는 신분증을 지참하여야 시험에 응시할 수 있으며, 시험이 종료될 때까지 신분증을 제시하지 못 할 경우 해당 시험은 0점 처리됩니다.
2. 시스템(PC작동여부, 네트워크 상태 등)의 이상여부를 반드시 확인하여야 하며, 시스템 이상이 있을 시 감독위원에게 조치를 받으셔야 합니다.
3. 시험 중 부주의 또는 고의로 시스템을 파손한 경우는 응시자 부담으로 합니다.
4. 답안 전송 프로그램을 통해 다운로드 받은 파일을 이용하여 답안파일을 작성하시기 바랍니다.
5. 작성한 답안 파일은 답안 전송 프로그램을 통하여 전송됩니다. 감독위원의 지시에 따라 주시기바랍니다.
6. 다음 사항의 경우 실격(0점) 혹은 부정행위 처리됩니다.
    1) 답안파일을 저장하지 않았거나, 저장한 파일이 손상되었을 경우
    2) 답안파일을 지정된 폴더(바탕화면 – "KAIT" 폴더)에 저장하지 않았을 경우
        ※ 답안 전송 프로그램 로그인 시 바탕화면에 자동 생성됨
    3) 답안파일을 다른 보조기억장치(USB) 혹은 네트워크(메신저, 게시판 등)로 전송할 경우
    4) 휴대용 전화기 등 통신기기를 사용할 경우
7. 슬라이드는 반드시 순서대로 작성해야 하며, 순서가 다를 경우 "0"점 처리됩니다.
8. 시험지에 제시된 글꼴이 응시 프로그램에 없는 경우, 반드시 감독위원에게 해당 내용을 통보한 뒤 조치를 받아야 합니다.
9. 슬라이드 작성 시 도형의 그룹설정을 사용하는 경우, 채점에서 감점 처리됩니다.
10. 시험의 완료는 작성이 완료된 답안을 저장하고, 답안전송이 완료된 상태를 확인한 것으로 합니다. 답안전송 확인 후 문제지는 감독위원에게 제출한 후 퇴실하여야 합니다.
11. 답안전송을 완료한 경우는 수정 또는 정정이 불가합니다.
12. 시험 시행 후 합격자 발표는 홈페이지(www.ihd.or.kr)에서 확인하시기를 바랍니다.
    ※ 합격자 발표 : 20XX. XX. XX. (X)

유의사항

- 《작성조건》을 준수하여 반드시 프리젠테이션 슬라이드로 작업합니다.
- 글꼴 및 기타 사항에 대해 별도의 지시사항이 없는 경우, 슬라이드 크기와 전체적인 균형을 고려하여 임의로 작성하되, 도형은 그룹으로 설정하지 않습니다.
- 새 프리젠테이션 만들기 – 한컴오피스, 쪽 설정(종류 – A4용지(210×297mm)), 슬라이드 방향(가로)로 지정합니다.
  ▶ 슬라이드 크기, 방향 조정 시 '맞춤 확인'으로 지정하여야 합니다.
- 공통적용사항(슬라이드 마스터)
  ▶ 도형 ⇒ 기본 도형 : '십자형', 도형 스타일('어두운 계열 – 강조 1'), 글꼴(바탕, 20pt, 진하게)
- 그림 삽입 시 다운로드 한 그림 파일을 반드시 사용하여야 합니다.
- ⌐ ⌐ ⌐ ⌐ ⌐ 은 지시사항이므로 작성하지 않습니다.
- 슬라이드에 제시된 글자 및 숫자 오타는 감점처리 됩니다.

슬라이드1 아래의 작성조건 및 출력형태에 알맞게 첫 번째 슬라이드에 작업하시오. [30점]

《출력형태》

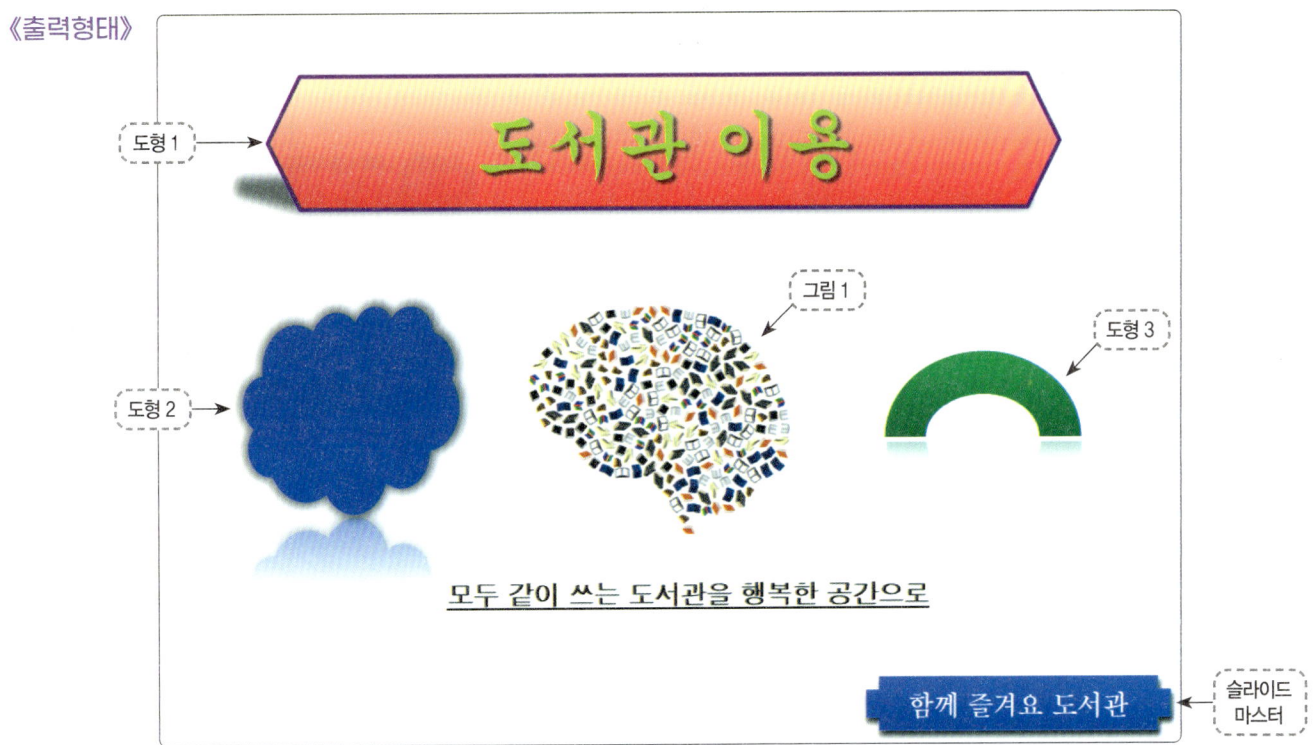

《작성조건》

▶ 도형 1 ⇒ 기본 도형 : '육각형', 도형 채우기(그러데이션 : 유형 – 막대 사탕, 종류 – 선형, 방향 – 선형 – 아래쪽에서), 선 색(단색, 색 : 보라), 선 스타일(선 종류 : 실선, 굵기 : 3pt, 겹선 종류 : 단순형), 도형 효과(그림자 – 원근감 – 대각선 왼쪽 위), 글꼴(궁서, 54pt, 그림자, 밝은 연두색)

▶ 도형 2 ⇒ 기본 도형 : '구름', 도형 채우기('하늘색 25% 어둡게'), 선 없음, 도형 효과(그림자 – 바깥쪽 – 가운데, 반사 – '1/3 크기, 4pt')

▶ 도형 3 ⇒ 기본 도형 : '막힌 원호', 도형 스타일('강한 효과 – 강조 5')

▶ 그림 삽입 ⇒ 그림 1 삽입, 크기(너비 : 70mm, 높이 : 60mm)

▶ 글상자(모두 같이 쓰는 도서관을 행복한 공간으로) ⇒ 글꼴(돋움, 20pt, 진하게, 밑줄)

▶ 애니메이션 지정 ⇒ 도형 1 : 나타내기 – 닦아내기

▶ 지시사항이 없는 부분은 《출력형태》와 동일하게 작성하시오.

슬라이드2 아래의 작성조건 및 출력형태에 알맞게 두 번째 슬라이드에 작업하시오. (50점)

《작성조건》

(1) **제목**

▶ 도형 1 ⇒ 기본 도형 : '빗면', 도형 채우기(질감 – 노란색 도트, 바둑판식 배열), 선 색(단색, 색 : 주황), 선 스타일(선 종류 : 실선, 굵기 : 3pt, 겹선 종류 : 단순형), 도형 효과(그림자 – 안쪽 – 아래쪽, 반사 – '1/3 크기, 근접'), 글꼴(궁서체, 48pt, 진하게, 그림자, '초록 40% 밝게')

(2) **본문**

▶ 도형 2 ⇒ 기본 도형 : '타원', 도형 채우기('초록 25% 어둡게', 그러데이션 – 어두운 그러데이션 – 방사형 – 가운데에서), 선 색(단색, 색 : 초록), 선 스타일(선 종류 : 점선, 굵기 : 6pt, 겹선 종류 : 단순형), 글꼴(돋움, 22pt, 진하게, 노랑)

▶ 도형 3~6 ⇒ 사각형 : '한쪽 모서리가 잘린 사각형', 도형 채우기(빨강, 그러데이션 – 밝은 그러데이션 – 선형 – 아래쪽에서), 선 없음, 도형 효과(그림자 – 바깥쪽 – 아래쪽), 글꼴(돋움, 22pt, 진하게, 검은 군청)

▶ 실행 단추 ⇒ 실행 단추 : '실행 단추: 끝', 하이퍼링크 : 마지막 슬라이드, 도형 스타일('밝은 계열 – 강조 2')

▶ 표 ⇒ 채우기(질감 – 대리석, 바둑판식 배열), 가장 위의 행 : 글꼴(돋움, 28pt, 진하게, 초록, 가운데 정렬, 가운데 맞춤), 나머지 행 : 글꼴(돋움, 20pt, 진하게, 기울임, 가운데 정렬, 가운데 맞춤)

▶ 애니메이션 지정 ⇒ 표 : 나타내기 – 날아오기

▶ 지시사항이 없는 부분은 《출력형태》와 동일하게 작성하시오.

슬라이드3 아래의 작성조건 및 출력형태에 알맞게 세 번째 슬라이드에 작업하시오. **(60점)**

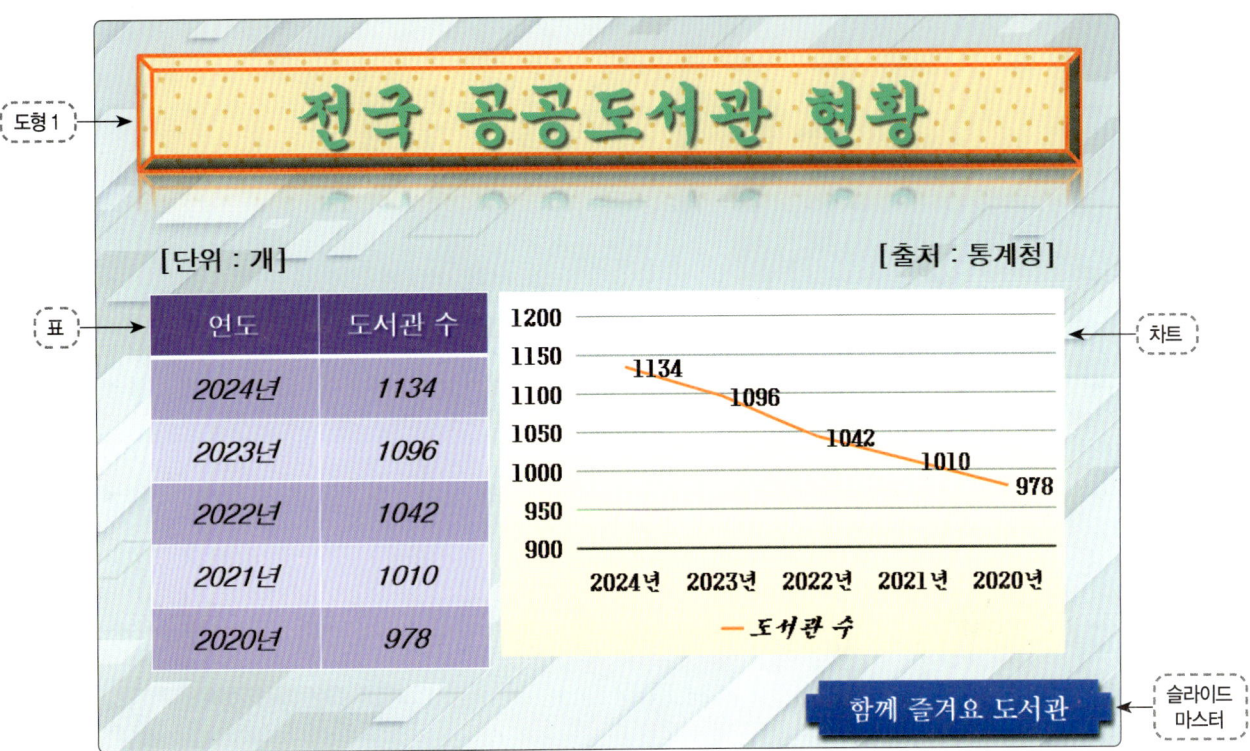

《작성조건》

(1) **제목**

▶ 도형 1 ⇒ 기본 도형 : '빗면', 도형 채우기(질감 – 노란색 도트, 바둑판식 배열), 선 색(단색, 색 : 주황),
　　　　　선 스타일(선 종류 : 실선, 굵기 : 3pt, 겹선 종류 : 단순형), 도형 효과(그림자 – 안쪽 – 아래쪽,
　　　　　반사 – '1/3 크기, 근접'), 글꼴(궁서체, 48pt, 진하게, 그림자, '초록 40% 밝게')

(2) **본문**

▶ 글 상자 1([단위 : 개]) ⇒ 글꼴(돋움, 20pt, 진하게)

▶ 표 ⇒ 표 스타일('보통 – 보통 스타일 1 – 강조 6'),
　　　가장 위의 행 : 글꼴(돋움, 20pt, 진하게, 그림자, 가운데 정렬, 가운데 맞춤),
　　　나머지 행 : 글꼴(돋움, 20pt, 진하게, 기울임, 가운데 정렬, 가운데 맞춤)

▶ 글 상자 2([출처 : 통계청]) ⇒ 글꼴(돋움, 20pt, 진하게)

▶ 차트 ⇒ 꺾은선형 : 꺾은선형, 차트 계열색('색상 조합 – 색3'),
　　　　차트 스타일(스타일3), 축 서식/자료점 이름표 서식 : 글꼴(궁서, 16pt, 진하게),
　　　　범례 서식 : 글꼴(궁서, 18pt, 진하게, 기울임), 데이터는 표 참고

▶ 배경 ⇒ 배경 속성(채우기 – 그림 또는 질감 채우기)에서 그림 2 삽입(현재 슬라이드만 적용)

▶ 애니메이션 지정 ⇒ 차트 : 나타내기 – 블라인드

▶ 지시사항이 없는 부분은《출력형태》와 동일하게 작성하시오.

슬라이드4 아래의 작성조건 및 출력형태에 알맞게 네 번째 슬라이드에 작업하시오. (60점)

《작성조건》

(1) **제목**

▶ 도형 1 ⇒ 기본 도형 : '빗면', 도형 채우기(질감 – 노란색 도트, 바둑판식 배열), 선 색(단색, 색 : 주황),
　　　　선 스타일(선 종류 : 실선, 굵기 : 3pt, 겹선 종류 : 단순형), 도형 효과(그림자 – 안쪽 – 아래쪽,
　　　　반사 – '1/3 크기, 근접'), 글꼴(궁서체, 48pt, 진하게, 그림자, '초록 40% 밝게')

(2) **본문**

▶ 도형 2~4 ⇒ 순서도 : '순서도: 카드', 도형 채우기(질감 – 대리석, 바둑판식 배열), 선 없음,
　　　　도형 효과(네온 – '강조색 2, 10 pt'), 글꼴(바탕, 20pt, 진하게, 검은 군청)

▶ 도형 5~7 ⇒ 블록 화살표 : '갈매기형 수장', 도형 채우기('초록 40% 밝게', 그러데이션 – 밝은 그러데이션 –
　　　　선형 – 아래쪽에서), 선 없음, 도형 효과(반사 – '1/3 크기, 근접'),
　　　　글꼴(바탕, 20pt, 진하게, '보라 50% 어둡게')

▶ 도형 8 ⇒ 기본 도형 : '해', 도형 채우기(빨강, 그러데이션 – 어두운 그러데이션 – 사각형 – 가운데에서), 선 없음,
　　　　도형 효과(그림자 – 원근감 – 대각선 오른쪽 위)

▶ 도형 9 ⇒ 기본 도형 : '평행 사변형', 도형 채우기(그림 또는 질감 채우기) 기능을 사용하여 그림 3 삽입,
　　　　선 색(단색, 색 : '강조 2 주황'), 선 스타일(선 종류 : 실선, 굵기 : 3pt, 겹선 종류 : 이중),
　　　　도형 효과(그림자 – 바깥쪽 – 가운데)

▶ 워드숍 삽입(함께 사용하는 도서관 예절) ⇒ '윤곽 – 강조 6, 그림자', 글자 효과(변환 – 휘기 – 이중 물결 1),
　　　　글꼴(궁서, 30pt, 진하게, 그림자)

▶ 지시사항이 없는 부분은 《출력형태》와 동일하게 작성하시오.

PART 04

최신유형
기출문제

제 01 회 디지털정보활용능력 최신유형 기출문제

- ☑ 시험과목 : 프리젠테이션(한쇼)
- ☑ 시험일자 : 20XX. XX. XX. (X)
- ☑ 응시자 기재사항 및 감독위원 확인

한컴오피스 한쇼 2022 버전용

수 검 번 호	DIO – XXXX –	감독위원 확인
성 명		

· 응시자 유의사항 ·

1. 응시자는 신분증을 지참하여야 시험에 응시할 수 있으며, 시험이 종료될 때까지 신분증을 제시하지 못 할 경우 해당 시험은 0점 처리됩니다.
2. 시스템(PC작동여부, 네트워크 상태 등)의 이상여부를 반드시 확인하여야 하며, 시스템 이상이 있을 시 감독위원에게 조치를 받으셔야 합니다.
3. 시험 중 부주의 또는 고의로 시스템을 파손한 경우는 응시자 부담으로 합니다.
4. 답안 전송 프로그램을 통해 다운로드 받은 파일을 이용하여 답안파일을 작성하시기 바랍니다.
5. 작성한 답안 파일은 답안 전송 프로그램을 통하여 전송됩니다. 감독위원의 지시에 따라 주시기바랍니다.
6. 다음 사항의 경우 실격(0점) 혹은 부정행위 처리됩니다.
    1) 답안파일을 저장하지 않았거나, 저장한 파일이 손상되었을 경우
    2) 답안파일을 지정된 폴더(바탕화면 – "KAIT" 폴더)에 저장하지 않았을 경우
        ※ 답안 전송 프로그램 로그인 시 바탕화면에 자동 생성됨
    3) 답안파일을 다른 보조기억장치(USB) 혹은 네트워크(메신저, 게시판 등)로 전송할 경우
    4) 휴대용 전화기 등 통신기기를 사용할 경우
7. 슬라이드는 반드시 순서대로 작성해야 하며, 순서가 다를 경우 "0"점 처리됩니다.
8. 시험지에 제시된 글꼴이 응시 프로그램에 없는 경우, 반드시 감독위원에게 해당 내용을 통보한 뒤 조치를 받아야 합니다.
9. 슬라이드 작성 시 도형의 그룹설정을 사용하는 경우, 채점에서 감점 처리됩니다.
10. 시험의 완료는 작성이 완료된 답안을 저장하고, 답안전송이 완료된 상태를 확인한 것으로 합니다. 답안전송 확인 후 문제지는 감독위원에게 제출한 후 퇴실하여야 합니다.
11. 답안전송을 완료한 경우는 수정 또는 정정이 불가합니다.
12. 시험 시행 후 합격자 발표는 홈페이지(www.ihd.or.kr)에서 확인하시기를 바랍니다.
    ※ 합격자 발표 : 20XX. XX. XX. (X)

유의사항

- 《작성조건》을 준수하여 반드시 프리젠테이션 슬라이드로 작업합니다.
- 글꼴 및 기타 사항에 대해 별도의 지시사항이 없는 경우, 슬라이드 크기와 전체적인 균형을 고려하여 임의로 작성하되, 도형은 그룹으로 설정하지 않습니다.
- 새 프리젠테이션 만들기 – 한컴오피스, 쪽 설정(종류 – A4용지(210×297mm)), 슬라이드 방향(가로)로 지정합니다.
  ▶ 슬라이드 크기, 방향 조정 시 '맞춤 확인'으로 지정하여야 합니다.
- 공통적용사항(슬라이드 마스터)
  ▶ 도형 ⇒ 기본 도형 : '십자형', 도형 스타일('어두운 계열 – 강조 2'), 글꼴(바탕, 20pt, 진하게)
- 그림 삽입 시 다운로드 한 그림 파일을 반드시 사용하여야 합니다.
- ⬜⟶ 은 지시사항이므로 작성하지 않습니다.
- 슬라이드에 제시된 글자 및 숫자 오타는 감점처리 됩니다.

슬라이드1 아래의 작성조건 및 출력형태에 알맞게 첫 번째 슬라이드에 작업하시오. [30점]

《출력형태》

《작성조건》

▶ 도형 1 ⇒ 기본 도형 : '육각형', 도형 채우기(그러데이션 : 유형 – 보라, 종류 – 선형, 방향 – 선형 – 아래쪽에서), 선 색(단색, 색 : 보라), 선 스타일(선 종류 : 실선, 굵기 : 3pt, 겹선 종류 : 단순형), 도형 효과(그림자 – 원근감 – 대각선 오른쪽 아래), 글꼴(궁서, 48pt, 진하게, 보라)

▶ 도형 2 ⇒ 기본 도형 : '해', 도형 채우기('주황 25% 어둡게'), 선 없음, 도형 효과(그림자 – 바깥쪽 – 가운데, 반사 – '1/3 크기, 근접')

▶ 도형 3 ⇒ 수식 도형 : '나눗셈 기호', 도형 스타일('강한 효과 – 강조 4')

▶ 그림 삽입 ⇒ 그림 1 삽입, 크기(너비 : 70mm, 높이 : 70mm)

▶ 글상자(안전한 자전거 이용으로 함께 즐기는 취미 생활) ⇒ 글꼴(돋움, 20pt, 진하게, 밑줄)

▶ 애니메이션 지정 ⇒ 도형 1 : 나타내기 – 닦아내기

▶ 지시사항이 없는 부분은 《출력형태》와 동일하게 작성하시오.

슬라이드2 아래의 작성조건 및 출력형태에 알맞게 두 번째 슬라이드에 작업하시오. (50점)

《출력형태》

《작성조건》

(1) **제목**

▶ 도형 1 ⇒ 사각형 : '양쪽 모서리가 잘린 사각형', 도형 채우기(질감 – 나무, 바둑판식 배열), 선 색(단색, 색 : 주황), 선 스타일(선 종류 : 실선, 굵기 : 3pt, 겹선 종류 : 단순형), 도형 효과(그림자 – 안쪽 – 아래쪽, 반사 – '1/3 크기, 근접'), 글꼴(궁서체, 48pt, 진하게, 그림자, 밝은 연두색)

(2) **본문**

▶ 도형 2 ⇒ 기본 도형 : '눈물방울', 도형 채우기('초록 25% 어둡게', 그러데이션 – 어두운 그러데이션 – 사각형 – 가운데에서), 선 색(단색, 색 : 밝은 연두색), 선 스타일(선 종류 : 점선, 굵기 : 4pt, 겹선 종류 : 단순형), 글꼴(돋움, 26pt, 진하게, 노랑)

▶ 도형 3~6 ⇒ 사각형 : '한쪽 모서리가 잘린 사각형', 도형 채우기(빨강, 그러데이션 – 밝은 그러데이션 – 선형 – 아래쪽에서), 선 없음, 도형 효과(그림자 – 바깥쪽 – 아래쪽), 글꼴(돋움, 22pt, 진하게, '보라 50% 어둡게')

▶ 실행 단추 ⇒ 실행 단추 : '실행 단추: 끝', 하이퍼링크 : 마지막 슬라이드, 도형 스타일('보통 효과 – 강조 2')

▶ 표 ⇒ 채우기(질감 – 대리석, 바둑판식 배열),
  가장 위의 행 : 글꼴(돋움, 24pt, 진하게, 파랑, 가운데 정렬, 가운데 맞춤),
  나머지 행 : 글꼴(돋움, 20pt, 진하게, 기울임, 가운데 정렬, 가운데 맞춤)

▶ 애니메이션 지정 ⇒ 표 : 나타내기 – 날아오기

▶ 지시사항이 없는 부분은 《출력형태》와 동일하게 작성하시오.

슬라이드3 — 아래의 작성조건 및 출력형태에 알맞게 세 번째 슬라이드에 작업하시오. (60점)

《출력형태》

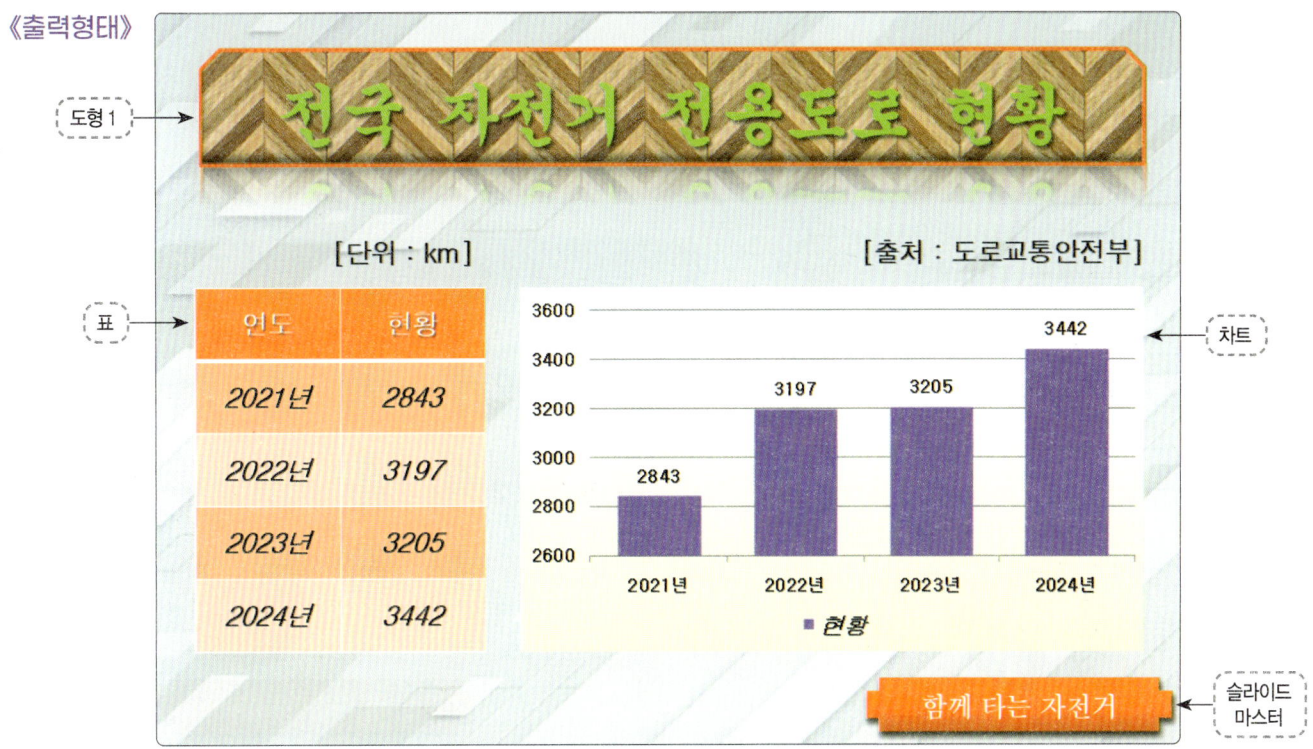

《작성조건》

(1) **제목**
- 도형 1 ⇒ 사각형 : '양쪽 모서리가 잘린 사각형', 도형 채우기(질감 – 나무, 바둑판식 배열), 선 색(단색, 색 : 주황), 선 스타일(선 종류 : 실선, 굵기 : 3pt, 겹선 종류 : 단순형), 도형 효과(그림자 – 안쪽 – 아래쪽, 반사 – '1/3 크기, 근접'), 글꼴(궁서체, 48pt, 진하게, 그림자, 밝은 연두색)

(2) **본문**
- 글 상자 1([단위 : km]) ⇒ 글꼴(돋움, 20pt, 진하게)
- 표 ⇒ 표 스타일('보통 – 보통 스타일 1 – 강조 2'),
  가장 위의 행 : 글꼴(돋움, 20pt, 진하게, 그림자, 가운데 정렬, 가운데 맞춤),
  나머지 행 : 글꼴(돋움, 20pt, 진하게, 기울임, 가운데 정렬, 가운데 맞춤)
- 글 상자 2([출처 : 도로교통안전부]) ⇒ 글꼴(돋움, 20pt, 진하게)
- 차트 ⇒ 세로 막대형 : 묶은 세로 막대형, 차트 계열색('색상 조합 – 색4'),
  차트 스타일(스타일5), 축 서식/자료점 이름표 서식 : 글꼴(굴림, 14pt, 진하게),
  범례 서식 : 글꼴(굴림, 18pt, 진하게, 기울임), 데이터는 표 참고
- 배경 ⇒ 배경 속성(채우기 – 그림 또는 질감 채우기)에서 그림 2 삽입(현재 슬라이드만 적용)
- 애니메이션 지정 ⇒ 차트 : 나타내기 – 블라인드
- 지시사항이 없는 부분은 《출력형태》와 동일하게 작성하시오.

슬라이드4 — 아래의 작성조건 및 출력형태에 알맞게 네 번째 슬라이드에 작업하시오. (60점)

《출력형태》

《작성조건》

(1) 제목

▶ 도형 1 ⇒ 사각형 : '양쪽 모서리가 잘린 사각형', 도형 채우기(질감 – 나무, 바둑판식 배열), 선 색(단색, 색 : 주황), 선 스타일(선 종류 : 실선, 굵기 : 3pt, 겹선 종류 : 단순형), 도형 효과(그림자 – 안쪽 – 아래쪽, 반사 – '1/3 크기, 근접'), 글꼴(궁서체, 48pt, 진하게, 그림자, 밝은 연두색)

(2) 본문

▶ 도형 2~4 ⇒ 블록 화살표 : '오각형', 도형 채우기(질감 – 분홍 줄무늬, 바둑판식 배열), 선 없음, 도형 효과(네온 – '강조색 5, 10pt'), 글꼴(바탕, 20pt, 진하게, 검은 군청)

▶ 도형 5~7 ⇒ 기본 도형 : '사다리꼴', 도형 채우기('강조 3 시멘트색', 그러데이션 – 밝은 그러데이션 – 선형 – 왼쪽에서), 선 없음, 도형 효과(반사 – '1/3 크기, 4pt'), 글꼴(바탕, 20pt, 진하게, 검정)

▶ 도형 8 ⇒ 기본 도형 : '웃는 얼굴', 도형 채우기(초록, 그러데이션 – 어두운 그러데이션 – 선형 – 아래쪽에서), 선 없음, 도형 효과(그림자 – 원근감 – 대각선 오른쪽 위)

▶ 도형 9 ⇒ 기본 도형 : '모서리가 접힌 도형', 도형 채우기(그림 또는 질감 채우기) 기능을 사용 하여 그림 3 삽입, 선 색(단색, 색 : '강조 2 주황'), 선 스타일(선 종류 : 실선, 굵기 : 4pt, 겹선 종류 : 이중), 도형 효과(그림자 – 바깥쪽 – 가운데)

▶ 워드숍 삽입(건강을 위해 자전거를 타자!) ⇒ '윤곽 – 강조 5, 반사', 글자 효과(변환 – 휘기 – 역갈매기형 수장), 글꼴(궁서, 30pt, 진하게)

▶ 지시사항이 없는 부분은 《출력형태》와 동일하게 작성하시오.

제 02 회 디지털정보활용능력 최신유형 기출문제

- ☑ 시험과목 : 프리젠테이션(한쇼)
- ☑ 시험일자 : 20XX. XX. XX. (X)
- ☑ 응시자 기재사항 및 감독위원 확인

한컴오피스 한쇼 2022 버전용

수검번호	DIO – XXXX –	감독위원 확인
성 명		

·응시자 유의사항·

1. 응시자는 신분증을 지참하여야 시험에 응시할 수 있으며, 시험이 종료될 때까지 신분증을 제시하지 못 할 경우 해당 시험은 0점 처리됩니다.
2. 시스템(PC작동여부, 네트워크 상태 등)의 이상여부를 반드시 확인하여야 하며, 시스템 이상이 있을 시 감독위원에게 조치를 받으셔야 합니다.
3. 시험 중 부주의 또는 고의로 시스템을 파손한 경우는 응시자 부담으로 합니다.
4. 답안 전송 프로그램을 통해 다운로드 받은 파일을 이용하여 답안파일을 작성하시기 바랍니다.
5. 작성한 답안 파일은 답안 전송 프로그램을 통하여 전송됩니다. 감독위원의 지시에 따라 주시기바랍니다.
6. 다음 사항의 경우 실격(0점) 혹은 부정행위 처리됩니다.
   1) 답안파일을 저장하지 않았거나, 저장한 파일이 손상되었을 경우
   2) 답안파일을 지정된 폴더(바탕화면 – "KAIT" 폴더)에 저장하지 않았을 경우
      ※ 답안 전송 프로그램 로그인 시 바탕화면에 자동 생성됨
   3) 답안파일을 다른 보조기억장치(USB) 혹은 네트워크(메신저, 게시판 등)로 전송할 경우
   4) 휴대용 전화기 등 통신기기를 사용할 경우
7. 슬라이드는 반드시 순서대로 작성해야 하며, 순서가 다를 경우 "0"점 처리됩니다.
8. 시험지에 제시된 글꼴이 응시 프로그램에 없는 경우, 반드시 감독위원에게 해당 내용을 통보한 뒤 조치를 받아야 합니다.
9. 슬라이드 작성 시 도형의 그룹설정을 사용하는 경우, 채점에서 감점 처리됩니다.
10. 시험의 완료는 작성이 완료된 답안을 저장하고, 답안전송이 완료된 상태를 확인한 것으로 합니다. 답안전송 확인 후 문제지는 감독위원에게 제출한 후 퇴실하여야 합니다.
11. 답안전송을 완료한 경우는 수정 또는 정정이 불가합니다.
12. 시험 시행 후 합격자 발표는 홈페이지(www.ihd.or.kr)에서 확인하시기를 바랍니다.
    ※ 합격자 발표 : 20XX. XX. XX. (X)

유의사항

- 《작성조건》을 준수하여 반드시 프리젠테이션 슬라이드로 작업합니다.
- 글꼴 및 기타 사항에 대해 별도의 지시사항이 없는 경우, 슬라이드 크기와 전체적인 균형을 고려하여 임의로 작성하되, 도형은 그룹으로 설정하지 않습니다.
- 새 프리젠테이션 만들기 – 한컴오피스, 쪽 설정(종류 – A4용지(210×297mm)), 슬라이드 방향(가로)로 지정합니다.
  ▶ 슬라이드 크기, 방향 조정 시 '맞춤 확인'으로 지정하여야 합니다.
- 공통적용사항(슬라이드 마스터)
  ▶ 도형 ⇒ 기본 도형 : '톱니바퀴1', 도형 스타일('밝은 계열 – 강조 6'), 글꼴(굴림체, 20pt, 진하게)
- 그림 삽입 시 다운로드 한 그림 파일을 반드시 사용하여야 합니다.
- ▭ ⟶ 은 지시사항이므로 작성하지 않습니다.
- 슬라이드에 제시된 글자 및 숫자 오타는 감점처리 됩니다.

슬라이드1 아래의 작성조건 및 출력형태에 알맞게 첫 번째 슬라이드에 작업하시오. [30점]

《출력형태》

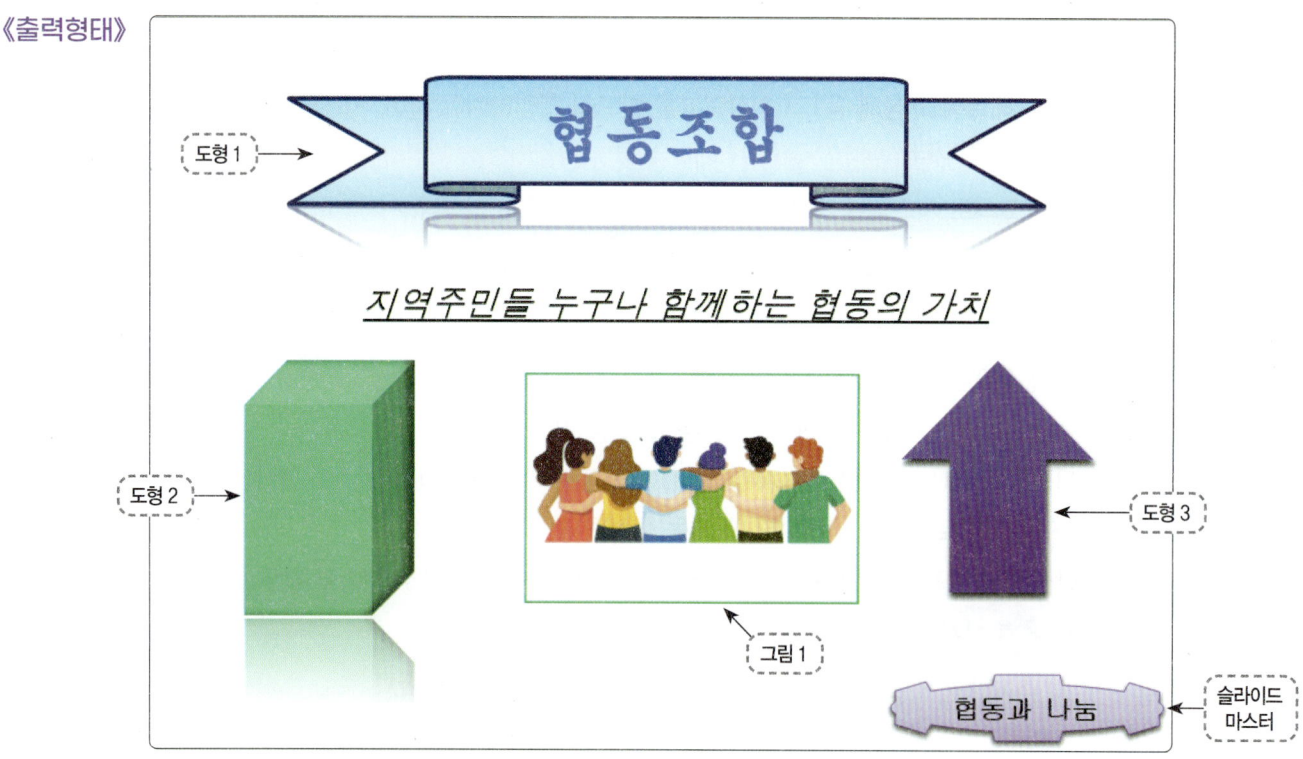

《작성조건》

▶ 도형 1 ⇒ 별 및 현수막 : '위쪽 리본', 도형 채우기(그러데이션 : 유형 – 솜사탕 2, 종류 – 선형, 방향 – 선형 – 위쪽에서), 선 색(단색, 색 : 검은 군청), 선 스타일(선 종류 : 실선, 굵기 : 3pt, 겹선 종류 : 단순형), 도형 효과(반사 – '1/3 크기, 근접'), 글꼴(궁서체, 46pt, 진하게, '강조 1 하늘색')

▶ 도형 2 ⇒ 기본 도형 : '정육면체', 도형 채우기('초록 40% 밝게'), 선 없음, 도형 효과(그림자 – 안쪽 – 오른쪽, 반사 – '1/3 크기, 4 pt')

▶ 도형 3 ⇒ 블록 화살표 : 위쪽 화살표, 도형 스타일('어두운 계열 – 강조 6')

▶ 그림 삽입 ⇒ 그림 1 삽입, 크기(너비 : 90mm, 높이 : 60mm)

▶ 글 상자(지역주민들 누구나 함께하는 협동의 가치) ⇒ 글꼴(돋움, 26pt, 기울임, 밑줄)

▶ 애니메이션 지정 ⇒ 도형 1 : 나타내기 – 블라인드

▶ 지시사항이 없는 부분은 《출력형태》와 동일하게 작성하시오.

슬라이드2 아래의 작성조건 및 출력형태에 알맞게 두 번째 슬라이드에 작업하시오. (50점)

《출력형태》

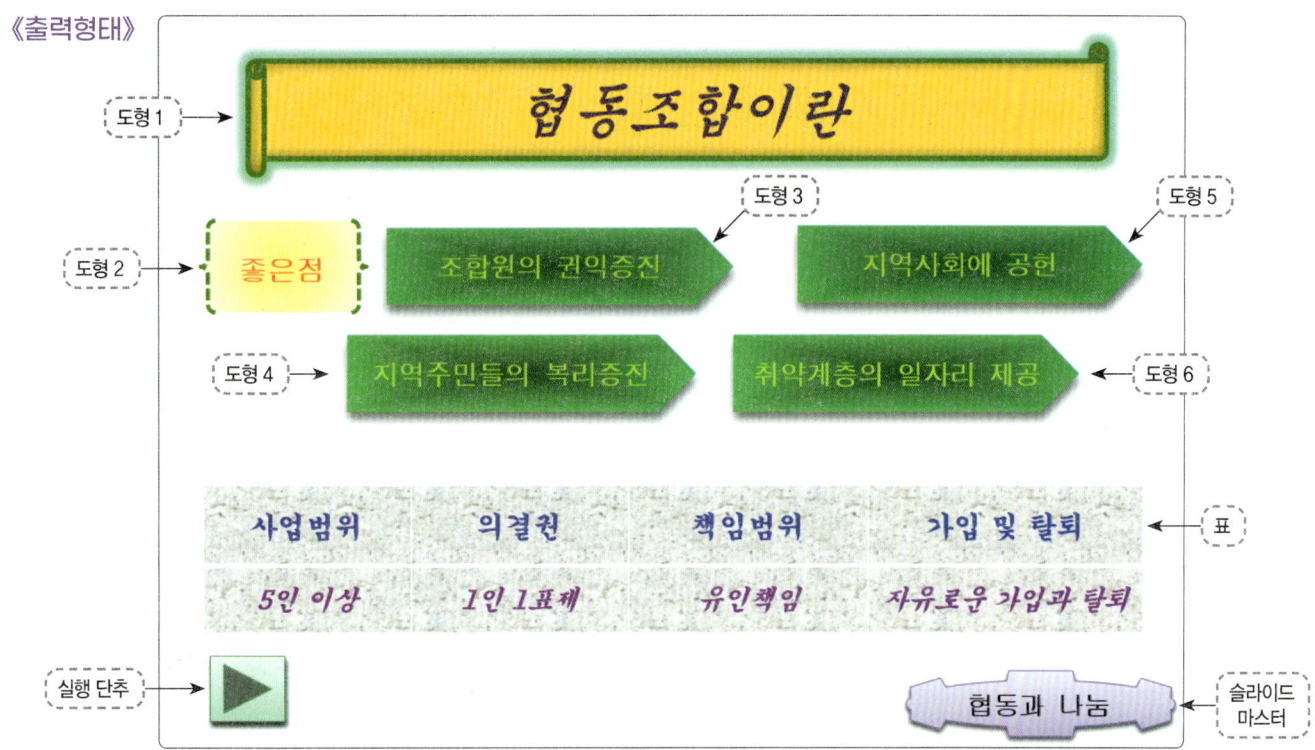

《작성조건》

(1) **제목**

▶ 도형 1 ⇒ 별 및 현수막 : '가로로 말린 두루마리 모양', 도형 채우기('강조 4 노랑'), 선 색(단색, 색 : 초록),
선 스타일(선 종류 : 실선, 굵기 : 3pt, 겹선 종류 : 단순형), 도형 효과(그림자 – 안쪽 – 가운데,
네온 – '강조색 5, 10 pt'), 글꼴(궁서체, 42pt, 기울임, '보라 50% 어둡게')

(2) **본문**

▶ 도형 2 ⇒ 기본 도형 : '양쪽 중괄호', 도형 채우기('노랑 40% 밝게', 그러데이션 – 밝은 그러데이션 – 방사형 –
가운데에서), 선 색(단색, 색 : 초록), 선 스타일(선 종류 : 긴 점선, 굵기 : 3pt, 겹선 종류 : 단순형),
글꼴(굴림체, 22pt, 진하게, 빨강)

▶ 도형 3~6 ⇒ 블록 화살표 : '오각형', 도형 채우기('강조 5 초록', 그러데이션 – 어두운 그러데이션 – 사각형 –
가운데에서), 선 없음, 도형 효과(그림자 – 바깥쪽 – 아래쪽), 글꼴(돋움체, 20pt, 진하게, 밝은 연두색)

▶ 실행 단추 ⇒ 실행 단추 : '실행 단추: 앞으로 또는 다음', 하이퍼링크 : 다음 슬라이드, 도형 스타일('밝은 계열 – 강조 5')

▶ 표 ⇒ 채우기(질감 – 대리석 벽, 바둑판식 배열),
가장 위의 행 : 글꼴(궁서, 22pt, 진하게, 파랑, 가운데 정렬, 가운데 맞춤),
나머지 행 : 글꼴(궁서, 20pt, 진하게, 기울임, 보라, 가운데 정렬, 가운데 맞춤)

▶ 애니메이션 지정 ⇒ 표 : 나타내기 – 모자이크

▶ 지시사항이 없는 부분은 《출력형태》와 동일하게 작성하시오.

슬라이드3   아래의 작성조건 및 출력형태에 알맞게 세 번째 슬라이드에 작업하시오. (60점)

《출력형태》

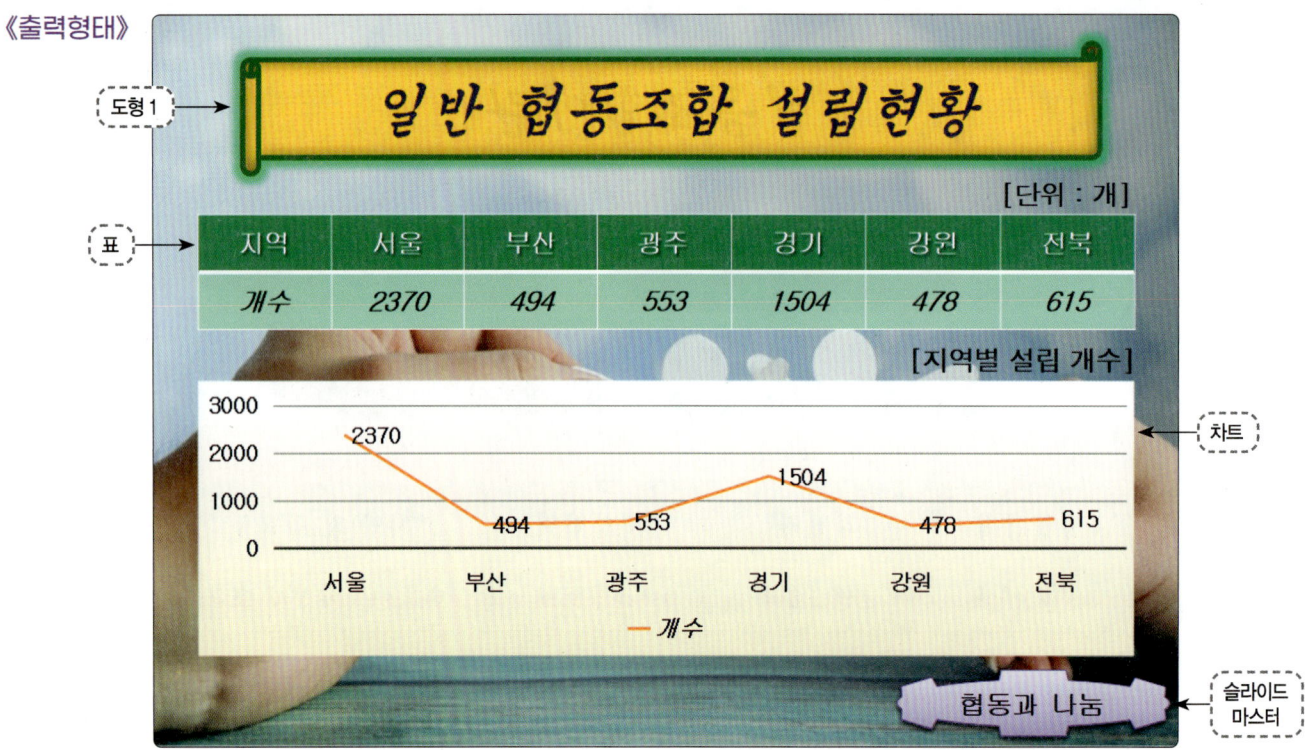

《작성조건》

(1) **제목**

- 도형 1 ⇒ 별 및 현수막 : '가로로 말린 두루마리 모양', 도형 채우기('강조 4 노랑'), 선 색(단색, 색 : 초록), 선 스타일(선 종류 : 실선, 굵기 : 3pt, 겹선 종류 : 단순형), 도형 효과(그림자 – 안쪽 – 가운데, 네온 – '강조색 5, 10 pt'), 글꼴(궁서체, 42pt, 기울임, '보라 50% 어둡게')

(2) **본문**

- 글 상자 1([단위 : 개]) ⇒ 글꼴(돋움, 20pt, 진하게)
- 표 ⇒ 표 스타일('보통 – 보통 스타일 1 – 강조 5'),
  가장 위의 행 : 글꼴(굴림, 20pt, 진하게, 그림자, 가운데 정렬, 가운데 맞춤),
  나머지 행 : 글꼴(굴림, 20pt, 진하게, 기울임, 가운데 정렬, 가운데 맞춤)
- 글 상자 2([지역별 설립 개수]) ⇒ 글꼴(돋움, 20pt, 진하게)
- 차트 ⇒ 꺾은선형 : 꺾은선형, 차트 계열색('색상 조합 – 색3'),
  차트 스타일(스타일3), 축 서식/자료점 이름표 서식 : 글꼴(굴림, 16pt, 진하게),
  범례 서식 : 글꼴(굴림, 18pt, 진하게, 기울임), 데이터는 표 참고
- 배경 ⇒ 배경 속성(채우기 – 그림 또는 질감 채우기)에서 그림 2 삽입(현재 슬라이드만 적용)
- 애니메이션 지정 ⇒ 차트 : 나타내기 – 날아오기
- 지시사항이 없는 부분은《출력형태》와 동일하게 작성하시오.

슬라이드4 — 아래의 작성조건 및 출력형태에 알맞게 네 번째 슬라이드에 작업하시오. (60점)

《출력형태》

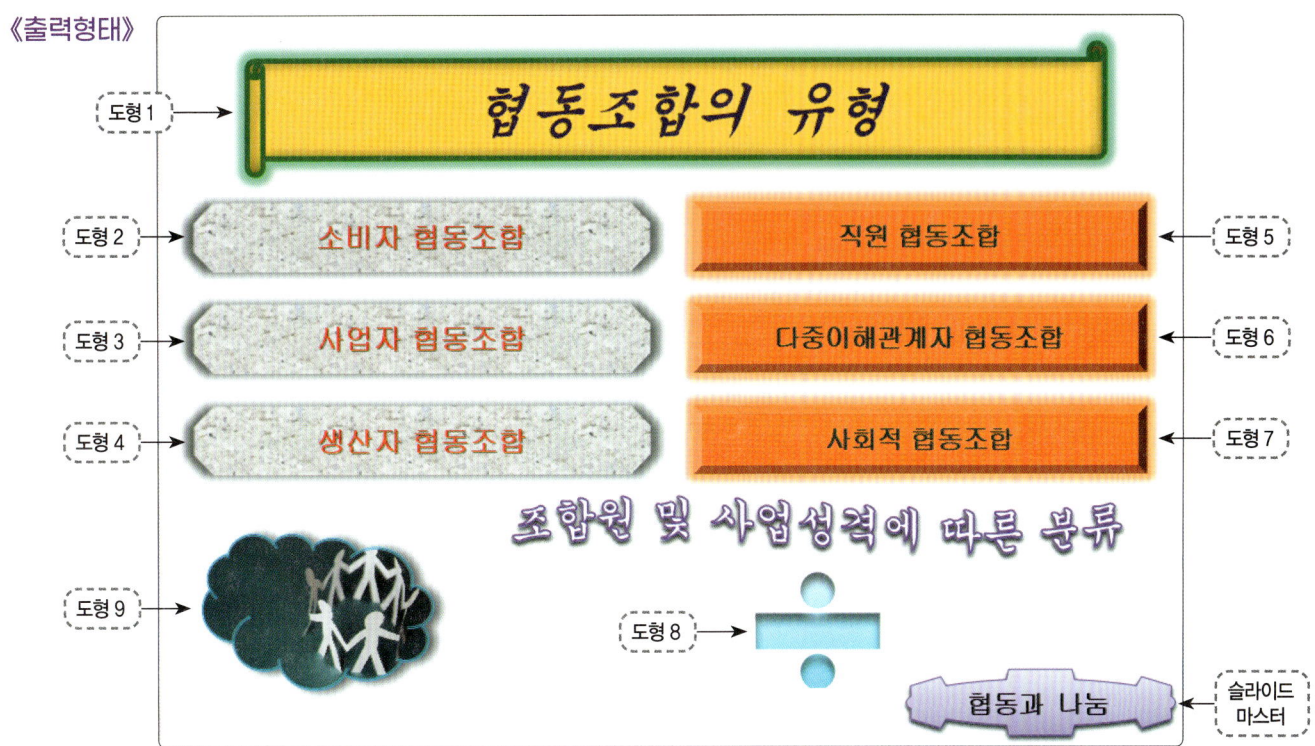

《작성조건》

(1) **제목**

▶ 도형 1 ⇒ 별 및 현수막 : '가로로 말린 두루마리 모양', 도형 채우기('강조 4 노랑'), 선 색(단색, 색 : 초록),
　　선 스타일(선 종류 : 실선, 굵기 : 3pt, 겹선 종류 : 단순형), 도형 효과(그림자 – 안쪽 – 가운데,
　　네온 – '강조색 5, 10 pt'), 글꼴(궁서체, 42pt, 기울임, '보라 50% 어둡게')

(2) **본문**

▶ 도형 2~4 ⇒ 기본 도형 : '팔각형', 도형 채우기(질감 – 대리석, 바둑판식 배열), 선 없음,
　　도형 효과(그림자 – 바깥쪽 – 가운데), 글꼴(굴림, 22pt, 진하게, 그림자, 빨강)

▶ 도형 5~7 ⇒ 기본 도형 : '빗면', 도형 채우기('강조 2 주황'), 선 없음, 도형 효과(네온 – '강조색 2, 10 pt'),
　　글꼴(굴림, 20pt, 진하게, '초록 50% 어둡게')

▶ 도형 8 ⇒ 수식 도형 : '나눗셈 기호', 도형 채우기(시안, 그러데이션 – 밝은 그러데이션 – 선형 – 아래쪽에서),
　　선 없음, 도형 효과(그림자 – 안쪽 – 위쪽)

▶ 도형 9 ⇒ 기본 도형 : '구름', 도형 채우기(그림 또는 질감 채우기) 기능을 사용하여 그림 3 삽입,
　　선 색(단색, 색 : 시안), 선 스타일(선 종류 : 실선, 굵기 : 2pt, 겹선 종류 : 이중),
　　도형 효과(그림자 – 바깥쪽 – 오른쪽)

▶ 워드숍 삽입(조합원 및 사업성격에 따른 분류) ⇒ '윤곽 – 강조 6, 그림자',
　　글자 효과(변환 – 휘기 – 물결 1), 글꼴(궁서, 30pt, 진하게, 그림자)

▶ 지시사항이 없는 부분은 《출력형태》와 동일하게 작성하시오.

제 03 회 디지털정보활용능력 최신유형 기출문제

- ☑ 시험과목 : 프리젠테이션(한쇼)
- ☑ 시험일자 : 20XX. XX. XX. (X)
- ☑ 응시자 기재사항 및 감독위원 확인

한컴오피스 한쇼 2022 버전용

수 검 번 호	DIO – XXXX –	감독위원 확인
성 명		

·응시자 유의사항·

1. 응시자는 신분증을 지참하여야 시험에 응시할 수 있으며, 시험이 종료될 때까지 신분증을 제시하지 못 할 경우 해당 시험은 0점 처리됩니다.
2. 시스템(PC작동여부, 네트워크 상태 등)의 이상여부를 반드시 확인하여야 하며, 시스템 이상이 있을 시 감독위원에게 조치를 받으셔야 합니다.
3. 시험 중 부주의 또는 고의로 시스템을 파손한 경우는 응시자 부담으로 합니다.
4. 답안 전송 프로그램을 통해 다운로드 받은 파일을 이용하여 답안파일을 작성하시기 바랍니다.
5. 작성한 답안 파일은 답안 전송 프로그램을 통하여 전송됩니다. 감독위원의 지시에 따라 주시기바랍니다.
6. 다음 사항의 경우 실격(0점) 혹은 부정행위 처리됩니다.
    1) 답안파일을 저장하지 않았거나, 저장한 파일이 손상되었을 경우
    2) 답안파일을 지정된 폴더(바탕화면 – "KAIT" 폴더)에 저장하지 않았을 경우
        ※ 답안 전송 프로그램 로그인 시 바탕화면에 자동 생성됨
    3) 답안파일을 다른 보조기억장치(USB) 혹은 네트워크(메신저, 게시판 등)로 전송할 경우
    4) 휴대용 전화기 등 통신기기를 사용할 경우
7. 슬라이드는 반드시 순서대로 작성해야 하며, 순서가 다를 경우 "0"점 처리됩니다.
8. 시험지에 제시된 글꼴이 응시 프로그램에 없는 경우, 반드시 감독위원에게 해당 내용을 통보한 뒤 조치를 받아야 합니다.
9. **슬라이드 작성 시 도형의 그룹설정을 사용하는 경우, 채점에서 감점 처리됩니다.**
10. 시험의 완료는 작성이 완료된 답안을 저장하고, 답안전송이 완료된 상태를 확인한 것으로 합니다. 답안전송 확인 후 문제지는 감독위원에게 제출한 후 퇴실하여야 합니다.
11. 답안전송을 완료한 경우는 수정 또는 정정이 불가합니다.
12. 시험 시행 후 합격자 발표는 홈페이지(www.ihd.or.kr)에서 확인하시기를 바랍니다.
    ※ 합격자 발표 : 20XX. XX. XX. (X)

한국정보통신진흥협회 KAIT

유의사항

- 《작성조건》을 준수하여 반드시 프리젠테이션 슬라이드로 작업합니다.
- 글꼴 및 기타 사항에 대해 별도의 지시사항이 없는 경우, 슬라이드 크기와 전체적인 균형을 고려하여 임의로 작성하되, 도형은 그룹으로 설정하지 않습니다.
- 새 프리젠테이션 만들기 – 한컴오피스, 쪽 설정(종류 – A4용지(210×297mm)), 슬라이드 방향(가로)로 지정합니다.
  ▶ 슬라이드 크기, 방향 조정 시 '맞춤 확인'으로 지정하여야 합니다.
- 공통적용사항(슬라이드 마스터)
  ▶ 도형 ⇒ 기본 도형 : '육각형', 도형 스타일('밝은 계열 – 강조 4'), 글꼴(돋움, 20pt, 진하게)
- 그림 삽입 시 다운로드 한 그림 파일을 반드시 사용하여야 합니다.
- ⌐ ⌐ ⌐ ⌐ ⌐ ⌐ ⌐ ⌐ → 은 지시사항이므로 작성하지 않습니다.
- 슬라이드에 제시된 글자 및 숫자 오타는 감점처리 됩니다.

슬라이드1 — 아래의 작성조건 및 출력형태에 알맞게 첫 번째 슬라이드에 작업하시오. (30점)

《출력형태》

《작성조건》

▶ 도형 1 ⇒ 기본 도형 : '배지', 도형 채우기(그러데이션 : 유형 – 솜사탕 3, 종류 – 선형, 방향 – 선형 – 위쪽에서),
   선 색(단색, 색 : 초록), 선 스타일(선 종류 : 실선, 굵기 : 3pt, 겹선 종류 : 단순형),
   도형 효과(반사 – '1/3 크기, 4 pt'), 글꼴(궁서체, 44pt, 기울임, '주황 25% 어둡게')

▶ 도형 2 ⇒ 기본 도형 : '"없음" 기호', 도형 채우기(빨강), 선 없음, 도형 효과(그림자 – 바깥쪽 – 아래쪽,
   네온 – '강조색 2, 10 pt')

▶ 도형 3 ⇒ 기본 도형 : '웃는 얼굴', 도형 스타일('보통 효과 – 강조 3')

▶ 그림 삽입 ⇒ 그림 1 삽입, 크기(너비 : 75mm, 높이 : 75mm)

▶ 글 상자(사용자의 일상생활에 장애가 유발되는 상태) ⇒ 글꼴(돋움, 28pt, 진하게, 밑줄)

▶ 애니메이션 지정 ⇒ 도형 1 : 나타내기 – 모자이크

▶ 지시사항이 없는 부분은 《출력형태》와 동일하게 작성하시오.

슬라이드2 — 아래의 작성조건 및 출력형태에 알맞게 두 번째 슬라이드에 작업하시오. (50점)

《출력형태》

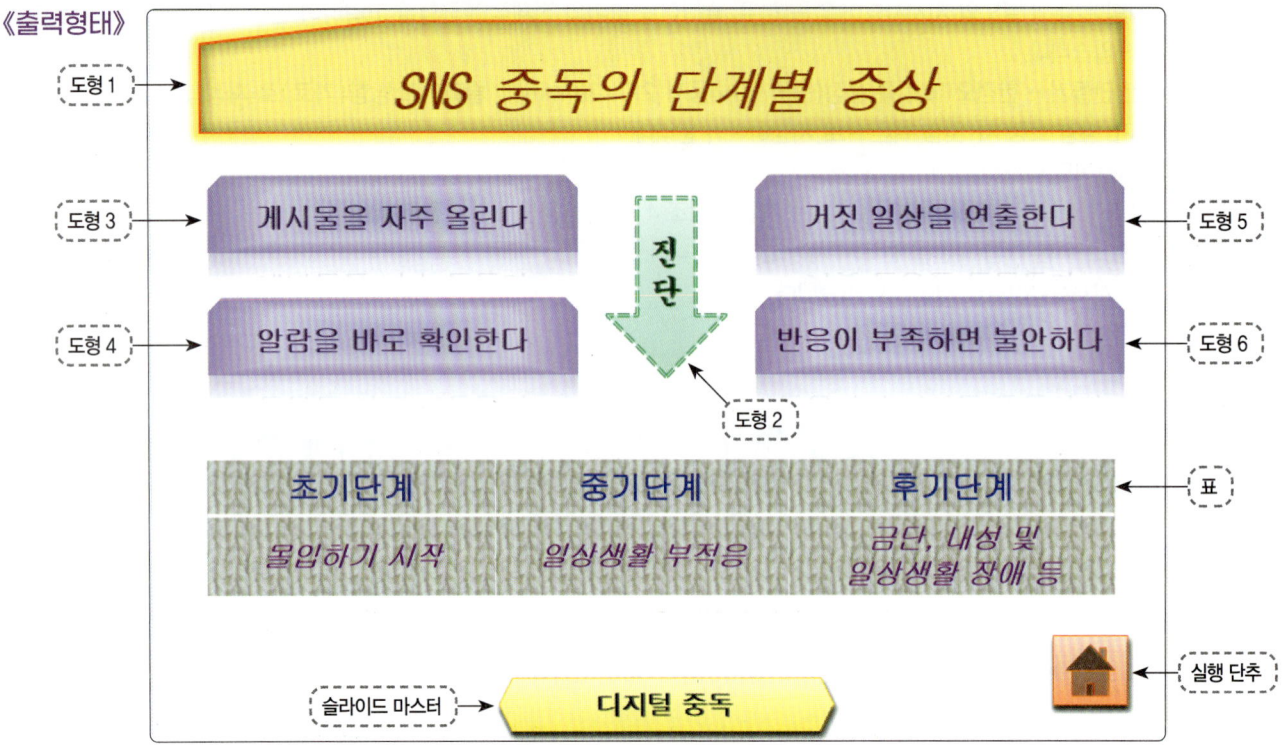

《작성조건》

(1) **제목**

▶ 도형 1 ⇒ 순서도 : '순서도: 카드', 도형 채우기('노랑 60% 밝게'), 선 색(단색, 색 : 주황), 선 스타일(선 종류 : 실선, 굵기 : 2pt, 겹선 종류 : 단순형), 도형 효과(그림자 – 안쪽 – 가운데, 네온 – '강조색 4, 10 pt'), 글꼴(돋움체, 38pt, 진하게, 기울임, '주황 50% 어둡게')

(2) **본문**

▶ 도형 2 ⇒ 블록 화살표 : '아래쪽 화살표', 도형 채우기('초록 60% 밝게', 그러데이션 – 밝은 그러데이션 – 선형 – 아래쪽에서), 선 색(단색, 색 : '강조 5 초록'), 선 스타일(선 종류 : 긴 점선, 굵기 : 3pt, 겹선 종류 : 이중), 글꼴(궁서, 24pt, 진하게, '초록 50% 어둡게')

▶ 도형 3~6 ⇒ 사각형 : '양쪽 모서리가 잘린 사각형', 도형 채우기(그러데이션 : 유형 – 보라, 종류 – 경로형), 선 없음, 도형 효과(반사 – '1/3 크기, 근접'), 글꼴(굴림, 22pt, 진하게, '보라 50% 어둡게')

▶ 실행 단추 ⇒ 실행 단추 : '실행 단추: 홈', 하이퍼링크 : 첫째 슬라이드, 도형 스타일('밝은 계열 – 강조 2')

▶ 표 ⇒ 채우기(질감 – 흰색 겉뜨기 스웨터, 바둑판식 배열),
가장 위의 행 : 글꼴(굴림체, 24pt, 진하게, 파랑, 가운데 정렬, 가운데 맞춤),
나머지 행 : 글꼴(굴림, 22pt, 진하게, 기울임, 보라, 가운데 정렬, 가운데 맞춤)

▶ 애니메이션 지정 ⇒ 표 : 나타내기 – 다이아몬드형

▶ 지시사항이 없는 부분은 《출력형태》와 동일하게 작성하시오.

슬라이드3 아래의 작성조건 및 출력형태에 알맞게 세 번째 슬라이드에 작업하시오. (60점)

《출력형태》

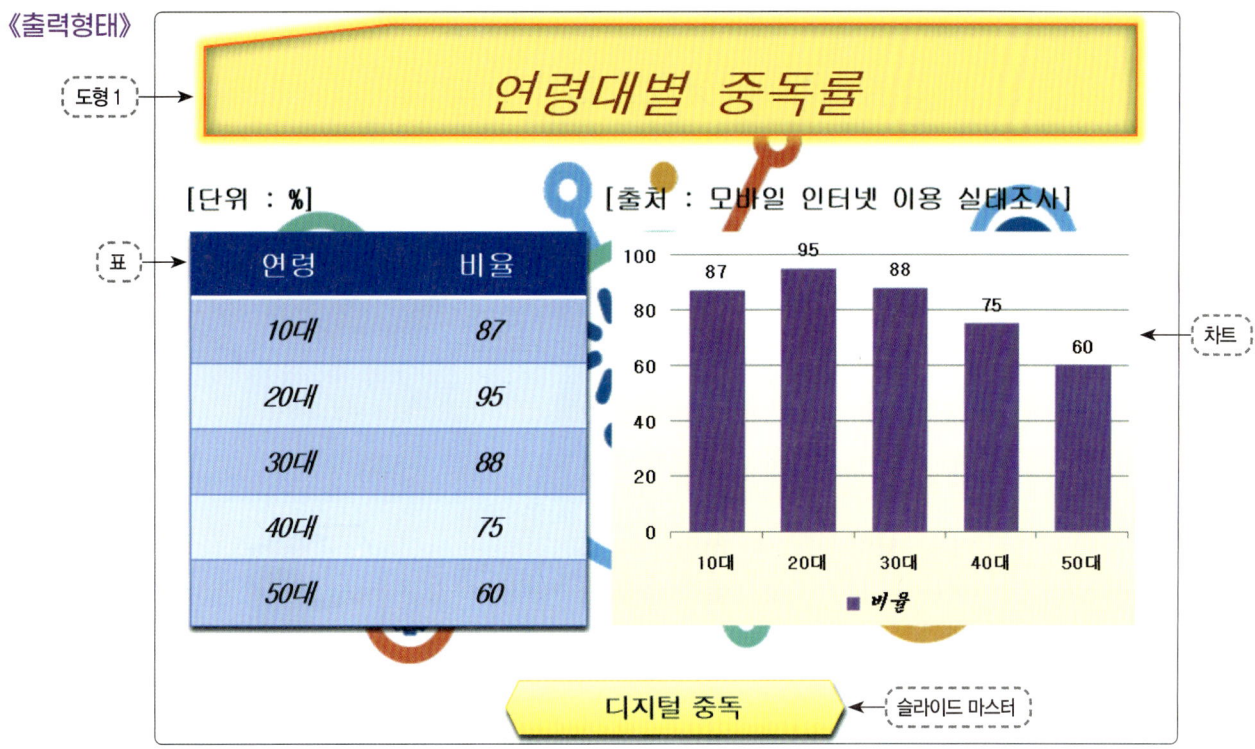

《작성조건》

(1) 제목

▶ 도형 1 ⇒ 순서도 : '순서도: 카드', 도형 채우기('노랑 60% 밝게'), 선 색(단색, 색 : 주황), 선 스타일(선 종류 : 실선, 굵기 : 2pt, 겹선 종류 : 단순형), 도형 효과(그림자 – 안쪽 – 가운데, 네온 – '강조색 4, 10 pt'), 글꼴(돋움체, 38pt, 진하게, 기울임, '주황 50% 어둡게')

(2) 본문

▶ 글 상자 1([단위 : %]) ⇒ 글꼴(굴림체, 20pt, 진하게)

▶ 표 ⇒ 표 스타일('보통 – 보통 스타일 2 – 강조 1'),
가장 위의 행 : 글꼴(굴림체, 22pt, 진하게, 가운데 정렬, 가운데 맞춤),
나머지 행 : 글꼴(돋움체, 20pt, 진하게, 기울임, 가운데 정렬, 가운데 맞춤)

▶ 글 상자 2([출처 : 모바일 인터넷 이용 실태조사]) ⇒ 글꼴(굴림체, 20pt, 진하게)

▶ 차트 ⇒ 세로 막대형 : 묶은 세로 막대형, 차트 계열색('색상 조합 – 색4'),
차트 스타일(스타일5), 축 서식/자료점 이름표 서식 : 글꼴(돋움, 14pt, 진하게),
범례 서식 : 글꼴(궁서, 16pt, 진하게, 기울임), 데이터는 표 참고

▶ 배경 ⇒ 배경 속성(채우기 – 그림 또는 질감 채우기)에서 그림 2 삽입(현재 슬라이드만 적용)

▶ 애니메이션 지정 ⇒ 차트 : 나타내기 – 날아오기

▶ 지시사항이 없는 부분은 《출력형태》와 동일하게 작성하시오.

슬라이드4 아래의 작성조건 및 출력형태에 알맞게 네 번째 슬라이드에 작업하시오. (60점)

《출력형태》

- 도형 1 → SNS 중독 사용자군 분류
- 도형 2 → 고위험 사용자
- 도형 3 → 잠재위험 사용자
- 도형 4 → 일반 사용자
- 도형 5 → 집중치료 요망
- 도형 6 → 상담개입 요망
- 도형 7 → 자기관리 요망
- 도형 8 → 스마트폰 사용 줄이기
- 도형 9 → (사람 그림)
- 슬라이드 마스터 → 디지털 중독

《작성조건》

(1) **제목**

▶ 도형 1 ⇒ 순서도 : '순서도: 카드', 도형 채우기('노랑 60% 밝게'), 선 색(단색, 색 : 주황), 선 스타일(선 종류 : 실선, 굵기 : 2pt, 겹선 종류 : 단순형), 도형 효과(그림자 – 안쪽 – 가운데, 네온 – '강조색 4, 10 pt'), 글꼴(돋움체, 38pt, 진하게, 기울임, '주황 50% 어둡게')

(2) **본문**

▶ 도형 2~4 ⇒ 기본 도형 : '정오각형', 도형 채우기(질감 – 벽돌, 바둑판식 배열), 선 없음, 도형 효과(그림자 – 바깥쪽 – 아래쪽), 글꼴(궁서, 24pt, 진하게, 그림자, 파랑)

▶ 도형 5~7 ⇒ 기본 도형 : '사다리꼴', 도형 채우기('보라 40% 밝게'), 선 없음, 도형 효과(네온 – '강조색 5, 5 pt'), 글꼴(궁서, 26pt, 그림자, 밝은 연두색)

▶ 도형 8 ⇒ 별 및 현수막 : '물결', 도형 채우기(파랑, 그러데이션 – 밝은 그러데이션 – 선형 – 왼쪽에서), 선 없음, 도형 효과(그림자 – 바깥쪽 – 대각선 오른쪽 아래)

▶ 도형 9 ⇒ 기본 도형 : '배지', 도형 채우기(그림 또는 질감 채우기) 기능을 사용하여 그림 3 삽입, 선 색(단색, 색 : 검정), 선 스타일(선 종류 : 실선, 너비 : 2pt, 겹선 종류 : 이중), 도형 효과(그림자 – 안쪽 – 아래쪽)

▶ 워드숍 삽입(스마트폰 사용 줄이기) ⇒ '윤곽 – 강조 2, 그림자', 글자 효과(변환 – 휘기 – 삼각형), 글꼴(돋움, 40pt, 진하게, 그림자)

▶ 지시사항이 없는 부분은《출력형태》와 동일하게 작성하시오.

제 04 회 디지털정보활용능력 최신유형 기출문제

- ☑ 시험과목 : 프리젠테이션(한쇼)
- ☑ 시험일자 : 20XX. XX. XX. (X)
- ☑ 응시자 기재사항 및 감독위원 확인

한컴오피스 한쇼 2022 버전용

수 검 번 호	DIO – XXXX –	감독위원 확인
성 명		

· 응시자 유의사항 ·

1. 응시자는 신분증을 지참하여야 시험에 응시할 수 있으며, 시험이 종료될 때까지 신분증을 제시하지 못 할 경우 해당 시험은 0점 처리됩니다.
2. 시스템(PC작동여부, 네트워크 상태 등)의 이상여부를 반드시 확인하여야 하며, 시스템 이상이 있을 시 감독위원에게 조치를 받으셔야 합니다.
3. 시험 중 부주의 또는 고의로 시스템을 파손한 경우는 응시자 부담으로 합니다.
4. 답안 전송 프로그램을 통해 다운로드 받은 파일을 이용하여 답안파일을 작성하시기 바랍니다.
5. 작성한 답안 파일은 답안 전송 프로그램을 통하여 전송됩니다. 감독위원의 지시에 따라 주시기바랍니다.
6. 다음 사항의 경우 실격(0점) 혹은 부정행위 처리됩니다.
    1) 답안파일을 저장하지 않았거나, 저장한 파일이 손상되었을 경우
    2) 답안파일을 지정된 폴더(바탕화면 – "KAIT" 폴더)에 저장하지 않았을 경우
        ※ 답안 전송 프로그램 로그인 시 바탕화면에 자동 생성됨
    3) 답안파일을 다른 보조기억장치(USB) 혹은 네트워크(메신저, 게시판 등)로 전송할 경우
    4) 휴대용 전화기 등 통신기기를 사용할 경우
7. 슬라이드는 반드시 순서대로 작성해야 하며, 순서가 다를 경우 "0"점 처리됩니다.
8. 시험지에 제시된 글꼴이 응시 프로그램에 없는 경우, 반드시 감독위원에게 해당 내용을 통보한 뒤 조치를 받아야 합니다.
9. 슬라이드 작성 시 도형의 그룹설정을 사용하는 경우, 채점에서 감점 처리됩니다.
10. 시험의 완료는 작성이 완료된 답안을 저장하고, 답안전송이 완료된 상태를 확인한 것으로 합니다. 답안전송 확인 후 문제지는 감독위원에게 제출한 후 퇴실하여야 합니다.
11. 답안전송을 완료한 경우는 수정 또는 정정이 불가합니다.
12. 시험 시행 후 합격자 발표는 홈페이지(www.ihd.or.kr)에서 확인하시기를 바랍니다.
    ※ 합격자 발표 : 20XX. XX. XX. (X)

유의사항

- 《작성조건》을 준수하여 반드시 프리젠테이션 슬라이드로 작업합니다.
- 글꼴 및 기타 사항에 대해 별도의 지시사항이 없는 경우, 슬라이드 크기와 전체적인 균형을 고려하여 임의로 작성하되, 도형은 그룹으로 설정하지 않습니다.
- 새 프리젠테이션 만들기 – 한컴오피스, 쪽 설정(종류 – A4용지(210×297mm)), 슬라이드 방향(가로)로 지정합니다.
  ▶ 슬라이드 크기, 방향 조정 시 '맞춤 확인'으로 지정하여야 합니다.
- 공통적용사항(슬라이드 마스터)
  ▶ 도형 ⇒ 기본 도형 : '정육면체', 도형 스타일('밝은 계열 – 강조 6'), 글꼴(바탕체, 22pt, 진하게)
- 그림 삽입 시 다운로드 한 그림 파일을 반드시 사용하여야 합니다.
- ⬜ ➝ 은 지시사항이므로 작성하지 않습니다.
- 슬라이드에 제시된 글자 및 숫자 오타는 감점처리 됩니다.

슬라이드1 아래의 작성조건 및 출력형태에 알맞게 첫 번째 슬라이드에 작업하시오. (30점)

《출력형태》

《작성조건》

▶ 도형 1 ⇒ 별 및 현수막 : '가로로 말린 두루마리 모양', 도형 채우기(그러데이션 : 유형 – 솜사탕 3, 종류 – 선형, 방향 – 선형 – 아래쪽에서), 선 색(단색, 색 : '보라 50% 어둡게'), 선 스타일(선 종류 : 실선, 굵기 : 2pt, 겹선 종류 : 단순형), 도형 효과(그림자 – 안쪽 – 가운데), 글꼴(궁서체, 44pt, '강조 5 초록')
▶ 도형 2 ⇒ 블록 화살표 : '왼쪽/오른쪽 화살표 설명선', 도형 채우기(노랑), 선 없음, 도형 효과(그림자 – 바깥쪽 – 가운데, 반사 – '1/3 크기, 근접')
▶ 도형 3 ⇒ 기본 도형 : '웃는 얼굴', 도형 스타일('밝은 계열 – 강조 6')
▶ 그림 삽입 ⇒ 그림 1 삽입, 크기(너비 : 55mm, 높이 : 60mm)
▶ 글 상자(사람과 반려동물의 조화로운 공존) ⇒ 글꼴(굴림, 26pt, 밑줄, '하늘색 50% 어둡게')
▶ 애니메이션 지정 ⇒ 도형 1 : 나타내기 – 사각형
▶ 지시사항이 없는 부분은 《출력형태》와 동일하게 작성하시오.

슬라이드2 — 아래의 작성조건 및 출력형태에 알맞게 두 번째 슬라이드에 작업하시오. (50점)

《출력형태》

《작성조건》

(1) **제목**

▶ 도형 1 ⇒ 기본 도형 : '모서리가 접힌 도형', 도형 채우기('주황 80% 밝게'), 선 색(단색, 색 : 보라), 선 스타일(선 종류 : 실선, 굵기 : 5pt, 겹선 종류 : 굵고 얇음), 도형 효과(그림자 – 원근감 – 대각선 오른쪽 위), 글꼴(궁서체, 40pt, 진하게, '보라 50% 어둡게')

(2) **본문**

▶ 도형 2 ⇒ 기본 도형 : '다이아몬드', 도형 채우기(검은 군청, 그러데이션 – 방사형 – 가운데에서), 선 색(단색, 색 : 주황), 선 스타일(선 종류 : 점선, 굵기 : 3pt, 겹선 종류 : 단순형), 글꼴(굴림체, 24pt, 진하게, 그림자, 노랑)

▶ 도형 3~6 ⇒ 블록 화살표 : '오각형', 도형 채우기(주황, 그러데이션 – 밝은 그러데이션 – 선형 – 오른쪽에서), 선 없음, 도형 효과(네온 – '강조색 2, 5 pt'), 글꼴(굴림, 22pt, 진하게, 기울임, 파랑)

▶ 실행 단추 ⇒ 실행 단추 : '실행 단추: 끝', 하이퍼링크 : 마지막 슬라이드, 도형 스타일('보통 효과 – 강조 1')

▶ 표 ⇒ 채우기(질감 – 줄 노트, 바둑판식 배열),
　　가장 위의 행 : 글꼴(바탕, 24pt, 진하게, 보라, 가운데 정렬, 가운데 맞춤),
　　나머지 행 : 글꼴(바탕, 22pt, 진하게, 기울임, 검은 군청, 가운데 정렬, 가운데 맞춤)

▶ 애니메이션 지정 ⇒ 표 : 나타내기 – 날아오기

▶ 지시사항이 없는 부분은 《출력형태》와 동일하게 작성하시오.

슬라이드3 아래의 작성조건 및 출력형태에 알맞게 세 번째 슬라이드에 작업하시오. (60점)

《출력형태》

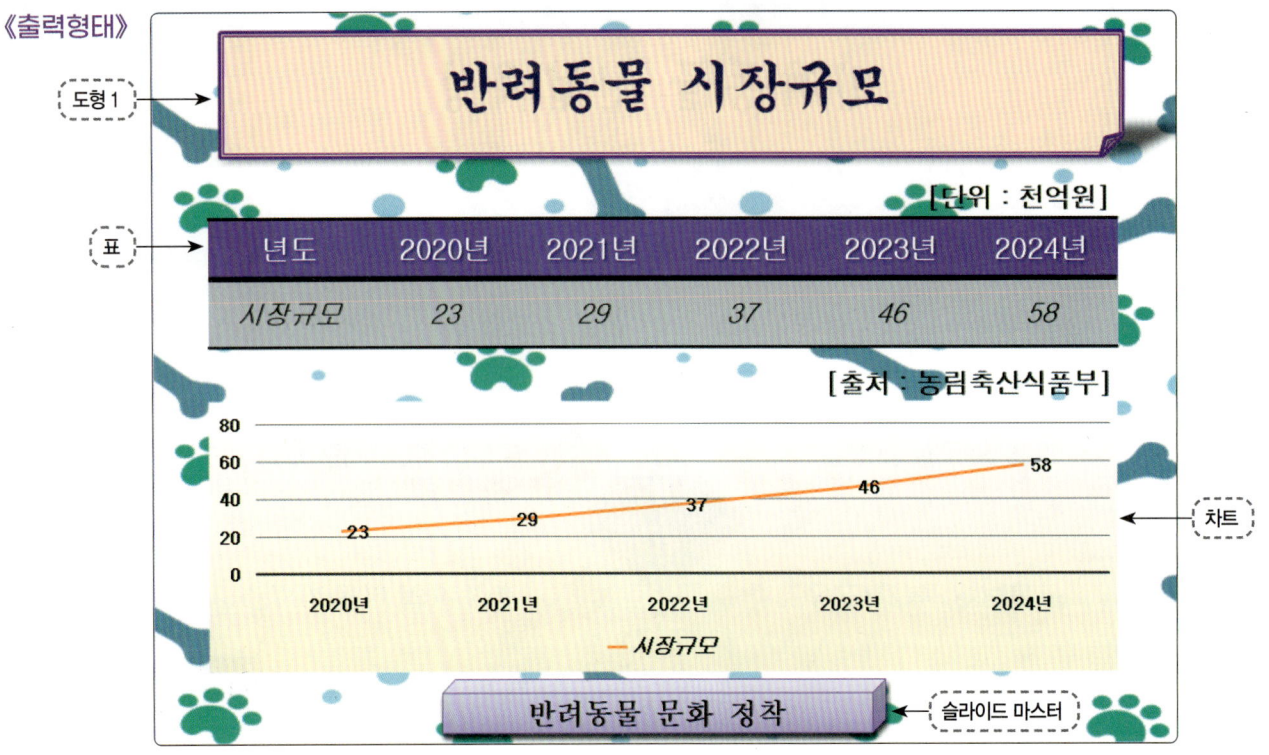

《작성조건》

(1) **제목**

▶ 도형 1 ⇒ 기본 도형 : '모서리가 접힌 도형', 도형 채우기('주황 80% 밝게'), 선 색(단색, 색 : 보라), 선 스타일(선 종류 : 실선, 굵기 : 5pt, 겹선 종류 : 굵고 얇음), 도형 효과(그림자 – 원근감 – 대각선 오른쪽 위), 글꼴(궁서체, 40pt, 진하게, '보라 50% 어둡게')

(2) **본문**

▶ 글 상자 1([단위 : 천억원]) ⇒ 글꼴(돋움, 20pt, 진하게)

▶ 표 ⇒ 표 스타일('보통 – 보통 스타일 3 – 강조 6'),
  가장 위의 행 : 글꼴(굴림, 22pt, 진하게, 그림자, 가운데 정렬, 가운데 맞춤),
  나머지 행 : 글꼴(굴림, 20pt, 기울임, 가운데 정렬, 가운데 맞춤)

▶ 글 상자 2([출처 : 농림축산식품부]) ⇒ 글꼴(돋움, 20pt, 진하게)

▶ 차트 ⇒ 꺾은선형 : 꺾은선형, 차트 계열색('색상 조합 – 색3'),
  차트 스타일(스타일3), 축 서식/자료점 이름표 서식 : 글꼴(굴림, 14pt, 진하게),
  범례 서식 : 글꼴(굴림, 16pt, 진하게, 기울임), 데이터는 표 참고

▶ 배경 ⇒ 배경 속성(질감/그림 – 그림)에서 그림 2 삽입(현재 슬라이드만 적용)

▶ 애니메이션 지정 ⇒ 차트 : 나타내기 – 블라인드

▶ 지시사항이 없는 부분은 《출력형태》와 동일하게 작성하시오.

슬라이드4 — 아래의 작성조건 및 출력형태에 알맞게 네 번째 슬라이드에 작업하시오. (60점)

《출력형태》

《작성조건》

(1) **제목**

▶ 도형 1 ⇒ 기본 도형 : '모서리가 접힌 도형', 도형 채우기('주황 80% 밝게'), 선 색(단색, 색 : 보라), 선 스타일(선 종류 : 실선, 굵기 : 5pt, 겹선 종류 : 굵고 얇음), 도형 효과(그림자 – 원근감 – 대각선 오른쪽 위), 글꼴(궁서체, 40pt, 진하게, '보라 50% 어둡게')

(2) **본문**

▶ 도형 2~4 ⇒ 기본 도형 : '육각형', 도형 채우기('노랑 60% 밝게'), 선 없음, 도형 효과(네온 – '강조색 5, 10 pt'), 글꼴(굴림, 22pt, 진하게, 기울임, '초록 50% 어둡게')

▶ 도형 5~7 ⇒ 기본 도형 : '배지', 도형 채우기('초록 25% 어둡게'), 선 없음, 도형 효과(반사 – '1/2 크기, 근접'), 글꼴(굴림, 20pt, 진하게, 그림자, 노랑)

▶ 도형 8 ⇒ 기본 도형 : '하트', 도형 채우기(파랑, 그러데이션 – 밝은 그러데이션 – 선형 – 오른쪽에서), 선 없음, 도형 효과(3차원 효과 – 리블렛)

▶ 도형 9 ⇒ 사각형 : '모서리가 둥근 직사각형', 도형 채우기(그림 또는 질감 채우기) 기능을 사용하여 그림 3 삽입, 선 색(단색, 색 : 시안), 선 스타일(선 종류 : 실선, 굵기 : 8pt, 겹선 종류 : 이중), 도형 효과(그림자 – 바깥쪽 – 가운데)

▶ 워드숍 삽입(반려동물과 함께 공존하는 세상) ⇒ '윤곽 – 강조 2, 그림자', 글자 효과(변환 – 휘기 – 팽창), 글꼴(궁서, 38pt, 진하게, 그림자)

▶ 지시사항이 없는 부분은 《출력형태》와 동일하게 작성하시오.

제 05 회 디지털정보활용능력 최신유형 기출문제

한컴오피스 한쇼 2022 버전용

☑ 시험과목 : 프리젠테이션(한쇼)
☑ 시험일자 : 20XX. XX. XX. (X)
☑ 응시자 기재사항 및 감독위원 확인

수검번호	DIO - XXXX -	감독위원 확인
성 명		

·응시자 유의사항·

1. 응시자는 신분증을 지참하여야 시험에 응시할 수 있으며, 시험이 종료될 때까지 신분증을 제시하지 못 할 경우 해당 시험은 0점 처리됩니다.

2. 시스템(PC작동여부, 네트워크 상태 등)의 이상여부를 반드시 확인하여야 하며, 시스템 이상이 있을 시 감독위원에게 조치를 받으셔야 합니다.

3. 시험 중 부주의 또는 고의로 시스템을 파손한 경우는 응시자 부담으로 합니다.

4. 답안 전송 프로그램을 통해 다운로드 받은 파일을 이용하여 답안파일을 작성하시기 바랍니다.

5. 작성한 답안 파일은 답안 전송 프로그램을 통하여 전송됩니다. 감독위원의 지시에 따라 주시기바랍니다.

6. 다음 사항의 경우 실격(0점) 혹은 부정행위 처리됩니다.
   1) 답안파일을 저장하지 않았거나, 저장한 파일이 손상되었을 경우
   2) 답안파일을 지정된 폴더(바탕화면 - "KAIT" 폴더)에 저장하지 않았을 경우
      ※ 답안 전송 프로그램 로그인 시 바탕화면에 자동 생성됨
   3) 답안파일을 다른 보조기억장치(USB) 혹은 네트워크(메신저, 게시판 등)로 전송할 경우
   4) 휴대용 전화기 등 통신기기를 사용할 경우

7. 슬라이드는 반드시 순서대로 작성해야 하며, 순서가 다를 경우 "0"점 처리됩니다.

8. 시험지에 제시된 글꼴이 응시 프로그램에 없는 경우, 반드시 감독위원에게 해당 내용을 통보한 뒤 조치를 받아야 합니다.

9. 슬라이드 작성 시 도형의 그룹설정을 사용하는 경우, 채점에서 감점 처리됩니다.

10. 시험의 완료는 작성이 완료된 답안을 저장하고, 답안전송이 완료된 상태를 확인한 것으로 합니다. 답안전송 확인 후 문제지는 감독위원에게 제출한 후 퇴실하여야 합니다.

11. 답안전송을 완료한 경우는 수정 또는 정정이 불가합니다.

12. 시험 시행 후 합격자 발표는 홈페이지(www.ihd.or.kr)에서 확인하시기를 바랍니다.
    ※ 합격자 발표 : 20XX. XX. XX. (X)

유의사항

- 《작성조건》을 준수하여 반드시 프리젠테이션 슬라이드로 작업합니다.
- 글꼴 및 기타 사항에 대해 별도의 지시사항이 없는 경우, 슬라이드 크기와 전체적인 균형을 고려하여 임의로 작성하되, 도형은 그룹으로 설정하지 않습니다.
- 새 프리젠테이션 만들기 – 한컴오피스, 쪽 설정(종류 – A4용지(210×297mm)), 슬라이드 방향(가로)로 지정합니다.
  ▶ 슬라이드 크기, 방향 조정 시 '맞춤 확인'으로 지정하여야 합니다.
- 공통적용사항(슬라이드 마스터)
  ▶ 도형 ⇒ 기본 도형 : '육각형', 도형 스타일('밝은 계열 – 강조 6'), 글꼴(돋움, 17pt, 진하게)
- 그림 삽입 시 다운로드 한 그림 파일을 반드시 사용하여야 합니다.
- ⎯⎯⎯→ 은 지시사항이므로 작성하지 않습니다.
- 슬라이드에 제시된 글자 및 숫자 오타는 감점처리 됩니다.

슬라이드1 — 아래의 작성조건 및 출력형태에 알맞게 첫 번째 슬라이드에 작업하시오. (30점)

《출력형태》

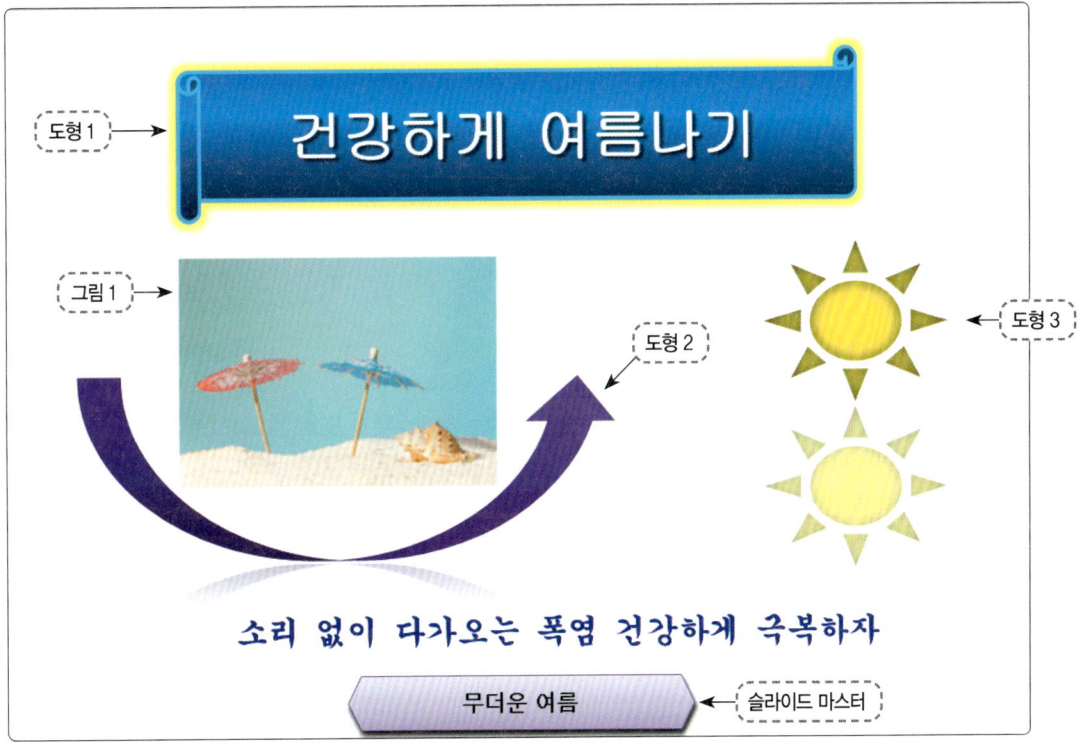

《작성조건》

▶ 도형 1 ⇒ 별 및 현수막 : '가로로 말린 두루마리 모양', 도형 채우기(그러데이션 : 유형 – 시냇가, 종류 – 선형, 방향 – 선형 – 위쪽에서), 선 색(단색, 색 : 시안), 선 스타일(선 종류 : 실선, 굵기 : 3pt, 겹선 종류 : 단순형), 도형 효과(네온 – '강조색 4, 10 pt'), 글꼴(굴림체, 42pt, 진하게, 그림자)

▶ 도형 2 ⇒ 기본 도형 : '해', 도형 채우기('노랑 40% 밝게'), 선 없음, 도형 효과(그림자 – 안쪽 – 가운데, 반사 – '전체 반사, 4 pt')

▶ 도형 3 ⇒ 블록 화살표 : '위로 구부러진 화살표', 도형 스타일('강한 효과 – 강조 6')

▶ 그림 삽입 ⇒ 그림 1 삽입, 크기(너비 : 85mm, 높이 : 60mm)

▶ 글 상자(소리 없이 다가오는 폭염 건강하게 극복하자) ⇒ 글꼴(궁서체, 24pt, 진하게, 파랑)

▶ 애니메이션 지정 ⇒ 도형 1 : 나타내기 – 사각형

▶ 지시사항이 없는 부분은 《출력형태》와 동일하게 작성하시오.

슬라이드2 아래의 작성조건 및 출력형태에 알맞게 두 번째 슬라이드에 작업하시오. (50점)

《출력형태》

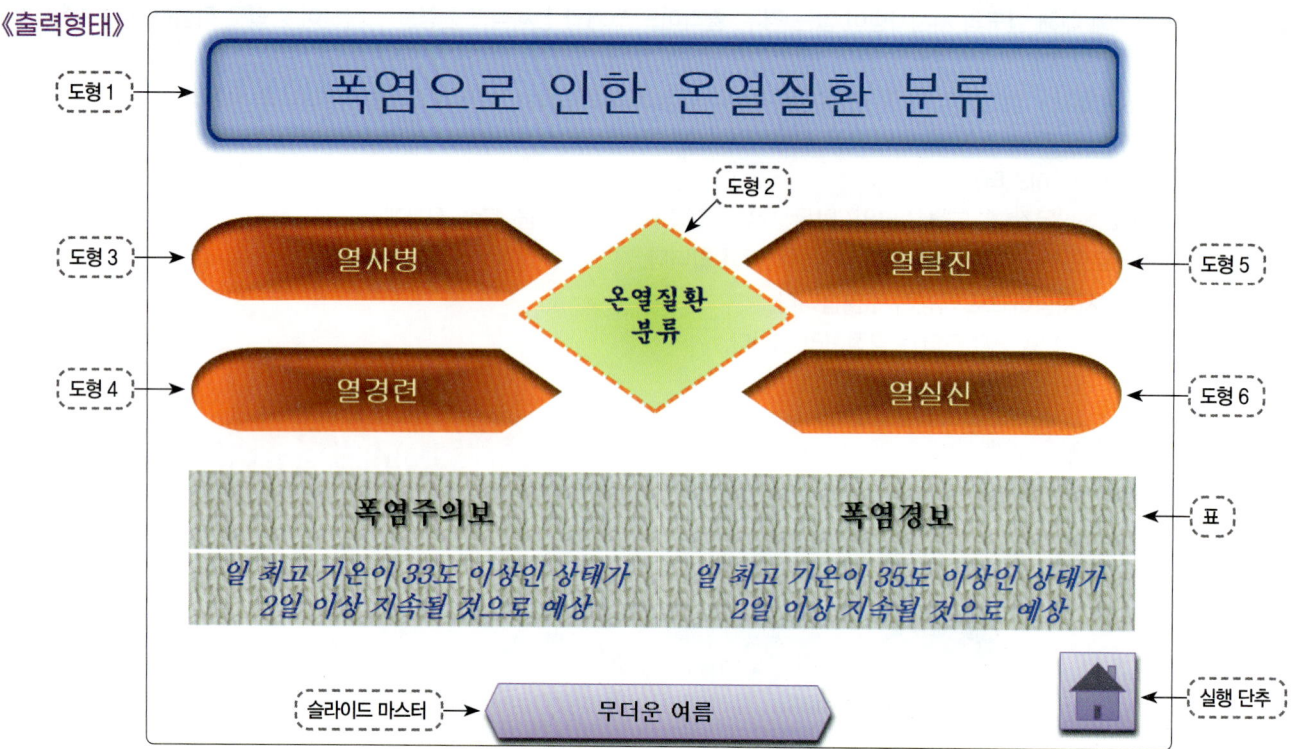

《작성조건》

(1) 제목

▶ 도도형 1 ⇒ 순서도 : '순서도: 대체 처리', 도형 채우기('하늘색 60% 밝게'), 선 색(단색, 색 : 파랑),
    선 스타일(선 종류 : 실선, 굵기 : 3pt, 겹선 종류 : 단순형), 도형 효과(그림자 – 안쪽 – 가운데,
    네온 – '강조색 1, 10 pt'), 글꼴(돋움체, 38pt, 진하게, '하늘색 50% 어둡게')

(2) 본문

▶ 도형 2 ⇒ 기본 도형 : '다이아몬드', 도형 채우기(밝은 연두색, 그러데이션 – 밝은 그러데이션 – 방사형 –
    가운데에서), 선 색(단색, 색 : 주황), 선 스타일(선 종류 : 긴 점선, 굵기 : 3pt, 겹선 종류 : 단순형),
    글꼴(궁서, 20pt, 진하게, 검은 군청)

▶ 도형 3~6 ⇒ 순서도 : '순서도: 화면 표시', 도형 채우기('강조 2 주황', 그러데이션 – 어두운 그러데이션 – 사각형 –
    가운데에서), 선 없음, 도형 효과(그림자 – 안쪽 – 위쪽), 글꼴(굴림, 22pt, 진하게, '노랑 80% 밝게')

▶ 표 ⇒ 채우기(질감 – 흰색 걸뜨기 스웨터, 바둑판식 배열),
    가장 위의 행 : 글꼴(바탕, 22pt, 진하게, 그림자, 검정, 가운데 정렬, 가운데 맞춤),
    나머지 행 : 글꼴(바탕, 20pt, 진하게, 기울임, 파랑, 가운데 정렬, 가운데 맞춤)

▶ 실행 단추 ⇒ 실행 단추 : '실행 단추: 홈', 하이퍼링크 : 첫째 슬라이드, 도형 스타일('밝은 계열 – 강조 6')

▶ 애니메이션 지정 ⇒ 표 : 나타내기 – 날아오기

▶ 지시사항이 없는 부분은 《출력형태》와 동일하게 작성하시오.

슬라이드3   아래의 작성조건 및 출력형태에 알맞게 세 번째 슬라이드에 작업하시오. (60점)

《출력형태》

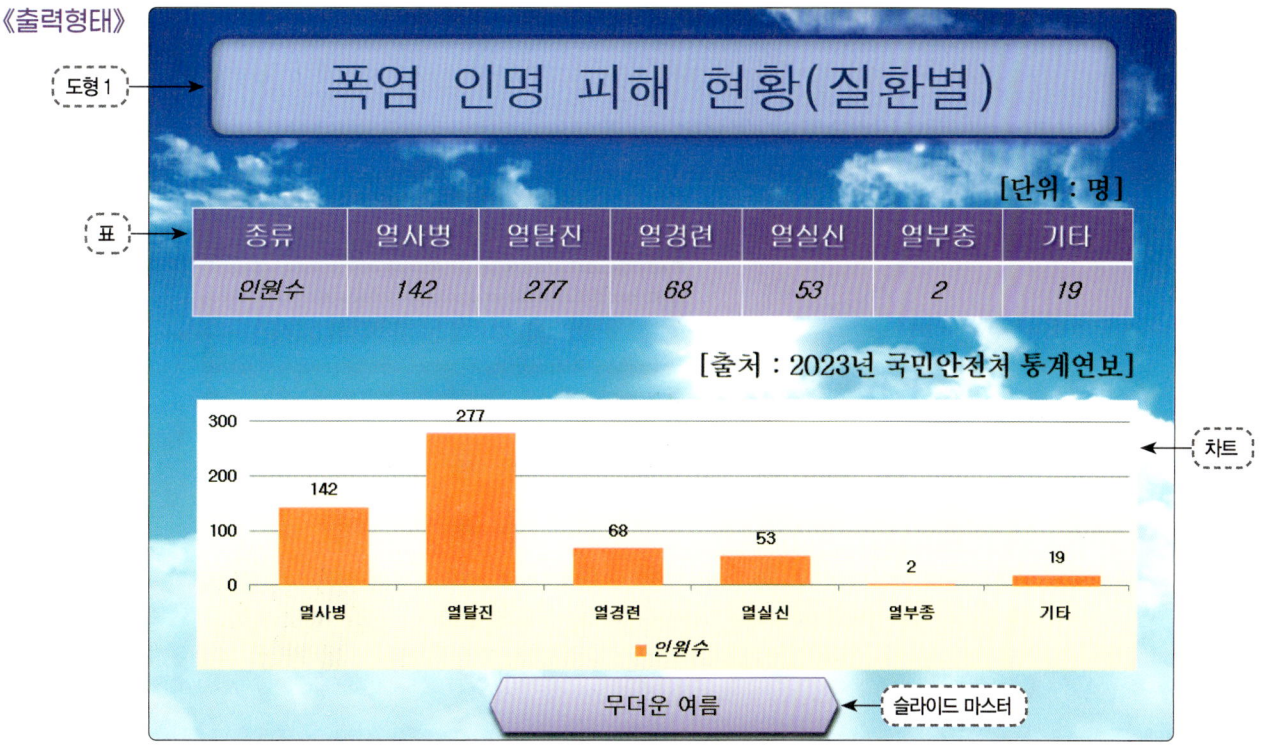

《작성조건》

(1) **제목**

- ▶ 도도형 1 ⇒ 순서도 : '순서도: 대체 처리', 도형 채우기('하늘색 60% 밝게'), 선 색(단색, 색 : 파랑),
  선 스타일(선 종류 : 실선, 굵기 : 3pt, 겹선 종류 : 단순형), 도형 효과(그림자 – 안쪽 – 가운데,
  네온 – '강조색 1, 10 pt'), 글꼴(돋움체, 38pt, 진하게, '하늘색 50% 어둡게')

(2) **본문**

- ▶ 글 상자 1([단위 : 명]) ⇒ 글꼴(바탕, 20pt, 진하게)
- ▶ 표 ⇒ 표 스타일('보통 – 보통 스타일 1 – 강조 6'),
  가장 위의 행 : 글꼴(굴림, 20pt, 진하게, 그림자, 가운데 정렬, 가운데 맞춤),
  나머지 행 : 글꼴(굴림, 18pt, 진하게, 기울임, 가운데 정렬, 가운데 맞춤)
- ▶ 글 상자 2([출처 : 2023년 국민안전처 통계연보]) ⇒ 글꼴(바탕, 20pt, 진하게)
- ▶ 차트 ⇒ 세로 막대형 : 묶은 세로 막대형, 차트 계열색('색상 조합 – 색3'),
  차트 스타일(스타일5), 축 서식/자료점 이름표 서식 : 글꼴(돋움, 12pt, 진하게),
  범례 서식 : 글꼴(돋움, 14pt, 진하게, 기울임), 데이터는 표 참고
- ▶ 배경 ⇒ 배경 속성(채우기 – 그림 또는 질감 채우기)에서 그림 2 삽입(현재 슬라이드만 적용)
- ▶ 애니메이션 지정 ⇒ 차트 : 나타내기 – 다이아몬드형
- ▶ 지시사항이 없는 부분은 《출력형태》와 동일하게 작성하시오.

슬라이드4 ─ 아래의 작성조건 및 출력형태에 알맞게 네 번째 슬라이드에 작업하시오. (60점)

《출력형태》

《작성조건》

(1) 제목

▶ 도도형 1 ⇒ 순서도 : '순서도: 대체 처리', 도형 채우기('하늘색 60% 밝게'), 선 색(단색, 색 : 파랑), 선 스타일(선 종류 : 실선, 굵기 : 3pt, 겹선 종류 : 단순형), 도형 효과(그림자 – 안쪽 – 가운데, 네온 – '강조색 1, 10 pt'), 글꼴(돋움체, 38pt, 진하게, '하늘색 50% 어둡게')

(2) 본문

▶ 도형 2~4 ⇒ 별 및 현수막 : '물결', 도형 채우기(질감 – 나무, 바둑판식 배열), 선 없음, 도형 효과(반사 – '1/2 크기, 근접'), 글꼴(돋움, 20pt, 진하게, 밝은 연두색)

▶ 도형 5~7 ⇒ 기본 도형 : '액자', 도형 채우기(초록), 선 없음, 도형 효과(네온 – '강조색 5, 10 pt'), 글꼴(돋움, 20pt, 진하게, 초록)

▶ 도형 8 ⇒ 기본 도형 : '톱니바퀴2', 도형 채우기(초록, 그러데이션 – 어두운 그러데이션 – 사각형 – 가운데에서), 선 없음, 도형 효과(그림자 – 바깥쪽 – 가운데)

▶ 도형 9 ⇒ 기본 도형 : '타원', 도형 채우기(그림 또는 질감 채우기) 기능을 사용하여 그림 3 삽입, 선 색(단색, 색 : 보라), 선 스타일(선 종류 : 긴 점선, 굵기 : 2pt, 겹선 종류 : 단순형), 도형 효과(네온 – '강조색 6, 10 pt')

▶ 워드숍 삽입(농촌지역 무더위 시간대에는 일 자제하기) ⇒ '윤곽 – 강조 4, 그림자', 글자 효과(변환 – 휘기 – 원통 위), 글꼴(돋움, 20pt, 진하게, 그림자)

▶ 지시사항이 없는 부분은 《출력형태》와 동일하게 작성하시오.

제 06 회 디지털정보활용능력 최신유형 기출문제

한컴오피스 한쇼 2022 버전용

- ☑ 시험과목 : 프리젠테이션(한쇼)
- ☑ 시험일자 : 20XX. XX. XX. (X)
- ☑ 응시자 기재사항 및 감독위원 확인

수 검 번 호	DIO – XXXX –	감독위원 확인
성 명		

·응시자 유의사항·

1. 응시자는 신분증을 지참하여야 시험에 응시할 수 있으며, 시험이 종료될 때까지 신분증을 제시하지 못 할 경우 해당 시험은 0점 처리됩니다.
2. 시스템(PC작동여부, 네트워크 상태 등)의 이상여부를 반드시 확인하여야 하며, 시스템 이상이 있을 시 감독위원에게 조치를 받으셔야 합니다.
3. 시험 중 부주의 또는 고의로 시스템을 파손한 경우는 응시자 부담으로 합니다.
4. 답안 전송 프로그램을 통해 다운로드 받은 파일을 이용하여 답안파일을 작성하시기 바랍니다.
5. 작성한 답안 파일은 답안 전송 프로그램을 통하여 전송됩니다. 감독위원의 지시에 따라 주시기바랍니다.
6. 다음 사항의 경우 실격(0점) 혹은 부정행위 처리됩니다.
    1) 답안파일을 저장하지 않았거나, 저장한 파일이 손상되었을 경우
    2) 답안파일을 지정된 폴더(바탕화면 – "KAIT" 폴더)에 저장하지 않았을 경우
        ※ 답안 전송 프로그램 로그인 시 바탕화면에 자동 생성됨
    3) 답안파일을 다른 보조기억장치(USB) 혹은 네트워크(메신저, 게시판 등)로 전송할 경우
    4) 휴대용 전화기 등 통신기기를 사용할 경우
7. 슬라이드는 반드시 순서대로 작성해야 하며, 순서가 다를 경우 "0"점 처리됩니다.
8. 시험지에 제시된 글꼴이 응시 프로그램에 없는 경우, 반드시 감독위원에게 해당 내용을 통보한 뒤 조치를 받아야 합니다.
9. 슬라이드 작성 시 도형의 그룹설정을 사용하는 경우, 채점에서 감점 처리됩니다.
10. 시험의 완료는 작성이 완료된 답안을 저장하고, 답안전송이 완료된 상태를 확인한 것으로 합니다. 답안전송 확인 후 문제지는 감독위원에게 제출한 후 퇴실하여야 합니다.
11. 답안전송을 완료한 경우는 수정 또는 정정이 불가합니다.
12. 시험 시행 후 합격자 발표는 홈페이지(www.ihd.or.kr)에서 확인하시기를 바랍니다.
    ※ 합격자 발표 : 20XX. XX. XX. (X)

유의사항

- 《작성조건》을 준수하여 반드시 프리젠테이션 슬라이드로 작업합니다.
- 글꼴 및 기타 사항에 대해 별도의 지시사항이 없는 경우, 슬라이드 크기와 전체적인 균형을 고려하여 임의로 작성하되, 도형은 그룹으로 설정하지 않습니다.
- 새 프리젠테이션 만들기 – 한컴오피스, 쪽 설정(종류 – A4용지(210×297mm)), 슬라이드 방향(가로)로 지정합니다.
  ▶ 슬라이드 크기, 방향 조정 시 '맞춤 확인'으로 지정하여야 합니다.
- 공통적용사항(슬라이드 마스터)
  ▶ 도형 ⇒ 별 및 현수막 : '물결', 도형 스타일('밝은 계열 – 강조 4'), 글꼴(굴림, 20pt, 진하게)
- 그림 삽입 시 다운로드 한 그림 파일을 반드시 사용하여야 합니다.
- ┌─────┐ ─→ 은 지시사항이므로 작성하지 않습니다.
- 슬라이드에 제시된 글자 및 숫자 오타는 감점처리 됩니다.

슬라이드1 아래의 작성조건 및 출력형태에 알맞게 첫 번째 슬라이드에 작업하시오. (30점)

《출력형태》

《작성조건》

▶ 도형 1 ⇒ 기본 도형 : '배지', 도형 채우기(그러데이션 : 유형 – 청명한 하늘, 종류 – 선형, 방향 – 선형 – 왼쪽에서), 선 색(단색, 색 : 검정), 선 스타일(선 종류 : 실선, 굵기 : 2pt, 겹선 종류 : 단순형), 도형 효과(그림자 – 원근감 – 대각선 오른쪽 위), 글꼴(돋움체, 40pt, 진하게, 그림자, 노랑)

▶ 도형 2 ⇒ 블록 화살표 : '오른쪽 화살표', 도형 채우기('초록 40% 밝게'), 선 없음, 도형 효과(그림자 – 안쪽 – 가운데, 반사 – '1/3 크기, 근접')

▶ 도형 3 ⇒ 기본 도형 : '"없음"기호', 도형 스타일('밝은 계열 – 강조 6')

▶ 그림 삽입 ⇒ 그림 1 삽입, 크기(너비 : 70mm, 높이 : 60mm)

▶ 글 상자(야생동물의 집이 점점 사라져 가고 있습니다.) ⇒ 글꼴(돋움, 24pt, 진하게, 밑줄)

▶ 애니메이션 지정 ⇒ 도형 1 : 나타내기 – 블라인드

▶ 지시사항이 없는 부분은 《출력형태》와 동일하게 작성하시오.

슬라이드2 아래의 작성조건 및 출력형태에 알맞게 두 번째 슬라이드에 작업하시오. (50점)

《출력형태》

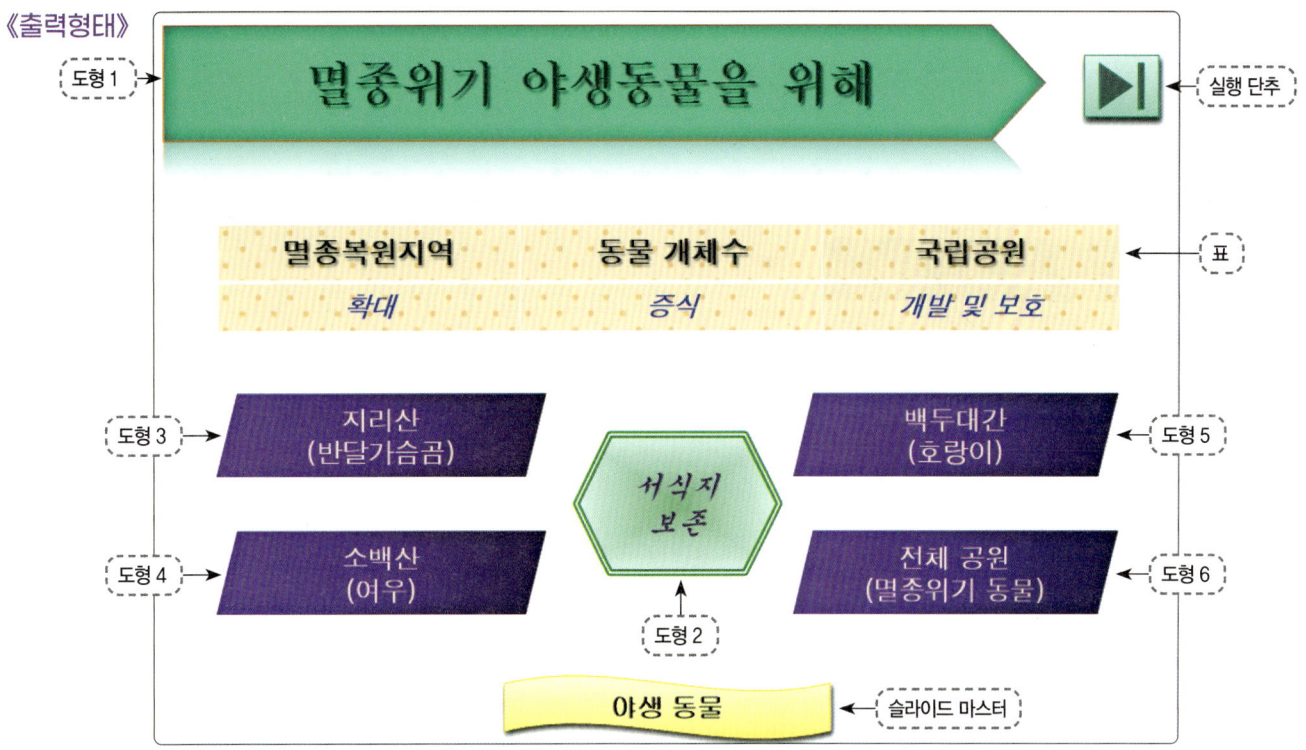

《작성조건》

(1) **제목**

▶ 도형 1 ⇒ 블록 화살표 : '오각형', 도형 채우기('초록 40% 밝게'), 선 색(단색, 색 : 주황), 선 스타일(선 종류 : 실선, 굵기 : 1pt, 겹선 종류 : 단순형), 도형 효과(그림자 – 안쪽 – 가운데, 반사 – '1/3 크기, 근접'), 글꼴(바탕체, 36pt, 진하게, 그림자, '초록 50% 어둡게')

(2) **본문**

▶ 도형 2 ⇒ 기본 도형 : '육각형', 도형 채우기(초록, 그러데이션 – 밝은 그러데이션 – 사각형 – 가운데에서), 선 색(단색, 색 : 초록), 선 스타일(선 종류 : 실선, 굵기 : 5pt, 겹선 종류 : 이중), 글꼴(궁서체, 22pt, 기울임, '보라 50% 어둡게')

▶ 도형 3~6 ⇒ 기본 도형 : '평행 사변형', 도형 채우기('강조 6 보라', 그러데이션 – 어두운 그러데이션 – 선형 – 오른쪽에서), 선 없음, 도형 효과(그림자 – 안쪽 – 가운데), 글꼴(돋움, 20pt, 진하게, '주황 80% 밝게')

▶ 실행 단추 ⇒ 실행 단추 : '실행 단추: 끝', 하이퍼링크 : 마지막 슬라이드, 도형 스타일('밝은 계열 – 강조 5')

▶ 표 ⇒ 채우기(질감 – 노란색 도트, 바둑판식 배열), 가장 위의 행 : 글꼴(돋움, 22pt, 진하게, 그림자, 검정, 가운데 정렬, 가운데 맞춤), 나머지 행 : 글꼴(돋움, 20pt, 진하게, 기울임, 파랑, 가운데 정렬, 가운데 맞춤)

▶ 애니메이션 지정 ⇒ 표 : 나타내기 – 모자이크

▶ 지시사항이 없는 부분은 《출력형태》와 동일하게 작성하시오.

슬라이드3 아래의 작성조건 및 출력형태에 알맞게 세 번째 슬라이드에 작업하시오. (60점)

《출력형태》

《작성조건》

(1) **제목**

▶ 도형 1 ⇒ 블록 화살표 : '오각형', 도형 채우기('초록 40% 밝게'), 선 색(단색, 색 : 주황), 선 스타일(선 종류 : 실선, 굵기 : 1pt, 겹선 종류 : 단순형), 도형 효과(그림자 – 안쪽 – 가운데, 반사 – '1/3 크기, 근접'), 글꼴(바탕체, 36pt, 진하게, 그림자, '초록 50% 어둡게')

(2) **본문**

▶ 글 상자 1([년도별 현황]) ⇒ 글꼴(돋움, 20pt, 진하게, 기울임)

▶ 표 ⇒ 표 스타일('보통 – 보통 스타일 1 – 강조 5'),
　가장 위의 행 : 글꼴(바탕체, 20pt, 진하게, 그림자, 가운데 정렬, 가운데 맞춤),
　나머지 행 : 글꼴(바탕, 20pt, 진하게, 기울임, 가운데 정렬, 가운데 맞춤)

▶ 글 상자 2([출처 : 환경부 동물통계연감]) ⇒ 글꼴(돋움, 20pt, 진하게, 기울임)

▶ 차트 ⇒ 꺾은선형 : 꺾은선형, 차트 계열색('색상 조합 – 색4'),
　차트 스타일(스타일3), 축 서식/자료점 이름표 서식 : 글꼴(바탕체, 14pt, 진하게),
　범례 서식 : 글꼴(궁서체, 16pt, 진하게, 기울임), 데이터는 표 참고

▶ 배경 ⇒ 배경 속성(질감/그림 – 그림)에서 그림 2 삽입(현재 슬라이드만 적용)

▶ 애니메이션 지정 ⇒ 차트 : 나타내기 – 사각형

▶ 지시사항이 없는 부분은 《출력형태》와 동일하게 작성하시오.

슬라이드4 아래의 작성조건 및 출력형태에 알맞게 네 번째 슬라이드에 작업하시오. (60점)

《출력형태》

《작성조건》

(1) **제목**

▶ 도형 1 ⇒ 블록 화살표 : '오각형', 도형 채우기('초록 40% 밝게'), 선 색(단색, 색 : 주황), 선 스타일(선 종류 : 실선, 굵기 : 1pt, 겹선 종류 : 단순형), 도형 효과(그림자 – 안쪽 – 가운데, 반사 – '1/3 크기, 근접'), 글꼴(바탕체, 36pt, 진하게, 그림자, '초록 50% 어둡게')

(2) **본문**

▶ 도형 2~4 ⇒ 기본 도형 : '사다리꼴', 도형 채우기('노랑 40% 밝게'), 선 없음, 도형 효과(그림자 – 바깥쪽 – 가운데), 글꼴(돋움, 22pt, 진하게, 빨강)

▶ 도형 5~7 ⇒ 별 및 현수막 : '이중 물결', 도형 채우기(질감 – 대리석, 바둑판식 배열), 선 없음, 도형 효과(네온 – '강조색 5, 10 pt'), 글꼴(바탕, 22pt, 진하게, 파랑)

▶ 도형 8 ⇒ 블록 화살표 : '위로 굽은 화살표', 도형 채우기(그러데이션 : 유형 – 장미, 종류 – 선형, 방향 – 선형 – 아래쪽에서), 선 없음, 도형 효과(네온 – '강조색 6, 5 pt')

▶ 도형 9 ⇒ 기본 도형 : '모서리가 접힌 도형', 도형 채우기(그림 또는 질감 채우기) 기능을 사용하여 그림 3 삽입, 선 색(단색, 색 : 검은 군청), 선 스타일(선 종류 : 파선, 굵기 : 3pt, 겹선 종류 : 단순형), 도형 효과(그림자 – 안쪽 – 가운데)

▶ 워드숍 삽입(동물에게도 안전한 삶의 터전을!) ⇒ '윤곽 – 강조 5, 그림자', 글자 효과(변환 – 휘기 – 원통 위), 글꼴(돋움, 30pt, 진하게, 그림자)

▶ 지시사항이 없는 부분은 《출력형태》와 동일하게 작성하시오.

제 07 회 디지털정보활용능력 최신유형 기출문제

☑ 시험과목 : 프리젠테이션(한쇼)
☑ 시험일자 : 20XX. XX. XX. (X)
☑ 응시자 기재사항 및 감독위원 확인

한컴오피스 한쇼 2022 버전용

수검번호	DIO - XXXX -	감독위원 확인
성 명		

·응시자 유의사항·

1. 응시자는 신분증을 지참하여야 시험에 응시할 수 있으며, 시험이 종료될 때까지 신분증을 제시하지 못 할 경우 해당 시험은 0점 처리됩니다.
2. 시스템(PC작동여부, 네트워크 상태 등)의 이상여부를 반드시 확인하여야 하며, 시스템 이상이 있을 시 감독위원에게 조치를 받으셔야 합니다.
3. 시험 중 부주의 또는 고의로 시스템을 파손한 경우는 응시자 부담으로 합니다.
4. 답안 전송 프로그램을 통해 다운로드 받은 파일을 이용하여 답안파일을 작성하시기 바랍니다.
5. 작성한 답안 파일은 답안 전송 프로그램을 통하여 전송됩니다. 감독위원의 지시에 따라 주시기바랍니다.
6. 다음 사항의 경우 실격(0점) 혹은 부정행위 처리됩니다.
   1) 답안파일을 저장하지 않았거나, 저장한 파일이 손상되었을 경우
   2) 답안파일을 지정된 폴더(바탕화면 - "KAIT" 폴더)에 저장하지 않았을 경우
      ※ 답안 전송 프로그램 로그인 시 바탕화면에 자동 생성됨
   3) 답안파일을 다른 보조기억장치(USB) 혹은 네트워크(메신저, 게시판 등)로 전송할 경우
   4) 휴대용 전화기 등 통신기기를 사용할 경우
7. 슬라이드는 반드시 순서대로 작성해야 하며, 순서가 다를 경우 "0"점 처리됩니다.
8. 시험지에 제시된 글꼴이 응시 프로그램에 없는 경우, 반드시 감독위원에게 해당 내용을 통보한 뒤 조치를 받아야 합니다.
9. 슬라이드 작성 시 도형의 그룹설정을 사용하는 경우, 채점에서 감점 처리됩니다.
10. 시험의 완료는 작성이 완료된 답안을 저장하고, 답안전송이 완료된 상태를 확인한 것으로 합니다. 답안전송 확인 후 문제지는 감독위원에게 제출한 후 퇴실하여야 합니다.
11. 답안전송을 완료한 경우는 수정 또는 정정이 불가합니다.
12. 시험 시행 후 합격자 발표는 홈페이지(www.ihd.or.kr)에서 확인하시기를 바랍니다.
    ※ 합격자 발표 : 20XX. XX. XX. (X)

유의사항

- 《작성조건》을 준수하여 반드시 프리젠테이션 슬라이드로 작업합니다.
- 글꼴 및 기타 사항에 대해 별도의 지시사항이 없는 경우, 슬라이드 크기와 전체적인 균형을 고려하여 임의로 작성하되, 도형은 그룹으로 설정하지 않습니다.
- 새 프리젠테이션 만들기 – 한컴오피스, 쪽 설정(종류 – A4용지(210×297mm)), 슬라이드 방향(가로)로 지정합니다.
  ▶ 슬라이드 크기, 방향 조정 시 '맞춤 확인'으로 지정하여야 합니다.
- 공통적용사항(슬라이드 마스터)
  ▶ 도형 ⇒ 사각형 : '대각선 방향의 모서리가 둥근 사각형', 도형 스타일('보통 효과 – 강조 6'), 글꼴(궁서체, 20pt, 그림자)
- 그림 삽입 시 다운로드 한 그림 파일을 반드시 사용하여야 합니다.
- ⬚⤑ 은 지시사항이므로 작성하지 않습니다.
- 슬라이드에 제시된 글자 및 숫자 오타는 감점처리 됩니다.

슬라이드1 아래의 작성조건 및 출력형태에 알맞게 첫 번째 슬라이드에 작업하시오. [30점]

《작성조건》

▶ 도형 1 ⇒ 순서도 : '순서도: 문서', 도형 채우기(그러데이션 : 유형 – 오렌지, 종류 – 선형, 방향 – 선형 – 왼쪽에서), 선 색(단색, 색 : '강조 2 주황'), 선 스타일(선 종류 : 실선, 굵기 : 3pt, 겹선 종류 : 단순형), 도형 효과(그림자 – 원근감 – 대각선 오른쪽 위), 글꼴(돋움체, 40pt, 진하게, 그림자, 검정)

▶ 도형 2 ⇒ 순서도 : '순서도: 저장 데이터', 도형 채우기('강조 4 노랑'), 선 없음, 도형 효과(그림자 – 바깥쪽 – 대각선 오른쪽 위, 반사 – '1/3 크기, 근접')

▶ 도형 3 ⇒ 기본 도형 : '해', 도형 스타일('강한 효과 – 강조 5')

▶ 그림 삽입 ⇒ 그림 1 삽입, 크기(너비 : 70mm, 높이 : 80mm)

▶ 글상자(여행하기 좋은 대한민국 만들기!) ⇒ 글꼴(굴림체, 24pt, 진하게, 빨강)

▶ 애니메이션 지정 ⇒ 도형 1 : 나타내기 – 날아오기

▶ 지시사항이 없는 부분은 《출력형태》와 동일하게 작성하시오.

슬라이드2 — 아래의 작성조건 및 출력형태에 알맞게 두 번째 슬라이드에 작업하시오. (50점)

《출력형태》

《작성조건》

(1) **제목**

- 도형 1 ⇒ 별 및 현수막 : '이중 물결', 도형 채우기('강조 6 보라'), 선 색(단색, 색 : 검정), 선 스타일(선 종류 : 실선, 굵기 : 2pt, 겹선 종류 : 단순형), 도형 효과(그림자 – 바깥쪽 – 아래쪽, 네온 – '강조색 6, 5 pt'), 글꼴(돋움체, 36pt, 진하게, 그림자, 노랑)

(2) **본문**

- 도형 2 ⇒ 별 및 현수막 : '폭발 2', 도형 채우기('강조 2 주황', 그러데이션 – 어두운 그러데이션 – 선형 – 아래쪽에서), 선 색(단색, 색 : 노랑), 선 스타일(선 종류 : 실선, 굵기 : 3pt, 겹선 종류 : 이중), 글꼴(바탕체, 24pt, 진하게, 기울임, 노랑)
- 도형 3~6 ⇒ 블록 화살표 : '오각형', 도형 채우기(주황), 선 없음, 도형 효과(그림자 – 바깥쪽 – 오른쪽, 반사 – '1/3 크기, 4 pt'), 글꼴(궁서체, 20pt, 진하게, 검은 군청)
- 실행 단추 ⇒ 실행 단추 : '실행 단추: 끝', 하이퍼링크 : 마지막 슬라이드, 도형 스타일('밝은 계열 – 강조 5')
- 표 ⇒ 채우기(질감 – 대리석, 바둑판식 배열),
  가장 위의 행 : 글꼴(돋움, 22pt, 진하게, 빨강, 가운데 정렬, 가운데 맞춤),
  나머지 행 : 글꼴(돋움, 20pt, 진하게, 기울임, 가운데 정렬, 가운데 맞춤)
- 애니메이션 지정 ⇒ 표 : 나타내기 – 사각형
- 지시사항이 없는 부분은 《출력형태》와 동일하게 작성하시오.

슬라이드3 아래의 작성조건 및 출력형태에 알맞게 세 번째 슬라이드에 작업하시오. (60점)

《출력형태》

《작성조건》

(1) **제목**

▶ 도형 1 ⇒ 별 및 현수막 : '이중 물결', 도형 채우기('강조 6 보라'), 선 색(단색, 색 : 검정), 선 스타일(선 종류 : 실선, 굵기 : 2pt, 겹선 종류 : 단순형), 도형 효과(그림자 – 바깥쪽 – 아래쪽, 네온 – '강조색 6, 5 pt'), 글꼴(돋움체, 36pt, 진하게, 그림자, 노랑)

(2) **본문**

▶ 글상자 1([단위 : 만명]) ⇒ 글꼴(돋움, 20pt, 진하게, 기울임)

▶ 표 ⇒ 표 스타일('보통 – 보통 스타일 4 – 강조 1'),
　　가장 위의 행 : 글꼴(돋움체, 20pt, 진하게, 그림자, 가운데 정렬, 가운데 맞춤),
　　나머지 행 : 글꼴(돋움체, 18pt, 진하게, 기울임, 가운데 정렬, 가운데 맞춤)

▶ 글상자 2([출처 : 한국관광공사]) ⇒ 글꼴(돋움, 20pt, 진하게, 기울임)

▶ 차트 ⇒ 세로 막대형 : 묶은 세로 막대형, 차트 계열색('색상 조합 – 색3'),
　　차트 스타일(스타일5), 축 서식/자료점 이름표 서식 : 글꼴(굴림, 14pt, 진하게),
　　범례 서식 : 글꼴(굴림, 16pt, 진하게, 기울임), 데이터는 표 참고

▶ 배경 ⇒ 배경 속성(채우기 – 그림 또는 질감 채우기)에서 그림 2 삽입(현재 슬라이드만 적용)

▶ 애니메이션 지정 ⇒ 차트 : 나타내기 – 블라인드

▶ 지시사항이 없는 부분은《출력형태》와 동일하게 작성하시오.

슬라이드4 아래의 작성조건 및 출력형태에 알맞게 네 번째 슬라이드에 작업하시오. (60점)

《출력형태》

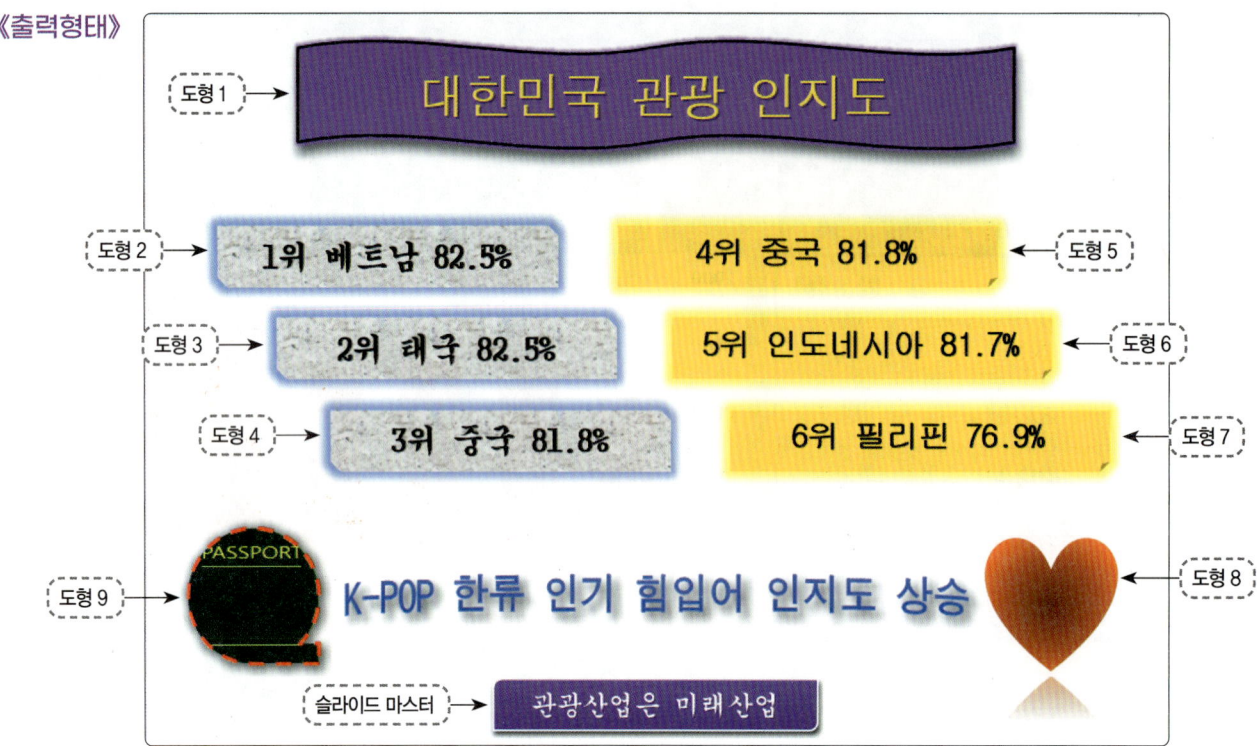

《작성조건》

(1) **제목**

▶ 도형 1 ⇒ 별 및 현수막 : '이중 물결', 도형 채우기('강조 6 보라'), 선 색(단색, 색 : 검정), 선 스타일(선 종류 : 실선, 굵기 : 2pt, 겹선 종류 : 단순형), 도형 효과(그림자 – 바깥쪽 – 아래쪽, 네온 – '강조색 6, 5 pt'), 글꼴(돋움체, 36pt, 진하게, 그림자, 노랑)

(2) **본문**

▶ 도형 2~4 ⇒ 사각형 : '대각선 방향의 모서리가 잘린 사각형', 도형 채우기(질감 – 대리석, 바둑판식 배열), 선 없음, 도형 효과(네온 – '강조색 1, 10 pt'), 글꼴(궁서체, 24pt, 진하게, 검정)

▶ 도형 5~7 ⇒ 기본 도형 : '모서리가 접힌 도형', 도형 채우기('강조 4 노랑'), 선 없음, 도형 효과(네온 – '강조색 4, 10 pt'), 글꼴(굴림체, 24pt, 진하게, 검정)

▶ 도형 8 ⇒ 기본 도형 : '하트', 도형 채우기('강조 2 주황', 그러데이션 – 어두운 그러데이션 – 방사형 – 가운데에서), 선 없음, 도형 효과(반사 – '1/3 크기, 4 pt')

▶ 도형 9 ⇒ 순서도 : '순서도: 순차적 액세스 저장소', 도형 채우기(그림 또는 질감 채우기) 기능을 사용하여 그림 3 삽입, 선 색(단색, 색 : 빨강), 선 스타일(선 종류 : 파선, 굵기 : 3pt, 겹선 종류 : 단순형), 도형 효과(그림자 – 바깥쪽 – 가운데)

▶ 워드숍 삽입(K-POP 한류 인기 힘입어 인지도 상승) ⇒ '채우기 – 강조 1(어두운 계열, 그러데이션), 윤곽 – 강조 1, 그림자', 글자 효과(변환 – 휘기 – 원통 위), 글꼴(돋움체, 36pt, 진하게, 그림자)

▶ 지시사항이 없는 부분은 《출력형태》와 동일하게 작성하시오.

제 08 회 디지털정보활용능력 최신유형 기출문제

- ☑ 시험과목 : 프리젠테이션(한쇼)
- ☑ 시험일자 : 20XX. XX. XX. (X)
- ☑ 응시자 기재사항 및 감독위원 확인

한컴오피스 한쇼 2022 버전용

수검번호	DIO - XXXX -	감독위원 확인
성 명		

·응시자 유의사항·

1. 응시자는 신분증을 지참하여야 시험에 응시할 수 있으며, 시험이 종료될 때까지 신분증을 제시하지 못 할 경우 해당 시험은 0점 처리됩니다.
2. 시스템(PC작동여부, 네트워크 상태 등)의 이상여부를 반드시 확인하여야 하며, 시스템 이상이 있을 시 감독위원에게 조치를 받으셔야 합니다.
3. 시험 중 부주의 또는 고의로 시스템을 파손한 경우는 응시자 부담으로 합니다.
4. 답안 전송 프로그램을 통해 다운로드 받은 파일을 이용하여 답안파일을 작성하시기 바랍니다.
5. 작성한 답안 파일은 답안 전송 프로그램을 통하여 전송됩니다. 감독위원의 지시에 따라 주시기바랍니다.
6. 다음 사항의 경우 실격(0점) 혹은 부정행위 처리됩니다.
    1) 답안파일을 저장하지 않았거나, 저장한 파일이 손상되었을 경우
    2) 답안파일을 지정된 폴더(바탕화면 – "KAIT" 폴더)에 저장하지 않았을 경우
        ※ 답안 전송 프로그램 로그인 시 바탕화면에 자동 생성됨
    3) 답안파일을 다른 보조기억장치(USB) 혹은 네트워크(메신저, 게시판 등)로 전송할 경우
    4) 휴대용 전화기 등 통신기기를 사용할 경우
7. 슬라이드는 반드시 순서대로 작성해야 하며, 순서가 다를 경우 "0"점 처리됩니다.
8. 시험지에 제시된 글꼴이 응시 프로그램에 없는 경우, 반드시 감독위원에게 해당 내용을 통보한 뒤 조치를 받아야 합니다.
9. 슬라이드 작성 시 도형의 그룹설정을 사용하는 경우, 채점에서 감점 처리됩니다.
10. 시험의 완료는 작성이 완료된 답안을 저장하고, 답안전송이 완료된 상태를 확인한 것으로 합니다. 답안전송 확인 후 문제지는 감독위원에게 제출한 후 퇴실하여야 합니다.
11. 답안전송을 완료한 경우는 수정 또는 정정이 불가합니다.
12. 시험 시행 후 합격자 발표는 홈페이지(www.ihd.or.kr)에서 확인하시기를 바랍니다.
    ※ 합격자 발표 : 20XX. XX. XX. (X)

유의사항

- 《작성조건》을 준수하여 반드시 프리젠테이션 슬라이드로 작업합니다.
- 글꼴 및 기타 사항에 대해 별도의 지시사항이 없는 경우, 슬라이드 크기와 전체적인 균형을 고려하여 임의로 작성하되, 도형은 그룹으로 설정하지 않습니다.
- 새 프리젠테이션 만들기 – 한컴오피스, 쪽 설정(종류 – A4용지(210×297mm)), 슬라이드 방향(가로)로 지정합니다.
  ▶ 슬라이드 크기, 방향 조정 시 '맞춤 확인'으로 지정하여야 합니다.
- 공통적용사항(슬라이드 마스터)
  ▶ 도형 ⇒ 별 및 현수막 : '물결', 도형 스타일('밝은 계열 – 강조 2'), 글꼴(궁서체, 20pt, 기울임, 그림자)
- 그림 삽입 시 다운로드 한 그림 파일을 반드시 사용하여야 합니다.
- ⬜⟶ 은 지시사항이므로 작성하지 않습니다.
- 슬라이드에 제시된 글자 및 숫자 오타는 감점처리 됩니다.

슬라이드1 아래의 작성조건 및 출력형태에 알맞게 첫 번째 슬라이드에 작업하시오. 〔30점〕

《출력형태》

《작성조건》

▶ 도형 1 ⇒ 기본 도형 : '십자형', 도형 채우기(그러데이션 : 유형 – 보라, 종류 – 선형, 방향 – 선형 – 아래쪽에서), 선 색(단색, 색 : 보라), 선 스타일(선 종류 : 실선, 굵기 : 3pt, 겹선 종류 : 단순형), 도형 효과(그림자 – 바깥쪽 – 아래쪽), 글꼴(궁서체, 48pt, 검은 군청)

▶ 도형 2 ⇒ 순서도 : '순서도: 대조', 도형 채우기(시안), 선 없음, 도형 효과(반사 – '1/3 크기, 8 pt', 네온 – '강조색 5, 15 pt')

▶ 도형 3 ⇒ 기본 도형 : '웃는 얼굴', 도형 스타일('보통 효과 – 강조 4')

▶ 그림 삽입 ⇒ 그림 1 삽입, 크기(너비 : 90mm, 높이 : 70mm)

▶ 글상자(아이들의 천국, 키즈카페) ⇒ 글꼴(바탕체, 24pt, 진하게, 밑줄, 초록)

▶ 애니메이션 지정 ⇒ 도형 1 : 나타내기 – 닦아내기

▶ 지시사항이 없는 부분은 《출력형태》와 동일하게 작성하시오.

슬라이드2   아래의 작성조건 및 출력형태에 알맞게 두 번째 슬라이드에 작업하시오. (50점)

《출력형태》

《작성조건》

(1) **제목**

▶ 도형 1 ⇒ 기본 도형 : '배지', 도형 채우기(노랑), 선 색(단색, 색 : 검정), 선 스타일(선 종류 : 실선, 굵기 : 3pt, 겹선 종류 : 단순형), 도형 효과(그림자 – 바깥쪽 – 대각선 오른쪽 위, 네온 – '강조색 2, 5 pt'), 글꼴(돋움체, 40pt, 기울임, 그림자, 빨강)

(2) **본문**

▶ 도형 2 ⇒ 별 및 현수막 : '아래로 구부러진 리본', 도형 채우기(파랑, 그러데이션 – 밝은 그러데이션 – 선형 – 아래쪽에서), 선 색(단색, 색 : 보라), 선 스타일(선 종류 : 실선, 굵기 : 2pt, 겹선 종류 : 단순형), 글꼴(궁서체, 26pt, 노랑)

▶ 도형 3~6 ⇒ 사각형 : '모서리가 둥근 직사각형', 도형 채우기('강조 6 보라', 그러데이션 – 어두운 그러데이션 – 선형 – 아래쪽에서), 선 없음, 도형 효과(반사 – '1/3 크기, 근접'), 글꼴(돋움체, 20pt, 진하게, 노랑)

▶ 실행 단추 ⇒ 실행 단추 : '실행 단추: 앞으로 또는 다음', 하이퍼링크 : 다음 슬라이드, 도형 스타일('테두리 강조 6 – 채우기 없음')

▶ 표 ⇒ 채우기(질감 – 노란색 도트, 바둑판식 배열), 가장 위의 행 : 글꼴(돋움, 24pt, 진하게, 빨강), 가운데 정렬, 가운데 맞춤), 나머지 행 : 글꼴(돋움, 20pt, 진하게, 그림자, 가운데 정렬, 가운데 맞춤)

▶ 애니메이션 지정 ⇒ 표 : 나타내기 – 모자이크

▶ 지시사항이 없는 부분은 《출력형태》와 동일하게 작성하시오.

슬라이드3 — 아래의 작성조건 및 출력형태에 알맞게 세 번째 슬라이드에 작업하시오. (60점)

《출력형태》

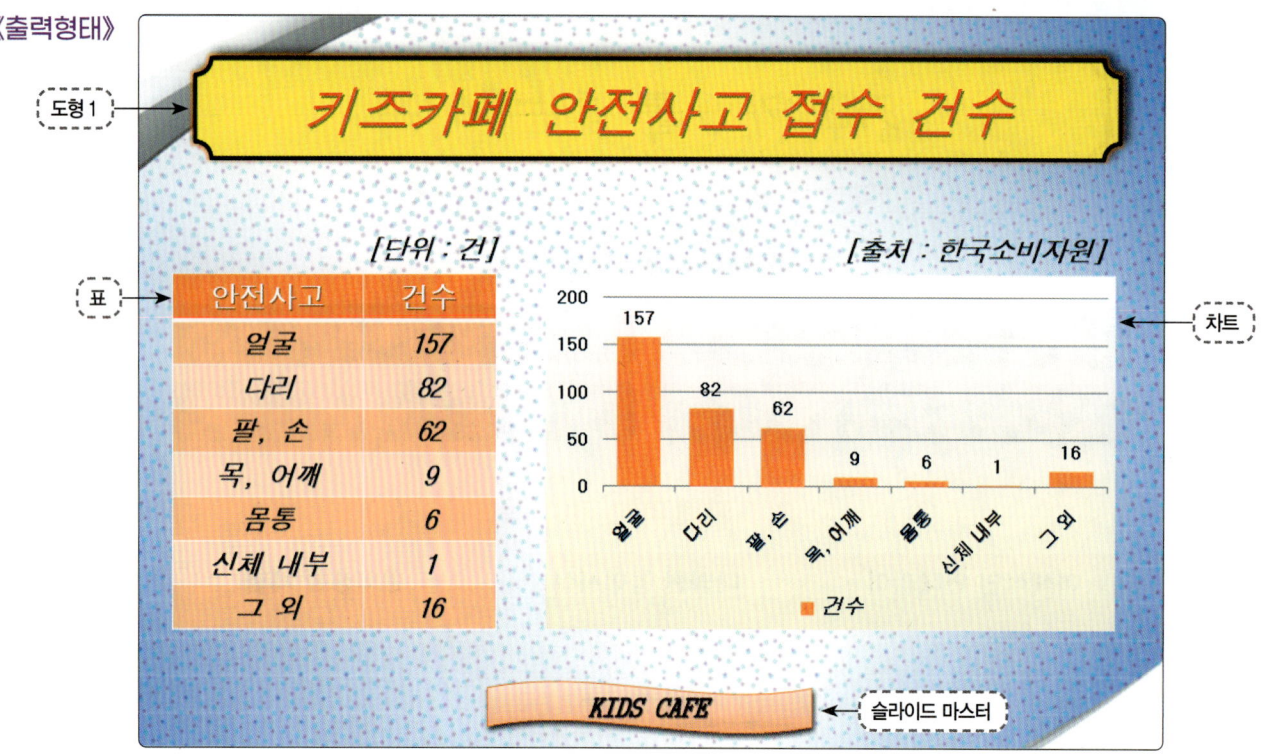

《작성조건》

(1) **제목**

▶ 도형 1 ⇒ 기본 도형 : '배지', 도형 채우기(노랑), 선 색(단색, 색 : 검정), 선 스타일(선 종류 : 실선, 굵기 : 3pt, 겹선 종류 : 단순형), 도형 효과(그림자 – 바깥쪽 – 대각선 오른쪽 위, 네온 – '강조색 2, 5 pt'), 글꼴(돋움체, 40pt, 기울임, 그림자, 빨강)

(2) **본문**

▶ 글상자 1([단위 : 건]) ⇒ 글꼴(돋움, 20pt, 진하게, 기울임)

▶ 표 ⇒ 표 스타일('보통 – 보통 스타일 1 – 강조 2'),
  가장 위의 행 : 글꼴(돋움체, 22pt, 진하게, 그림자, 가운데 정렬, 가운데 맞춤),
  나머지 행 : 글꼴(돋움체, 20pt, 진하게, 기울임, 가운데 정렬, 가운데 맞춤)

▶ 글상자 2([출처 : 한국소비자원]) ⇒ 글꼴(돋움, 20pt, 진하게, 기울임)

▶ 차트 ⇒ 세로 막대형 : 묶은 세로 막대형, 차트 계열색('색상 조합 – 색3'),
  차트 스타일(스타일5), 축 서식/자료점 이름표 서식 : 글꼴(굴림, 14pt, 진하게),
  범례 서식 : 글꼴(굴림, 16pt, 진하게, 기울임), 데이터는 표 참고

▶ 배경 ⇒ 배경 속성(채우기 – 그림 또는 질감 채우기)에서 그림 2 삽입(현재 슬라이드만 적용)

▶ 애니메이션 지정 ⇒ 차트 : 나타내기 – 밝기 변화

▶ 지시사항이 없는 부분은 《출력형태》와 동일하게 작성하시오.

| 슬라이드4 | 아래의 작성조건 및 출력형태에 알맞게 네 번째 슬라이드에 작업하시오. (60점) |

《출력형태》

《작성조건》

(1) 제목

▶ 도형 1 ⇒ 기본 도형 : '배지', 도형 채우기(노랑), 선 색(단색, 색 : 검정), 선 스타일(선 종류 : 실선, 굵기 : 3pt,
겹선 종류 : 단순형), 도형 효과(그림자 - 바깥쪽 - 대각선 오른쪽 위, 네온 - '강조색 2, 5 pt'),
글꼴(돋움체, 40pt, 기울임, 그림자, 빨강)

(2) 본문

▶ 도형 2~4 ⇒ 기본 도형 : '다이아몬드', 도형 채우기(질감 - 흰색 겉뜨기 스웨터, 바둑판식 배열), 선 없음,
도형 효과(그림자 - 안쪽 - 가운데, 네온 - '강조색 4, 10 pt'), 글꼴(바탕체, 20pt, 진하게, 검정)

▶ 도형 5~7 ⇒ 기본 도형 : '액자', 도형 채우기('강조 5 초록', 그러데이션 - 어두운 그러데이션 - 선형 - 오른쪽에서),
선 없음, 도형 효과(반사 - '1/3 크기, 4 pt'), 글꼴(굴림, 20pt, 진하게, 기울임, 파랑)

▶ 도형 8 ⇒ 기본 도형 : '도넛', 도형 채우기('강조 4 노랑', 그러데이션 - 어두운 그러데이션 - 방사형 - 가운데에서),
선 없음, 도형 효과(그림자 - 안쪽 - 오른쪽)

▶ 도형 9 ⇒ 설명선 : '구름 모양 설명선', 도형 채우기(그림 또는 질감 채우기) 기능을 사용하여 그림 3 삽입,
선 색(단색, 색 : 빨강), 선 스타일(선 종류 : 파선, 굵기 : 2pt, 겹선 종류 : 단순형),
도형 효과(네온 - '강조색 2, 10 pt')

▶ 워드숍 삽입(언제나 안전이 먼저!) ⇒ '채우기 - 강조 2(밝은 계열, 그러데이션), 윤곽 - 강조 2',
글자 효과(변환 - 휘기 - 역삼각형), 글꼴(돋움, 48pt, 진하게)

▶ 지시사항이 없는 부분은《출력형태》와 동일하게 작성하시오.

제 09 회 디지털정보활용능력 최신유형 기출문제

☑ 시험과목 : 프리젠테이션(한쇼)
☑ 시험일자 : 20XX. XX. XX. (X)
☑ 응시자 기재사항 및 감독위원 확인

한컴오피스 한쇼 2022 버전용

수검번호	DIO - XXXX -	감독위원 확인
성 명		

· 응시자 유의사항 ·

1. 응시자는 신분증을 지참하여야 시험에 응시할 수 있으며, 시험이 종료될 때까지 신분증을 제시하지 못 할 경우 해당 시험은 0점 처리됩니다.
2. 시스템(PC작동여부, 네트워크 상태 등)의 이상여부를 반드시 확인하여야 하며, 시스템 이상이 있을 시 감독위원에게 조치를 받으셔야 합니다.
3. 시험 중 부주의 또는 고의로 시스템을 파손한 경우는 응시자 부담으로 합니다.
4. 답안 전송 프로그램을 통해 다운로드 받은 파일을 이용하여 답안파일을 작성하시기 바랍니다.
5. 작성한 답안 파일은 답안 전송 프로그램을 통하여 전송됩니다. 감독위원의 지시에 따라 주시기바랍니다.
6. 다음 사항의 경우 실격(0점) 혹은 부정행위 처리됩니다.
    1) 답안파일을 저장하지 않았거나, 저장한 파일이 손상되었을 경우
    2) 답안파일을 지정된 폴더(바탕화면 - "KAIT" 폴더)에 저장하지 않았을 경우
        ※ 답안 전송 프로그램 로그인 시 바탕화면에 자동 생성됨
    3) 답안파일을 다른 보조기억장치(USB) 혹은 네트워크(메신저, 게시판 등)로 전송할 경우
    4) 휴대용 전화기 등 통신기기를 사용할 경우
7. 슬라이드는 반드시 순서대로 작성해야 하며, 순서가 다를 경우 "0"점 처리됩니다.
8. 시험지에 제시된 글꼴이 응시 프로그램에 없는 경우, 반드시 감독위원에게 해당 내용을 통보한 뒤 조치를 받아야 합니다.
9. 슬라이드 작성 시 도형의 그룹설정을 사용하는 경우, 채점에서 감점 처리됩니다.
10. 시험의 완료는 작성이 완료된 답안을 저장하고, 답안전송이 완료된 상태를 확인한 것으로 합니다. 답안전송 확인 후 문제지는 감독위원에게 제출한 후 퇴실하여야 합니다.
11. 답안전송을 완료한 경우는 수정 또는 정정이 불가합니다.
12. 시험 시행 후 합격자 발표는 홈페이지(www.ihd.or.kr)에서 확인하시기를 바랍니다.
    ※ 합격자 발표 : 20XX. XX. XX. (X)

유의사항

- 《작성조건》을 준수하여 반드시 프리젠테이션 슬라이드로 작업합니다.
- 글꼴 및 기타 사항에 대해 별도의 지시사항이 없는 경우, 슬라이드 크기와 전체적인 균형을 고려하여 임의로 작성하되, 도형은 그룹으로 설정하지 않습니다.
- 새 프리젠테이션 만들기 – 한컴오피스, 쪽 설정(종류 – A4용지(210×297mm)), 슬라이드 방향(가로)로 지정합니다.
  ▶ 슬라이드 크기, 방향 조정 시 '맞춤 확인'으로 지정하여야 합니다.
- 공통적용사항(슬라이드 마스터)
  ▶ 도형 ⇒ 기본 도형 : '십자형', 도형 스타일('밝은 계열 – 강조 5'), 글꼴(굴림, 18pt, 진하게)
- 그림 삽입 시 다운로드 한 그림 파일을 반드시 사용하여야 합니다.
- ⌐ ⌐ ⌐ ⌐ ⌐ → 은 지시사항이므로 작성하지 않습니다.
- 슬라이드에 제시된 글자 및 숫자 오타는 감점처리 됩니다.

슬라이드1   아래의 작성조건 및 출력형태에 알맞게 첫 번째 슬라이드에 작업하시오. (30점)

《출력형태》

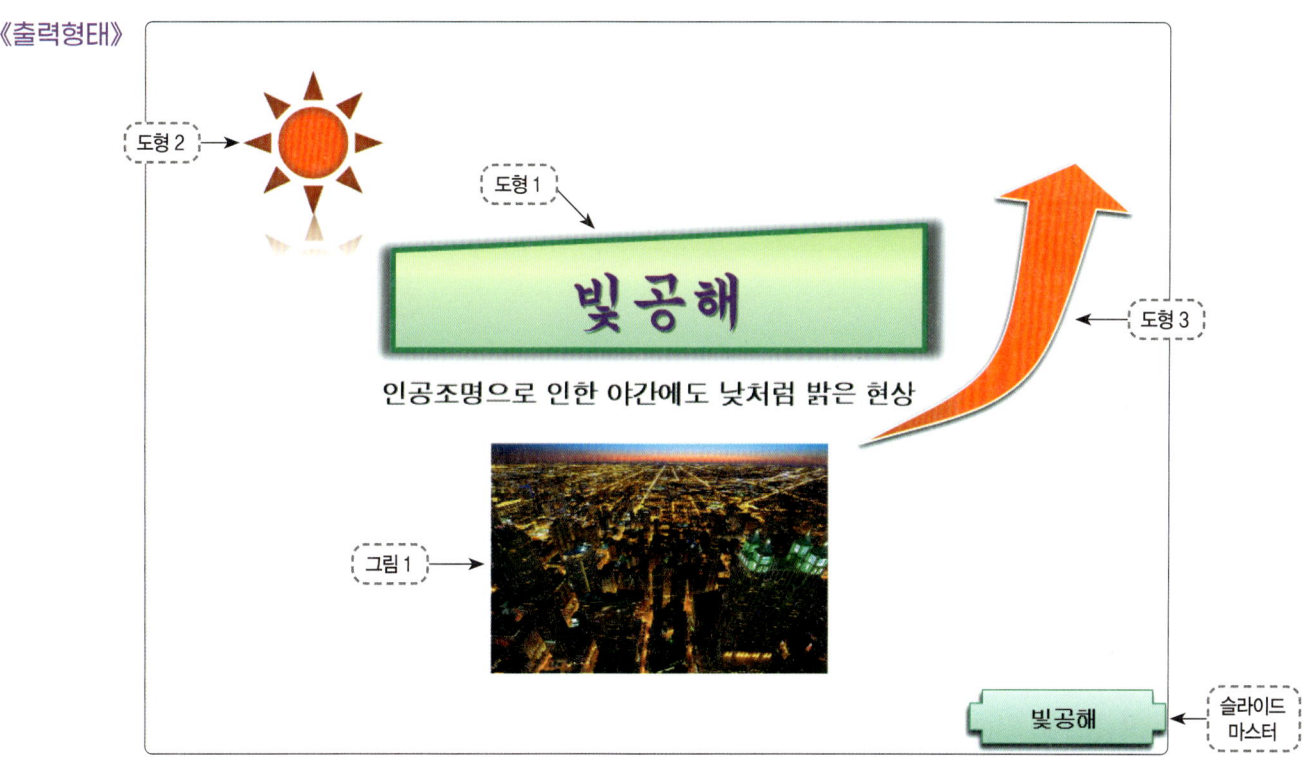

《작성조건》

▶ 도형 1 ⇒ 순서도 : '순서도: 수동 입력', 도형 채우기(그러데이션 : 유형 – 솜사탕 3, 종류 – 선형, 방향 – 선형 – 아래쪽에서), 선 색(단색, 색 : '강조 5 초록'), 선 스타일(선 종류 : 실선, 굵기 : 4pt, 겹선 종류 : 단순형), 도형 효과(그림자 – 바깥쪽 – 가운데), 글꼴(궁서체, 45pt, 그림자, 보라)

▶ 도형 2 ⇒ 기본 도형 : '해', 도형 채우기(주황), 선 없음, 도형 효과(그림자 – 안쪽 – 가운데, 반사 – '1/3 크기, 근접')

▶ 도형 3 ⇒ 블록 화살표 : '휘어진 화살표', 도형 스타일('보통 효과 – 강조 2')

▶ 그림 삽입 ⇒ 그림 1 삽입, 크기(너비 : 90mm, 높이 : 60mm)

▶ 글상자(인공조명으로 인한 야간에도 낮처럼 밝은 현상) ⇒ 글꼴(돋움, 20pt, 진하게)

▶ 애니메이션 지정 ⇒ 도형 1 : 나타내기 – 닦아내기

▶ 지시사항이 없는 부분은 《출력형태》와 동일하게 작성하시오.

슬라이드2 아래의 작성조건 및 출력형태에 알맞게 두 번째 슬라이드에 작업하시오. (50점)

《출력형태》

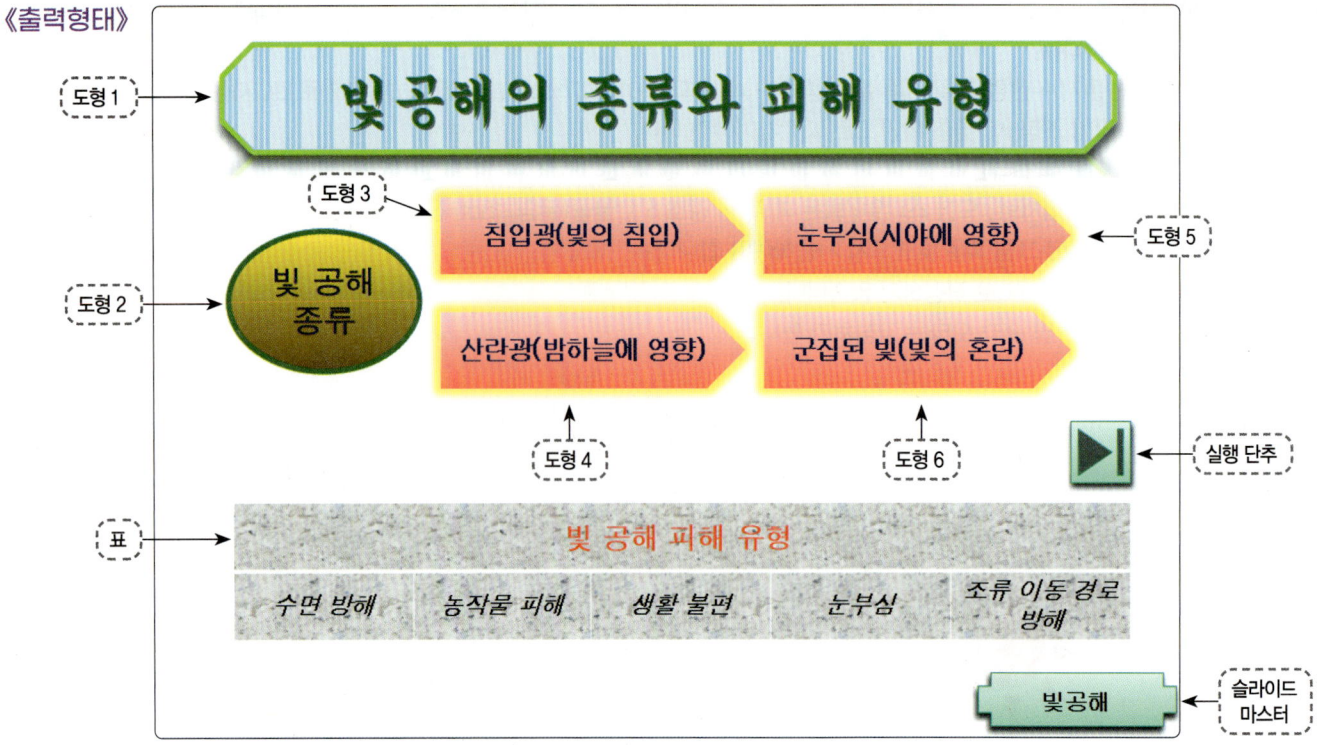

《작성조건》

(1) **제목**

▶ 도형 1 ⇒ 기본 도형 : '팔각형', 도형 채우기(질감 – 하늘색 줄무늬, 바둑판식 배열), 선 색(단색, 색 : 밝은 연두색), 선 스타일(선 종류 : 실선, 굵기 : 4pt, 겹선 종류 : 단순형), 도형 효과(그림자 – 바깥쪽 – 아래쪽, 반사 – '1/3 크기, 근접'), 글꼴(궁서, 42pt, 그림자, 초록)

(2) **본문**

▶ 도형 2 ⇒ 기본 도형 : '타원', 도형 채우기('강조 4 노랑', 그러데이션 – 어두운 그러데이션 – 선형 – 아래쪽에서), 선 색(단색, 색 : 초록), 선 스타일(선 종류 : 실선, 굵기 : 4pt, 겹선 종류 : 단순형), 글꼴(돋움, 24pt, 진하게, 검은 군청)

▶ 도형 3~6 ⇒ 블록 화살표 : '오각형', 도형 채우기(빨강, 그러데이션 – 밝은 그러데이션 – 선형 – 아래쪽에서), 선 없음, 도형 효과(네온 – '강조색 4, 10 pt'), 글꼴(굴림, 19pt, 진하게, 검은 군청)

▶ 실행 단추 ⇒ 실행 단추 : '실행 단추: 끝', 하이퍼링크 : 마지막 슬라이드, 도형 스타일('밝은 계열 – 강조 5')

▶ 표 ⇒ 채우기(질감 – 대리석, 바둑판식 배열),
가장 위의 행 : 글꼴(돋움, 22pt, 진하게, 빨강, 가운데 정렬, 가운데 맞춤),
나머지 행 : 글꼴(돋움, 18pt, 진하게, 기울임, 가운데 정렬, 가운데 맞춤)

▶ 애니메이션 지정 ⇒ 표 : 나타내기 – 날아오기

▶ 지시사항이 없는 부분은 《출력형태》와 동일하게 작성하시오.

슬라이드3 아래의 작성조건 및 출력형태에 알맞게 세 번째 슬라이드에 작업하시오. (60점)

《출력형태》

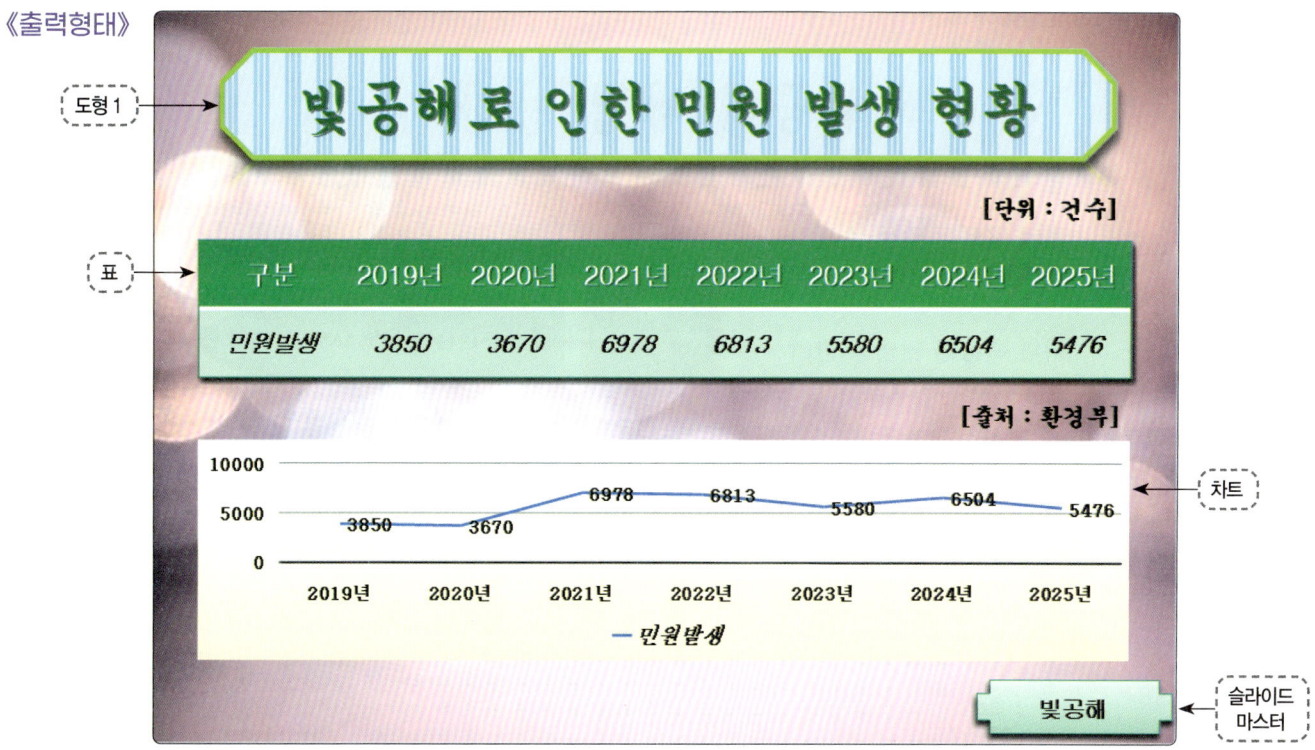

《작성조건》

(1) **제목**
- 도형 1 ⇒ 기본 도형 : '팔각형', 도형 채우기(질감 – 하늘색 줄무늬, 바둑판식 배열), 선 색(단색, 색 : 밝은 연두색), 선 스타일(선 종류 : 실선, 굵기 : 4pt, 겹선 종류 : 단순형), 도형 효과(그림자 – 바깥쪽 – 아래쪽, 반사 – '1/3 크기, 근접'), 글꼴(궁서, 42pt, 그림자, 초록)

(2) **본문**
- 글상자 1([단위 : 건수]) ⇒ 글꼴(궁서, 18pt, 진하게)
- 표 ⇒ 표 스타일(보통 스타일 2 – 강조 5),
  가장 위의 행 : 글꼴(돋움, 20pt, 진하게, 그림자, 가운데 정렬, 가운데 맞춤),
  나머지 행 : 글꼴(돋움, 18pt, 진하게, 기울임, 가운데 정렬, 가운데 맞춤)
- 글상자 2([출처 : 환경부]) ⇒ 글꼴(궁서, 18pt, 진하게)
- 차트 ⇒ 꺾은선형 : 꺾은선형, 차트 계열색('색상 조합 – 색2'),
  차트 스타일(스타일3), 축 서식/자료점 이름표 서식 : 글꼴(바탕, 14pt, 진하게),
  범례 서식 : 글꼴(바탕, 16pt, 진하게, 기울임), 데이터는 표 참고
- 배경 ⇒ 배경 속성(채우기 – 그림 또는 질감 채우기)에서 그림 2 삽입(현재 슬라이드만 적용)
- 애니메이션 지정 ⇒ 차트 : 나타내기 – 블라인드
- 지시사항이 없는 부분은《출력형태》와 동일하게 작성하시오.

슬라이드4 — 아래의 작성조건 및 출력형태에 알맞게 네 번째 슬라이드에 작업하시오. (60점)

《출력형태》

《작성조건》

(1) **제목**

▶ 도형 1 ⇒ 기본 도형 : '팔각형', 도형 채우기(질감 – 하늘색 줄무늬, 바둑판식 배열), 선 색(단색, 색 : 밝은 연두색),
　　선 스타일(선 종류 : 실선, 굵기 : 4pt, 겹선 종류 : 단순형), 도형 효과(그림자 – 바깥쪽 – 아래쪽,
　　반사 – '1/3 크기, 근접'), 글꼴(궁서, 42pt, 그림자, 초록)

(2) **본문**

▶ 도형 2~4 ⇒ 별 및 현수막 : '물결', 도형 채우기(질감 – 노란색 도트, 바둑판식 배열), 선 없음,
　　도형 효과((그림자 – 원근감 – 대각선 오른쪽 위), 글꼴(굴림, 20pt, 진하게, 검은 군청)

▶ 도형 5~7 ⇒ 순서도 : '순서도: 지연', 도형 채우기(시안, 그러데이션 – 어두운 그러데이션 – 선형 – 왼쪽에서),
　　선 없음, 도형 효과(3차원 효과 – 각지게), 글꼴(굴림, 20pt, 진하게, 기울임, 노랑)

▶ 도형 8 ⇒ 순서도 : '순서도: 대조', 도형 채우기(노랑, 그러데이션 – 어두운 그러데이션 – 방사형 – 가운데에서),
　　선 없음, 도형 효과(그림자 – 바깥쪽 – 아래쪽)

▶ 도형 9 ⇒ 순서도 : '순서도: 페이지 연결자', 도형 채우기(그림 또는 질감 채우기) 기능을 사용하여 그림 3 삽입,
　　선 색(단색, 색 : 빨강), 선 스타일(선 종류 : 실선, 굵기 : 5pt, 겹선 종류 : 단순형),
　　도형 효과(그림자 – 바깥쪽 – 아래쪽)

▶ 워드숍 삽입(사람과 환경을 생각하는 좋은 빛 만들기) ⇒ '채우기 – 강조 2(밝은 계열, 그러데이션), 윤곽 – 강조 2',
　　글자 효과(변환 – 휘기 – 팽창), 글꼴(바탕, 44pt, 진하게, 그림자)

▶ 지시사항이 없는 부분은 《출력형태》와 동일하게 작성하시오.

제 10 회 디지털정보활용능력 최신유형 기출문제

☑ 시험과목 : 프리젠테이션(한쇼)
☑ 시험일자 : 20XX. XX. XX. (X)
☑ 응시자 기재사항 및 감독위원 확인

한컴오피스 한쇼 2022 버전용

수검번호	DIO – XXXX –	감독위원 확인
성　　명		

· 응시자 유의사항 ·

1. 응시자는 신분증을 지참하여야 시험에 응시할 수 있으며, 시험이 종료될 때까지 신분증을 제시하지 못 할 경우 해당 시험은 0점 처리됩니다.
2. 시스템(PC작동여부, 네트워크 상태 등)의 이상여부를 반드시 확인하여야 하며, 시스템 이상이 있을 시 감독위원에게 조치를 받으셔야 합니다.
3. 시험 중 부주의 또는 고의로 시스템을 파손한 경우는 응시자 부담으로 합니다.
4. 답안 전송 프로그램을 통해 다운로드 받은 파일을 이용하여 답안파일을 작성하시기 바랍니다.
5. 작성한 답안 파일은 답안 전송 프로그램을 통하여 전송됩니다. 감독위원의 지시에 따라 주시기바랍니다.
6. 다음 사항의 경우 실격(0점) 혹은 부정행위 처리됩니다.
   1) 답안파일을 저장하지 않았거나, 저장한 파일이 손상되었을 경우
   2) 답안파일을 지정된 폴더(바탕화면 – "KAIT" 폴더)에 저장하지 않았을 경우
      ※ 답안 전송 프로그램 로그인 시 바탕화면에 자동 생성됨
   3) 답안파일을 다른 보조기억장치(USB) 혹은 네트워크(메신저, 게시판 등)로 전송할 경우
   4) 휴대용 전화기 등 통신기기를 사용할 경우
7. 슬라이드는 반드시 순서대로 작성해야 하며, 순서가 다를 경우 "0"점 처리됩니다.
8. 시험지에 제시된 글꼴이 응시 프로그램에 없는 경우, 반드시 감독위원에게 해당 내용을 통보한 뒤 조치를 받아야 합니다.
9. 슬라이드 작성 시 도형의 그룹설정을 사용하는 경우, 채점에서 감점 처리됩니다.
10. 시험의 완료는 작성이 완료된 답안을 저장하고, 답안전송이 완료된 상태를 확인한 것으로 합니다. 답안전송 확인 후 문제지는 감독위원에게 제출한 후 퇴실하여야 합니다.
11. 답안전송을 완료한 경우는 수정 또는 정정이 불가합니다.
12. 시험 시행 후 합격자 발표는 홈페이지(www.ihd.or.kr)에서 확인하시기를 바랍니다.
    ※ 합격자 발표 : 20XX. XX. XX. (X)

유의사항

- 《작성조건》을 준수하여 반드시 프리젠테이션 슬라이드로 작업합니다.
- 글꼴 및 기타 사항에 대해 별도의 지시사항이 없는 경우, 슬라이드 크기와 전체적인 균형을 고려하여 임의로 작성하되, 도형은 그룹으로 설정하지 않습니다.
- 새 프리젠테이션 만들기 – 한컴오피스, 쪽 설정(종류 – A4용지(210×297mm)), 슬라이드 방향(가로)로 지정합니다.
  ▶ 슬라이드 크기, 방향 조정 시 '맞춤 확인'으로 지정하여야 합니다.
- 공통적용사항(슬라이드 마스터)
  ▶ 도형 ⇒ 블록 화살표 : '오각형', 도형 스타일('밝은 계열 – 강조 5'), 글꼴(돋움, 16pt, 진하게)
- 그림 삽입 시 다운로드 한 그림 파일을 반드시 사용하여야 합니다.
- ⎯⎯⎯→ 은 지시사항이므로 작성하지 않습니다.
- 슬라이드에 제시된 글자 및 숫자 오타는 감점처리 됩니다.

슬라이드1 — 아래의 작성조건 및 출력형태에 알맞게 첫 번째 슬라이드에 작업하시오. [30점]

《출력형태》

《작성조건》

▶ 도형 1 ⇒ 기본 도형 : '사다리꼴', 도형 채우기(그러데이션 : 유형 – 청명한 하늘, 종류 – 선형, 방향 – 선형 – 위쪽에서), 선 색(단색, 색 : 밝은 연두색), 선 스타일(선 종류 : 실선, 굵기 : 4pt, 겹선 종류 : 단순형), 도형 효과(그림자 – 원근감 – 대각선 오른쪽 위), 글꼴(돋움체, 48pt, 진하게, 그림자)

▶ 도형 2 ⇒ 기본 도형 : '눈물방울', 도형 채우기(파랑), 선 없음, 도형 효과(그림자 – 안쪽 – 가운데, 반사 – '1/2 크기, 근접')

▶ 도형 3 ⇒ 블록 화살표 : '위로 굽은 화살표', 도형 스타일('밝은 계열 – 강조 6')

▶ 그림 삽입 ⇒ 그림 1 삽입, 크기(너비 : 80mm, 높이 : 60mm)

▶ 글상자(안전하게 마실 수 있는 깨끗한 수돗물) ⇒ 글꼴(궁서, 24pt, 진하게, 기울임)

▶ 애니메이션 지정 ⇒ 도형 1 : 나타내기 – 날아오기

▶ 지시사항이 없는 부분은 《출력형태》와 동일하게 작성하시오.

슬라이드2 — 아래의 작성조건 및 출력형태에 알맞게 두 번째 슬라이드에 작업하시오. (50점)

《출력형태》

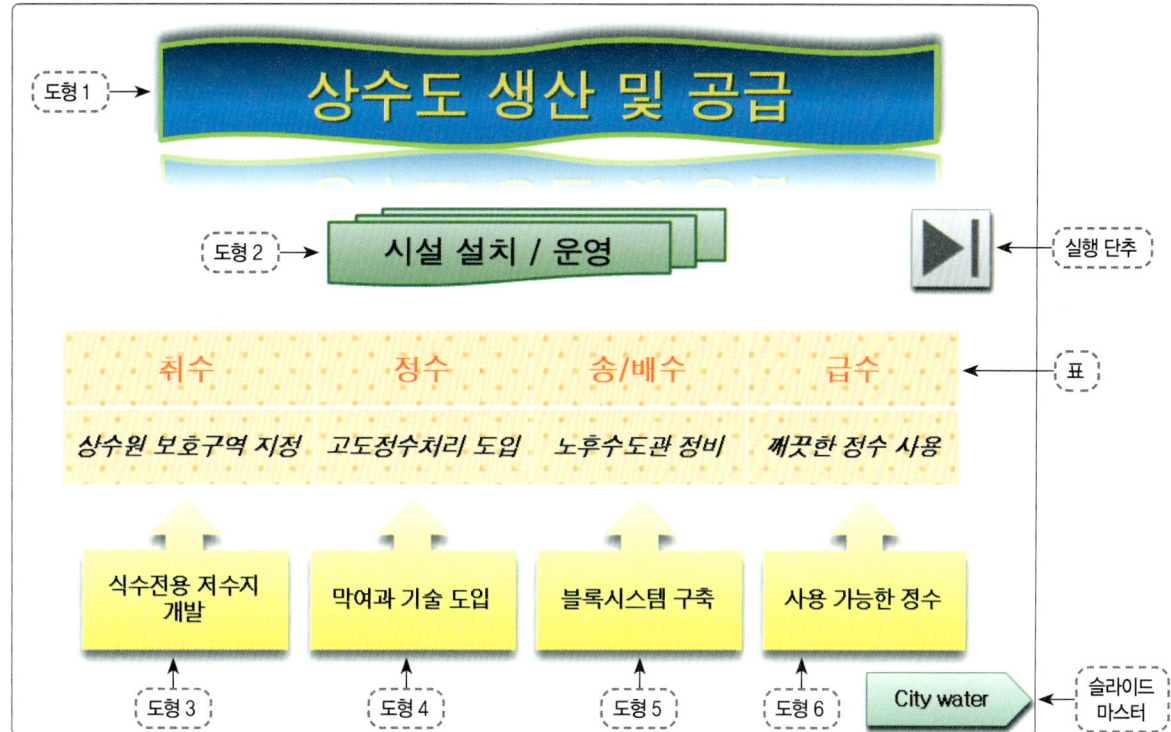

《작성조건》

(1) **제목**

▶ 도형 1 ⇒ 별 및 현수막 : '이중 물결', 도형 채우기(그러데이션 : 유형 – 시냇가, 종류 – 선형, 방향 – 선형 – 아래쪽에서), 선 색(단색, 색 : 밝은 연두색), 선 스타일(선 종류 : 실선, 굵기 : 4pt, 겹선 종류 : 단순형), 도형 효과(그림자 – 바깥쪽 – 위쪽, 반사 – '1/3 크기, 근접'), 글꼴(돋움, 42pt, 진하게, 그림자, 노랑)

(2) **본문**

▶ 도형 2 ⇒ 순서도 : '다중 문서', 도형 채우기(초록, 그러데이션 – 밝은 그러데이션 – 선형 – 아래쪽에서), 선 색(단색, 색 : 초록), 선 스타일(선 종류 : 실선, 굵기 : 2pt, 겹선 종류 : 단순형), 글꼴(돋움, 24pt, 진하게)

▶ 도형 3~6 ⇒ 블록 화살표 : '위쪽 화살표 설명선', 도형 채우기('강조 4 노랑', 그러데이션 – 밝은 그러데이션 – 선형 – 아래쪽에서), 선 없음, 도형 효과(그림자 – 바깥쪽 – 아래쪽), 글꼴(돋움, 16pt, 진하게)

▶ 실행 단추 ⇒ 실행 단추 : '실행 단추: 끝', 하이퍼링크 : 마지막 슬라이드, 도형 스타일('밝은 계열 – 강조 3')

▶ 표 ⇒ 채우기(질감 – 노란색 도트, 바둑판식 배열), 가장 위의 행 : 글꼴(돋움, 22pt, 진하게, 빨강, 가운데 정렬, 가운데 맞춤), 나머지 행 : 글꼴(돋움, 18pt, 진하게, 기울임, 가운데 정렬, 가운데 맞춤)

▶ 애니메이션 지정 ⇒ 표 : 나타내기 – 회전하기

▶ 지시사항이 없는 부분은 《출력형태》와 동일하게 작성하시오.

슬라이드3 아래의 작성조건 및 출력형태에 알맞게 세 번째 슬라이드에 작업하시오. (60점)

《출력형태》

《작성조건》

(1) **제목**

▶ 도형 1 ⇒ 별 및 현수막 : '이중 물결', 도형 채우기(그러데이션 : 유형 – 시냇가, 종류 – 선형, 방향 – 선형 – 아래쪽에서), 선 색(단색, 색 : 밝은 연두색), 선 스타일(선 종류 : 실선, 굵기 : 4pt, 겹선 종류 : 단순형), 도형 효과(그림자 – 바깥쪽 – 위쪽, 반사 – '1/3 크기, 근접'), 글꼴(돋움, 42pt, 진하게, 그림자, 노랑)

(2) **본문**

▶ 글상자 1([단위 : 개]) ⇒ 글꼴(굴림, 18pt, 진하게)

▶ 표 ⇒ 표 스타일('보통 – 보통 스타일 1 – 강조 2'),
가장 위의 행 : 글꼴(돋움, 18pt, 진하게, 그림자, 가운데 정렬, 가운데 맞춤),
나머지 행 : 글꼴(돋움, 17pt, 진하게, 기울임, 가운데 정렬, 가운데 맞춤)

▶ 글상자 2([출처 : 국가상수도정보시스템]) ⇒ 글꼴(굴림, 18pt, 진하게)

▶ 차트 ⇒ 꺾은선/영역형 : 꺾은선형, 차트 계열색('색상 조합 – 색3'),
차트 스타일(스타일3), 축 서식/자료점 이름표 서식 : 글꼴(굴림, 16pt, 진하게),
범례 서식 : 글꼴(굴림, 18pt, 진하게, 기울임), 데이터는 표 참고

▶ 배경 ⇒ 배경 속성(채우기 – 그림 또는 질감 채우기)에서 그림 2 삽입(현재 슬라이드만 적용)

▶ 애니메이션 지정 ⇒ 차트 : 나타내기 – 모자이크

▶ 지시사항이 없는 부분은 《출력형태》와 동일하게 작성하시오.

슬라이드4 아래의 작성조건 및 출력형태에 알맞게 네 번째 슬라이드에 작업하시오. (60점)

《출력형태》

《작성조건》

(1) **제목**

▶ 도형 1 ⇒ 별 및 현수막 : '이중 물결', 도형 채우기(그러데이션 : 유형 – 시냇가, 종류 – 선형, 방향 – 선형 – 아래쪽에서), 선 색(단색, 색 : 밝은 연두색), 선 스타일(선 종류 : 실선, 굵기 : 4pt, 겹선 종류 : 단순형), 도형 효과(그림자 – 바깥쪽 – 위쪽, 반사 – '1/3 크기, 근접'), 글꼴(돋움, 42pt, 진하게, 그림자, 노랑)

(2) **본문**

▶ 도형 2~4 ⇒ 블록 화살표 : '갈매기형 수장', 도형 채우기(빨강, 그러데이션 – 어두운 그러데이션 – 선형 – 위쪽에서), 선 없음, 도형 효과(반사 – '1/3 크기, 근접'), 글꼴(돋움, 22pt, 진하게, 기울임, 노랑)

▶ 도형 5~7 ⇒ 기본 도형 : '배지', 도형 채우기(질감 – 노란색 도트, 바둑판식 배열), 선 없음, 도형 효과(네온 – '강조색 2, 10 pt'), 글꼴(궁서, 20pt, 진하게, 그림자, 검정)

▶ 도형 8 ⇒ 순서도 : '순서도: 순차적 액세스 저장소', 도형 채우기(초록, 그러데이션 – 어두운 그러데이션 – 선형 – 위쪽에서), 선 없음, 도형 효과(그림자 – 안쪽 – 가운데)

▶ 도형 9 ⇒ 기본 도형 : '하트', 도형 채우기(그림 또는 질감 채우기) 기능을 사용하여 그림 3 삽입, 선 색(단색, 색 : 보라), 선 스타일(선 종류 : 실선, 굵기 : 3pt, 겹선 종류 : 단순형), 도형 효과(그림자 – 바깥쪽 – 대각선 왼쪽 위)

▶ 워드숍 삽입(오염물질을 철저하게 제거) ⇒ '채우기 – 강조 1(어두운 계열, 그러데이션), 윤곽 – 강조 1, 그림자', 글자 효과(변환 – 휘기 – 삼각형), 글꼴(궁서, 32pt, 진하게, 그림자)

▶ 지시사항이 없는 부분은 《출력형태》와 동일하게 작성하시오.

MEMO

한컴오피스 한쇼 2022 버전용

디지털정보활용능력

(DIAT ; Digital Information Ability Test)

■ **시험과목** : 프리젠테이션(한쇼)
■ **시험일자** : 20××. ××. ××.(×)
■ **응시자 기재사항 및 감독위원 확인**

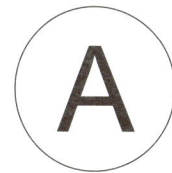

수검번호	DIO - ×××× -	감독위원 확인
성 명		

응시자 유의사항

1. 응시자는 신분증을 지참하여야 시험에 응시할 수 있으며, 시험이 종료될 때까지 신분증을 제시하지 못 할 경우 해당 시험은 0점 처리됩니다.
2. 시스템(PC작동여부, 네트워크 상태 등)의 이상여부를 반드시 확인하여야 하며, 시스템이상이 있을 시 감독위원에게 조치를 받으셔야 합니다.
3. 시험 중 부주의 또는 고의로 시스템을 파손한 경우는 응시자 부담으로 합니다.
4. 답안 전송 프로그램을 통해 다운로드 받은 파일을 이용하여 답안파일을 작성하시기 바랍니다.
5. 작성한 답안 파일은 답안 전송 프로그램을 통하여 전송됩니다. 감독위원의 지시에 따라 주시기바랍니다.
6. 다음 사항의 경우 실격(0점) 혹은 부정행위 처리됩니다.
    1) 답안파일을 저장하지 않았거나, 저장한 파일이 손상되었을 경우
    2) 답안파일을 지정된 폴더(바탕화면 "KAIT" 폴더)에 저장하지 않았을 경우
        ※ 답안 전송 프로그램 로그인 시 바탕화면에 자동 생성됨
    3) 답안파일을 다른 보조기억장치(USB) 혹은 네트워크(메신저, 게시판 등)로 전송할 경우
    4) 휴대용 전화기 등 통신기기를 사용할 경우
7. 슬라이드는 반드시 순서대로 작성해야 하며, 순서가 다를 경우 "0"점 처리됩니다.
8. 시험지에 제시된 글꼴이 응시 프로그램에 없는 경우, 반드시 감독위원에게 해당 내용을통보한 뒤 조치를 받아야 합니다.
9. **슬라이드 작성 시 도형의 그룹설정을 사용하는 경우, 채점에서 감점 처리됩니다.**
10. 시험의 완료는 작성이 완료된 답안을 저장하고, 답안전송이 완료된 상태를 확인한 것으로합니다. 답안전송 확인 후 문제지는 감독위원에게 제출한 후 퇴실하여야 합니다.
11. 답안전송을 완료한 경우는 수정 또는 정정이 불가합니다.
12. 시험 시행 후 합격자 발표는 홈페이지(www.ihd.or.kr)에서 확인하시기를 바랍니다.
    ※ 합격자 발표 : 20××. ××. ××.(×)

*academy*soft

디지털정보활용능력 **프리젠테이션(한쇼)** — **(시험시간 : 40분)**

【슬라이드3】 아래의 작성조건 및 출력형태에 알맞게 세 번째 슬라이드에 작업하시오. **(60점)**

≪출력형태≫

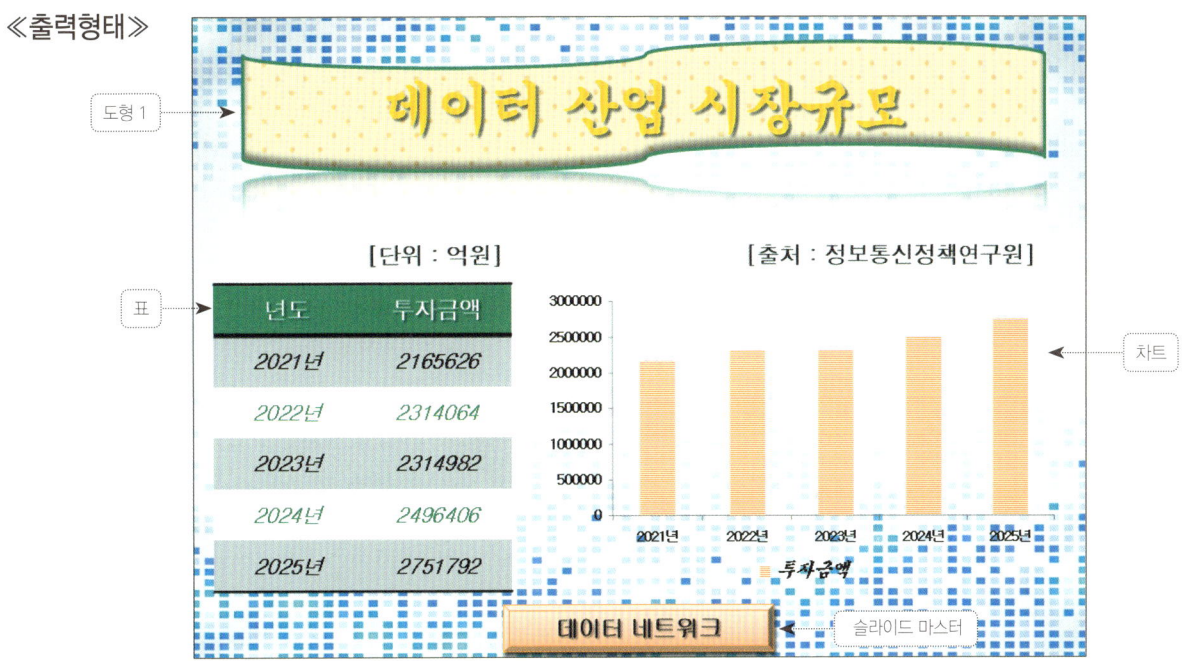

≪작성조건≫

(1) 제목

▶ 도형 1 ⇒ 순서도 : '순서도: 천공 테이프', 도형 채우기(질감 - 노란색 도트, 바둑판식 배열), 선 색(단색, 색 : '강조 5 초록'), 선 스타일(선 종류 : 실선, 굵기 : 3pt, 겹선 종류 : 단순형), 도형 효과(그림자 - 안쪽 - 아래쪽, 반사 - '1/3 크기, 근접'), 글꼴(궁서, 48pt, 진하게, 그림자, '강조 4 노랑')

(2) 본문

▶ 글 상자 1([단위 : 억원]) ⇒ 글꼴(돋움, 20pt, 진하게)

▶ 표 ⇒ 표 스타일('보통 - 보통 스타일 3 - 강조 5'),
  가장 위의 행 : 글꼴(돋움, 20pt, 진하게, 그림자, 가운데 정렬, 가운데 맞춤),
  나머지 행 : 글꼴(돋움, 18pt, 진하게, 기울임, 가운데 정렬, 가운데 맞춤)

▶ 글 상자 2([출처 : 정보통신정책연구원]) ⇒ 글꼴(돋움, 20pt, 진하게)

▶ 차트 ⇒ 세로 막대형 : 묶은 세로 막대형, 차트 계열색('색상 조합 - 색3'),
  차트 스타일(스타일4), 축 서식/자료점 이름표 서식 : 글꼴(굴림, 11pt, 진하게),
  범례 서식 : 글꼴(궁서, 16pt, 진하게, 기울임), 데이터는 표 참고

▶ 배경 ⇒ 배경 속성(채우기 - 그림 또는 질감 채우기)에서 그림 2 삽입(현재 슬라이드만 적용)

▶ 애니메이션 지정 ⇒ 차트 : 나타내기 - 블라인드

▶ 지시사항이 없는 부분은 ≪출력형태≫와 동일하게 작성하시오.

디지털정보활용능력 | 프리젠테이션(한쇼) — (시험시간 : 40분)

【슬라이드2】 아래의 작성조건 및 출력형태에 알맞게 두 번째 슬라이드에 작업하시오. **(50점)**

≪출력형태≫

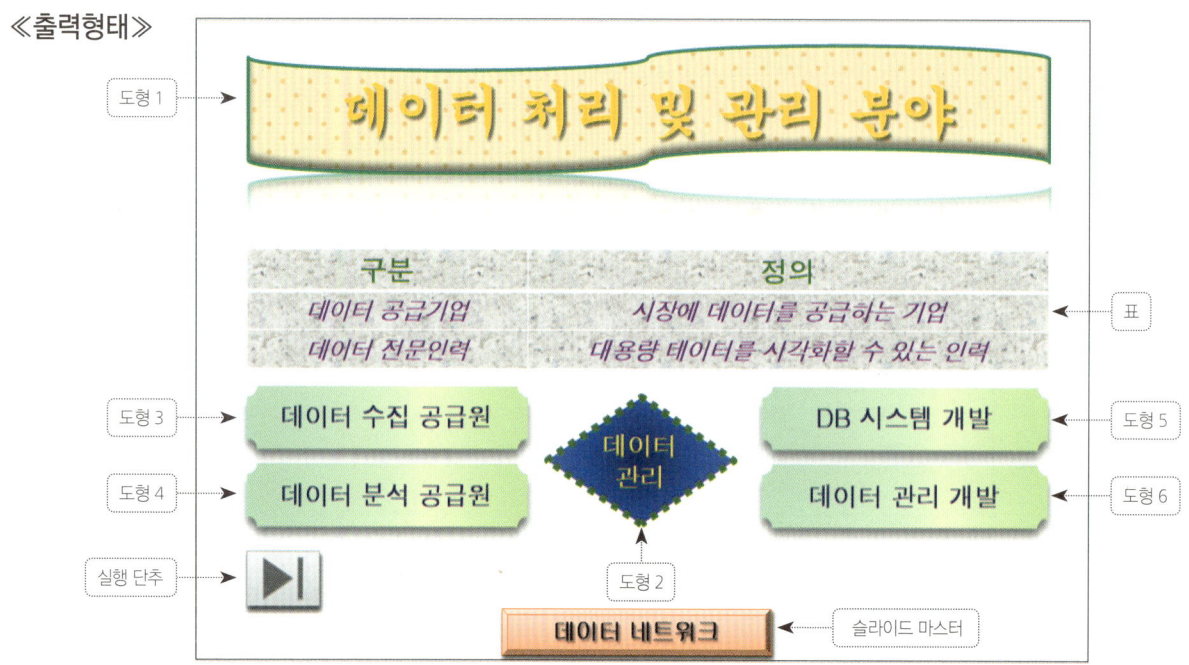

≪작성조건≫

(1) 제목

▶ 도형 1 ⇒ 순서도 : '순서도: 천공 테이프', 도형 채우기(질감 - 노란색 도트, 바둑판식 배열), 선 색(단색, 색 : '강조 5 초록'), 선 스타일(선 종류 : 실선, 굵기 : 3pt, 겹선 종류 : 단순형), 도형 효과(그림자 - 안쪽 - 아래쪽, 반사 - '1/3 크기, 근접'), 글꼴(궁서, 48pt, 진하게, 그림자, '강조 4 노랑')

(2) 본문

▶ 도형 2 ⇒ 기본 도형 : '다이아몬드', 도형 채우기('강조 1 하늘색', 그러데이션 - 어두운 그러데이션 - 방사형 - 가운데에서), 선 색(단색, 색 : 초록), 선 스타일(선 종류 : 점선, 굵기 : 6pt, 겹선 종류 : 단순형), 글꼴(돋움, 22pt, 진하게, 노랑)

▶ 도형 3~6 ⇒ 기본 도형 : '배지', 도형 채우기(그러데이션 : 유형 - 솜사탕 3, 종류 - 선형, 방향 - 선형 - 왼쪽에서), 선 없음, 도형 효과(그림자 - 바깥쪽 - 아래쪽), 글꼴(돋움, 22pt, 진하게, 검은 군청)

▶ 실행 단추 ⇒ 실행 단추 : '실행 단추: 끝', 하이퍼링크 : 마지막 슬라이드, 도형 스타일('밝은 계열 - 강조 3')

▶ 표 ⇒ 채우기(질감 - 대리석, 바둑판식 배열),
가장 위의 행 : 글꼴(돋움, 24pt, 진하게, 초록, 가운데 정렬, 가운데 맞춤),
나머지 행 : 글꼴(돋움, 20pt, 진하게, 기울임, 보라, 가운데 정렬, 가운데 맞춤)

▶ 애니메이션 지정 ⇒ 표 : 나타내기 - 날아오기

▶ 지시사항이 없는 부분은 ≪출력형태≫와 동일하게 작성하시오.

【슬라이드4】 아래의 작성조건 및 출력형태에 알맞게 네 번째 슬라이드에 작업하시오. (60점)

≪출력형태≫

≪작성조건≫

(1) 제목

▶ 도형 1 ⇒ 순서도 : '순서도: 천공 테이프', 도형 채우기(질감 - 노란색 도트, 바둑판식 배열), 선 색(단색, 색 : '강조 5 초록'), 선 스타일(선 종류 : 실선, 굵기 : 3pt, 겹선 종류 : 단순형), 도형 효과(그림자 - 안쪽 - 아래쪽, 반사 - '1/3 크기, 근접'), 글꼴(궁서, 48pt, 진하게, 그림자, '강조 4 노랑')

(2) 본문

▶ 도형 2~4 ⇒ 기본 도형 : '정육면체', 도형 채우기('강조 5 초록'), 선 없음, 도형 효과(네온 - '강조 색 2, 10 pt'), 글꼴(돋움, 20pt, 진하게, 검은 군청)

▶ 도형 5~7 ⇒ 기본 도형 : '배지', 도형 채우기('강조 6 보라', 그러데이션 - 밝은 그러데이션 - 선형 - 아래쪽에서), 선 없음, 도형 효과(반사 - '1/3 크기, 근접'), 글꼴(돋움, 20pt, 진하게, 검정)

▶ 도형 8 ⇒ 기본 도형 : 'L 도형', 도형 채우기(주황, 그러데이션 - 어두운 그러데이션 - 사각형 - 가운데에서), 선 없음, 도형 효과(그림자 - 원근감 - 대각선 오른쪽 위)

▶ 도형 9 ⇒ 기본 도형 : '모서리가 접힌 도형', 도형 채우기(그림 또는 질감 채우기) 기능을 사용하여 그림 3 삽입, 선 색(단색, 색 : '강조 3 시멘트색'), 선 스타일(선 종류 : 실선, 굵기 : 3pt, 겹선 종류 : 이중), 도형 효과(그림자 - 바깥쪽 - 가운데)

▶ 워드숍 삽입(데이터에서 새로운 가치 탐색) ⇒ '윤곽 - 강조 5, 그림자', 글자 효과(변환 - 휘기 - 이중 물결 2), 글꼴(굴림, 30pt, 진하게, 그림자)

▶ 지시사항이 없는 부분은 ≪출력형태≫와 동일하게 작성하시오.

| 디지털정보활용능력 | **프리젠테이션(한쇼)** | **(시험시간 : 40분)** |

유의사항

- 《작성조건》을 준수하여 반드시 프리젠테이션 슬라이드로 작업합니다.
- 글꼴 및 기타 사항에 대해 별도의 지시사항이 없는 경우, 슬라이드 크기와 전체적인 균형을 고려하여 임의로 작성하되, 도형은 그룹으로 설정하지 않습니다.
- 새 프레젠테이션 만들기 - 한컴오피스, 쪽 설정(종류 - A4용지(210×297mm)), 슬라이드 방향(가로)로 지정합니다.
  ▶ 슬라이드 크기, 방향 조정 시 '맞춤 확인'으로 지정하여야 합니다.
- 공통적용사항(슬라이드 마스터)
  ▶ 도형 ⇒ 기본 도형 : '빗면', 도형 스타일('밝은 계열 - 강조 2'), 글꼴(굴림, 20pt, 진하게, 그림자)
- 그림 삽입 시 다운로드 한 그림 파일을 반드시 사용하여야 합니다.
- ☐ ➤ 은 지시사항이므로 작성하지 않습니다.
- 슬라이드에 제시된 글자 및 숫자 오타는 감점 처리됩니다.

【슬라이드1】 아래의 작성조건 및 출력형태에 알맞게 첫 번째 슬라이드에 작업하시오. **(30점)**

《출력형태》

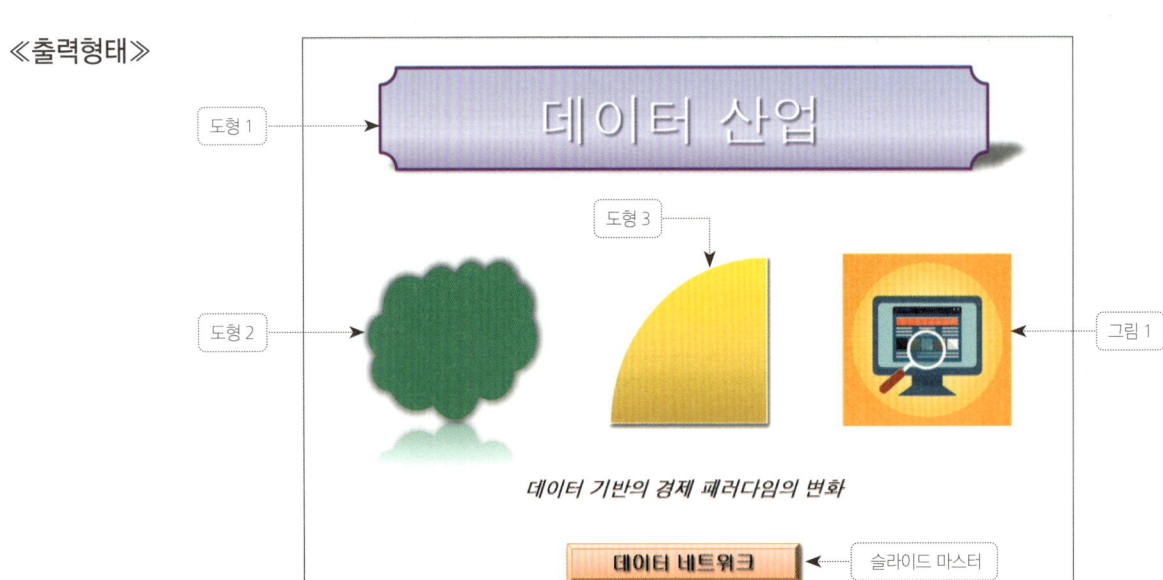

《작성조건》

▶ 도형 1 ⇒ 기본 도형 : '배지', 도형 채우기(그러데이션 : 유형 - 보라, 종류 - 선형, 방향 - 선형 - 위쪽에서), 선 색(단색, 색 : 보라), 선 스타일(선 종류 : 실선, 굵기 : 3pt, 겹선 종류 : 단순형), 도형 효과(그림자 - 원근감 - 대각선 오른쪽 위), 글꼴(돋움, 54pt, 그림자)

▶ 도형 2 ⇒ 기본 도형 : '구름', 도형 채우기('강조 5 초록'), 선 없음, 도형 효과(그림자 - 바깥쪽 - 가운데, 반사 - '1/3 크기, 4 pt')

▶ 도형 3 ⇒ 기본 도형 : '부채꼴', 도형 스타일('보통 효과 - 강조 4')

▶ 그림 삽입 ⇒ 그림 1 삽입, 크기(너비 : 60mm, 높이 : 60mm)

▶ 글상자(데이터 기반의 경제 패러다임의 변화) ⇒ 글꼴(돋움, 20pt, 진하게, 기울임)

▶ 애니메이션 지정 ⇒ 도형 1 : 나타내기 - 닦아내기

▶ 지시사항이 없는 부분은 《출력형태》와 동일하게 작성하시오.

한컴오피스 한쇼 2022 버전용

디지털정보활용능력
(**DIAT** ; Digital Information Ability Test)

■ **시험과목** : 프리젠테이션(한쇼)
■ **시험일자** : 20XX. XX. XX.(X)
■ **응시자 기재사항 및 감독위원 확인**

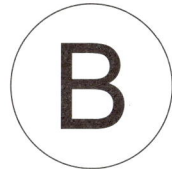

수 검 번 호	DIO - XXXX -	감독위원 확인
성 명		

응시자 유의사항

1. 응시자는 신분증을 지참하여야 시험에 응시할 수 있으며, 시험이 종료될 때까지 신분증을제시하지 못 할 경우 해당 시험은 0점 처리됩니다.
2. 시스템(PC작동여부, 네트워크 상태 등)의 이상여부를 반드시 확인하여야 하며, 시스템이상이 있을 시 감독위원에게 조치를 받으셔야 합니다.
3. 시험 중 부주의 또는 고의로 시스템을 파손한 경우는 응시자 부담으로 합니다.
4. 답안 전송 프로그램을 통해 다운로드 받은 파일을 이용하여 답안파일을 작성하시기 바랍니다.
5. 작성한 답안 파일은 답안 전송 프로그램을 통하여 전송됩니다. 감독위원의 지시에 따라 주시기바랍니다.
6. 다음 사항의 경우 실격(0점) 혹은 부정행위 처리됩니다.
    1) 답안파일을 저장하지 않았거나, 저장한 파일이 손상되었을 경우
    2) 답안파일을 지정된 폴더(바탕화면 "KAIT" 폴더)에 저장하지 않았을 경우
        ※ 답안 전송 프로그램 로그인 시 바탕화면에 자동 생성됨
    3) 답안파일을 다른 보조기억장치(USB) 혹은 네트워크(메신저, 게시판 등)로 전송할 경우
    4) 휴대용 전화기 등 통신기기를 사용할 경우
7. 슬라이드는 반드시 순서대로 작성해야 하며, 순서가 다를 경우 "0"점 처리됩니다.
8. 시험지에 제시된 글꼴이 응시 프로그램에 없는 경우, 반드시 감독위원에게 해당 내용을통보한 뒤 조치를 받아야 합니다.
9. **슬라이드 작성 시 도형의 그룹설정을 사용하는 경우, 채점에서 감점 처리됩니다.**
10. 시험의 완료는 작성이 완료된 답안을 저장하고, 답안전송이 완료된 상태를 확인한 것으로합니다. 답안전송 확인 후 문제지는 감독위원에게 제출한 후 퇴실하여야 합니다.
11. 답안전송을 완료한 경우는 수정 또는 정정이 불가합니다.
12. 시험 시행 후 합격자 발표는 홈페이지(www.ihd.or.kr)에서 확인하시기를 바랍니다.
    ※ 합격자 발표 : 20XX. XX. XX.(X)

academy_soft_ Ⓢ

| 디지털정보활용능력 | 프리젠테이션(한쇼) | (시험시간 : 40분) |

【슬라이드2】 아래의 작성조건 및 출력형태에 알맞게 두 번째 슬라이드에 작업하시오. **(50점)**

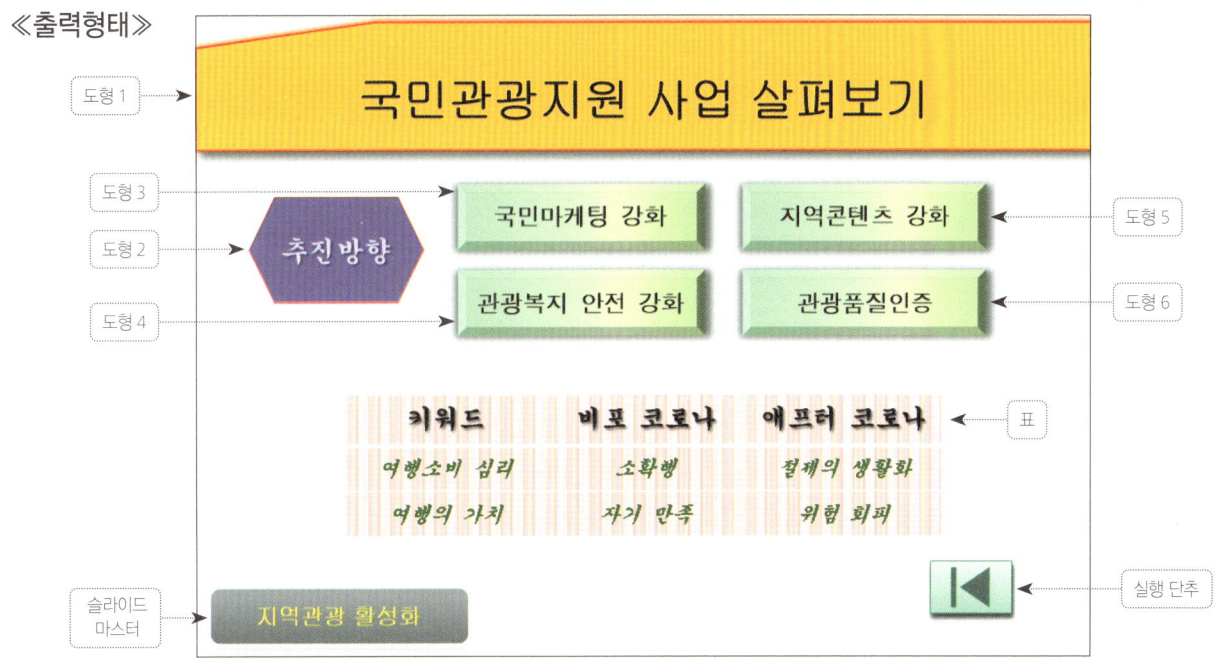

≪작성조건≫

(1) 제목

▶ 도형 1 ⇒ 순서도 : '순서도: 카드', 도형 채우기('강조 4 노랑'), 선 색(단색, 색 : 빨강),
  선 스타일(선 종류 : 실선, 굵기 : 1.5pt, 겹선 종류 : 단순형), 도형 효과(그림자 - 바깥쪽 -
  대각선 오른쪽 아래, 네온 - '강조 색 2, 5 pt'), 글꼴(굴림, 40pt, 진하게, 검정)

(2) 본문

▶ 도형 2 ⇒ 기본 도형 : '육각형', 도형 채우기('강조 6 보라'), 선 색(단색, 색 : 빨강), 선 스타일(선 종류 :
  실선, 굵기 : 1pt, 겹선 종류 : 단순형), 글꼴(궁서체, 24pt, 진하게, 그림자, '보라 80% 밝게')

▶ 도형 3~6 ⇒ 기본 도형 : '빗면', 도형 채우기(그러데이션 : 유형 - 솜사탕 3, 종류 - 선형, 방향 - 선형 -
  왼쪽에서), 선 없음, 도형 효과(그림자 - 바깥쪽 - 가운데), 글꼴(돋움체, 20pt, 진하게, 검정)

▶ 실행 단추 ⇒ 실행 단추 : '실행 단추: 시작', 하이퍼링크 : 첫째 슬라이드, 도형 스타일('밝은 계열 - 강조 5')

▶ 표 ⇒ 채우기(질감 - 분홍색 줄무늬, 바둑판식 배열),
  가장 위의 행 : 글꼴(궁서체, 22pt, 진하게, 그림자, 검정, 가운데 정렬, 가운데 맞춤),
  나머지 행 : 글꼴(궁서체, 18pt, 진하게, 기울임, 초록, 가운데 정렬, 가운데 맞춤)

▶ 애니메이션 지정 ⇒ 도형 2 : 나타내기 - 모자이크

▶ 지시사항이 없는 부분은 ≪**출력형태**≫와 동일하게 작성하시오.

| 디지털정보활용능력 | 프리젠테이션(한쇼) | (시험시간 : 40분) |

【슬라이드3】 아래의 작성조건 및 출력형태에 알맞게 세 번째 슬라이드에 작업하시오. **(60점)**

≪출력형태≫

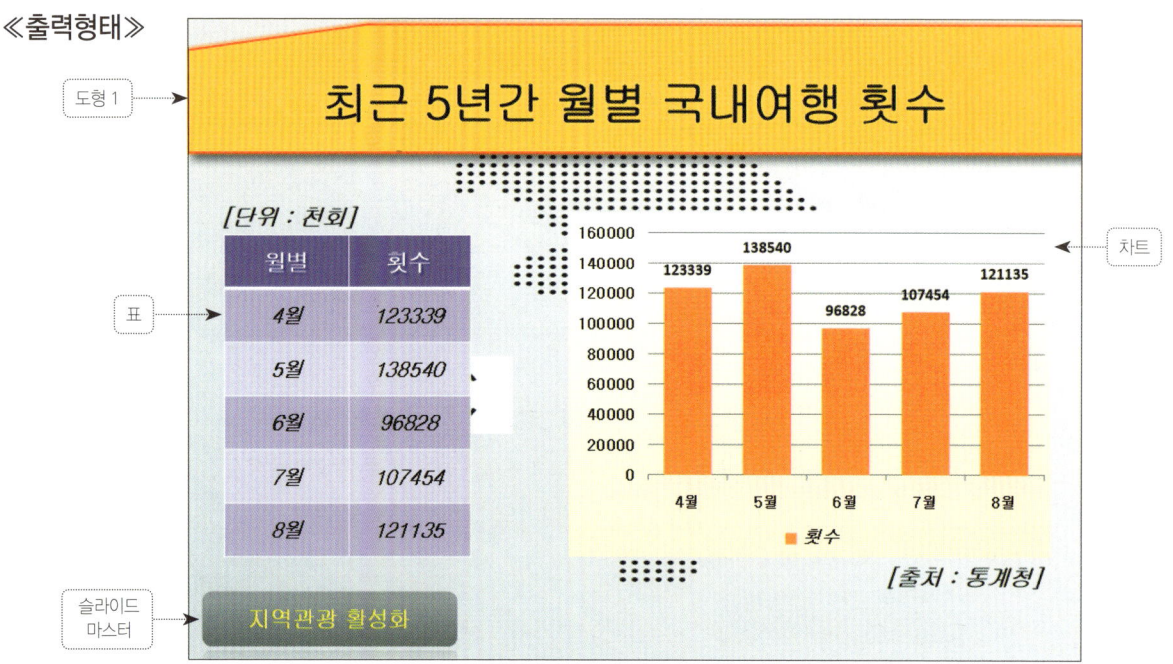

≪작성조건≫

(1) 제목

▶ 도형 1 ⇒ 순서도 : '순서도: 카드', 도형 채우기('강조 4 노랑'), 선 색(단색, 색 : 빨강),
　　선 스타일(선 종류 : 실선, 굵기 : 1.5pt, 겹선 종류 : 단순형), 도형 효과(그림자 - 바깥쪽 -
　　대각선 오른쪽 아래, 네온 - '강조 색 2, 5 pt'), 글꼴(굴림, 40pt, 진하게, 검정)

(2) 본문

▶ 글 상자 1([단위 : 천회]) ⇒ 글꼴(굴림, 20pt, 진하게, 기울임)

▶ 표 ⇒ 표 스타일('보통 - 보통 스타일 1 - 강조 6'),
　　가장 위의 행 : 글꼴(돋움, 20pt, 진하게, 그림자, 가운데 정렬, 가운데 맞춤),
　　나머지 행 : 글꼴(돋움, 18pt, 진하게, 기울임, 가운데 정렬, 가운데 맞춤)

▶ 글 상자 2([출처 : 통계청]) ⇒ 글꼴(굴림, 20pt, 진하게, 기울임)

▶ 차트 ⇒ 세로 막대형 : 묶은 세로 막대형, 차트 계열색('색상 조합 - 색3'),
　　차트 스타일(스타일5), 축 서식/자료점 이름표 서식 : 글꼴(굴림, 14pt, 진하게),
　　범례 서식 : 글꼴(굴림, 16pt, 진하게, 기울임), 데이터는 표 참고

▶ 배경 ⇒ 배경 속성(채우기 - 그림 또는 질감 채우기)에서 그림 2 삽입(현재 슬라이드만 적용)

▶ 애니메이션 지정 ⇒ 차트 : 나타내기 - 블라인드

▶ 지시사항이 없는 부분은 ≪**출력형태**≫와 동일하게 작성하시오.

디지털정보활용능력 **프리젠테이션(한쇼)** — **(시험시간 : 40분)**

【슬라이드4】 아래의 작성조건 및 출력형태에 알맞게 네 번째 슬라이드에 작업하시오. **(60점)**

≪출력형태≫

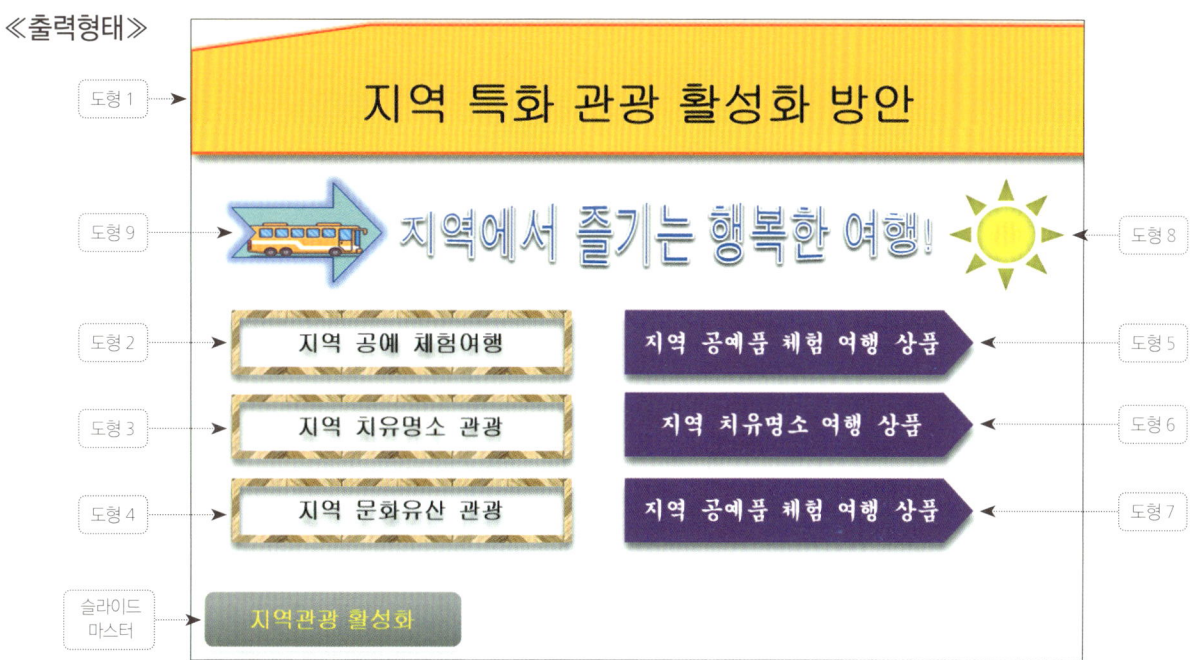

≪작성조건≫

(1) 제목

▶ 도형 1 ⇒ 순서도 : '순서도: 카드', 도형 채우기('강조 4 노랑'), 선 색(단색, 색 : 빨강),
 선 스타일(선 종류 : 실선, 굵기 : 1.5pt, 겹선 종류 : 단순형), 도형 효과(그림자 - 바깥쪽 -
 대각선 오른쪽 아래, 네온 - '강조 색 2, 5 pt'), 글꼴(굴림, 40pt, 진하게, 검정)

(2) 본문

▶ 도형 2~4 ⇒ 기본 도형 : '액자', 도형 채우기(질감 - 나무, 바둑판식 배열), 선 없음, 도형 효과(그림자 -
 바깥쪽 - 아래쪽), 글꼴(굴림체, 20pt, 진하게, 검정)

▶ 도형 5~7 ⇒ 블록 화살표 : '오각형', 도형 채우기(보라), 선 없음, 도형 효과(그림자 - 바깥쪽 - 아래쪽),
 글꼴(궁서체, 20pt, 진하게, 흰색)

▶ 도형 8 ⇒ 기본 도형 : '해', 도형 채우기(노랑), 선 없음, 도형 효과(그림자 - 안쪽 - 가운데)

▶ 도형 9 ⇒ 블록 화살표 : '톱니 모양의 오른쪽 화살표', 도형 채우기(그림) 기능을 사용하여 그림 3 삽입,
 선 색(단색, 색 : 파랑), 선 스타일(선 종류: 실선, 굵기 : 1pt, 겹선 종류 : 단순형),
 도형 효과(네온 - '강조 색 1, 10 pt')

▶ 워드숍 삽입(지역에서 즐기는 행복한 여행!) ⇒ '채우기 - 강조 1(그러데이션), 윤곽 - 밝은 색 1',
 글자 효과(변환 - 휘기 - 팽창), 글꼴(돋움, 32pt, 진하게, 그림자)

▶ 지시사항이 없는 부분은 ≪출력형태≫와 동일하게 작성하시오.

디지털정보활용능력 프리젠테이션(한쇼) — (시험시간 : 40분)

유의사항

- ≪작성조건≫을 준수하여 반드시 프리젠테이션 슬라이드로 작업합니다.
- 글꼴 및 기타 사항에 대해 별도의 지시사항이 없는 경우, 슬라이드 크기와 전체적인 균형을 고려하여 임의로 작성하되, 도형은 그룹으로 설정하지 않습니다.
- 새 프레젠테이션 만들기-한컴오피스, 쪽 설정(종류 - A4용지(210×297mm)), 슬라이드 방향(가로)로 지정합니다.
  ▶ 슬라이드 크기, 방향 조정 시 '맞춤 확인'으로 지정하여야 합니다.
- 공통적용사항(슬라이드 마스터)
  ▶ 도형 ⇒ 사각형 : '모서리가 둥근 직사각형', 도형 스타일('강한 효과 - 강조 3'), 글꼴(굴림, 20pt, 진하게, 노랑)
- 그림 삽입 시 다운로드 한 그림 파일을 반드시 사용하여야 합니다.
- ▭ ➝ 은 지시사항이므로 작성하지 않습니다.
- 슬라이드에 제시된 글자 및 숫자 오타는 감점 처리됩니다.

【슬라이드1】 아래의 작성조건 및 출력형태에 알맞게 첫 번째 슬라이드에 작업하시오. **(30점)**

≪출력형태≫

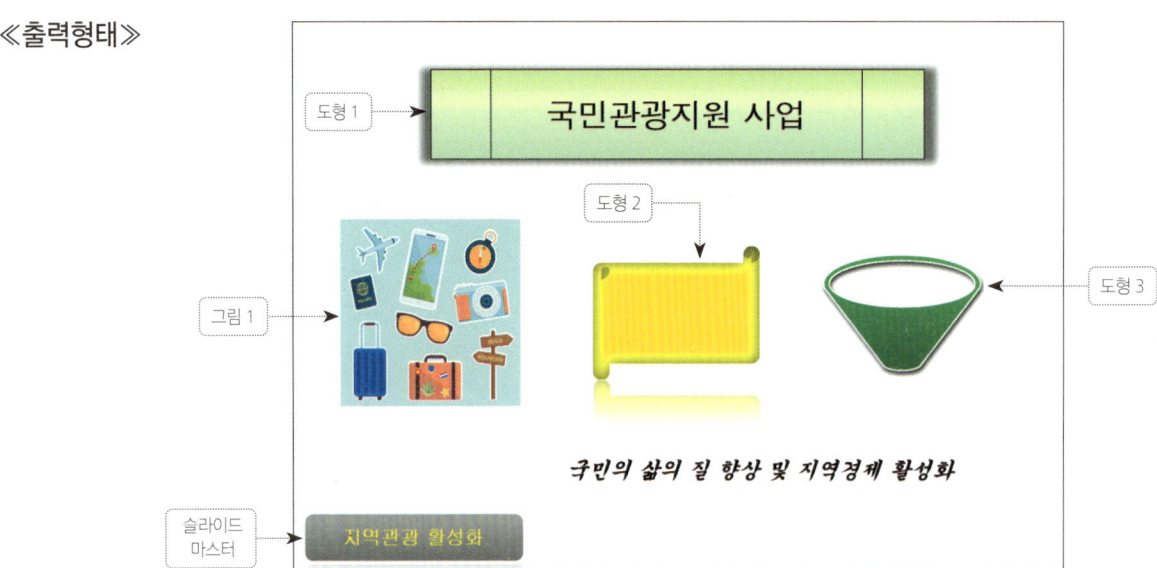

≪작성조건≫

▶ 도형 1 ⇒ 순서도 : '순서도: 종속 처리', 도형 채우기(그러데이션 : 유형 - 솜사탕 3, 종류 - 선형, 방향 - 선형 - 아래쪽에서), 선 색(단색, 색 : 검정), 선 스타일(선 종류 : 실선, 굵기 : 1pt, 겹선 종류 : 단순형), 도형 효과(그림자 - 바깥쪽 - 가운데), 글꼴(돋움, 32pt, 진하게, 검정)

▶ 도형 2 ⇒ 별 및 현수막 : '가로로 말린 두루마리 모양', 도형 채우기(노랑), 선 없음, 도형 효과(그림자 - 안쪽 - 가운데, 반사 - '1/3 크기, 근접')

▶ 도형 3 ⇒ 기본 도형 : '깔대기', 도형 스타일('보통 효과 - 강조 5')

▶ 그림 삽입 ⇒ 그림 1 삽입, 크기(너비 : 65mm, 높이 : 65mm)

▶ 글상자(국민의 삶의 질 향상 및 지역경제 활성화) ⇒ 글꼴(궁서, 22pt, 진하게, 기울임)

▶ 애니메이션 지정 ⇒ 도형 1 : 나타내기 - 날아오기

▶ 지시사항이 없는 부분은 ≪출력형태≫와 동일하게 작성하시오.

academysoft

한컴오피스 한쇼 2022 버전용

디지털정보활용능력

(**DIAT**; Digital Information Ability Test)

■ **시험과목** : 프리젠테이션(한쇼)
■ **시험일자** : 20XX. XX. XX.(X)
■ **응시자 기재사항 및 감독위원 확인**

수검번호	DIO - XXXX -	감독위원 확인
성 명		

응시자 유의사항

1. 응시자는 신분증을 지참하여야 시험에 응시할 수 있으며, 시험이 종료될 때까지 신분증을 제시하지 못 할 경우 해당 시험은 0점 처리됩니다.
2. 시스템(PC작동여부, 네트워크 상태 등)의 이상여부를 반드시 확인하여야 하며, 시스템이상이 있을 시 감독위원에게 조치를 받으셔야 합니다.
3. 시험 중 부주의 또는 고의로 시스템을 파손한 경우는 응시자 부담으로 합니다.
4. 답안 전송 프로그램을 통해 다운로드 받은 파일을 이용하여 답안파일을 작성하시기 바랍니다.
5. 작성한 답안 파일은 답안 전송 프로그램을 통하여 전송됩니다. 감독위원의 지시에 따라 주시기바랍니다.
6. 다음 사항의 경우 실격(0점) 혹은 부정행위 처리됩니다.
   1) 답안파일을 저장하지 않았거나, 저장한 파일이 손상되었을 경우
   2) 답안파일을 지정된 폴더(바탕화면 "KAIT" 폴더)에 저장하지 않았을 경우
      ※ 답안 전송 프로그램 로그인 시 바탕화면에 자동 생성됨
   3) 답안파일을 다른 보조기억장치(USB) 혹은 네트워크(메신저, 게시판 등)로 전송할 경우
   4) 휴대용 전화기 등 통신기기를 사용할 경우
7. 슬라이드는 반드시 순서대로 작성해야 하며, 순서가 다를 경우 "0"점 처리됩니다.
8. 시험지에 제시된 글꼴이 응시 프로그램에 없는 경우, 반드시 감독위원에게 해당 내용을 통보한 뒤 조치를 받아야 합니다.
9. **슬라이드 작성 시 도형의 그룹설정을 사용하는 경우, 채점에서 감점 처리됩니다.**
10. 시험의 완료는 작성이 완료된 답안을 저장하고, 답안전송이 완료된 상태를 확인한 것으로합니다. 답안전송 확인 후 문제지는 감독위원에게 제출한 후 퇴실하여야 합니다.
11. 답안전송을 완료한 경우는 수정 또는 정정이 불가합니다.
12. 시험 시행 후 합격자 발표는 홈페이지(www.ihd.or.kr)에서 확인하시기를 바랍니다.
    ※ 합격자 발표 : 20XX. XX. XX.(X)

| 디지털정보활용능력 | 프리젠테이션(한쇼) | (시험시간 : 40분) |

【슬라이드2】 아래의 작성조건 및 출력형태에 알맞게 두 번째 슬라이드에 작업하시오. **(50점)**

≪출력형태≫

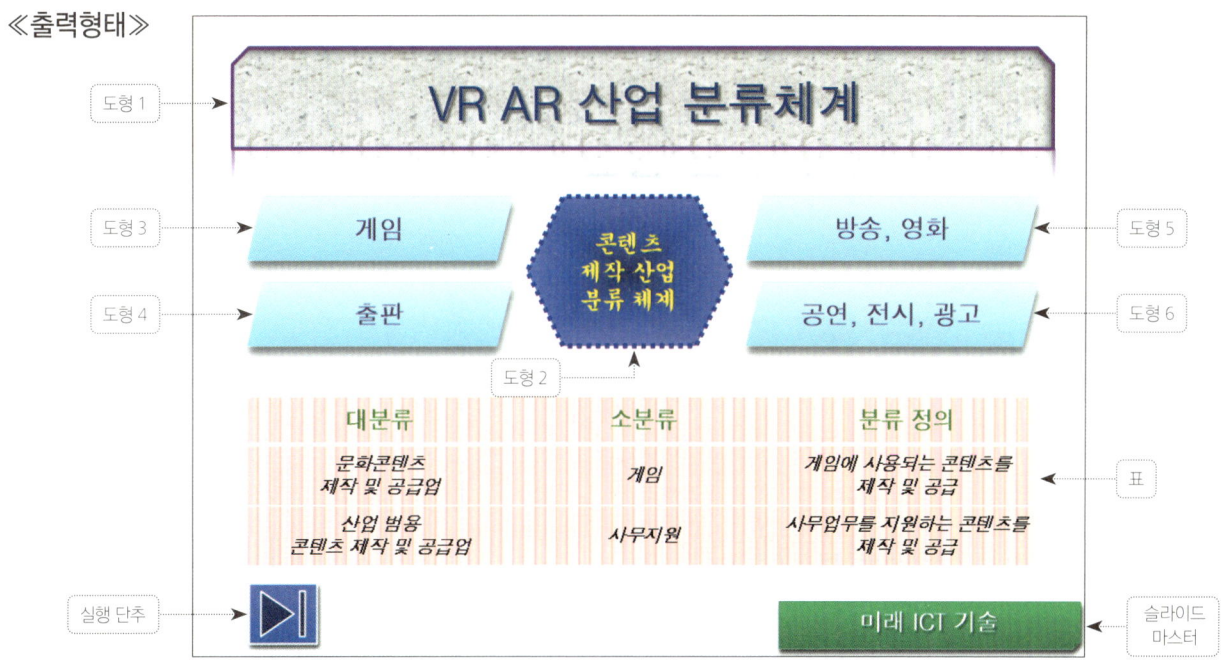

≪작성조건≫

(1) 제목

▶ 도형 1 ⇒ 사각형 : '양쪽 모서리가 잘린 사각형', 도형 채우기(질감 - 대리석, 바둑판식 배열), 선 색(단색, 색 : 보라), 선 스타일(선 종류 : 실선, 굵기 : 3pt, 겹선 종류 : 단순형), 도형 효과(그림자 - 안쪽 - 대각선 오른쪽 위, 반사 - '1/3 크기, 근접'), 글꼴(돋움, 40pt, 진하게, 그림자, '하늘색 50% 어둡게')

(2) 본문

▶ 도형 2 ⇒ 기본 도형 : '육각형', 도형 채우기('강조 1 하늘색', 그러데이션 - 어두운 그러데이션 - 사각형 - 가운데에서), 선 색(단색, 색 : 파랑), 선 스타일(선 종류 : 점선, 굵기 : 4pt, 겹선 종류 : 단순형), 글꼴(궁서, 20pt, 진하게, 노랑)

▶ 도형 3~6 ⇒ 기본 도형 : '평행 사변형', 도형 채우기(시안, 그러데이션 - 밝은 그러데이션 - 선형 - 아래쪽에서), 선 없음, 도형 효과(그림자 - 바깥쪽 - 아래쪽), 글꼴(돋움, 22pt, 진하게, '보라 50% 어둡게')

▶ 실행 단추 ⇒ 실행 단추 : '실행 단추: 끝', 하이퍼링크 : 마지막 슬라이드, 도형 스타일('보통 효과 - 강조 1')

▶ 표 ⇒ 채우기(질감 - 분홍색 줄무늬, 바둑판식 배열), 가장 위의 행 : 글꼴(돋움, 20pt, 진하게, 초록, 가운데 정렬, 가운데 맞춤), 나머지 행 : 글꼴(돋움, 16pt, 진하게, 기울임, 가운데 정렬, 가운데 맞춤)

▶ 애니메이션 지정 ⇒ 표 : 나타내기 - 날아오기

▶ 지시사항이 없는 부분은 ≪**출력형태**≫와 동일하게 작성하시오.

디지털정보활용능력 | 프리젠테이션(한쇼) —————— (시험시간 : 40분)

【슬라이드3】 아래의 작성조건 및 출력형태에 알맞게 세 번째 슬라이드에 작업하시오. **(60점)**

≪출력형태≫

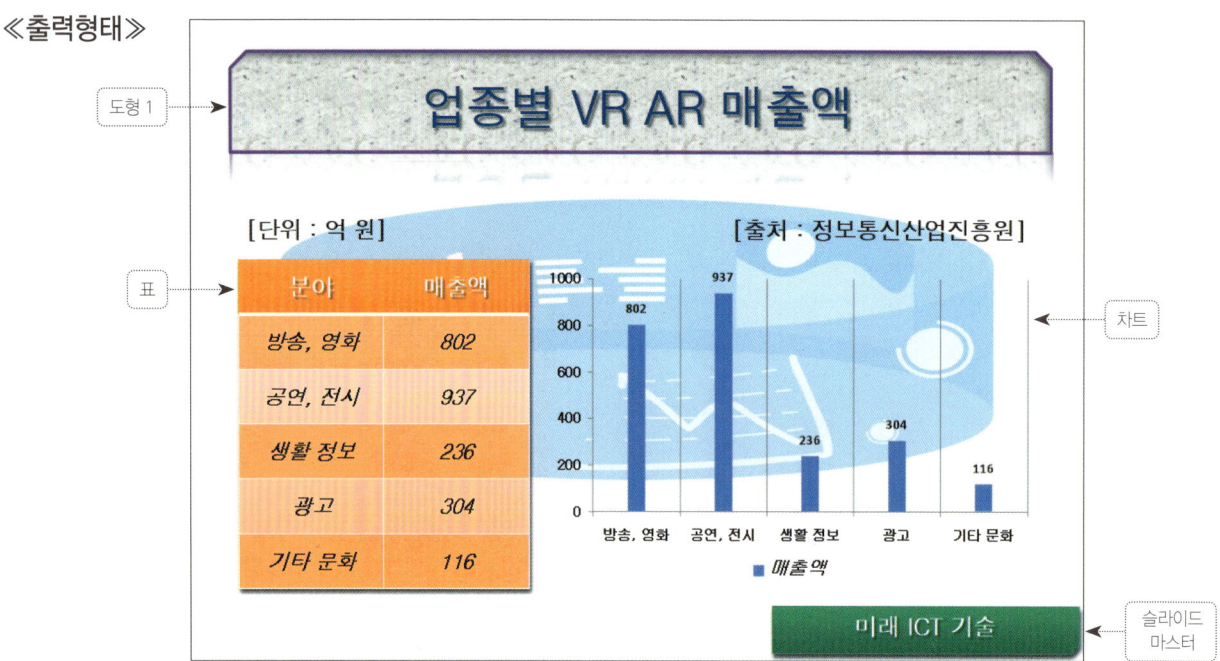

≪작성조건≫

(1) 제목

▶ 도형 1 ⇒ 사각형 : '양쪽 모서리가 잘린 사각형', 도형 채우기(질감 - 대리석, 바둑판식 배열), 선 색(단색, 색 : 보라), 선 스타일(선 종류 : 실선, 굵기 : 3pt, 겹선 종류 : 단순형), 도형 효과(그림자 - 안쪽 - 대각선 오른쪽 위, 반사 - '1/3 크기, 근접'), 글꼴(돋움, 40pt, 진하게, 그림자, '하늘색 50% 어둡게')

(2) 본문

▶ 글 상자 1([단위 : 억 원] ⇒ 글꼴(돋움, 20pt, 진하게)

▶ 표 ⇒ 표 스타일('일반 - 일반 스타일 1 - 강조 2'),
　　　가장 위의 행 : 글꼴(돋움, 20pt, 진하게, 그림자, 가운데 정렬, 가운데 맞춤),
　　　나머지 행 : 글꼴(돋움, 18pt, 진하게, 기울임, 가운데 정렬, 가운데 맞춤)

▶ 글 상자 2([출처 : 정보통신산업진흥원) ⇒ 글꼴(돋움, 20pt, 진하게)

▶ 차트 ⇒ 세로 막대형 : 묶은 세로 막대형, 차트 계열색('색상 조합 - 색1'),
　　　차트 스타일(스타일3), 축 서식/자료점 이름표 서식 : 글꼴(굴림, 12pt, 진하게),
　　　범례 서식 : 글꼴(굴림, 16pt, 진하게, 기울임), 데이터는 표 참고

▶ 배경 ⇒ 배경 속성(채우기 - 그림 또는 질감 채우기)에서 그림 2 삽입(현재 슬라이드만 적용)

▶ 애니메이션 지정 ⇒ 차트 : 나타내기 - 블라인드

▶ 지시사항이 없는 부분은 ≪출력형태≫와 동일하게 작성하시오.

디지털정보활용능력 **프리젠테이션(한쇼)** ─────────── (시험시간 : 40분)

【슬라이드4】 아래의 작성조건 및 출력형태에 알맞게 네 번째 슬라이드에 작업하시오. **(60점)**

≪출력형태≫

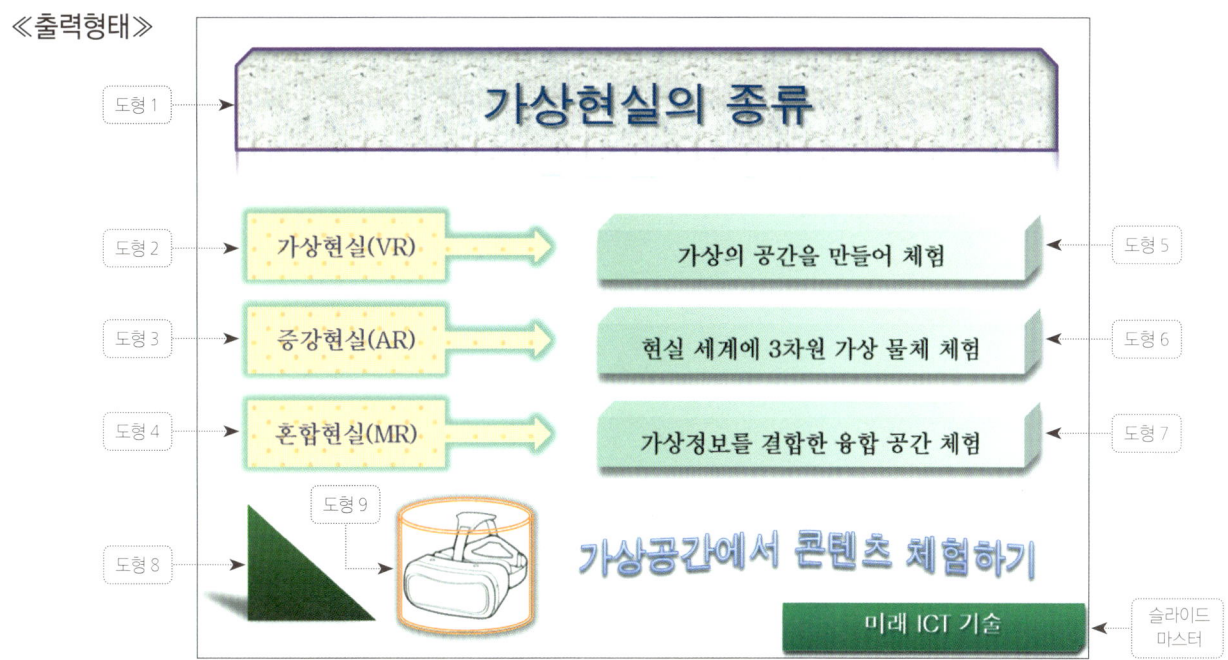

≪작성조건≫

(1) 제목

▶ 도형 1 ⇒ 사각형 : '양쪽 모서리가 잘린 사각형', 도형 채우기(질감 - 대리석, 바둑판식 배열), 선 색(단색, 색 : 보라), 선 스타일(선 종류 : 실선, 굵기 : 3pt, 겹선 종류 : 단순형), 도형 효과(그림자 - 안쪽 - 대각선 오른쪽 위, 반사 - '1/3 크기, 근접'), 글꼴(돋움, 40pt, 진하게, 그림자, '하늘색 50% 어둡게')

(2) 본문

▶ 도형 2~4 ⇒ 블록 화살표 : '오른쪽 화살표 설명선', 도형 채우기(질감 - 노란색 도트, 바둑판식 배열), 선 없음, 도형 효과(네온 - '강조 색 5, 10 pt'), 글꼴(바탕, 20pt, 진하게, '보라 50% 어둡게')

▶ 도형 5~7 ⇒ 기본 도형 : '정육면체', 도형 채우기('초록 40% 밝게', 그러데이션 - 밝은 그러데이션 - 선형 - 왼쪽에서), 선 없음, 도형 효과(그림자 - 바깥쪽 - 아래쪽), 글꼴(바탕, 20pt, 진하게, 검정)

▶ 도형 8 ⇒ 기본 도형 : '직각 삼각형', 도형 채우기(초록, 그러데이션 - 어두운 그러데이션 - 선형 - 아래쪽에서), 선 없음, 도형 효과(그림자 - 원근감 - 대각선 왼쪽 위)

▶ 도형 9 ⇒ 기본 도형 : '원통', 도형 채우기(그림 또는 질감 채우기) 기능을 사용하여 그림 3 삽입, 선 색(단색, 색 : '강조 2 주황'), 선 스타일(선 종류 : 실선, 굵기 : 4pt, 겹선 종류 : 이중), 도형 효과(그림자 - 바깥쪽 - 가운데)

▶ 워드숍 삽입(가상공간에서 콘텐츠 체험하기) ⇒ '채우기 - 강조 1(밝은 계열, 그러데이션), 윤곽 - 강조 1', 글자 효과(변환 - 휘기 - 갈매기형 수장), 글꼴(돋움, 28pt, 진하게, 그림자)

▶ 지시사항이 없는 부분은 ≪출력형태≫와 동일하게 작성하시오.

| 디지털정보활용능력 | **프리젠테이션(한쇼)** | (시험시간 : 40분) |

유의사항
- ≪작성조건≫을 준수하여 반드시 프리젠테이션 슬라이드로 작업합니다.
- 글꼴 및 기타 사항에 대해 별도의 지시사항이 없는 경우, 슬라이드 크기와 전체적인 균형을 고려하여 임의로 작성하되, 도형은 그룹으로 설정하지 않습니다.
- 새 프레젠테이션 만들기 - 한컴오피스, 쪽 설정(종류 - A4용지(210×297mm)), 슬라이드 방향(가로)로 지정합니다.
  ▶ 슬라이드 크기, 방향 조정 시 '맞춤 확인'으로 지정하여야 합니다.
- 공통적용사항(슬라이드 마스터)
  ▶ 도형 ⇒ 사각형 : '모서리가 접힌 도형', 도형 스타일('어두운 계열 - 강조 5'), 글꼴(돋움, 20pt, 진하게, 그림자)
- 그림 삽입 시 다운로드 한 그림 파일을 반드시 사용하여야 합니다.
- ☐ ⇒ 은 지시사항이므로 작성하지 않습니다.
- 슬라이드에 제시된 글자 및 숫자 오타는 감점 처리됩니다.

【슬라이드1】 아래의 작성조건 및 출력형태에 알맞게 첫 번째 슬라이드에 작업하시오. **(30점)**

≪출력형태≫

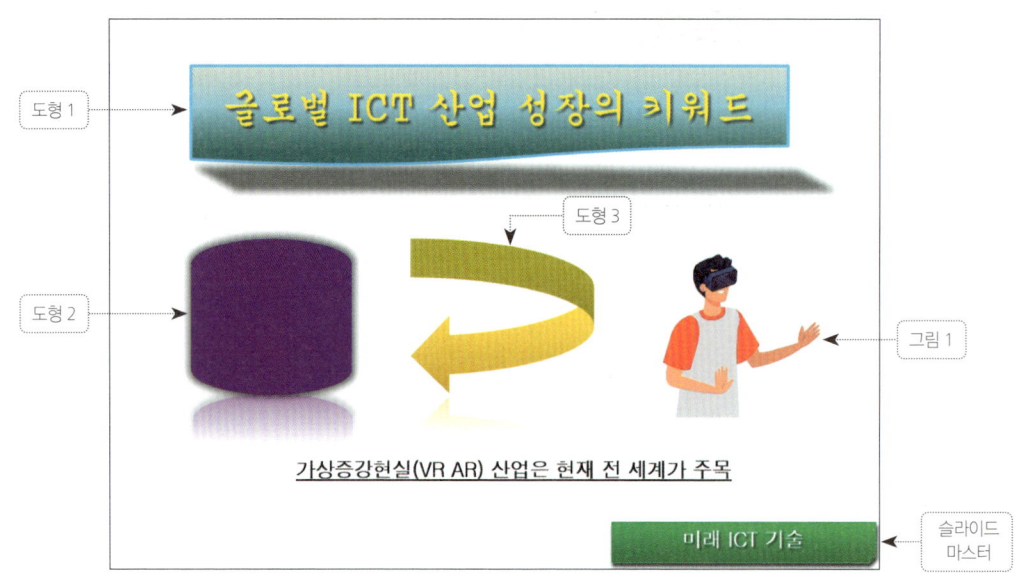

≪작성조건≫
- ▶ 도형 1 ⇒ 순서도 : '순서도: 문서', 도형 채우기(그러데이션 : 유형 - 옥, 종류 - 선형, 방향 - 선형 - 아래쪽에서), 선 색(단색, 색 : 시안), 선 스타일(선 종류 : 실선, 굵기 : 3pt, 겹선 종류 : 단순형), 도형 효과(그림자 - 원근감 - 대각선 오른쪽 아래), 글꼴(궁서, 38pt, 그림자, 노랑)
- ▶ 도형 2 ⇒ 순서도 : '순서도: 자기 디스크', 도형 채우기(보라), 선 없음, 도형 효과(그림자 - 바깥쪽 - 가운데, 반사 - '1/3 크기, 근접')
- ▶ 도형 3 ⇒ 블록 화살표 : '왼쪽으로 구부러진 화살표', 도형 스타일('강한 효과 - 강조 4')
- ▶ 그림 삽입 ⇒ 그림 1 삽입, 크기(너비 : 70mm, 높이 : 70mm)
- ▶ 글상자(가상증강현실(VR AR) 산업은 현재 전 세계가 주목) ⇒ 글꼴(돋움, 20pt, 진하게, 밑줄)
- ▶ 애니메이션 지정 ⇒ 도형 1 : 나타내기 - 닦아내기
- ▶ 지시사항이 없는 부분은 ≪출력형태≫와 동일하게 작성하시오.